ALLGEMEIN BILDUNG aktuell

Das Wissen unserer Zeit

Jürgen Brüc

Compact Verlag

Text: Jürgen Brück unter Mitarbeit von Dr. Florian Breitsameter, Andreas Burgwitz,
Matthias Edbauer, Georg Feulner, Anja Garms, Uwe Goppold, Iris Hammelmann,
Mike Hillenbrand, Bernhard Huber, Alfred Kissner, Dr. Christa Kordt, Irina Lorenz-Meyer,
Dr. Rahild Neuburger, Christa Pöppelman, Kay Potzger, Peter Röbke-Doerr,
Annerose Sieck, Linda Tidwell, Jörg Werremeyer, Norbert Wolf
Chefredaktion: Dr. Angela Sendlinger
Redaktion: Dr. Matthias Feldbaum
Produktion: Wolfram Friedrich
Abbildungen: Gruppo Editoriale Fabbri, Mailand;
Lidman Production, Stockholm; dpa Picture-Alliance, Frankfurt
Titelabbildungen: dpa Picture-Alliance, Frankfurt (2); IFA Bilderteam, München (2)
Titelabbildungen, von links: Hände verschiedener Hautfarbe berühren eine Erdkugel;
Gustav Klimt: Adele Bloch Bauer I; Karlskirche, Wien; Monument Valley, USA
Gestaltung: Axel Ganguin
Umschlaggestaltung: Inga Koch

ISBN: 978-3-8174-6115-8
5461151

Besuchen Sie uns im Internet: www.compactverlag.de

VORWORT

Dieses unterhaltsame Nachschlagewerk bietet die wichtigsten und interessantesten Lebens- und Wissensbereiche unserer Zeit in informativen Fragen und Antworten.

Von Weltgeschichte und Politik bis zu Kunst und Architektur, von Mathematik und Naturwissenschaften bis zu Mythologie, Philosophie und Weltreligionen, von wichtigen Fakten zu Medizin, Ernährung und Fitness zu den bekanntesten Zitaten und Redewendungen, von Besonderheiten der deutschen und englischen Sprache zu den richtigen Umgangsformen in Beruf und Alltag reicht das breite Spektrum dieses Buches und führt den Leser durch das Vermächtnis, das sich in zehn Jahrtausenden Wissensgeschichte angesammelt hat.

Mehr als 1000 abwechslungsreiche Fragen und Antworten helfen dabei, den eigenen Kenntnisstand zu überprüfen und zu erweitern. Die bunte Mischung der Fragenarten sorgt für eine spielerische Wissensvermittlung: Es gibt Multiple-Choice-Fragen, kurze, prägnante Wissensfragen, auf die eine ausführliche Antwort folgt, sowie Fragen, die versteckte Hinweise auf die zu gebende Antwort bereits enthalten. Die Lösungen werden im zweiten Teil des Buches präsentiert.

Ob es darum geht, wer die Büroklammer erfunden hat, was ein konstruktives Misstrauensvotum ist oder woher der Fußball stammt – der Leser wird um keine Antwort mehr verlegen und für den modernen Alltag bestens vorbereitet sein.

INHALT

Frage 1

Niemand hätte gedacht, dass aus ihm einmal etwas werden würde, denn er stammte aus einem nicht allzu reichen und nicht besonders mächtigen römischen Patriziergeschlecht. Als junger Mann geriet er in Opposition zum Diktator Sulla und verbrachte deshalb viele Jahre in Asien. Erst mit 31 Jahren schaffte er den Sprung auf die Karriereleiter. Doch dann ging es für ihn steil bergauf, und er erreichte eine Machtfülle, die noch kein Römer vor ihm gehabt hatte. 45 v. Chr. ernannte ihn der Senat zum Diktator auf Lebenszeit. Ein Jahr später wurde er ermordet. Die Römische Republik jedoch brachte sein Tod nicht zurück. **Wie hieß der Mann?**

Frage 2

Welcher Mongolenführer schuf im 13. Jahrhundert ein riesiges Reich, das vom Chinesischen Meer bis nach Europa reichte?

☐ a) Attila
☐ b) Dschingis Khan
☐ c) Naghachu
☐ d) Ael Tanhan

Frage 3

Welche drei Staatschefs trafen sich kurz vor Kriegsende 1945 bei der Konferenz von Jalta?

Frage 4

Welche Organisation, die sich mit spektakulären Protestaktionen für den Schutz der Umwelt einsetzt, wurde 1971 gegründet?

Frage 5

Wer war der Neandertaler?

☐ a) Schweizer Käsesorte
☐ b) Raubtier der Frühzeit
☐ c) Frühmensch
☐ d) Bewohner eines österreichischen Touristengebiets

Frage 6

Welcher Mensch bezwang als Erster den Mount Everest, den höchsten Berg der Welt?

Mount Everest

Frage 7

Das antike Griechenland wird gerne als die „Wiege der Demokratie" bezeichnet. Doch so ganz stimmt das nicht. Denn Griechenland bestand in seiner frühen Geschichte aus diversen Staatsgebilden mit höchst unterschiedlichen Regierungsformen. In Sparta z. B. herrschten stets zwei Könige gleichzeitig. In einem Stadtstaat jedoch sorgten mehrere politische Reformen während des 6. und 5. Jahrhunderts v. Chr. für eine stetige Machtverschiebung vom Adel hin zum Volk. **Welcher war es?**

Frage 8

Wer errichtete die Königsgräber von Ur?

☐ a) Phöniker
☐ b) Ägypter
☐ c) Minoer
☐ d) Sumerer

Frage 9

Welcher Monarch kam 1837 auf den Thron und herrschte über ungefähr ein Drittel der Weltbevölkerung?

Frage 10

Welcher Dynastie gehörte die 1918 von den Bolschewisten ermordete Zarenfamilie um Nikolaus II. an?

Frage 11

Wer erbaute die legendäre Stadt Machu Picchu?

☐ a) die Inka
☐ b) die Azteken
☐ c) die Sumerer
☐ d) die Apachen

Ruinen von Machu Picchu

Frage 12

Im Februar 1917 war in Russland der Zar entmachtet und eine sozialdemokratische Übergangsregierung eingesetzt worden. Deren Programm ging den kommunistischen Bolschewiki nicht weit genug. In der Nacht des 7. November, bzw. nach russischem Kalender des 25. Oktober, entmachteten sie im Handstreich die Regierung. Es folgte ein jahrelanger Bürgerkrieg. Die treibenden Kräfte des Umsturzes waren Lenin und ein Mann, der nach Lenins Tod 1924 den Machtkampf mit Stalin aufnahm und verlor. **Wie hieß dieser Mann?**

Frage 13

Welcher Feldherr überquerte in einem mühsamen Feldzug mit Elefanten die Alpen, um das mächtige Römische Reich zu überraschen?

Frage 14

Wer prägte den berühmten Ausspruch „Außerdem bin ich dafür, dass Karthago zerstört werden sollte"?

Frage 15

Wo lag das alte Babylon?

☐ a) Bengalen
☐ b) Syrien
☐ c) Medien
☐ d) Mesopotamien

Frage 16

Was führte zum Sturz des letzten Königs von Rom und zum Beginn der Römischen Republik?

☐ a) Schnattern der Gänse der Juno
☐ b) Sturz des Marcus Manlius vom trapeischen Felsen

☐ c) Schändung der Lucrezia
☐ d) Schwur der Horatier

Frage 17

Nach wem ist der sogenannte Marshallplan benannt, und worum ging es dort?

Frage 18

Als sich nach dem Attentat von Sarajewo im Sommer 1914 die Ereignisse in Europa zuspitzten, begann Russland am 29. Juli – wie bei früheren Krisen auch – mit der vorsorglichen Mobilmachung des Heeres. Der russische Zar hielt diese Maßnahmen für notwendig, denn es dauerte in dem riesigen Land mehrere Wochen, die Truppen zusammenzuziehen. Durch die russische Mobilmachung geriet nun aber die deutsche Regierung ihrerseits unter Zugzwang, denn sie hatte nur einen Kriegsplan in der Schublade. Der sah vor, bei Beginn der russischen Mobilmachung sofort gegen Frankreich zu marschieren und dieses Land zu besiegen, bevor Russland wirklich kriegsbereit war. **Wie heißt dieser verhängnisvolle Plan?**

Frage 19

Wer galt in der Antike als der bedeutendste Feldherr und Weltherrscher?

☐ a) Pompeius
☐ b) Scipio der Ältere
☐ c) Alexander der Große
☐ d) M. Vipsanius Agrippa

Frage 20

Wer war während der Völkerwanderung unterwegs?

Frage 21

Welcher politische Skandal erzwang 1974 den Rücktritt des US-Präsidenten Richard Nixon?

Richard Nixon

Frage 22

Welche Dynastie stellte den ersten Kaiser von China?

☐ a) Ch'in
☐ b) Sung
☐ c) Ming
☐ d) Mandschu

Frage 23

Er war der 35. Präsident der Vereinigten Staaten von Amerika und so etwas wie der erste Popstar in der Politik. Geboren wurde er am 29. Mai 1917 in Brooklyn, Massachusetts, als Sohn eines Millionärs und der Tochter eines früheren Bürgermeisters von Boston. Die Politik war ihm also sozusagen in die Wiege gelegt. Im Alter von 43 Jahren wurde er zum Präsidenten der USA gewählt. Dieses Amt bekleidete er jedoch nur für 1036 Tage, bevor er einem Attentat zum Opfer fiel. Es werde in seiner Präsidentschaft um die unerfüllten Hoffnungen und Träume gehen, die ungelösten Probleme von Krieg und Frieden, die ungeordneten Nischen von Ignoranz und Vorurteil sowie die unbeantworteten Fragen von Armut und Überfluss, war in seinem Regierungsprogramm zu lesen. Am 26. Juni 1963 besuchte er Berlin und eroberte die Herzen der Deutschen mit dem berühmten Spruch „Ich bin ein Berliner" im Sturm. **Wie hieß dieser Politiker?**

Frage 24

Im Jahr 1962 stand die Welt kurz vor einem dritten Weltkrieg. Welche Ereignisse waren für die Zuspitzung der Lage verantwortlich?

Frage 25

In welchem Jahr wurde der Staat Israel gegründet?

☐ a) 1933
☐ b) 1945
☐ c) 1948
☐ d) 1956

Frage 26

Die Kreuzzüge stellen kein Ruhmesblatt in der christlichen Geschichte dar. Die Deutschen spielten hier übrigens keine große Rolle. Das liegt nicht unbedingt daran, dass sie nicht gerne mitgemacht hätten, die deutschen Ritter schienen zumeist von Pech verfolgt zu sein. Beim erfolgreichen ersten Kreuzzug 1096 waren noch kaum deutsche Ritter dabei. Beim zweiten Kreuzzug sollte sich das eigentlich ändern, aber das Heer Konrads III. kam 1147 nicht weit und wurde bereits in Anatolien aufgerieben. Auch der dritte Kreuzzug 1190 endete für die Deutschen in Anatolien. Hier ertrank der deutsche König und römische Kaiser, und ein Großteil des Heeres kehrte um. **Um welchen Monarchen handelt es sich?**

Frage 27

Im Jahr 1957 wurde die Europäische Wirtschaftsunion (EWG), der Vorläufer der EU, gegründet. Welche sechs Staaten waren an der Gründung beteiligt?

Frage 28

Lyndon B. Johnson

Im August 1964 befahl US-Präsident Johnson die Bombardierung nordvietnamesischer Küstenbefestigungen. Damit trat die USA in den Vietnamkrieg ein. Welches Ereignis war dem Kriegsbeginn vorausgegangen?

Frage 29

Welcher Astronaut betrat als erster Mensch den Mond?

☐ a) John Young
☐ b) Edwin Aldrin
☐ c) Neil Armstrong
☐ d) Michael Collins

Frage 30

Im Jahr 1911 fand ein spektakulärer Wettlauf zum Südpol statt. Wer konnte dieses Rennen für sich entscheiden?

Frage 31

Das Zweite Vatikanische Konzil gilt als das wichtigste kirchliche Ereignis im 20. Jahrhundert. Welcher Papst berief diese spezielle Sitzung ein?

☐ a) Johannes XXIII.
☐ b) Paul VI.
☐ c) Johannes Paul I.
☐ d) Pius IV.

Frage 32

Im Süden Großbritanniens findet man die Kultstätte Stonehenge. Welche Kultur ist

für die Errichtung dieses berühmten Bauwerks verantwortlich?

☐ a) La-Tène-Kultur
☐ b) Thule-Kultur
☐ c) Glockenbecherkultur
☐ d) Megalithkultur

Stonehenge

Frage 33

Wer waren die „Roten Khmer"?

Frage 34

Am 24. Oktober 1648 beendete der „Westfälische Frieden" einen verheerenden Krieg. Um welchen Krieg handelt es sich hier?

Frage 35

Er wurde am 18. Juli 1918 als Sohn eines afrikanischen Häuptlings geboren. Sein Vater gab ihm den Namen Rolihlahla, was wörtlich „Am Ast eines Baumes ziehen" bedeutet, umgangssprachlich heißt er so viel wie „Unruhestifter". Noch während seiner Kindheit verlor sein Vater wegen eines Streits mit der weißen Provinzregierung seine Häuptlingswürde. Mit 16 wurde er in die Reihen der Erwachsenen seines Stammes aufgenommen und besuchte schließlich die Highschool. Später begann er ein Jurastudium. In diese Zeit fiel auch der Beginn seiner politischen Aktivitäten. 1943 trat er schließlich dem ANC (African National Congress) bei, der vehement gegen die Unterdrückung der Schwarzen kämpfte, und gründete zusammen mit einigen anderen die Jugendorganisation des ANC. Nachdem im März 1960 bei einer Demonstration unbewaffnete Menschen von der Polizei erschossen wurden, gab er seinen Pazifismus auf und wurde Anführer des bewaffneten Flügels der Organisation. Im August 1962 wurde er festgenommen und zu fünf Jahren Haft verurteilt. 1964 dann erhielt er eine weitere Anklage, die in eine lebenslange Haftstrafe mündete. Erst 1990 kam er, inzwischen zur Symbolfigur für den Kampf gegen die Apartheid geworden, aufgrund einer umfangreichen Verfassungsreform wieder frei. Er erhielt im Jahr 1993 den Friedensnobelpreis. **Um welchen afrikanischen Politiker geht es?**

Frage 36

Am 26. April 1986 ereignete sich nahe der russischen Stadt Tschernobyl ein katastrophales Unglück. Was trug sich an diesem Tag zu?

☐ a) Flugzeugabsturz
☐ b) Erdbeben
☐ c) Reaktorunglück
☐ d) Chemieunfall

Frage 37

Große Geschichte wird manchmal an den ungewöhnlichsten Orten geschrieben. So wurde ein wichtiger Waffenstillstand in ei-

nem Eisenbahnwaggon geschlossen. Um welchen Waffenstillstand handelt es sich?

☐ a) Compiègne
☐ b) Brest-Litowsk
☐ c) Panmunjóm
☐ d) Berlin-Karlshorst

Frage 38

Wie kam es im April 1943 zum Aufstand im Warschauer Getto?

Frage 39

Im 18. Jahrhundert übte in vielen Ländern der Adel eine willkürliche Herrschaft über das Volk aus. So auch in Frankreich. 1789 wurde es der Bevölkerung von Paris allerdings zu viel, und sie begehrte gegen diese ihnen schon lange unerträglich gewordene Herrschaft auf. Aus dieser lokalen Erhebung entwickelte sich eine landesweite Revolution. Es wurde eine Nationalversammlung ins Leben gerufen, die fortan die Geschicke des Landes bestimmen sollte. Allerdings kochten auch hier wieder viele unterschiedliche Gruppierungen ihr eigenes Süppchen. So war den radikalen Kräften in der Nationalversammlung die Entmachtung des Adels nicht genug. Mehr und mehr wandten sie sich nun auch gegen die gemäßigten Kräfte der Revolution und errichteten von 1793–94 eine Terrorherrschaft, die an die 40.000 Todesopfer forderte. **Wer war der Führer dieser Gruppierung?**

Sturm auf die Bastille

Frage 40

Welchen berühmten Namen hatte die türkische Stadt Istanbul früher?

Frage 41

Wer ist das Staatsoberhaupt der Bundesrepublik Deutschland?

☐ a) der Bundeskanzler
☐ b) der Bundespräsident
☐ c) der Bundestagspräsident
☐ d) der Bundesratspräsident

Frage 42

Demokratie ist nicht gleich Demokratie. Man unterscheidet hier zwischen repräsentativer Demokratie und direkter Demokratie. Welches dieser beiden Systeme haben wir in Deutschland?

Frage 43

Wer wählt den deutschen Bundeskanzler?

Brandenburger Tor

Frage 44

Im politischen Bereich gibt es ein Organisationsprinzip, das regelt, wie ein Staat oder ein Staatenbund, der aus vielen kleineren Einheiten zusammengesetzt ist, funktionieren kann. Insbesondere geht es bei dieser Regelung darum, welche Kompetenzen jedes einzelne Mitglied des Staatenbundes (man nennt sie auch Gliederstaaten) erhält und für welche Dinge der Staatenbund selbst übergreifend verantwortlich ist. Wichtig ist, dass in dieser Organisationsform die einzelnen Gliederstaaten keine staatliche Souveränität besitzen. Diese bleibt dem übergeordneten Staat vorbehalten. Die Gliederstaaten besitzen aber sehr wohl eigene politische Organe und Kompetenzen. Diese Organisationsform ist immer geprägt vom Spannungsfeld der Beziehungen zwischen Gesamtstaat und den Gliedstaaten, sodass es durchaus Pendelbewegungen hin zu mehr Zentralisierung oder zu mehr Dezentralisierung geben kann. Unabdingbare Voraussetzung ist die Gleichberechtigung aller Glieder. **Um welche Organisationsform handelt es sich hier?**

Frage 45

Welcher deutsche Bundeskanzler kann auf die bisher längste Amtszeit zurückblicken?

☐ a) Gerhard Schröder
☐ b) Konrad Adenauer
☐ c) Willy Brandt
☐ d) Helmut Kohl

Frage 46

Welche Aufgaben hat der deutsche Bundesrat, und wie setzt er sich zusammen?

Frage 47

In der politischen Berichterstattung fällt hin und wieder der Begriff „Fraktionszwang“. Was besagt er?

☐ a) Gewissensfreiheit
☐ b) Parteidisziplin
☐ c) feste Sitzordnung
☐ d) Abstimmungszwang

Frage 48

Eines der wichtigsten Ereignisse in der jüngeren deutschen Geschichte ist sicherlich die Wiedervereinigung, die am 3. Oktober 1990 vollzogen wurde. Damit dieser Schritt gelingen konnte, waren im Vorfeld einige Vereinbarungen zu treffen. Schließlich gab es einige wichtige Aspekte vorab zu klären: Welchem Bündnis sollte das neue wiedervereinigte Deutschland angehören (oder sollte es überhaupt einem Bündnis angehören)? Auch mussten Grenzfragen geregelt werden, und nicht zuletzt musste man sich über die neuen Rollen der Siegerstaaten des Zweiten Weltkriegs unterhalten. All diese Punkte wurden in einem Vertragswerk fixiert. **Wie heißt dieser Vertrag, und wer war an seiner Ausarbeitung beteiligt?**

Fall der Berliner Mauer

Frage 49

Nicht in allen Staaten gehen Wahlen nach dem gleichen Verfahren wie in der Bundesrepublik Deutschland vonstatten. Wie wird der amerikanische Präsident gewählt?

Frage 50

Auch in der Politik gibt es bisweilen seltsame Rituale. So kann es sein, dass es zu einem Hammelsprung kommt. Wo?

☐ a) Deutscher Sportbund
☐ b) Deutscher Bundestag
☐ c) Landwirtschaftsministerium
☐ d) Bauernverband

Frage 51

Was versteht man unter dem Gewaltmonopol des Staates?

Frage 52

Sie ist die größte parlamentarische Versammlung der Bundesrepublik Deutschland und tritt in der Regel (wenn keine unvorhergesehenen Dinge passieren) nur alle fünf Jahre einmal zusammen. Die Anzahl ihrer Mitglieder steht nicht fest, sie richtet sich danach, wie viele Personen im aktuellen Bundestag sitzen. Die Mitglieder des Deutschen Bundestages sind automatisch auch Mitglieder dieser Versammlung. Hinzu kommt noch einmal die gleiche Anzahl an Personen. Sie werden von den Bundesländern nominiert. Dabei muss es sich nicht unbedingt um Politiker handeln. Auch Prominente oder ganz „normale" Bürger können Mitglied der Versammlung werden. Sie wird vom Bundespräsidenten einberufen, vorbereitet und durchgeführt. Die Versammlung besitzt nur eine einzige Aufgabe, die Wahl des Bundespräsidenten. **Wie heißt sie?**

Frage 53

In einer Demokratie gibt es viele Interessenverbände. Einer dieser Verbände ist der Marburger Bund. Für wessen Interessen setzt sich dieser Verband ein?

....

Frage 54

Welcher Bundeskanzler bemühte sich besonders um die Westintegration der Bundesrepublik Deutschland?

☐ a) Willy Brandt
☐ b) Helmut Kohl
☐ c) Konrad Adenauer
☐ d) Kurt Georg Kiesinger

....

Frage 55

Im Jahr 1956 startete der Deutsche Gewerkschaftsbund (DGB) die Kampagne „Samstags gehört Vati mir". Worum ging es dabei genau?

Frage 56

Was versteht man unter dem Atomwaffensperrvertrag?

....

Frage 57

Der wievielte deutsche Bundeskanzler war Helmut Schmidt?

☐ a) der 4.
☐ b) der 5.
☐ c) der 6.
☐ d) der 7.

....

Frage 58

Das oberste Rechtsprechungsorgan der Bundesrepublik Deutschland hat seinen Sitz in Karlsruhe. Es ist gegenüber allen anderen Verfassungsorganen (einschließlich Bundestag und Bundesregierung) unabhängig. Dieses Organ wacht über die Einhaltung des Grundgesetzes. Seine Entscheidungen sind unanfechtbar. Alle übrigen Staatsorgane sind an seine Sprüche gebunden. Gegründet wurde dieses Rechtsprechungsorgan im Jahr 1951. Auch wenn es selbst kein politisches Organ ist, hat seine Arbeit jedoch auch politische Wirkung. Das ist z. B. dann der Fall, wenn es ein Gesetz für verfassungswidrig erklärt. **Um welches rechtliche Organ geht es?**

....

Frage 59

Was versteht man unter den blockfreien Staaten?

....

Frage 60

1968 kam es in Deutschland (und nicht nur hier) zu Studentenprotesten. Während der

unzähligen Demonstrationen erschallte dabei immer wieder der Ruf „Ho-Ho-Ho-Chi-Minh". Wem galt dieser Ruf?

☐ a) einem indischen Guru

☐ b) einem vietnamesischen Revolutionär

☐ c) einem buddhistischen Mönch

☐ d) einem chinesischen Politiker

Frage 61

Am 3. Oktober 1990 wurde die deutsche Wiedervereinigung vollzogen. An diesem Tag kamen fünf Bundesländer zu den elf bereits bestehenden hinzu. Wie heißen diese fünf neuen Länder?

DIE GRÖSSTEN STÄDTE DER FÜNF NEUEN LÄNDER

Stadt	Einwohner Ende 2005
Leipzig	502.651
Dresden	495.181
Chemnitz	246.587
Halle (Saale)	237.198
Magdeburg	229.126
Erfurt	202.844
Rostock	199.288
Potsdam	147.583
Cottbus	105.309
Gera	103.948
Jena	102.532
Zwickau	97.832
Schwerin	96.656

Frage 62

Was versteht man unter einer Fraktion?

Frage 63

Was ist das aktive und passive Wahlrecht?

Frage 64

Es handelt sich hierbei um eines der wichtigsten Organe der EG. Dieses Organ besteht aktuell aus 25 Mitgliedern (diese Zahl ist aber nicht festgelegt, sie kann schwanken). Sie werden von den Regierungen der einzelnen EU-Staaten für jeweils fünf Jahre ernannt. Allerdings ist es wichtig, dass sie später vollkommen unabhängig von den Staaten arbeiten und keinerlei Weisungen der nationalen Regierungen entgegennehmen. Ähnlich wie bei vielen nationalen Regierungen sind auch in diesem Gremium verschiedene Kompetenzen aufgeteilt. Das kann man ein wenig mit den Ministerien auf nationaler Ebene vergleichen. Allerdings nennen sich die einzelnen Mitglieder nicht Minister, sondern Kommissare. Das Gremium hat das Recht, dem Rat der EG Vorschläge zu machen. Außerdem ist es das ausführende Organ für alle Beschlüsse des Rates. **Um welches Organ handelt es sich hierbei?**

Frage 65

In welchem Land regiert die Duma?

☐ a) in Russland

☐ b) in Bulgarien

☐ c) in Tschechien

☐ d) in Griechenland

Frage 66

Wofür steht die Abkürzung OSZE?

☐ a) Offene Sicherheitszone im Ernstfall

☐ b) Organisation über Sicherheit und Zusammenarbeit in Europa

☐ c) Ohne Schutz zum Erfolg
☐ d) Organisation für mehr Sicherheit in Zentraleuropa

Frage 67

Worum geht es, wenn die Politik auf den Familienlastenausgleich zu sprechen kommt?

Frage 68

In demokratischen Staaten müssen sich die Parlamente von ihren Regierungen bzw. Regierungschefs nicht alles gefallen lassen. Sie können ihnen das Vertrauen entziehen. In Deutschland ist das Verfahren hierzu im Art. 67 des Grundgesetzes geregelt. Der Bundestag muss einen Nachfolger für den amtierenden Bundeskanzler wählen und dann den Bundespräsidenten ersuchen, den Kanzler zu entlassen. In diesem Fall hat der Bundespräsident dann keine andere Wahl, als dem Ersuchen stattzugeben und den neu Gewählten zum Bundeskanzler zu ernennen. Die Mütter und Väter des Grundgesetzes haben diese besondere Form gewählt, um einen Missbrauch des gesuchten parlamentarischen Instruments möglichst zu verhindern. Das eben beschriebene Verfahren ist unter einem ganz besonderen Begriff bekannt. **Wie lautet er?**

Frage 69

In der Politik ist nicht nur die Rede von einem Ost-West-Konflikt (der sich mittlerweile in zunehmendem Maße in Wohlgefallen auflöst), man spricht auch häufig von einem Nord-Süd-Konflikt. Dieser Konflikt verschärft sich weiterhin. **Worum handelt es sich dabei?**

DIE PRÄSIDENTEN DER BUNDESREPUBLIK DEUTSCHLAND

Theodor Heuss	**1949–59**
Heinrich Lübke	**1959–69**
Gustav Heinemann	**1969–74**
Walter Scheel	**1974–79**
Karl Carstens	**1979–84**
Richard von Weizsäcker	**1984–94**
Roman Herzog	**1994–99**
Johannes Rau	**1999–2004**
Horst Köhler	**seit 2004**

Die Bundespräsidenten Theodor Heuss (links) und Heinrich Lübke (rechts)

Frage 70

Wer prägte das Schlagwort „Glasnost“?

☐ a) Boris Jelzin
☐ b) Wladimir Putin
☐ c) Lenin
☐ d) Michail Gorbatschow

Frage 71

Worum geht es, wenn in den Wirtschaftsnachrichten vom Bruttoinlandsprodukt die Rede ist?

Frage 72

Diese europäische Institution hat ihren Sitz in Frankfurt am Main. Gegründet wurde sie im Jahr 1998 und ist zusammen mit ähnlichen Institutionen auf nationaler Ebene für die einheitliche Geld- und Währungspolitik der Euro-Zonen zuständig. Darüber hinaus hat nur sie das Recht, Banknoten auszugeben. Die Vertreter dieser Organisationen arbeiten von allen anderen Organen der EU unabhängig. Allerdings sind sie gegenüber der EU-Kommission, dem EU-Parlament und dem Europäischen Rat rechenschaftspflichtig. Auch das Direktorium dieser Institution wird vom Europäischen Rat bestimmt. **Wie heißt diese in der Finanzwelt so wichtige Institution?**

Frage 73

Was bedeutet DAX?

- ☐ a) Deutscher Aktienindex
- ☐ b) 90 cm langes Säugetier
- ☐ c) Dänischer Abgabenindex
- ☐ d) Endung einer digitalen Ausgabedatei (.dax)

Frage 74

Welche Staaten treffen sich jährlich beim G8-Gipfel?

Frage 75

Was ereignet sich, wenn die Ökonomen von einer Rezession sprechen?

- ☐ a) Die Wirtschaft boomt.
- ☐ b) Eine neue Wirtschaftsordnung wird eingeführt.
- ☐ c) Die Wirtschaft befindet sich in einem Abschwung.
- ☐ d) Eine neue Währung wird eingeführt.

Frage 76

Bisweilen hört man, dass der Volkswirtschaft durch die sogenannte Schattenwirtschaft großer Schaden zugefügt wird. Was versteht man unter einer solchen Schattenwirtschaft?

Frage 77

Seit 1994 sind derartige Unternehmungen in der Bundesrepublik strafbar. Es handelt sich bei ihnen um spezielle Wertpapiergeschäfte. Dabei verwenden Personen Informationen, die nur ihnen zugänglich sind, weil sie in ihrer Stellung besondere Einblicke in die Geschäfte eines Unternehmens haben, um sich durch den gezielten Ein- oder Verkauf von Aktien einen eigenen Vorteil zu verschaffen. Auf diese Art und Weise kann es gelingen, erhebliche finanzielle Verluste zu vermeiden bzw. erhebliche finanzielle Gewinne zu erzielen. Dabei nutzen diese Personen nicht selten ihre besondere Vertrauensstellung innerhalb eines Unternehmens aus. **Wie nennt man derartige Geschäfte?**

Frage 78

Wofür steht die Abkürzung GmbH?

- ☐ a) Genuss mit beiden Händen
- ☐ b) Gewerkschaft mit begrenzter Haftung
- ☐ c) Gesellschaft mit beschränkter Haftung

☐ d) Gemeinschaft mit besonderer Handlungsbefugnis

Frage 79

Einige Unternehmen verfügen über einen Aufsichtsrat. Welche Aufgaben hat dieses Gremium?

Frage 80

Die Wirtschaftsnachrichten berichten immer wieder über die Erhöhung bzw. Senkung des sogenannten Leitzinses. Was ist das eigentlich?

Frage 81

In Unternehmensberichten tauchen oft die beiden Rubriken „Aktiva" und „Passiva" auf. Was wird hier unter Aktiva zusammengefasst?

☐ a) Vermögen des Unternehmens
☐ b) Kontenplan
☐ c) Sollseite
☐ d) Geldverkehr

Frage 82

Mit seinem Werk *Vom Wohlstand der Nationen*, das im Jahr 1776 erschien, begründete er *das* klassische ökonomische Denken. Die Arbeitsteilung, das wirtschaftliche Eigeninteresse und das ungestörte Wirken des Marktes stehen im Zentrum seiner Überlegungen. Mindestens drei Bedingungen müssen erfüllt sein, damit sich diese zentralen Komponenten des ökonomischen Denkens entfalten können. Freier Wettbewerb muss herrschen, die Konkurrenten müssen in ihrem Handeln durch Sympathie und „sittliche Gefühle" geleitet sein und der Staat muss Aufgaben übernehmen, die Privatpersonen wegen mangelnder Profitabilität nicht in Angriff nehmen wollen. **Wie hieß dieser große Ökonom?**

DIE ENTSTEHUNG DES GELDES

Der griechische Politiker und Philosoph Aristoteles schrieb über die Entstehung des Geldes: „Also kam man überein, beim Tausch gegenseitig eine Sache zu geben und zu nehmen, die selbst nützlich und im täglichen Verkehr handlich war, wie Eisen, Silber usw. Zuerst bestimmte man sie einfach nach Größe und Gewicht, schließlich drückte man ein Zeichen auf, um sich das Ablesen zu ersparen."

Frage 83

Kommt es zwischen Arbeitgebern und Arbeitnehmern zu einem Arbeitskampf, greifen die Arbeitnehmer häufig zum Mittel des Streiks. Welches Mittel steht den Arbeitgebern zur Verfügung?

Frage 84

Was bezeichnet der Begriff „Bonität"?

Frage 85

Abkürzungen beherrschen auch die Finanzwelt. Wie bezeichnet man beispielsweise die New Yorker Börse in Kurzform?

☐ a) WSE
☐ b) NYSE

☐ c) Nikkei
☐ d) NYON

Frage 86

Zwei zentrale Begriffe der Marktwirtschaft sind „Angebot“ und „Nachfrage“. Was versteht man eigentlich unter diesen beiden Begriffen?

Frage 87

Ende des 18. Jahrhunderts kam es in England zu einer umwälzenden Veränderung der wirtschaftlichen und gesellschaftlichen Bedingungen. Ihren Anfang nahm diese Veränderung in der englischen Textilindustrie. Hier wurden erstmals die neu erfundenen Dampfmaschinen und später auch vollautomatische Webmaschinen eingesetzt. Diese Form der Automatisierung und Modernisierung blieb natürlich nicht nur auf die Textilindustrie beschränkt. Auch der Beginn des Eisenbahnzeitalters fällt in diese Periode. Von England breiteten sich die neuen Errungenschaften rasch auch auf das restliche Europa aus. Die neuen Erfindungen und Produktionsmethoden sorgten auf der einen Seite für größeren Reichtum (bei vielen Unternehmern), waren aber auch für großes Elend der breiten Masse der Arbeiter verantwortlich. **Wie bezeichnet man diese Veränderungen?**

Frage 88

Was ist eine Holding?

☐ a) eine Gesellschaft, die nur einen Eigentümer hat
☐ b) eine Gesellschaft, die sich nur mit der Produktion von Gütern beschäftigt
☐ c) eine Gesellschaft, die keine Güter herstellt
☐ d) eine Gesellschaft, die von einer Gruppe von Eigentümern „gehalten“ wird

Frage 89

Welche Börse notiert den Nikkei-Index?

☐ a) die Börse von Singapur
☐ b) die Börse von Tokio
☐ c) die Börse von Hongkong
☐ d) die Börse von Osaka

Frage 90

Was ist der Unterschied zwischen Stammaktie und Vorzugsaktie?

Frage 91

In der Immobilienbranche wird gerne mit Bauherrenmodellen gearbeitet. Wozu dienen sie?

☐ a) der Kapitalanlage
☐ b) der Baugrunderschließung
☐ c) der Eigenheimfinanzierung
☐ d) dem Bausparen

Frage 92

Wer war John Davison Rockefeller?

Frage 93

Um nach dieser Rechtsform ein Unternehmen zu gründen, sind mindestens zwei Gesellschafter nötig. Ein solches Unternehmen ist nicht im Handelsregister registriert, es ist ihm also (offiziell) nicht möglich, einen Firmennamen zu tragen. Im Rechtsverkehr müssen somit also auch die kompletten Namen aller Gesellschafter genannt werden. Die einzelnen Gesellschafter haften jeweils mit ihrem Privatvermögen für die Verbindlichkeiten ihres Unternehmens. Allerdings können sie in einem Gesellschaftervertrag diesbezüglich gesonderte Regeln festsetzen. Ein Stammkapital ist zur Gründung eines Unternehmens nach dieser Rechtsform nicht notwendig. Daher stellt sie im Grunde genommen die unkomplizierteste Form einer Unternehmensgründung dar. Sie wird gerne von Kleingewerbetreibenden, Praxisgemeinschaften oder Menschen aus den freien Berufen gewählt. **Um welche Rechtsform handelt es sich?**

....

Frage 94

Welcher der folgenden Zustände könnte ein Grund für eine Insolvenz sein (Mehrfachnennungen sind möglich)?

- ☐ a) Streitigkeiten mit dem Geschäftspartner
- ☐ b) Zahlungsunfähigkeit
- ☐ c) Überschuldung
- ☐ d) Zahlungsunwilligkeit
- ☐ e) drohende Überschuldung

....

Frage 95

Was versteht man unter Ehegatten-Splitting?

Frage 96

Welche Aufgaben hat der Bundesrechnungshof?

....

Frage 97

Wenn einem Unternehmen die Insolvenz droht, wird häufig ein spezielles Verfahren angewendet, um sie noch einmal abzuwenden. Wie nennt man dieses Verfahren?

- ☐ a) Vergleich
- ☐ b) Liquidation
- ☐ c) Konkurs
- ☐ d) Stundung

....

Frage 98

Wie berechnen sich der Nettogewinn und der Umsatz eines Unternehmens?

....

Frage 99

Am Freitag, den 25. Oktober 1929 kam es an der New Yorker Börse zu extremen Kursstürzen. Dieser Tag stellt den Beginn der Weltwirtschaftskrise dar und ging auch unter dem Begriff „Schwarzer Freitag" in die Geschichte ein. Aber bereits vorher hat es einige derartige Ereignisse gegeben. 1869 wurden durch Manipulationen amerikanischer Spekulanten auf dem Goldmarkt viele Anleger ruiniert. Im Mai 1927 kam es an den deutschen Effektenbörsen infolge einer Änderung der Devisenbewirtschaftung zu starken Kursverlusten. Das letzte Ereignis dieser Art trug sich im Oktober 1987 zu. Allerdings waren seine Auswirkungen nicht ganz so verheerend wie die der vorangegangenen Ereignisse. Für derartige Turbulenzen an den Börsen, vor denen jeder Börsianer zittert, gibt es einen speziellen Begriff. **Wie heißt er?**

Frage 100

Um was kümmert sich der Key-Account-Manager in einem Unternehmen?

- ☐ a) den Generalschlüssel
- ☐ b) besonders wichtige Kunden
- ☐ c) reibungslosen Ablauf der Produktion
- ☐ d) Einhaltung der vereinbarten Arbeitszeiten

GELD STINKT NICHT – ODER DOCH?

Jeder dürfte den geflügelten Satz „Geld stinkt nicht" kennen. Aber woher kommt dieser Satz? Wahrscheinlich war es der römische Kaiser Vespasian (9–79 n. Chr.), der ihn geprägt hat. Er wollte nämlich für die öffentlichen Bedürfnisanstalten im alten Rom Steuern erheben, was seine Berater ihm auszureden versuchten. In dieser Situation hielt er ihnen angeblich ein Geldstück unter die Nase und sagte dabei den berühmten Satz „Pecunia non olet".

Frage 101

Es gibt viele unterschiedliche Formen des Handels. Bei einer davon wird ein Vertrag über zukünftige Warenlieferungen abgeschlossen. Welche häufige Form von Spekulationshandel ist hier gemeint?

- ☐ a) Aktienhandel
- ☐ b) Devisenhandel
- ☐ c) Versicherungshandel
- ☐ d) Warentermingeschäft

Frage 102

Was kann man sich unter einem Investment-Fonds vorstellen?

Frage 103

Nicht nur die Schule verschickt blaue Briefe, auch die Europäische Union. Wer erhält ein solch unangenehmes Schreiben von der EU?

Frage 104

Wer einen Kredit oder auch einen Handy-Vertrag abschließen möchte, muss seine Einwilligung zu einer Schufa-Abfrage geben. Worüber gibt die Schufa eigentlich Auskunft?

- ☐ a) Reinheitsgebot
- ☐ b) Nebenwirkungen von Medikamenten
- ☐ c) Bonität von Bankkunden
- ☐ d) Unterhaltszahlungen

Frage 105

Im Schweizer Skiort Davos hat eine private Stiftung ihren Sitz, deren Ziel es ist, eine Plattform für den Informationsaustausch zwischen Wirtschaft und Politik zu sein. Dabei sollen Probleme der Weltwirtschaft diskutiert sowie Strategien und Lösungen entwickelt werden. Einmal im Jahr findet eine große Tagung dieser Stiftung statt, die stets von Protesten vieler Globalisierungsgegner begleitet ist. Sie bemängeln, dass die Stiftung lediglich die Globalisierung vorantreibe und dadurch die Kluft zwischen Arm und Reich noch verstärkt werde. Zudem wird kritisiert, dass sich die Stiftung bei ihrem Treffen wenig oder gar nicht um die Umwelt kümmere. **Um welche Stiftung handelt es sich?**

Frage 106

Der englische Gelehrte Isaac Newton (1643–1727) pflegte sich mittags gerne in seinem Garten unter einem Apfelbaum auszuruhen und nachzudenken. Eines schönen Tages im Jahr 1666 soll es dann passiert sein, dass Newton wieder einmal unter seinem Apfelbaum saß und fast eingeschlafen war – Pardon – nachdachte. Plötzlich wurde der Wissenschaftler unsanft aus seinen Betrachtungen gerissen, weil ihm ein Apfel auf den Kopf gefallen war. Das brachte Newton nicht nur eine Beule ein, sondern sorgte auch für einen Geistesblitz. Er begann über ein wichtiges physikalisches Gesetz nachzudenken und formulierte es kurz darauf als Erster. **Welches Gesetz ist hier gemeint?**

Frage 107

Wie groß ist die Lichtgeschwindigkeit?

Frage 108

Was ist der hauptsächliche Gegenstand von Einsteins Allgemeiner Relativitätstheorie?

Frage 109

Wer hat die Glühbirne erfunden?

☐ a) Heinrich Göbel
☐ b) Thomas Alva Edison
☐ c) Alessandro Volta
☐ d) Werner von Siemens

Frage 110

Welche Wissenschaftlerin hat als erste Frau einen Nobelpreis bekommen?

☐ a) Jane Goodall
☐ b) Liese Meitner
☐ c) Ada Lovelace
☐ d) Marie Curie

Frage 111

Warum kann man mit Röntgenstrahlen Menschen „durchleuchten"?

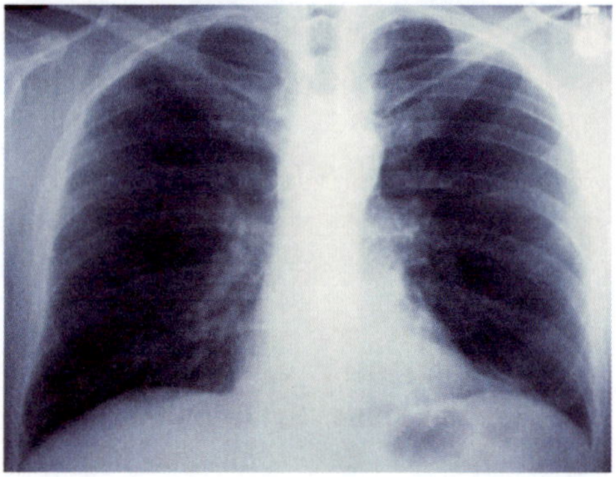

Frage 112

Das Licht einer normalen Glühbirne wird kreuz und quer in alle Richtungen abgestrahlt. Wenn man sich die einzelnen Lichtwellen genau ansähe, könnte man kaum eine Ordnung feststellen. Bereits 1914 hatte Albert Einstein Überlegungen über eine Lichtquelle angestellt, die dieses Chaos nicht verbreitet. Es dauerte allerdings noch bis zum Jahr 1960, bis es Theodore Maiman (*1927) gelang, ein Gerät zu bauen, das ein „geordnetes" Licht abstrahlte. Beim Licht aus dieser Lichtquelle haben alle Wellen die gleiche Größe und breiten sich in die gleiche Richtung aus. Daher ist der Lichtstrahl hier auch wesentlich intensiver, weil sich Wellentäler und Wellenberge nicht mehr gegenseitig auslöschen können. Die Physiker nennen das Licht, das eine solche Lichtquelle abstrahlt, kohärent. **Wie nennt sich diese besondere Lichtquelle?**

Frage 113

Was haben eine Bleistiftmine und ein Diamant gemeinsam?

Frage 114

Was verstehen wir unter DNS?

☐ a) Dünne natürliche Substanz
☐ b) Desoxyribonukleinsäure
☐ c) Dauerhaftes Nuklearsystem
☐ d) Dynamische Nanoschichten

Frage 115

Welches Ziel verfolgte das Humangenomprojekt?

☐ a) ein Medikament gegen Krebs zu entwickeln
☐ b) ein Medikament gegen AIDS zu entwickeln
☐ c) das menschliche Erbgut zu entschlüsseln
☐ d) den Aufbau der menschlichen Zellen zu erkunden

Frage 116

Welche Aufgabe hat der Zellkern?

Frage 117

Er wurde im Jahr 1903 als Sohn eines berühmten Arztes in Wien geboren. Da bestand natürlich kein Zweifel, dass auch er Medizin studieren sollte. Doch nach einiger Zeit entdeckte er seine Liebe zur Ornithologie. Daher studierte er zusätzlich noch Zoologie und schloss auch dieses Fach mit einem Doktortitel ab. Während Siegmund Freud, auch ein Österreicher, sich mit der Psychologie des Menschen beschäftigt hatte, ging es dem gesuchten Wissenschaftler um das Verhalten der Tiere. Er gilt als der Begründer der Verhaltensbiologie und erhielt im Jahr 1973 den Nobelpreis. **Wie hieß der Wissenschaftler?**

Frage 118

Was versteht man unter Fotosynthese?

Frage 119

Was sind Aminosäuren?

Frage 120

Alle Stoffe kommen in der Natur in verschiedenen Zuständen (z. B. fest, flüssig, gasförmig) vor. In welchem Zustand befindet sich ein Stoff nach der Kondensation?

☐ a) fest
☐ b) gasförmig
☐ c) flüssig
☐ d) ionisiert

Frage 121

Für welche Entdeckung bekam Albert Einstein den Nobelpreis verliehen?

Frage 122

Welcher deutsche Nobelpreisträger entdeckte im Jahr 1900 die Grundlagen der Quantentheorie?

☐ a) Walther Bothe
☐ b) Max Planck

- ☐ c) Werner Heisenberg
- ☐ d) Wilhelm C. Röntgen

Frage 123

Er machte sich auf vielen Gebieten der Naturwissenschaften einen großen Namen. So gilt er eigentlich als der Vater des naturwissenschaftlichen Arbeitens und gezielten Experimentierens. Aber am bekanntesten werden wohl seine Arbeiten auf dem Gebiet der Astronomie bleiben. Er entwickelte z. B. als Erster so gute Fernrohre und Teleskope, dass er viele Planeten unseres Sonnensystems eingehend und genau beobachten konnte. Außerdem fand er heraus, dass das Weltbild von Nikolaus Kopernikus (1473–1543) richtig war, der erkannt hatte, dass nicht die Erde, sondern die Sonne der Mittelpunkt unseres Sonnensystems ist. Diese Erkenntnis brachte ihn vor die Inquisition und hätte ihn sicherlich das Leben gekostet, wenn er nicht 1633 widerrufen hätte. **Um welchen bekannten Wissenschaftler geht es?**

Frage 124

Im Oktober 2003 erspähte ein amerikanisches Astronomenteam den Zwergplaneten Xena, der damals zunächst als „10. Planet" in unserem Sonnensystem bezeichnet wurde. Wie lauten die Namen der anderen neun bzw. heute acht Planeten?

Frage 125

Was ist ein „Buckyball"?

- ☐ a) eine winzige Eisenkugel
- ☐ b) ein fast rundes Staubkörnchen
- ☐ c) ein Goldpartikel, das in die menschliche Blutbahn injiziert wird
- ☐ d) ein besonderes Kohlenstoff-Molekül

Frage 126

In der Nebennierenrinde wird ein wichtiges entzündungshemmendes Hormon produziert. Wie heißt es?

- ☐ a) Adrenalin
- ☐ b) Aphrodisiakum
- ☐ c) Thyreoglobulin
- ☐ d) Kortison

Frage 127

Was versteht man unter Fermentation?

Frage 128

Sie zählen zu den rätselhaftesten, aber auch faszinierendsten Objekten im Weltall – und das, obwohl man sie nicht sehen kann. Sie entstehen, wenn ein Stern als Supernova explodiert. In einem solchen Szenario schleudert er einen Teil der Masse in dieser gewaltigen Explosion von sich. Der Rest, der noch übrig bleibt, wird sehr stark zusammengepresst. Die komplette Masse der Erde müsste z. B. auf einen Raum von nur 9 mm komprimiert werden. Bei einem Körper von so großer Dichte steigt die Anziehungskraft so sehr an, dass die Geschwindigkeit, die man aufbringen müsste, um ihr zu entkommen (Fluchtgeschwindigkeit), größer als die Lichtgeschwindigkeit sein müsste. Laut der Speziellen Relativitätstheorie ist das Überschreiten der Lichtgeschwindigkeit aber nicht möglich. Das bedeutet, dass nichts die Anziehungskraft des Körpers überwinden kann. **Wie heißen diese seltsamen Objekte?**

Frage 129

Was sind Isotope?

KOHLENSTOFF-NANORÖHRCHEN

Kohlenstoff-Nanoröhrchen sind extrem kleine Röhren, die aus einer wabenförmigen Kohlenstoff-Struktur bestehen. Bei einem Durchmesser von 0,4 nm bis 30 nm (1 Nanometer, nm, entspricht einem milliardstel Meter) können sie eine Länge von bis zu 1 mm erreichen. Sie weisen einige bemerkenswerte Eigenschaften auf, die sie für technische Anwendungen sehr interessant machen. So verfügen sie über eine enorme Härte und große Bruchfestigkeit (sie sind ungefähr 100-mal fester als Stahl). Außerdem können sie leitend oder halbleitend sein. Welche dieser Eigenschaften sie annehmen, hängt davon ab, auf welche Weise die jeweilige Grafitschicht zu einer Röhre geschlossen und wie groß ihr Durchmesser ist. Legt man Spannung an eine Nanoröhre an, passiert etwas für einen derartigen Stoff vollkommen Ungewöhnliches: Die leblosen Röhren fangen an, sich zu bewegen.

Frage 130

In der Biologie ist immer wieder die Rede von Biotopen. Was versteht man darunter?

Frage 131

Wie hieß der erste Mensch im Weltall?

- ☐ a) Neil Armstrong
- ☐ b) Thomas Reiter
- ☐ c) Juri Gagarin
- ☐ d) Wladimir Komarow

Frage 132

Welche Naturwissenschaftler haben mit Polymeren zu tun?

- ☐ a) Chemiker
- ☐ b) Biologen
- ☐ c) Physiker
- ☐ d) Astronomen

Frage 133

Alle chemischen Elemente sind im chemischen Periodensystem geordnet. Nach welchem Prinzip ist dieses System aufgebaut?

Frage 134

Ein beliebtes Dekorationsstück für die heimische Wohnung besteht aus einem Rahmen, in dem mehrere Kugeln in einer Reihe aufgehängt sind. Lässt man nun die erste Kugel auf die Reihe prallen, „pflanzt" sich

Kugelstoßpendel

der Stoß durch alle Kugeln fort, und die letzte Kugel in der Reihe wird nach vorne weggestoßen. Auf ihrem Rückweg trifft sie dann wieder auf die Kugelreihe, und das ganze Spiel beginnt erneut. Dieses Kugelspiel stellt aber nicht nur ein dekoratives Accessoire dar, sondern verkörpert auch ein grundlegendes Gesetz der Mechanik. **Um welches Gesetz handelt es sich dabei?**

Frage 135

Beim Erwärmen passiert etwas mit chemischen Elementen, das wissen wir alle. Aber was genau verändert sich bei den Atomen, wenn sie erwärmt werden?

☐ a) sie werden schneller
☐ b) sie werden langsamer
☐ c) sie werden größer
☐ d) sie werden kleiner

Frage 136

Zu welcher Klasse von Planeten zählt der Jupiter?

☐ a) Gesteinsplaneten
☐ b) Zwergplaneten
☐ c) Gasplaneten
☐ d) Lavaplaneten

Jupiter

Frage 137

In der Chemie unterscheidet man zwischen anorganischer und organischer Chemie. Wo liegt der Unterschied zwischen den beiden Disziplinen?

Frage 138

Im menschlichen Körper gibt es eine ganze Reihe hoch spezialisierter Zellen. Welche Aufgabe haben die T-Zellen?

Frage 139

Welches der folgenden Tiere gibt es nicht?

☐ a) Nasenbeutelschwalbe
☐ b) Satansaffe
☐ c) Mopsfledermaus
☐ d) Baumstachelschwein

Frage 140

Bei chemischen Reaktionen wird entweder Energie freigesetzt, oder man muss Energie hinzufügen, damit eine Reaktion in Gang kommt. Unter normalen Bedingungen laufen viele Reaktionen gar nicht ab, oder sie brauchen eine sehr lange Zeit. In solchen Fällen fügt man Energie hinzu. Es geht aber auch noch anders. Es gibt nämlich einige Stoffe, deren Anwesenheit eine chemische Reaktion beeinflusst. Das machen sie, indem sie die Aktivierungsenergie heraufsetzen oder reduzieren. Edelmetalle wie Platin lassen Kohlenmonoxid mit Sauerstoff zu Kohlendioxid reagieren. Das Platin selbst wird bei dieser Reaktion nicht angegriffen, es „nutzt sich also nicht ab". Der Einsatz solcher Stoffe ist beim Umweltschutz von großer Bedeutung. **Wie nennt man diese Stoffe, die anderen beim Reagieren helfen?**

Frage 141

Die Mathematik besteht aus vielen Teilbereichen. Womit beschäftigt sich die Analysis?

Frage 142

Diese uralte Rechenhilfe besteht üblicherweise aus einem Holzrahmen, in dem sich mehrere parallele Stäbe befinden. Auf diesen Stäben kann man kleine Kugeln nach oben oder unten verschieben. Jeder Stab repräsentiert dabei eine Ziffer der darzustellenden Zahl (sind vier Kugeln nach oben geschoben, hat man es also mit einer 4 zu tun usw.). Durch entsprechendes Verschieben der Kugeln lassen sich nun auf recht einfache Art und Weise Zahlen darstellen und auch Rechenoperationen durchführen. **Wie nennt man dieses Gerät?**

Frage 143

In der Mathematik spielt das korrekte Anwenden von Formeln immer wieder eine wichtige Rolle. In der Algebra hat man es beispielsweise häufig mit den sogenannten binomischen Formeln zu tun. Wie lauten sie?

Frage 144

Dreiecke können ganz verschieden aussehen. Aber dennoch haben sie alle einige Gemeinsamkeiten. Beispielsweise ist die Summe ihrer Innenwinkel immer gleich. Wie groß ist sie?

☐ a) 90°
☐ b) 180°
☐ c) 270°
☐ d) 360°

Frage 145

Welche Eigenschaft besitzt die Tangente eines Kreises?

☐ a) Sie schneidet den Kreis an einer beliebigen Stelle.
☐ b) Sie schneidet den Kreis und führt durch seinen Mittelpunkt.
☐ c) Sie berührt den Kreis an genau einem Punkt.
☐ d) Sie führt vom Mittelpunkt des Kreises bis zur Kreislinie.

Frage 146

In der Geometrie gibt es den Begriff der Kongruenz. Wann spricht man davon, dass zwei geometrische Figuren kongruent sind?

Frage 147

Überall in den Naturwissenschaften gibt es bestimmte Konstanten, das sind Zahlen, die einen festen, unveränderlichen Wert besitzen. So auch in der Mathematik. Kaum eine andere Zahl hat die Menschen mehr fasziniert als die Konstante, um die es nun gehen soll. Allein schon die Tatsache, dass sie in ihrer Dezimaldarstellung unendlich viele Nachkommastellen aufweist, sorgt häufig für Aufsehen. Rechenkünstler versuchen nämlich immer wieder, diese Konstante möglichst genau zu berechnen (mittlerweile kennt man mehr als eine Billion Nachkommastellen dieser Zahl). Der erste Mathematiker, dem es gelang, sie zu bändigen, war der Grieche Archimedes. In der Geometrie beschreibt die Zahl das Verhältnis des Umfangs eines Kreises zu seinem Durchmesser. **Um welche mathematische Konstante geht es?**

Frage 148

Welche Zahlen umfasst die Menge der ganzen Zahlen?

Frage 149

Wo befindet sich im rechtwinkligen Dreieck die Hypotenuse?

- ☐ a) rechts des rechten Winkels
- ☐ b) gegenüber dem rechten Winkel
- ☐ c) links des rechten Winkels
- ☐ d) gibt es im rechtwinkligen Dreieck nicht

Frage 150

Stellen Sie sich ein Dreieck vor, dessen Grundseite den Durchmesser eines Kreises bildet. Der dritte Punkt des Dreiecks befindet sich irgendwo auf der Kreislinie. Um welche Art von Dreieck handelt es sich hierbei?

Frage 151

Mit der Formel $A = \frac{1}{2} \cdot g \cdot h$ kann man die Fläche einer geometrischen Figur berechnen. Um welche Figur handelt es sich dabei?

- ☐ a) Dreieck
- ☐ b) Quadrat
- ☐ c) Parallelogramm
- ☐ d) Kreis

Frage 152

Dass auch Naturwissenschaftler und sogar Mathematiker zu Stars werden können, ist keine Errungenschaft der Neuzeit. Auch in der Antike hatte es so etwas schon gegeben. So war dieser Mann z. B. fast so etwas wie ein Sektenführer. Im unteritalienischen Kroton hatte er ca. 550 v. Chr. einen wohlhabenden Mäzen gefunden. Dort sammelte er etwa 600 Anhänger um sich. Außer mit Mathematik beschäftigten sie sich auch mit Philosophie und Musik. Da es über diese Phase seines Lebens keine genauen Aufzeichnungen gibt, ist nicht ganz klar, welche der Erkenntnisse, die ihm zugeschrieben werden, tatsächlich von ihm stammen. Einer seiner bekanntesten Lehrsätze beschäftigt sich mit dem rechtwinkligen Dreieck. **Um welchen Wissenschaftler handelt es sich?**

Frage 153

In der Prozentrechnung gibt es drei grundlegende Werte. Wie heißen sie?

Frage 154

Womit beschäftigt sich die Stochastik?

- ☐ a) Gleichungen
- ☐ b) Funktionen
- ☐ c) Mengen
- ☐ d) Wahrscheinlichkeiten

Frage 155

Zahlen sind nicht immer einfach nur Zahlen. Einige von ihnen weisen ganz besondere Eigenschaften auf und haben somit auch ganz eigene Namen erhalten. Quadratzahlen sind z. B. diejenigen Zahlen, die das Ergebnis einer Multiplikation einer Zahl mit sich selbst darstellen (also $4 = 2 \cdot 2$, $25 = 5 \cdot 5$ usw.). Die Besonderheit der Zahl, um die es nun gehen soll, ist, dass sie nur durch 1 und sich selbst geteilt werden kann. Man kennt diese speziellen Zahlen schon eine lange Zeit, aber erst im 20. Jahrhundert fand man bei der Verschlüsselung von Nachrichten eine praktische Anwendung für sie. **Um welche Zahlen handelt es sich?**

Frage 156

Was bezeichnet man in der Mathematik als Term?

Frage 157

Nach welcher Formel berechnet man das Volumen (V) eines Würfels?

☐ a) $V = \frac{1}{2} \cdot g \cdot h$

☐ b) $V = a \cdot b \cdot \sqrt{3}$

☐ c) $V = a^3$

☐ d) $V = \frac{1}{4} \cdot h^3 \cdot (a + b)$

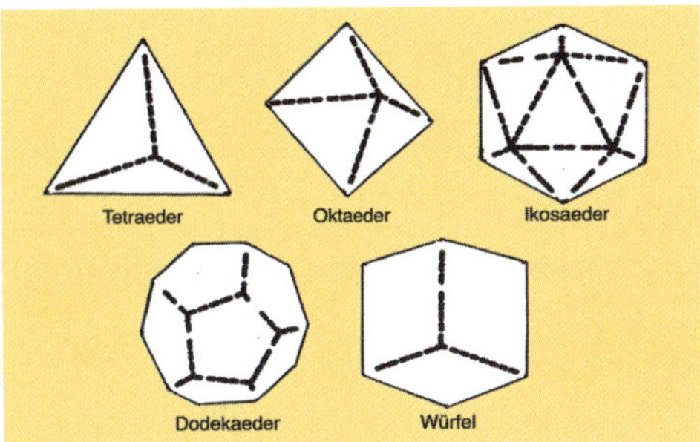

Geometrische Körper

Frage 158

Bei welcher mathematischen Disziplin bringt man etwas auf einen gemeinsamen Nenner?

☐ a) Stochastik
☐ b) Geometrie
☐ c) Mengenlehre
☐ d) Bruchrechnung

Frage 159

Wozu benutzte man früher Logarithmentafeln?

Frage 160

Mathematiker streben danach, ihre Aussagen auch zu beweisen. Nun gibt es aber einige mathematische Aussagen, die nicht bewiesen werden können. Sie gelten als unmittelbar einsichtig. Wie nennt man solche Aussagen?

Frage 161

Wie nennt man ein Zahlensystem, in dem es nur zwei unterschiedliche Werte gibt?

☐ a) Binärsystem
☐ b) Dezimalsystem
☐ c) Tertiärsystem
☐ d) Oktalsystem

Frage 162

Wie groß ist ein stumpfer Winkel?

Frage 163

Wer das Schachspiel erfunden hat, ist nicht genau geklärt. Auf jeden Fall rankt sich um seine Erfindung eine schöne Legende: Ihr zufolge soll der Erfinder befragt worden sein, was er als Belohnung für das schöne Spiel haben wolle. Daraufhin verlangte er ein Reiskorn für das erste Spielfeld, zwei Reiskörner für das zweite und für jedes weitere Feld doppelt so viele Körner wie für das vorhergegangene. Auf dem 64. Feld liegen dann 9.223.372.036.854.775.808 (mehr als neun Trillionen) Reiskörner – ein wahrhaft gigantisches Wachstum. **Wie nennt man**

eigentlich ein solches Wachstum in der Mathematik?

Frage 164

Wozu dient der sogenannte Dreisatz in der Mathematik?

Frage 165

Was bezeichnet in der Mathematik die Potenz?

- ☐ a) die Größe einer Zahl
- ☐ b) das Produkt einer Zahl mit sich selbst
- ☐ c) die Summe einer Zahl mit sich selbst
- ☐ d) die Häufigkeit einer Zahl innerhalb einer Menge

Frage 166

Was sind die Winkelfunktionen?

Frage 167

In der Logik gibt es den Begriff der „Tautologie". Was bezeichnet er?

Bertrand Russell

Frage 168

Der Mathematiker Bertrand Russell hat eine schöne, aber verzwickte kleine Geschichte erfunden, um auf ein logisches Dilemma aufmerksam zu machen. Im Mittelpunkt dieser Geschichte steht der Barbier eines kleinen Ortes. Dieser Barbier behauptet von sich selbst, er rasiere alle Männer des Ortes, nur nicht die, die sich selbst rasieren. So weit, so gut. Wie behandelt der arme Mann nun aber seinen eigenen Bart? Rasiert er sich selbst oder rasiert er sich nicht selbst? **Wie nennt sich ein solches logisches Dilemma?**

Frage 169

In der Mathematik hat man es immer wieder auch mit unendlichen Größen zu tun. Wie sieht das mathematische Zeichen für unendlich aus?

- ☐ a) $\mathfrak{J}$
- ☐ b) ∞
- ☐ c) Σ
- ☐ d) $\int$

Frage 170

Was versteht man in der Mathematik unter einem Satz?

- ☐ a) eine beliebige Buchstabenfolge
- ☐ b) eine Zeile in einer Berechnung
- ☐ c) eine Aussage, deren Wahrheit man mit anderen Aussagen beweisen kann
- ☐ d) eine Aussage, deren Wahrheit selbstverständlich ist und die nicht mehr bewiesen werden muss

Frage 171

Ein wichtiger Untersuchungsgegenstand für Mathematiker sind Funktionen. Aber was genau versteht man in der Mathematik unter einer Funktion?

Frage 172

Rechtecke sind eine Spezialform von Vierecken. Welche besonderen Merkmale weist ein Rechteck auf, die das „gemeine Viereck" nicht unbedingt haben muss?

Frage 173

Wie viele Flächen hat ein Pentaeder?

☐ a) 4
☐ b) 5
☐ c) 6
☐ d) 8

Frage 174

Wie nennt man in der Mathematik das Resultat einer Division?

Frage 175

Manchmal ist es in der Mathematik wichtig, nicht nur den Zahlenwert einer Größe zu kennen, sondern auch die Richtung, in die diese Größe bewegt wird. So etwas ist dann beispielsweise der Fall, wenn man in einem Koordinatensystem einen Punkt um einen bestimmten Zahlenwert verschieben möchte. Auch in der Physik treten derartige Fälle auf. Schließlich hat man es dort häufig mit Be-wegungen oder Kräften, die in eine bestimmte Richtung wirken, zu tun. Die Kombination aus einem Wert und einer Richtung wird dann zeichnerisch mit einem Pfeil dargestellt. **Wie nennt man solche Größen?**

Frage 176

Wie heißt das Ergebnis einer Subtraktion?

☐ a) Differenz
☐ b) Summe
☐ c) Quotient
☐ d) Skalarprodukt

Frage 177

Der englische Mathematiker und Philosoph wurde im Jahr 1815 in Lincoln geboren. Er war ursprünglich als Lehrer tätig, wurde dann aber wegen seiner wissenschaftlichen Leistungen zum Mathematikprofessor am Queens College im irischen Cork ernannt. Er beschäftigte sich intensiv damit, philosophische Probleme mit mathematischen Formulierungen darzustellen. Das Ergebnis dieser Bemühungen war eine spezielle Algebra, die mit den Werten „wahr" und „falsch" sowie mit den Funktionen „und", „oder" und „nicht" arbeitete. **Wie hieß der Wissenschaftler?**

Frage 178

In welcher mathematischen Disziplin beschäftigt man sich mit der Lösung von mathematischen Gleichungen?

☐ a) Analysis
☐ b) Algebra
☐ c) Arithmetik
☐ d) Stochastik

Frage 179

In der Geometrie kommen im Zusammenhang mit Kreisen auch Sekanten vor. Was stellen diese Gebilde mit dem Kreis an?

Frage 180

Wie unterscheiden sich der Radius und der Durchmesser eines Kreises voneinander?

Frage 181

Wer heutzutage mit der Zeit gehen will, nennt ein GPS sein Eigen. Wobei hilft ihm ein solches Gerät?

Frage 182

Der Kern dieses Geräts ist das sogenannte Magnetron. Dabei handelt es sich um einen Metallstab, der als Kathode dient. Er ist von einem massiven Metallzylinder, der Anode, umgeben. Auf der Innenseite des Zylinders befinden sich in regelmäßigen Abständen Bohrungen, die auch Hohlraumresonatoren genannt werden. Diese ganze Apparatur ist dann noch von einer Spule umgeben, die ein starkes Magnetfeld erzeugt. Schaltet man das Gerät nun ein, erhitzt sich die Kathode so lange, bis aus ihr Elektronen austreten. Sie werden durch das Magnetfeld stark beschleunigt und in eine kreisförmige Bahn gezwungen. Treffen die Elektronen auf ihren Bahnen auf die Anode, sorgen sie in den Hohlräumen für Schwingungen. So werden elektromagnetische Wellen erzeugt, die für die Funktion des Gerätes sehr wichtig sind. **Um welches Gerät handelt es sich?**

Frage 183

Für welche physikalische Größe benutzt man die Einheit Watt?

☐ a) Geschwindigkeit
☐ b) Widerstand
☐ c) Kraft
☐ d) Leistung

Frage 184

In welchem Fluss wurde das U-Boot auf Seetüchtigkeit getestet?

☐ a) Themse
☐ b) Seine
☐ c) Donau
☐ d) Tiber

Frage 185

Warum erleichtert ein Flaschenzug das Anheben schwerer Lasten?

Frage 186

Warum sind manche Materialien magnetisch, andere wiederum nicht?

Frage 187

Die Grundlage für diese Entwicklung legte der französische Waffenschmied Honoré Le Blanc, der das „System der austauschbaren Teile" erfand. Dabei geht es darum, Einzelteile so weit vorzufertigen, dass später daraus an einem anderen Ort nur noch die fertigen Produkte zusammengebaut werden müssen. Der amerikanische Automobilhersteller Henry Ford kannte dieses System auch. Sein Traum war es, Automobile herzustellen, die billig genug waren, damit viele Menschen sie sich leisten konnten. Die ersten Autos wurden nämlich in mühevoller Kleinarbeit zusammenmontiert und kosteten sehr viel Geld. Nachdem er sich auch noch auf amerikanischen Schlachthöfen umgesehen hatte, kam ihm eine Idee, die die Automobilproduktion revolutionierte. **Was führte Henry Ford in seinen Fabriken ein?**

Henry Ford

Frage 188

Nach welchem Prinzip funktioniert ein Radargerät?

Frage 189

Was versteht man unter einem Supraleiter?

- ☐ a) einen Leiter, der unter gewissen Bedingungen dem Strom einen unendlichen Widerstand entgegensetzt und so als Schalter eingesetzt werden kann
- ☐ b) einen Leiter, der den Strom ohne Widerstand transportiert
- ☐ c) einen Stoff, der über eine enorme Bruchsicherheit verfügt
- ☐ d) eine chemische Verbindung, die in unseren Waschmitteln für das Entfernen der Flecken zuständig ist

Frage 190

In der Elektrotechnik gibt es verschiedene Bauelemente. Eines davon ist die Diode. Was bewirkt dieses Bauelement?

- ☐ a) Es verstärkt den Strom.
- ☐ b) Es schwächt den Strom ab.
- ☐ c) Es lässt den Strom nur in eine Richtung passieren.
- ☐ d) Es lässt den Strom gar nicht passieren.

Frage 191

Worum geht es, wenn die Rede von Hydraulik ist?

Frage 192

Er ist das grundlegende Bauelement aller modernen elektronischen Geräte, ohne ihn wäre die rasante Entwicklung in der Unterhaltungselektronik, aber auch in der Büro- und Kommunikationstechnik und vielen weiteren Gebieten undenkbar. Hergestellt wird er aus einem Material, das sich Halbleiter nennt. Das gesuchte Bauelement wird in der Technik hauptsächlich für zwei verschiedene Aufgaben eingesetzt: zum Schalten und zum Verstärken von elektrischen Strömen. **Um welches unverzichtbare Bauteil handelt es sich?**

Frage 193

Was versteht man unter einem Breitbandkabel?

Frage 194

Wo findet man ein GSM-Netz?

- ☐ a) in der Hochseefischerei
- ☐ b) in der Mobilfunktechnik
- ☐ c) in der Computertechnik
- ☐ d) in modernen Haushalten

Frage 195

Wofür steht die Abkürzung UKW?

- ☐ a) Unabhängiges Kraftwerk
- ☐ b) Ultraschallwelle
- ☐ c) Unabsehbarer Kurswechsel
- ☐ d) Ultrakurzwelle

Frage 196

Jeder hat in seinem täglichen Leben mit Pits und Lands zu tun. Wo findet man diese rätselhaften Dinge?

Frage 197

Der Frequenzbereich der vom Menschen wahrnehmbaren Töne liegt ungefähr zwischen 20 Hz und 18.000 Hz. Töne, die darunter oder darüber liegen, werden für gewöhnlich nicht mehr wahrgenommen. Auch müssen sich Töne frequenzmäßig um ein gewisses Minimum unterscheiden, um vom menschlichen Ohr als verschieden wahrgenommen zu werden. Außerdem hört man sehr leise Töne in direkter Nachbarschaft von sehr lauten Tönen nicht. All diese Dinge macht sich ein besonderes Verfahren zur Speicherung von Musik zunutze. **Wie heißt es?**

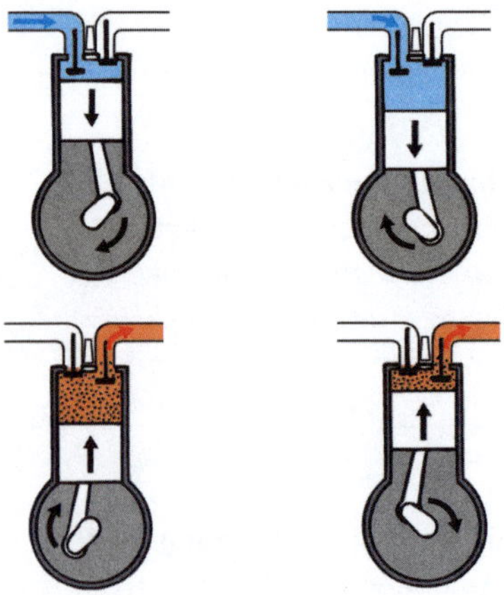

Frage 198

Welche vier Takte durchläuft ein Vier-Takt-Motor?

Frage 199

Wer verwendete das Hypokaustum?

Frage 200

Was ist eine LED?

☐ a) ein lichtempfindlicher Widerstand
☐ b) eine Leuchtdiode
☐ c) eine Energiesparlampe
☐ d) eine lasergesteuerte Datenübertragung

Frage 201

An welches Gerät kann man einen Subwoofer anschließen?

☐ a) an den Staubsauger
☐ b) an das Telefon
☐ c) an die Hi-Fi-Anlage
☐ d) an das Faxgerät

Frage 202

Woher kommt der Kondensstreifen, den einige Flugzeuge an den Himmel „malen"?

Frage 203

Sie kehrt den Prozess der aus dem Schulunterricht bekannten Elektrolyse um. Zur Erinnerung: Bei der Elektrolyse wird Wasser mithilfe elektrischer Energie in die gasförmigen Bestandteile Wasserstoff und Sauerstoff zerlegt. Sie nimmt nun genau diese beiden Stoffe, Wasserstoffgas und Sauerstoff, und wandelt sie wieder in Wasser um. Dabei wird theoretisch die Menge elektrischer Energie wieder abgegeben, die bei der Elektrolyse zur Spaltung notwendig war. Man kann also sagen: Mit dem Wasserstoff hat man ein Gas, in dem wir elektrische Energie speichern können, und mit ihr lässt sich daraus wieder elektrischer Strom produzieren. **Worum handelt es sich?**

Frage 204

Was verbirgt sich hinter dem Begriff „Lumen"?

☐ a) eine Maßeinheit für Strahlung
☐ b) eine Strom sparende Glühbirne
☐ c) eine exotische Gartenpflanze
☐ d) eine Maßeinheit für Windstärke

Frage 205

Wie kommt bei einer Schallplatte der Schall auf die Platte?

Frage 206

Was ist der Unterschied zwischen Tonwahl und Impulswahl beim Telefon?

Frage 207

Wie funktionieren Scheibenbremsen?

Frage 208

In der Elektronik finden hin und wieder noch sogenannte Relais Verwendung. Welcher Art waren diese Bauteile?

☐ a) Speicher
☐ b) Verstärker
☐ c) Widerstände
☐ d) Schalter

Frage 209

Sein großer Verdienst war es, die Druckkunst ganz entscheidend verbessert zu haben. Von ihm stammt nämlich die Idee, Druckplatten für Buchseiten nicht mehr aus einem Stück anzufertigen, sondern sie aus einzelnen Metalllettern zusammenzusetzen. Diese Lettern umspannte er dann mit einem festen Eisenrahmen. Darüber hinaus entwickelte er eine neuartige Handbremse und nahm viele Verbesserungen beim ganzen Druckvorgang vor. Man kann daher mit Fug und Recht behaupten, dass ohne ihn die moderne Buchdruckkunst nur schwer in Gang gekommen wäre, obwohl er nicht ihr Erfinder war. **Wie lautet sein Name?**

Frage 210

Wozu benötigt man einen Transformator?

Frage 211

Was misst einen Körperfettwaage?

☐ a) die Kalorien
☐ b) den elektrischen Widerstand
☐ c) das Fett
☐ d) die Muskeln

Frage 212

Was versteht man unter einem Planetengetriebe?

Frage 213

Welcher Bestandteil eines Lautsprechers versetzt die Luft in Schwingungen und erzeugt so die Töne?

☐ a) der Schwingkreis
☐ b) die Membran

☐ c) die Spule
☐ d) die Frequenzweiche

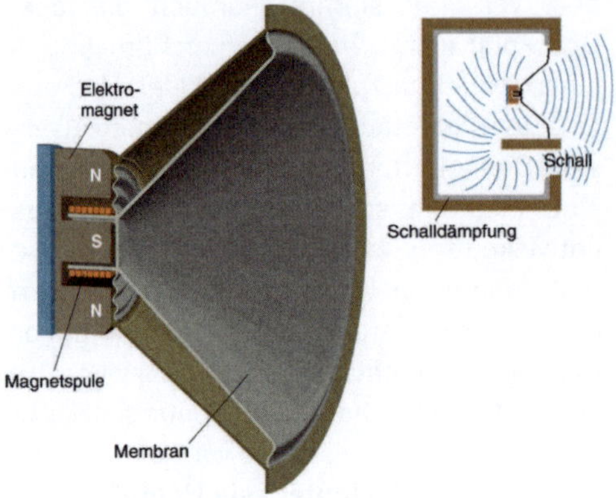

Frage 214

Wenn ein Redner mit seinem Mikrofon an den Lautsprechern steht, passiert Folgendes: Die Schallwellen der Stimme werden vom Mikrofon aufgenommen und verstärkt. Die Lautsprecher geben diese Stimme nun wieder. Da der Redner mit dem Mikrofon sehr nahe an den Lautsprechern steht, nimmt das Mikrofon das verstärkte Signal wieder auf und leitet es erneut verstärkt zum Lautsprecher. Dort beginnt dieser Teufelskreis ein weiteres Mal. Das Ergebnis ist schließlich ein lauter Pfeifton. **Wie nennt man dieses Phänomen?**

Frage 215

Was war die „Camera obscura"?

☐ a) ein Fotoapparat, den es schon im Altertum gab
☐ b) ein Apparat, der Spaßfotos macht
☐ c) ein seltsam aussehender Fotoapparat
☐ d) die erste Spiegelreflexkamera

Frage 216

Wieso bringt Schwarzlicht in der Diskothek weiße Kleidungsstücke zum Leuchten?

Frage 217

In dem gesuchten Gerät dient eine Kathode als Elektronenquelle. Zusammen mit einer Anode sorgt sie für einen völlig gleichmäßigen Elektronenstrom. In einer speziellen Linse wird dieser Strom zu einem sehr dünnen Strahl gebündelt. Dieser Strahl muss nun die sogenannten Anlenkelektroden passieren, zwischen denen ein wechselndes Magnetfeld aufgebaut wird, das den Elektronenstrahl von seiner Bahn ablenken kann. Auf diese Weise lässt sich der Elektronenstrahl sehr präzise „lenken". **Welches heute noch oft unverzichtbare Bauteil basiert auf diesem Prinzip?**

Frage 218

Wie funktioniert die Rücktrittbremse beim Fahrrad?

Frage 219

Wozu verwendet man in der Elektrotechnik einen Kondensator?

☐ a) zum Verstärken elektrischer Ströme
☐ b) zum Abschwächen elektrischer Ströme
☐ c) zum Speichern elektrischer Energie
☐ d) zur Umwandlung von Bewegung in elektrische Energie

Frage 220

Wie erzeugt ein Induktionsherd die Wärme zum Kochen?

Frage 221

Sie gelten als die ersten Werkzeuge, die der Mensch erfunden hat. Fast überall dort, wo vor ungefähr zwei Millionen Jahren Menschen gelebt haben, wurden auch diese frühen Werkzeuge gefunden. Sie hatten meistens zwei scharfe Seiten und ein spitzes Ende. Die beiden scharfen Seiten benutzten die Menschen zum Schneiden oder Schaben, das spitze Ende zum Bohren. Die stumpfe Seite der Werkzeuge, die gegenüber der Spitze lag, war so gearbeitet, dass sie sich gut in die Hand schmiegte. Daher und von ihrer Form stammt auch der Name. **Wie heißen sie?**

Frage 222

Der englische Apotheker John Walker erfand im Jahr 1826 einen kleinen Gegenstand, für den wir auch heutzutage noch Feuer und Flamme sind. Worum handelt es sich?

Frage 223

Wie kam die Kartoffel nach Europa?

Frage 224

Wozu dient die archimedische Schraube?

- ☐ a) zur Befestigung von Holzbalken
- ☐ b) zum Transport von Wasser in höher gelegene Regionen
- ☐ c) zum Bohren tiefer Löcher in den Boden
- ☐ d) zur Berechnung komplizierter Mathematikaufgaben

Frage 225

Wann wurde das Patent auf die Büroklammer angemeldet?

- ☐ a) Mitte des 19. Jahrhunderts
- ☐ b) im 17. Jahrhundert
- ☐ c) Anfang des 20. Jahrhunderts
- ☐ d) Ende des 19. Jahrhunderts

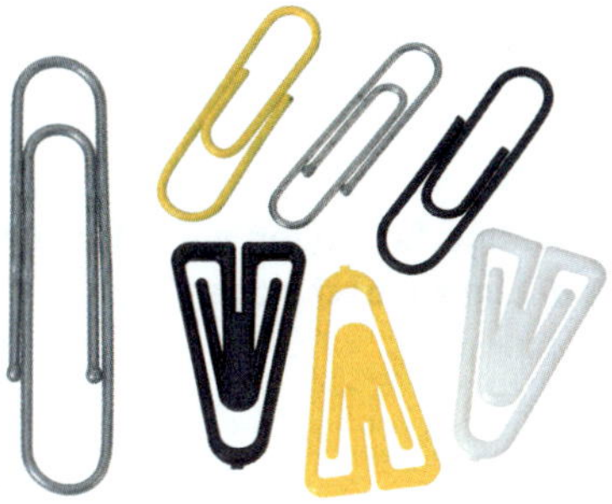

Frage 226

Wenn man nach den größten Erfindern überhaupt fragt, nennen die Leute ganz schnell seinen Namen. Er lebte in Italien und war Maler, Bildhauer, Architekt, Musiker, Anatom, Mechaniker, Ingenieur, Naturphilosoph und Erfinder. Als Erfinder beschäftigte er sich mit so unterschiedlichen Geräten wie Druckpumpen, Bohrmaschinen, Drehbänken oder Taucherglocken. Er entwarf auch Brücken und Festungsanlagen, Kanonen und Schleudern, konstruierte Brennspiegel und Kräne sowie Maschinen zur Tuchherstellung. Viele seiner Erfindungen existierten nur auf dem Papier, da man sie mit den damaligen Mitteln noch nicht herstellen konnte. **Um welchen Gelehrten handelt es sich?**

Frage 227

Der Italiener Alessandro Volta machte im Jahr 1800 eine Erfindung, die in unserem

Leben noch immer eine große Rolle spielt. Worum handelt es sich dabei?

Alessandro Volta

Frage 228

Welche wichtige Erfindung wird dem Chinesen Ts'ai Lun zugeschrieben?

☐ a) Schießpulver
☐ b) Papier
☐ c) Tinte
☐ d) Kampfsport

Frage 229

Welche Erfindung machte Louis Braille 1834?

☐ a) Barometer
☐ b) Daguerreotypie
☐ c) Blindenschrift
☐ d) Draisine

Frage 230

Im Jahr 1783 stellte der britische Naturforscher John Michell Überlegungen über Körper an, die über eine so große Anziehungskraft verfügen, dass selbst Licht ihnen nicht entkommen kann. **Als was faszinieren und ängstigen diese Objekte mittlerweile die Menschheit?**

Frage 231

Der Franzose Pierre Fauchard veröffentlichte 1728 ein zweibändiges Lehrwerk zu einem besonderen, nicht von allen Menschen geliebten Teilgebiet der Medizin, das damals als bahnbrechend galt. **Worum handelt es sich?**

Frage 232

Viele große Entdeckungen passieren einfach so und sind nicht geplant. Da beschäftigt sich ein Techniker mit einem Problem und macht dabei ganz nebenbei eine wichtige Entdeckung. So ging es im Jahr 1938 auch dem Amerikaner Roy Plunkett. Eigentlich sollte er nämlich für die amerikanische Chemiefirma DuPont ein neues Kühlmittel für Kühlschränke entwickeln. Dieses Mittel sollte gasförmig sein und musste unter hohem Druck hergestellt werden. Eines Morgens öffnete Plunkett nun den Zylinder, in dem das neue Kühlgas sein sollte, fand aber auf den ersten Blick gar nichts. Erst bei genauem Hinsehen entdeckte er schließlich ein weißes Pulver. Nach einigen Experimenten stellte er fest, dass sein neuer Stoff weder durch hohe Temperaturen, noch durch Chemikalien zerstört werden konnte. Außerdem hatte er gute Schmiereigenschaften. Das Pulver erhielt zunächst den Namen Polytetrafluorethylen. **Unter welchem Namen wurde der Stoff weltbekannt?**

Frage 233

Die Acetylsalicylsäure wurde als Medizin erstmals von der Firma Bayer auf den Markt gebracht. Unter welchem Namen wurde das Präparat in der ganzen Welt bekannt?

Frage 234

Ein Getränk, das die Kelten Koma nannten, wurde bereits vor mehr als 5000 Jahren in

Mesopotamien erfunden. Um welches heute sehr beliebte Getränk handelt es sich?

Frage 235

Wer hat die Dampfmaschine erfunden?

☐ a) James Watt
☐ b) Thomas Newcomen
☐ c) Matthew Boulton
☐ d) Thomas Alva Edison

Frage 236

Das Backpulver wurde bereits 1840 erfunden. Wer war sein Erfinder?

☐ a) Adolf von Baeyer
☐ b) August Oetker
☐ c) Justus von Liebig
☐ d) Eugène Soubeiran

Frage 237

Im Jahr 1952 meldete der Chemiker Carl Djerassi ein Arzneimittel zum Patent an, das er zusammen mit seinen Kollegen Gregory Pincus und John Rock entwickelt hatte. Es handelte sich dabei um einen Abkömmling des weiblichen Geschlechtshormons Progesteron. Neun Jahre später kam dieses Mittel unter dem Namen „Envoid" in den USA in den Verkauf. Bis es in Deutschland zu bekommen war, sollte noch ein weiteres Jahr vergehen. Dann war es auch hierzulande, aber unter der Bezeichnung „Anovlar" erhältlich. Das Mittel löste eine große Kontroverse aus. **Worum handelt es sich bei „Anovlar"?**

Frage 238

Welche wichtige Theorie hat Charles Darwin entwickelt?

Frage 239

Welcher bedeutende Wissenschaftler beschäftigte sich eingehend mit dem Blutkrebs?

☐ a) Rudolf von Virchow
☐ b) Robert Koch
☐ c) Charles S. Sherrington
☐ d) Karl E. von Baer

Frage 240

Wie hieß das erste Fahrrad?

☐ a) Laufrad
☐ b) Gehbeschleuniger
☐ c) Cousine
☐ d) Draisine

Das erste Fahrrad

Frage 241

Welcher Erfinder verlor bei explosiven Experimenten seinen Bruder?

Frage 242

Welches Musikinstrument entwickelte der Amerikaner Robert Moog?

Frage 243

Wann genau sie erfunden wurde, lässt sich nur schwer ermitteln. Es dürfte aber wahrscheinlich um 3500 v. Chr. in Mesopotamien gewesen sein. Sie ist eines der ältesten mechanisierten Handwerksgeräte des Menschen. Zunächst gab es für sie ganz unterschiedliche Antriebsarten. Im alten Ägypten entdeckte man schließlich, dass sich dieses Gerät am besten mit den Füßen antreiben ließ. Diese Form des Antriebs ist bis auf den heutigen Tag beibehalten worden. Mit ihr begann die Serienproduktion wichtiger Alltagswaren. Außerdem erlaubte sie eine qualitativ hochwertigere Verarbeitung. **Um welche Erfindung handelt es sich?**

Frage 244

Wie heißt das Material, das ganz entscheidend zum Gelingen der ersten Fotografie beitrug?

☐ a) Asphalt
☐ b) Gips
☐ c) Ton
☐ d) Papier

Frage 245

Auf welchem Gebiet erwarben sich Mitte des 19. Jahrhunderts Horace Wells, William Thomas Green Morton, John Snow und James Young Simpson einige Verdienste?

Frage 246

Man kann nicht genau sagen, wann der Mensch diese wichtige Erfindung gemacht hat. Es ist aber sicher, dass sie ganz und gar auf seine eigenen Überlegungen zurückgeht, denn in der Natur gibt es keine Vorbilder dafür. **Wie heißt diese Erfindung, die das Transportwesen revolutionierte?**

Frage 247

Die Sumerer waren eine Hochkultur, die technisch schon weit fortgeschritten war. Viele große Erfindungen wie Bewässerungssysteme, die Töpferscheibe oder die Keilschrift gehen auf ihr Konto. Auch in der Astronomie setzten die Sumerer Maßstäbe. **In welchem Gebiet war dieses erfinderische Volk beheimatet?**

☐ a) im heutigen Irak
☐ b) im heutigen Ägypten
☐ c) in Südamerika
☐ d) in Indien

Frage 248

Ohne die Post wäre die moderne Kommunikation – trotz E-Mail – noch nicht denkbar. Welche Kultur hat das erste funktionierende Postwesen aufgebaut?

Frage 249

Welche für die Medizin wichtige Entdeckung machte Alexander Fleming im Jahr 1928 eher zufällig?

Alexander Fleming

Frage 250

Wann dieses Kleidungsstück zum ersten Mal hergestellt wurde, ist nicht überliefert. In der Form, wie wir es heute kennen, brachte es die Britin Mary Quant erstmals unter die Leute. Ihr Geschäft „Bazaar" eröffnete sie 1955 in der Kings Road im Londoner Stadtteil Chelsea. Bald wurde es der Britin zu langweilig, nur die Mode anderer anzubieten, und so schaffte sie sich eine Nähmaschine an und machte sich selbst an die Arbeit. Auf diese Weise entstand der „Chelsea-Look", eine Mode, die sich jeder leisten konnte und die trotzdem schick war. Eine ihrer Kreationen sorgte schließlich nicht nur in Großbritannien für einen Sturm der Entrüstung und konnte sich erst ab den 1960er-Jahren in der Mode etablieren. **Um welches Kleidungsstück handelt es sich?**

Frage 251

Welcher Wissenschaftler kam auf die Idee, dass man Linsen wegen ihrer vergrößernden Eigenschaften auch gut als Sehhilfen einsetzen könnte?

- ☐ a) Archimedes
- ☐ b) Leonardo da Vinci
- ☐ c) Ibn al-Haitham
- ☐ d) ein ägyptischer Sklave, dessen Name nicht überliefert ist

Frage 252

Wie unser Blut beschaffen ist, lernt man heutzutage bereits in der Schule. Wann wurden aber die roten Blutkörperchen entdeckt?

- ☐ a) im 17. Jahrhundert
- ☐ b) im 18. Jahrhundert
- ☐ c) im 19. Jahrhundert
- ☐ d) im 20. Jahrhundert

Frage 253

Das Mutterland des Fußballs ist Großbritannien, soviel scheint klar. Es stimmt aber nicht! Aus welchem Land stammt dieser Sport ursprünglich?

Frage 254

Johannes Gutenberg erfand den Buchdruck mit beweglichen Lettern, aber wer erfand eigentlich das Buch?

Frage 255

Gelernt hatte er den Beruf des Glasschneiders, doch er war zu Höherem berufen und wurde ein angesehener Wissenschaftler. Auch in diesem Beruf blieb er aber der praktischen Seite des Lebens treu. Dabei tat er sich insbesondere in der Optik hervor. So entwickelte er immer bessere optische Geräte und maß als Erster die Wellenlänge des Lichts. Außerdem erfand er das Spektroskop, mit dem man das Licht in seine Spektralfarben zerlegen kann, entwickelte neue Fertigungsverfahren für Gläser und mehrere weitere optische Instrumente. Heute trägt eine bedeutende Gesellschaft zur Förderung der angewandten Forschung seinen Namen. **Wie hieß er?**

Frage 256

Gregor Mendel

Was ist in der Biologie mit dem Namen des Botanikers und Genetikers Gregor Mendel verknüpft?

☐ a) die Fotosynthese
☐ b) die Fluoreszenz
☐ c) die Vererbungsgesetze
☐ d) die Klimaerwärmung

Frage 257

Wer konstruierte und baute im Jahr 1876 den ersten Verbrennungsmotor?

☐ a) Carl Benz
☐ b) Nikolaus August Otto
☐ c) Gottfried Daimler
☐ d) Henry Ford

Frage 258

Wie kam der Teddybär zu seinem Namen?

Frage 259

Er wurde als 10. Sohn und insgesamt 15. Kind eines Seifen- und Kerzenmachers in Boston geboren und war mit einem enormen Wissensdurst ausgestattet. Schon als kleiner Knirps verschlang er daher alle Bücher, derer er habhaft werden konnte. Eine Ausbildung begann er in der Druckerei seines Halbbruders James, für dessen Zeitung er auch einige Essays schrieb. Von 1723 bis 1748 führte er schließlich einen eigenen Verlag und eine Druckerei. Danach beschäftige er sich intensiv mit Naturwissenschaften und Politik. In der Naturwissenschaft faszinierte ihn besonders die Elektrizität. Seine bedeutendste Erfindung auf diesem Gebiet dürfte der Blitzableiter sein. Auch seine politische Karriere war sehenswert. So saß er beispielsweise ab 1775 in dem Komitee, das die Unabhängigkeitserklärung der USA konzipierte. 1787 wählte man ihn zum ersten Präsidenten der Gesellschaft gegen Sklaverei. Seine letzte öffentliche Handlung war, noch im selben Jahr die Verfassung zu unterzeichnen. **Um welchen Erfinder und Staatsmann geht es?**

Frage 260

Welcher Erfinder soll angesichts einer neuen Erkenntnis den berühmten Ruf „Heureka!“ getan haben?

☐ a) Albert Einstein
☐ b) Antoine de Lavoisier
☐ c) Archimedes
☐ d) Galileo Galilei

Frage 261

Seit die Menschen rechnen, träumen sie davon, dass ihnen eine Maschine diese Arbeit abnehmen kann. Wer baute schließlich die erste wirklich funktionstüchtige mechanische Rechenmaschine?

Frage 262

Welcher deutsche Wissenschaftler baute den ersten Computer?

☐ a) Konrad Zuse
☐ b) Albert Einstein
☐ c) Gottfried Wilhelm Leibniz
☐ d) Werner von Siemens

Frage 263

Welches Unternehmen gründete der Amerikaner Steve Jobs im Jahr 1976?

Steve Jobs

Frage 264

Sie war die einzige eheliche Tochter des Dichters Lord Byron. Ihrer mathematisch interessierten Mutter verdankte sie die Möglichkeit, eine naturwissenschaftliche Ausbildung absolvieren zu können, was in Großbritannien im 19. Jahrhundert für Frauen nicht gerade üblich war. 1843 übersetzte sie schließlich einen Text des italienischen Mathematikers Luigi Menebrea, in dem er sich mit der Funktionsweise einer Rechenmaschine, die sein Kollege Charles Babbage entworfen hatte, auseinandersetzt. Sie beließ es aber nicht bei einer einfachen Übersetzung, sondern fügte auch eigene Überlegungen und Kommentare ein. Außerdem entwickelte und veröffentlichte sie ein Verfahren, wie man Bernoulli-Zahlen mit der Maschine berechnen könnte. Diese Arbeit machte sie zur ersten Programmiererin überhaupt. **Um welche Gelehrte geht es?**

Frage 265

Wofür stehen die Buchstaben WWW?

☐ a) World Wide Warming
☐ b) Wild West Web
☐ c) World Wide Web
☐ d) Wet While Washing

Frage 266

Ohne Halbleiter ist die moderne Computertechnik nicht denkbar. Was ist eigentlich ein Halbleiter?

Chip

Frage 267

Wie bezeichnen Techniker das „Verunreinigen" von Halbleitern mit fremden Atomen?

☐ a) addieren
☐ b) skalieren
☐ c) generieren
☐ d) dotieren

Frage 268

Das Internet hat für viele Menschen die Arbeit und die Kommunikation wesentlich erleichtert. Auf jeden Fall hat es unser Leben gründlich verändert. Aber es stellt nicht nur einen Segen dar, sondern hält auch einige Gefahren für unsere Computer bereit. So werden über das Internet beispielsweise Computerviren verbreitet, die sich in Dateien einnisten und aktiviert werden, wenn diese geöffnet werden. Solche Viren können komplette Computersysteme lahm legen. Besonders tückisch sind Eindringlinge, die unbemerkt Programme installieren, über die Dritte dann wichtige Daten wie Passwörter ausspähen oder den Computer steuern können. Diese Programme tragen einen besonderen Namen. **Wie lautet er?**

Frage 269

Wer sich einen neuen Computer kauft, achtet für gewöhnlich darauf, dass genug RAM in der Maschine vorhanden ist. Was steckt aber eigentlich hinter der Bezeichnung „RAM"?

Frage 270

Was bedeutet die Abkürzung CPU?

☐ a) Central Printing Unit
☐ b) Central Processing Unit
☐ c) Circular Processing User
☐ d) Crash Per Minute

Frage 271

Was versteht man unter einem Betriebssystem?

Frage 272

Worüber unterhalten sich Computerfreaks, wenn der Begriff „Ubuntu“ fällt?

DAS LOGISCHE UND

Gegeben sind zwei Aussagen A und B. Verknüpfen wir diese beiden Aussagen mit einem logischen UND, so müssen A und B beide gleichzeitig „wahr“ sein, damit auch das Ergebnis C „wahr“ ist. Man kann das in einer Wahrheitstabelle so darstellen:

A	B	C
f	f	f
f	w	f
w	f	f
w	w	w

Wenn wir nun noch das „f“ durch eine 0 und das „w“ durch eine 1 ersetzen, ist man wieder bei einer für den Rechner lesbaren Darstellungsform angelangt.

Frage 273

Um mit einem Computer arbeiten zu können, benötigt man eine Vielzahl verschiedener Programme. Je nachdem, ob man mit Grafiken, Texten oder Tabellen arbeiten möchte, muss man unterschiedliche Computerprogramme aufrufen. Auch um sich im

Internet bewegen zu können, sind besondere Programme erforderlich. Mithilfe dieser Programme lassen sich nicht nur Texte oder Bilder darstellen, sondern auch Programme, Musik oder Filme herunterladen. **Wie nennt man sie?**

Frage 274

Was versteht man unter einem Hyperlink?

☐ a) einen Verweis auf eine Internetseite
☐ b) eine Abkürzung durch den Weltraum
☐ c) eine Grafik auf einer Internetseite
☐ d) den Namen einer Internetseite

Frage 275

In der Informatik kennt man das EVA-Prinzip. Wofür steht die Abkürzung EVA?

☐ a) Eine Vereinfachte Arbeitsweise
☐ b) Eingabe – Verarbeitung – Ausgabe
☐ c) EVA ist der Name einer Programmiersprache, die jeder Computer versteht
☐ d) Ernster Verfahrensfehler bei der Ausgabe von Daten

Frage 276

Was ist der Unterschied zwischen Hardware und Software?

Frage 277

Wie nennen die Techniker ein kleines Halbleiterstück, auf dem sich heutzutage mehr als 200 Millionen Transistoren befinden können?

☐ a) I/O Einheit
☐ b) Rechenwerk
☐ c) Relais
☐ d) Chip

Frage 278

Flachbildschirme verfügen über keine Bildröhre, daher können sie überhaupt so flach gebaut werden. Aber wie entstehen dann bei ihnen die Bilder?

Frage 279

In der Computerbranche wurde der alte amerikanische Traum vom Selfmade-Millionär immer wieder Wirklichkeit. Eine dieser Geschichten beginnt im Jahr 1975 mit einem Heimcomputer zum Selberzusammenbauen. Dieses Gerät nannte sich Altair 8800. Die Firma MITS, die das Gerät gebaut hatte, stellte zwei Studenten ein, um Programme dafür zu schreiben. Der Vertrag sah auch vor, dass die beiden eine Telefon-Hotline für Nachfragen einrichten sollten. Schnell wurde die Arbeit für sie so viel, dass der Jüngere von beiden sein Jurastudium abbrach, um sich dieser Aufgabe in einer eigens gegründeten Firma zu widmen. 1981 konnte er schließlich eine Zusammenarbeit mit der Firma IBM vereinbaren. Von da an begann sein rasanter Aufstieg. **Wer war der Jurastudent?**

Frage 280

Was ist ein FlipFlop?

Frage 281

Was hat ein Bus in einem Computer zu suchen?

Frage 282

In welchem Land wurde das World Wide Web erfunden?

☐ a) Amerika
☐ b) Schweiz
☐ c) Indien
☐ d) Sowjetunion

Frage 283

Dieses Computerprogramm von der Firma Microsoft wird vor allem von Menschen verwendet, die viel mit der Analyse und Darstellung verschiedener Daten zu tun haben. Arbeitsblätter, Tabellen, Diagramme und auch Datenbanken sind dabei die zentralen Arbeitsgebiete des Programms. Es hilft nicht nur bei der Erstellung und Präsentation der Daten (z. B. von Firmendaten), sondern kann auch für mathematische Berechnungen – meist aus dem statistischen Bereich – herangezogen werden. Die mathematischen Funktionen erlauben es, bestimmte Anwendungen, wie z. B. eine einfache Buchführung, für dieses Programm zu programmieren. **Um welches Programm handelt es sich hierbei?**

Frage 284

In den Beschreibungen von Computern oder einzelnen Computer-Komponenten ist immer wieder die Rede von „Plug & Play". Was verbirgt sich hinter diesem Ausdruck?

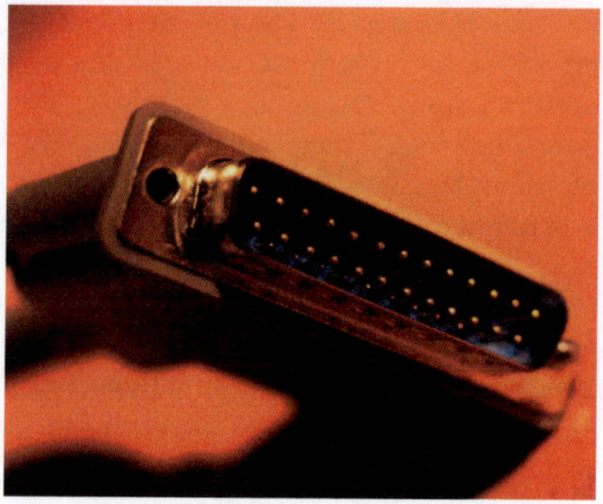

Frage 285

Wie nennt man einen Speicherbaustein im Computer, der nur das Auslesen von Daten, nicht aber sein Wiederbeschreiben gestattet?

☐ a) REM
☐ b) RIM
☐ c) ROM
☐ d) RUM

Frage 286

Wer professionell mit dem Computer arbeitet, beherrscht zumeist auch verschiedene Programmiersprachen. Eine dieser Sprachen nennt sich Javascript. In welchem Bereich wird sie eingesetzt?

Frage 287

Die Diskette hat als Speichermedium schon lange ausgedient. Heutzutage verwendet man wiederbeschreibbare CDs.

Wie kann man eigentlich Daten von einer CD löschen?

Frage 288

Was ist BASIC?

☐ a) ein einfacher Computer
☐ b) eine Programmiersprache
☐ c) ein Computer-Einführungskurs
☐ d) das erste Betriebssystem

Frage 289

Zu welchem Zweck benutzen viele Menschen das Programm Powerpoint?

☐ a) zum Erstellen von Präsentationen
☐ b) zum Schreiben einfacher Texte
☐ c) zum Bearbeiten digitaler Fotos
☐ d) zum Schreiben und Empfangen von E-Mails

Frage 290

Im Jahr 1847 entwickelte ein irischer Gelehrter eine spezielle Algebra, ohne die unsere Computer nicht all die Aufgaben erledigen könnten, die wir ihnen stellen. Sie arbeitet nicht mit mathematischen (+, -, ·, ÷), sondern mit logischen Operatoren wie UND, ODER und NICHT. Mit ihrer Hilfe lassen sich logische Aussagen treffen und Bedingungen formulieren. Auch elektronische Schaltungen können mit ihr dargestellt werden. Der besondere Kniff ist nun, dass das natürlich auch in die andere Richtung funktioniert: Logische Verknüpfungen lassen sich ebenso mit elektronischen Schaltungen realisieren – auch das geschieht in modernen Rechnern ständig. **Wie hieß der Gelehrte, dessen Namen diese besondere Algebra auch trägt?**

Frage 291

Einige Computerdateien erfordern ein besonderes Programm, um sie öffnen zu können. Welche Dateien lassen sich mit dem Acrobat Reader betrachten?

Frage 292

Wenn ein bestimmter Bestandteil eines Computers (z. B. die Soundkarte oder ein Drucker) nicht mehr korrekt arbeitet, bekommt man oft den Hinweis, man solle einen aktuellen Treiber installieren. Was genau ist eigentlich ein Treiber?

Frage 293

An den Dateierweiterungen kann man erkennen, mit welcher Art von Dateien man es gerade zu tun hat. Worauf weist die Endung .wav hin?

☐ a) ein Textdokument
☐ b) eine Sounddatei
☐ c) ein Bild
☐ d) eine Tabelle

Frage 294

Nach welchem Gelehrten ist eine Programmiersprache benannt worden?

☐ a) Leonard Euler
☐ b) Gottfried Wilhelm Leibniz
☐ c) Blaise Pascal
☐ d) Enrico Fermi

Frage 295

Was verbirgt sich hinter dem Kürzel HTML?

Frage 296

Eines der Merkmale, auf die Computerkäufer achten sollten, ist die Taktfrequenz des Geräts. Was wird mit ihr bezeichnet?

Frage 297

Das binäre Zahlensystem, mit dem alle Computer arbeiten, kennt nur zwei Zahlen, die 0 und die 1. Allerdings kommt man natürlich mit einer einzelnen dieser sogenannten Binärziffern nicht weit. Alle Zeichen, die unser Alphabet umfasst, und auch die Sonderzeichen auf unserer Tastatur sind deshalb aus acht Binärziffern zusammengesetzt. Für eine solche aus acht Ziffern bestehende Einheit kennt die Informatik einen besonderen Begriff. **Wie heißt er?**

Frage 298

Welches der folgenden Computerprogramme ist besonders gut zur Erstellung von Grafiken geeignet?

☐ a) Corel Draw
☐ b) Access
☐ c) Word
☐ d) Pagemaker

Frage 299

Im Zusammenhang mit CDs und DVDs taucht immer häufiger der Begriff „Dual Layer" auf. Worauf deutet er hin?

Frage 300

Was versteht man unter Copy & Paste?

☐ a) unerlaubtes Kopieren von Daten aus dem Internet
☐ b) Prinzip zur Übertragung von Daten zwischen verschiedenen Anwendungen
☐ c) Auslesen von Daten von einem Datenträger
☐ d) Ausspionieren eines Computers innerhalb eines Netzwerks

Frage 301

Der Bodensee wird von drei Ländern umschlossen. Welche Länder sind das?

Frage 302

Welchen Umfang hat die Erde?

- ☐ a) ca. 20.000 km
- ☐ b) ca. 33.000 km
- ☐ c) ca. 40.000 km
- ☐ d) ca. 51.000 km

Frage 303

Für Kunst- und Musikinteressierte stellt dieser Stadtteil von Manhattan in New York fast so etwas wie eine Pilgerstätte dar. Er liegt am Hudson River und wird im Westen vom weltberühmten Broadway begrenzt. Seit Anfang des 20. Jahrhunderts lebten dort Künstler und Schriftsteller, Nonkonformisten, Entertainer, Intellektuelle und die Boheme. Ende der 1960er-Jahre avancierte der Stadtteil zu einem Zentrum der Hippie-Kultur. Auch die New York University befindet sich hier. Berühmte Schriftsteller und Künstler wie Henry James, Edith Wharton, Edgar Allan Poe, Mark Twain, Walt Whitman, Eugene O'Neill, Norman Rockwell, Jackson Pollock, Mark Rothko, Willem de Kooning, Jack Kerouac, Allen Ginsberg, Bob Dylan und Lawrence Ferlinghetti hatten ihr Zuhause im Village, wie der gesuchte Stadtteil kurz genannt wird. **Wie lautet sein kompletter Name?**

Frage 304

Wo liegt der größte europäische Binnenhafen?

Frage 305

In Nordamerika, an der Grenze von Kanada und den USA, befinden sich berühmte Wasserfälle. Wie heißen sie?

Frage 306

Was versteht man in der Geografie unter einem Meridian?

- ☐ a) einen besonderen Reiseführer
- ☐ b) einen halben Längenkreis auf der Erde
- ☐ c) einen Kreis, der parallel zum Äquator verläuft
- ☐ d) den Schnittpunkt eines Längen- und eines Breitenkreises

Frage 307

Diese künstliche Wasserstraße ist nur knapp 82 km lang, doch für die Schifffahrt bedeutet sie eine enorme Erleichterung. Sie verbindet den Atlantik und den Pazifik miteinander. Vor ihrem Bau war die gefährliche Umschiffung des Kap Hoorn notwendig. Diese Seereise war sage und schreibe 30.000 km lang. Den Bau des Kanals hatten im Jahr 1880 die Franzosen begonnen, doch nach zehn Jahren und einigen Rückschlägen gaben sie ihr Vorhaben auf. Nachdem der Staat, durch den der Kanal läuft, im Jahr 1903 unabhängig geworden war, nahmen seine Einwohner mit amerikanischer Hilfe das Bauvorhaben wieder auf. Im Jahr 1914 konnten die Arbeiten abgeschlossen werden. **Um welchen berühmten Kanal handelt es sich?**

Vulkanausbruch auf Hawaii

Frage 308

Vulkanausbrüche sind eindrucksvolle Naturschauspiele. Häufig tritt bei ihnen flüssiges Gestein – die sogenannte Lava – aus und wälzt sich in glühenden Strömen die Flanken des Vulkans herab. **Welches der folgenden Gesteine ist kein Vulkangestein?**

- ☐ a) Basalt
- ☐ b) Obsidian
- ☐ c) Granit
- ☐ d) Grauwacke

Frage 309

Was ist der größte Monolith der Welt?

Frage 310

Wer schon einmal in einer Tropfsteinhöhle war, wird sich sicherlich auch für die Gesteinssäulen, die dort zu besichtigen sind, begeistern können. Man unterscheidet hier zwei verschiedene Formen von Tropfsteinen: solche, die von der Decke herabhängen, und

Tropfsteinhöhle

solche, die vom Boden nach oben wachsen. **Wie heißen die nach oben wachsenden Tropfsteine?**

Frage 311

Was nennt man „The Golden Gate"?

- ☐ a) die Einfahrt in die Bucht von San Francisco
- ☐ b) den Eingang zum amerikanischen Death Valley
- ☐ c) die Einfahrt in den Panama-Kanal
- ☐ d) das östliche Ende Großbritanniens

Frage 312

Kein Zweifel, der Sohn eines preußischen Offiziers war ein kleines Genie. Daher bekam er bereits als Jugendlicher eine fast universitäre Ausbildung. Nach der Ausbildung probierte er diverse Tätigkeiten aus, die ihm aber alle nicht zusagten, da sie ihn unterforderten. Im Jahr 1799 hatte er dann die Mittel beisammen, um sich einen lange gehegten Traum zu erfüllen, nämlich auf Forschungsreise zu gehen. In den folgenden Jahren bereiste er die Länder Lateinamerikas und Zentralasiens. Dabei betrieb er Forschungen in den Bereichen Botanik, Zoologie, Mineralogie, Klimakunde, Meereskunde und Astronomie (wahrlich ein weiter Bereich). Heutzutage gilt er als einer der Väter der Geografie als Wissenschaft. **Wer war es?**

Frage 313

Welches Gebirgsmassiv bildet die Grenze zwischen Europa und Asien?

Frage 314

An welchem Fluss liegt Berlin?

Frage 315

Welche der folgenden Inseln ist keine Kanalinsel?

☐ a) Jersey
☐ b) Guernsey
☐ c) Wight
☐ d) Herm

Frage 316

Sibirien liegt auf der einen Straßenseite der Beringstraße. Was befindet sich auf der anderen?

Frage 317

Niemand hat die Karten dieser Welt so verändert wie er. Auf seinen drei großen Südseereisen entdeckte er Länder und Inseln und kartografierte deren Küsten. Anders als viele andere Seefahrer ging er dabei aber nicht als brutaler Eroberer vor, sondern begegnete den Einheimischen meist friedlich und verständnisvoll. Daheim in London hielt es der Brite nicht lange aus – nach einer Weile in der Studierstube zog es ihn immer wieder hinaus. Bis 1779 ein Unglück geschah. Nachdem es auf Hawaii bereits mehrfach zu Missverständnissen zwischen den Einheimischen und dem Entdecker und seiner Mannschaft gekommen war, eskalierte eines Tages die Lage. Es fielen mehrere Schüsse, und der Entdecker wurde im Laufe eines Scharmützels von Hawaiianern erstochen. **Wer war der Mann?**

Frage 318

Wie heißt der höchste Gipfel der Alpen?

☐ a) Großglockner
☐ b) Zugspitze
☐ c) Matterhorn
☐ d) Mont Blanc

Frage 319

Zu welchem Land gehört die Osterinsel?

Moais auf der Osterinsel

☐ a) Chile
☐ b) Argentinien
☐ c) Mexiko
☐ d) Paraguay

Frage 320

Welcher Hafen liegt an der Mündung der Seine?

Frage 321

Was versteht man unter Geothermie?

Frage 322

An welchem Meer liegt Helsinki?

☐ a) Nordsee
☐ b) Ostsee
☐ c) Atlantik
☐ d) Mittelmeer

Frage 323

Dieses Naturphänomen ereignet sich hauptsächlich im Pazifikraum zwischen der Westküste Südamerikas und dem südostasiatischen Raum (Indonesien, Australien). Seit mehr als 150 Jahren kommt es in diesem Raum regelmäßig in zwei- bis siebenjährigen Abständen zu Umkehrungen der normalen Wettersituation. Dabei schwächt sich der kalte Humboldtstrom so weit ab, dass er ganz zum Erliegen kommt. Das wiederum bewirkt, dass warmes Meerwasser, das normalerweise in Richtung Westen unterwegs ist, wieder zurück nach Osten fließt. Innerhalb von drei Monaten wandert so das warme Wasser von Südostasien nach Südamerika. Der Ostpazifik erwärmt sich, während vor Australien und Indonesien die Wassertemperatur absinkt. Dies kann weltweite Auswirkungen auf das Wetter in Form extremer Dürren, Unwetter oder weiterer Wetterkapriolen haben. **Wie nennt sich dieses Naturphänomen?**

Frage 324

Wie entsteht ein Wirbelsturm?

Frage 325

Man findet Bodenschätze häufig in recht dünnen, dafür aber sehr langen Schichten. Wie lautet der Fachbegriff für solche Schichten?

Frage 326

Wie heißt die größte Wüste Asiens?

☐ a) Sahara
☐ b) Gobi
☐ c) Negev
☐ d) Karakum

Frage 327

Unsere Erde gilt als recht kleiner und schnuckeliger Planet. Dennoch sind ihre Größe und Masse für uns Erdenbewohner kaum vorstellbar. Wie schwer ist unser Mutterplanet (in Trillionen Tonnen)?

☐ a) 6
☐ b) 600
☐ c) 6000
☐ d) 6.000.000

Frage 328

In Abenteuerromanen, die auf See spielen, kommt häufig das Kap der guten Hoffnung

als besonders gefährlich zu umschiffende Stelle vor, die den Seeleuten früher den Angstschweiß auf die Stirn getrieben hat. Wo liegt es eigentlich?

Kap der guten Hoffnung

DER FLIEGENDE HOLLÄNDER SCHEITERTE AM KAP

Der Legende nach zählt auch der niederländische Kapitän Hendrik van der Decken zu den armen Seelen, die am Kap scheiterten. Er befand sich bei starkem Sturm auf der Reise und erflehte noch die Hilfe aller Götter, um die Fahrt heil zu überstehen. Doch sein Flehen wurde nicht erhört, das Schiff verschwand in der tosenden See. Seither spukt es als „The Flying Dutchman" (Der fliegende Holländer) durch die Weltmeere.

Frage 329

Er war der Sohn einer venezianischen Handelsfamilie und reiste mit seinem Vater und seinem Onkel im Jahr 1271 in Richtung China. Erst nach 26 Jahren – und entsprechend vielen Abenteuern – kehrte er als wohlhabender Mann wieder nach Venedig zurück. Wenig später schloss er sich einem Feldzug gegen die Stadt Genua an und geriet dort für zwei Jahre in Gefangenschaft. Für die Nachwelt hatte dies den unschätzbaren Vorteil, dass er einem seiner Gefängnis-Mitinsassen, Rustichello da Pisa, seine „unglaublichen" Reiseerlebnisse diktierte. So blieben die Erlebnisse und Schilderungen dieses Reisenden für die Nachwelt erhalten. **Wer war der junge Abenteurer?**

Frage 330

Die Erdkruste ist nicht „aus einem Guss". Sie besteht aus sieben unterschiedlichen größeren und einer Vielzahl kleinerer Platten. Wie werden diese Platten genannt?

Frage 331

Welches ist der kleinste Staat in Europa?

☐ a) Vatikanstadt
☐ b) Liechtenstein
☐ c) San Marino
☐ d) Andorra

Frage 332

Bei einem dieser Gewässer handelt es sich nicht um einen Süßwassersee. Welches ist es?

☐ a) Victoriasee
☐ b) Ladogasee
☐ c) Baikalsee
☐ d) Barentssee

Frage 333

Dunkle Wolken und starker Wind sind meist Vorboten eines Gewitters. Gewitter entstehen bei großen Turbulenzen in den

Wolken. Dabei entsteht eine elektrische Spannung, die sich als Blitz entlädt. Doch was ist der Donner?

Frage 334

Woraus entsteht eine Moräne?

Frage 335

In erdgeschichtlichen Maßstäben gemessen sind 130 Millionen Jahre eine kurze Zeit. Vor diesem Augenblick entstand durch den Zusammenstoß zweier Erdplatten ein Faltengebirge. Es hat eine West-Ost-Ausdehnung von etwa 1200 km und eine Nord-Süd-Ausdehnung von zwischen 100 und 300 km. Insgesamt erstreckt es sich über sieben Staaten. Sein höchster Gipfel ist 4808 m hoch und befindet sich im Westteil des Gebirges. Jedes Jahr wächst es um 10–12 mm. **Von welchem Gebirge ist die Rede?**

Frage 336

Mit welchem Land ist Grönland politisch assoziiert?

☐ a) Schweden
☐ b) Finnland
☐ c) Dänemark
☐ d) Norwegen

Frage 337

Wo findet man das „Quartier Latin"?

☐ a) Paris
☐ b) Toronto
☐ c) Mexiko-Stadt
☐ d) Peru

Frage 338

Welche Kurorte in der Schweiz, in Österreich und in Deutschland haben denselben Namen?

Frage 339

Welches ist die kürzeste Fährroute zwischen England und Frankreich?

Frage 340

Was ist der Monsun?

☐ a) ein Tiefdruckgebiet
☐ b) ein Hochdruckgebiet
☐ c) ein Wind
☐ d) ein Taifun

Tankerunglück

Frage 341

Am 24. März 1989 war ein Öltanker von der Öl-Verladestation der Transalaska-Pipeline in einem Hafenort in Alaska Richtung Süden unterwegs. Vor Südalaska passierte dann das Unglück. Der Tanker lief auf das Bligh-Riff im Prince William Sund auf. Der Kapitän lag zu diesem Zeitpunkt betrunken in seiner Koje, das Kommando hatte der dritte Offizier inne. Der verfügte indes nicht über genug Erfahrung, um ein solches Schiff durch das Seegebiet vor Alaskas Küste zu steuern. Und so kam es, wie es kommen musste: Dem dritten Offizier unterlief ein Manövrierfehler und eine der größten Umweltkatastrophen der Seefahrt nahm ihren Lauf. **Wie hieß der Tanker?**

Frage 342

Im September 1971 machte sich eine kleine Gruppe von Friedensaktivisten auf den Weg, um einen Atomtest auf den Aleuten-Inseln zu verhindern. Sie wählten für ihre Gruppe einen Namen, mit dem heutzutage jeder sofort großes Engagement für die Umwelt verbindet. Wie nannte sich die Gruppe?

Frage 343

Wie heißt der größte deutsche Umweltverband?

Frage 344

Das Bundesumweltamt verleiht für Produkte mit besonderer Umweltverträglichkeit ein bestimmtes Gütesiegel. Was ziert dieses Siegel?

☐ a) ein grüner Baum
☐ b) eine gelbe Sonnenblume
☐ c) ein blauer Engel
☐ d) ein roter Schriftzug

Frage 345

Wofür steht die Abkürzung FCKW?

Frage 346

Wenn es ums Energiesparen und energieeffizientes Heizen und Stromerzeugen geht, taucht immer wieder das Kürzel BHKW auf. Was verbirgt sich dahinter?

☐ a) Blockheizkraftwerk
☐ b) Besonders hohe Kilowattleistung
☐ c) Braunkohleheiz- und Kraftwerk
☐ d) Bestimmung des Heizkraftwerts

Frage 347

Was versteht man unter Primärenergie?

Frage 348

Sie war eine einfache, alleinerziehende Mutter von drei Kindern. Sie hielt sich u. a. mit einem Job bei einer Anwaltskanzlei über Wasser. Dort stolperte sie über eine Akte, die einen Umweltskandal um die Verseuchung des Trinkwassers des kalifornischen Orts Hinkley aufdeckte. Im Jahr 1996 konnte sie zusammen mit dem Anwalt Ed Masry einen Schadensersatz in Höhe von 333 Millionen US-Dollar erstreiten. Auch danach war das Duo in ähnlich gelagerten Fällen tätig. Das Leben der streitbaren Mutter und Umweltheldin wurde im Jahr 2000 mit Julia Roberts in der Hauptrolle verfilmt. **Um welche Aktivistin geht es?**

Frage 349

Bei welcher Gelegenheit kann man Trinkwasser problemlos durch Regenwasser ersetzen?

☐ a) zum Zähneputzen
☐ b) zum Bewässern des Gartens
☐ c) zum Waschen des Lieblingsstofftiers
☐ d) zum Händewaschen

Frage 350

Im welchem Bereich ist das Duale System Deutschland (DSD) tätig?

Frage 351

Welcher der folgenden Stoffe ist (u. a.) für den Treibhauseffekt verantwortlich?

☐ a) FCKW
☐ b) Kohlendioxid
☐ c) Kohlensäure
☐ d) Stickstoff

Frage 352

Die Sonne stellt eine schier unendliche Menge an Energie zur Verfügung. Wie nutzt man diese Energie bei der Solarthermie?

Frage 353

Wind gibt es überall und das auch noch im Überfluss. Schon vor langer Zeit haben sich die Menschen seine Kraft zunutze gemacht, um beispielsweise Windmühlen anzutreiben. Dann geriet die Windkraft ein wenig außer Mode. Doch nun, da man die Vorteile erneuerbarer Energien für die Stromversorgung erkannt hat, erlebt sie eine Renaissance. Im Jahr 2006 deckte die Windenergie knapp 6 % des deutschen Stromverbrauchs. Dies geschieht derzeit noch ausschließlich mit sogenannten Windparks, die sich an günstigen Positionen auf dem Land befinden. Man hat aber schon lange erkannt, dass die Windverhältnisse auf offener See noch wesentlich besser sind und daher die Ausbeute bei Windkraftanlagen, die auf See installiert werden, noch größer ist. Für derartige Anlagen gibt es einen Fachbegriff. **Wie lautet er?**

Frage 354

Was versteht man unter Feinstaub?

Frage 355

Spätestens seit klar ist, dass der Ausstoß an CO_2 drastisch minimiert werden muss,

rücken die erneuerbaren Energien immer stärker ins Zentrum des öffentlichen Interesses. Was genau versteht man unter erneuerbaren Energien?

Frage 356

Von wem wird der Deutsche Umweltpreis verliehen?

☐ a) Greenpeace
☐ b) Bundesregierung
☐ c) BUND
☐ d) Deutsche Bundesstiftung Umwelt

Frage 357

Ein Joule ist als die Energie definiert, die man benötigt, um eine Leistung von einem Watt für die Dauer von einer Sekunde aufzubringen. Wie viel Petajoule (Billiarde Joule) wurden im Jahr 2003 in Deutschland allein an Primärenergie verbraucht?

☐ a) ca. 4000
☐ b) ca. 14.000
☐ c) ca. 40.000
☐ d) ca. 140.000

James P. Joule

Frage 358

Seit es den Menschen auf unserem Planeten gibt, ist er dabei, seine Umgebung zu erforschen. Dabei waren es nicht immer die Naturwissenschaftler, die auf diesem Gebiet herausragende Leistungen vollbrachten. Im 17. Jahrhundert waren es beispielsweise Künstler, die wissenschaftlich exakte Darstellungen von verschiedenen Pflanzen- und Tierarten anfertigten. So erschien im Jahr 1679 ein damals sensationelles Buch mit dem Titel *Der Raupen wunderbare Verwandlung und sonderbarer Blumennahrung*. Dieses Buch verfügte nicht nur über wunderbare Abbildungen, sondern beschäftigte sich erstmals auch ausführlich wissenschaftlich mit der Verwandlung der Schmetterlinge. 1705 erschien dann ein noch aufsehenerregenderes Werk über die Insekten Surinams. Beide Bücher stammen von derselben Autorin. **Wie ist ihr Name?**

Frage 359

Wo befindet sich das Ozonloch?

Frage 360

Wodurch geriet 1976 die italienische Stadt Seveso in die Schlagzeilen?

☐ a) mit der Erfindung des 3-Liter-Autos
☐ b) durch einen Chemieunfall
☐ c) als Geburtsort des ersten Ökologie-Nobelpreisträgers
☐ d) durch ein schweres Erdbeben

Frage 361

Im niedersächsischen Gorleben kommt es in regelmäßigen Abständen zu heftigen Protesten und gigantischen Polizeieinsätzen. Woran entzünden sich die Auseinandersetzungen immer wieder?

☐ a) Braunkohle-Tagebau
☐ b) Gewässerverschmutzung
☐ c) Atommüll-Transporte
☐ d) Gefahren durch Chemieindustrie

Frage 362

Was versteht man unter einer nachhaltigen Entwicklung?

Frage 363

In einem Artikel des Goethe-Institutes heißt es: „Seit mehr als einhundert Jahren trägt die Kraft des blauen Goldes zur Stromerzeugung bei." In der Tat macht sich der Mensch diese Kraft bereits seit weitaus längerer Zeit zunutze. Schon die frühen Hochkulturen der Sumerer und Ägypter wussten sie trefflich zu nutzen. Heutzutage wird weltweit ungefähr 18 % des Strombedarfs durch das „blaue Gold" gedeckt, in der Bundesrepublik sind es derzeit ca. 5 %. Experten gehen aber davon aus, dass sich dieser Anteil noch deutlich erhöhen lässt, ohne dabei ökologische Aspekte und die Nachhaltigkeit aus dem Blick zu verlieren. **Aber was ist es nun, das „blaue Gold"?**

Frage 364

Eine deutsche Umweltorganisation hat sich bei ihrer Namensgebung an einem englischen Nationalhelden, der im 14. Jahrhundert im Sherwood Forest gelebt haben soll, orientiert. Wie heißt diese Organisation?

Frage 365

Nach der BSE-Krise im Jahr 2001 hat auch in der Agrarpolitik ein vorsichtiges Umdenken eingesetzt. Viele der „neuen Ideen" (die so neu eigentlich gar nicht sind) werden unter dem Schlagwort „Agrarwende" zusammengefasst. Was ist darunter zu verstehen?

Frage 366

Welche Tiere findet man häufig in Batterien?

☐ a) Lurche
☐ b) Flöhe
☐ c) Kühe
☐ d) Hühner

Frage 367

Diese Organisation wurde im Jahr 1980 gegründet und befasst sich mit den Rechten der Tiere. Eine ihrer Hauptaufgaben sehen die Aktivisten darin, „Politiker und die Öffentlichkeit über die anhaltende, weitverbreitete und nicht zu akzeptierende Tierquälerei aufzuklären sowie die Einsicht zu fördern, dass Tiere einen naturgegebenen Anspruch darauf haben, mit Respekt und Achtung behandelt zu werden." Viele Prominente schließen sich diesen Forderungen an und sorgen u. a. durch spektakuläre Anzeigenkampagnen gegen die Tötung von Tieren, um Pelze herzustellen, für Aufmerksamkeit. **Wie nennt sich diese Organisation?**

Frage 368

Wo findet man eine Auenlandschaft?

☐ a) an Fluss- und Bachläufen
☐ b) in Waldgebieten
☐ c) in Steppen
☐ d) an der Nordseeküste

Frage 369

Der Begriff „Biodiversität" findet in der heutigen Diskussion um Nachhaltigkeit und Ökologie immer mehr Verwendung. Was bezeichnet er eigentlich?

Frage 370

Was ist gemeint, wenn von Kulturlandschaft gesprochen wird?

Frage 371

Was ist ein Plenterwald?

- ☐ a) ein Waldgebiet, in dem nur kleine Bäume wachsen
- ☐ b) ein Waldgebiet, in dem Bäume aller Entwicklungsstufen nah beieinander stehen
- ☐ c) ein Waldgebiet, in dem die Bäume verschiedener Entwicklungsstufen voneinander getrennt sind
- ☐ d) ein Waldgebiet, in dem nur einheimische Bäume wachsen

Frage 372

Wer spielt in der „grünen Liga"?

- ☐ a) ökologische Fußballvereine
- ☐ b) Waldbesitzer
- ☐ c) ökologische Bewegungen
- ☐ d) Besitzer großer Grasflächen

Frage 373

Was ist der Emissionshandel?

Frage 374

Bei der Herstellung dieses Kraftstoffs wird Raps zunächst getrocknet und dann in Ölmühlen zu Pflanzenöl gemahlen oder gepresst. Dem Pflanzenöl wird ca. 10 % Methanol beigemischt. Dann kommt noch ein Katalysator (hier wird häufig Kaliumhydroxid oder Natriumhydroxid verwendet) hinzu und die Mischung wird langsam auf 60° C erhitzt. Dabei kommt ein chemischer Vorgang, die sogenannte Umesterung, in Gang. Dabei wird das Pflanzenölmolekül, das aus Glycerin und drei Fettsäureketten besteht, aufgespalten. Die Fettsäuren verbinden sich mit dem Methanol zum fertigen Kraftstoff. **Um welchen Stoff handelt es sich?**

Rapsfeld

Frage 375

Wie „funktioniert" der Treibhauseffekt?

Frage 376

Wie heißt der Name der Organisation WWF ausgeschrieben?

- ☐ a) World Wildlife Fund for Nature
- ☐ b) World Wide Fund for Nature
- ☐ c) World Wide Fun with Nature
- ☐ d) Wonder World Fit for Nature

Frage 377

Der Politiker wurde am 24. September 1932 in Uelzen geboren. Nach dem Abitur ging er nach Marburg und studierte dort Jura, 1965 promovierte er. Zwei Jahre später wurde er stellvertretender Vorsitzender der hessischen CDU, 1982 übernahm er dann ihren Vorsitz. Drei Jahre später wurde er schließlich zum stellvertretenden Bundesvorsitzenden seiner Partei gewählt. Von 1977 bis 1986 war er Oberbürgermeister der Stadt Frankfurt am Main. Nach der Reaktorkatastrophe in Tschernobyl wurde er am 6. Juni 1986 vom damaligen Bundeskanzler Helmut Kohl zum ersten Bundesumweltminister ernannt. **Wie lautet der Name des Politikers?**

Frage 378

Welche wichtige Rolle für das Weltklima spielt der tropische Regenwald?

Regenwald in Südamerika

Frage 379

Wie viel Tonnen Altöl fallen in Deutschland pro Jahr an?

☐ a) ca. 50.000
☐ b) ca. 200.000
☐ c) ca. 500.000
☐ d) ca. 750.000

Frage 380

In einer Studie des Umweltbundesamtes aus dem Jahr 2006 wurden die Bundesbürger u. a. gefragt, welches die wichtigsten Themen seien, die in der Bundesrepublik dringend bearbeitet werden müssten. Auf welchem Platz landete hier wohl der Umweltschutz?

☐ a) 1. Platz
☐ b) 2. Platz
☐ c) 5. Platz
☐ d) 10. Platz

Frage 381

Heutzutage zählt die Impfung zu den alltäglichsten und unspektakulärsten Arztterminen überhaupt. Das war nicht immer so. So erregte beispielsweise 1718 die Gattin des britischen Botschafters in Konstantinopel erhebliches Aufsehen, als sie ihre Kinder mit Pocken infizieren ließ, um sie gegen die Krankheit zu immunisieren. Ein solches Verfahren war auch im 18. Jahrhundert schon lange in Asien bekannt, führte aber immer wieder zu schweren Infektionen und Todesfällen. Erst 1796 entdeckte ein englischer Landarzt, dass eine Immunisierung auch mit den harmlosen Erregern von Kuhpocken möglich ist. **Wie hieß der Arzt, der als Vater der Pockenschutzimpfung gilt?**

DIE ERSTE OPERATION

Genau weiß man nicht, wann der Mensch erstmals zum Operationsbesteck gegriffen hat, aber es könnte gut 50.000 Jahre her sein, meinen Archäologen. Sie haben nämlich in der Nähe von Shanidar (Irak) das Skelett eines Neandertalers gefunden, das deutliche Spuren einer Armamputation aufwies.

Frage 382

Nicht nur in der Politik, auch in der Medizin spricht man von freien Radikalen. Was versteht der Mediziner darunter?

Frage 383

Sieht man sich die Etiketten auf vielen Lebensmitteln an, so ist dort die Rede von gesättigten bzw. ungesättigten Fettsäuren. Was versteht man darunter?

Frage 384

Wohin setzt der Arzt die Spritze, wenn er subkutan spritzt?

- ☐ a) ins Rückenmark
- ☐ b) in eine Vene
- ☐ c) in den Muskel
- ☐ d) unter die Haut

Frage 385

Bisweilen verschreiben Mediziner ihren Patienten Placebos. Welche Wirkung haben diese Arzneimittel?

- ☐ a) keine
- ☐ b) sie beruhigen den Patienten
- ☐ c) sie putschen den Patienten auf
- ☐ d) sie sorgen dafür, dass andere Medikamente weniger Nebenwirkungen haben

Frage 386

Was versteht man unter dem sogenannten Functional Food?

Frage 387

Eine Folge eines ungesunden Lebenswandels kann der Herzinfarkt sein. Wenn er vorliegt, kommt es durch einen Verschluss der Herzkranzgefäße zu einer Unterversorgung des Herzens mit Sauerstoff. Diese Unterversorgung zerstört einen Teil des Gewebes unrettbar. Für denjenigen, der einen Herzinfarkt erlitten hat, kann nun sogar Lebensgefahr bestehen. Aber nicht nur das Herz, sondern auch andere Organe wie Leber, Lunge oder Milz können von einem Infarkt betrof-

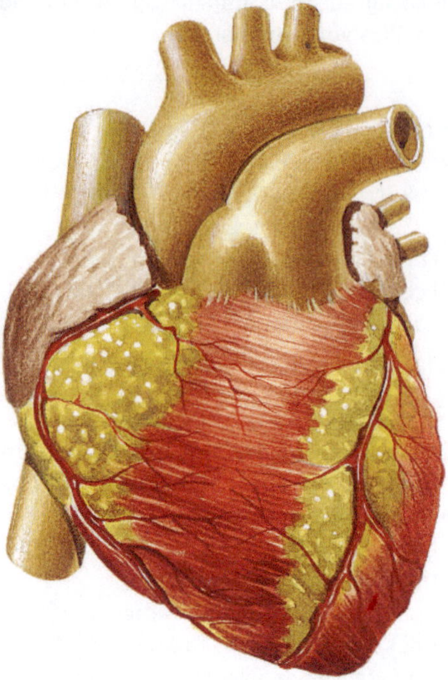

Herzmuskel

fen sein. Der Infarkt, bei dem wegen Durchblutungsstörungen ein Teil des Hirns geschädigt wird, hat einen besonderen Namen. **Wie nennt man ihn?**

Frage 388

Welche Aufgabe übernehmen in unserem Körper die Hormone?

Frage 389

Eine medizinische Studie hat gezeigt, dass im Jahr 2000 weltweit mehr als 300 Millionen Menschen an Adipositas litten, die Tendenz war stark steigend. Um welche Krankheit handelt es sich hierbei?

☐ a) Magersucht
☐ b) starkes Übergewicht
☐ c) Beeinträchtigung des Hörvermögens
☐ d) Beeinträchtigung des Bewegungsapparates

Frage 390

Wie viel Blut enthält der Körper eines erwachsenen Menschen durchschnittlich?

☐ a) 3 Liter
☐ b) 4 Liter
☐ c) 5 Liter
☐ d) 8 Liter

Frage 391

Eltern von Neugeborenen stehen immer wieder vor der Frage, ob sie ihren Babys Vitamin K geben lassen sollen. Welchen Nutzen schreibt man diesem speziellen Vitamin zu?

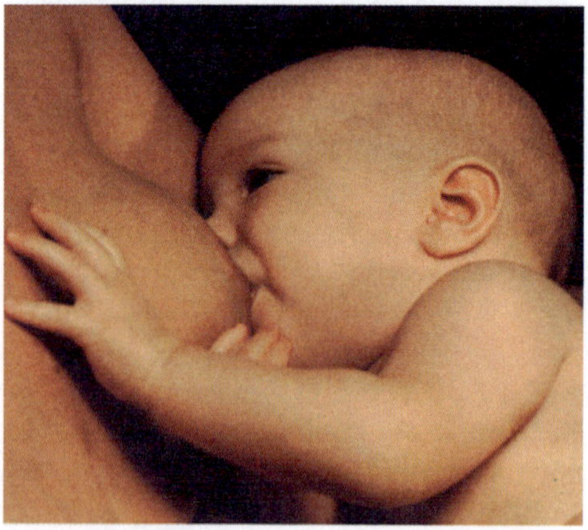

Frage 392

Es wiegt ca. 150 g. Es ist ein kleines Organ und liegt im linken Oberbauch direkt unter dem Zwerchfell. Umgeben ist dieses Organ von einer festen Bindegewebskapsel. Bindegewebe durchzieht außerdem in festen Balken das ganze Organ. Das Gewebe selbst ist, wenn man es aufschneidet, von dunkelroter Farbe, in das viele kleine weiße Knötchen eingestreut sind. Das Organ erkennt überalterte Blutzellen, filtert sie aus dem Blut und baut sie ab. Es speichert bis zu 30 % der im Körper befindlichen weißen Blutkörperchen. Darüber hinaus werden in ihm Blutplättchen, die bei der Gerinnung eine große Rolle spielen, gespeichert. Diese können bei erhöhtem Bedarf, z. B. bei einer Blutung, gezielt ausgeschüttet werden. Das Organ kann auch kleine Blutgerinnsel erkennen und abbauen. **Von welchem Organ ist hier die Rede?**

Frage 393

Viele Sportler betreiben ihren Sport auch deshalb, weil der Körper bei Belastung sogenannte Endorphine ausschüttet. Wo werden diese Stoffe gebildet?

Frage 394

Welches der folgenden Vitamine gibt es gar nicht?

☐ a) Vitamin K
☐ b) Vitamin E
☐ c) Vitamin H
☐ d) Vitamin O

Frage 395

Cholesterin ist nur dann ein gefährlicher Stoff, wenn zu viel davon im Körper zu finden ist. Ansonsten erfüllt es einen wichtigen Zweck im Fettstoffwechsel. Welche der folgenden Aussagen ist richtig?

☐ a) Cholesterin kommt hauptsächlich in tierischen Fetten vor.
☐ b) Cholesterin kommt hauptsächlich in pflanzlichen Nahrungsmitteln vor.
☐ c) Cholesterin kann vom Körper nicht hergestellt werden.
☐ d) Cholesterin kann vom Körper nicht gespeichert werden.

Frage 396

Was versteht man unter sekundären Pflanzenstoffen?

Frage 397

Zur Bewertung des Köpergewichts wird heutzutage häufig der sogenannte Body-Mass-Index (BMI) herangezogen. Wie berechnet man diese Größe?

Frage 398

Vitamin C ist ein sehr wichtiges Vitamin. Es unterstützt nämlich tatkräftig unser Immunsystem. Welches Obst enthält das meiste Vitamin C?

☐ a) Zitrone
☐ b) Hagebutte
☐ c) Apfel
☐ d) Birne

Frage 399

Robert Koch erhielt im Jahr 1905 den Nobelpreis für Medizin. Dabei sah es für den Sohn eines Bergmanns aus Claustal zunächst gar nicht nach einer Karriere in diesem Bereich aus, denn er begann, nach seinem Schulabschluss zunächst Philologie zu studieren. Erst nach zwei Semestern schwenkte er zur Medizin um. Das war auch gut so, denn er avancierte zu einem bedeutenden Mikrobiologen. So gelangte er zu wichtigen Erkenntnissen über die Milzbrand- und Choleraerreger. Den Nobelpreis erhielt er allerdings für die Entdeckung eines Bakteriums, das eine weit verbreitete Lungeninfektion verursachte, an der vor allem arme und geschwächte Menschen starben. **Um welche Krankheit handelt es sich?**

HITLISTE DER MEDIZINISCHEN ERRUNGENSCHAFTEN

Das britische Fachmagazin *British Medical Journal* hat Anfang 2007 die Ergebnisse einer Umfrage veröffentlicht, bei der die Leser die wichtigsten medizinischen Errungenschaften aller Zeiten bestimmen sollten. Die ersten vier Plätze lauten:

1. Wasserversorgung
2. Antibiotika
3. Anästhesie
4. Impfung

Viagra taucht in dieser Bestenliste übrigens nicht auf.

Frage 400

Einige Produkte werben mit dem Slogan „Reich an Omega-3-Fettsäuren". Was ist eigentlich das Besondere daran?

Frage 401

Für den hohen Blutdruck haben die Mediziner den Fachausdruck „Hypertonie". Wie lautet der entsprechende Begriff für niedrigen Blutdruck?

Frage 402

Wer abnehmen will, muss Kalorien verbrennen. Bei welchem Sport verbraucht man am meisten Kalorien?

☐ a) Radfahren
☐ b) Schwimmen
☐ c) Joggen
☐ d) Nordic Walking

Frage 403

Welche Krankheit wurde als „Schwarzer Tod" bezeichnet?

☐ a) Cholera
☐ b) Pest
☐ c) Malaria
☐ d) Lepra

Frage 404

Eine gesunde Ernährung sollte zu ca. 55 % aus Kohlenhydraten bestehen. Was sind eigentlich Kohlenhydrate?

Kohlenhydrat

Frage 405

Einer der Pioniere dieser Heilmethode war der deutsche Arzt Samuel Hahnemann. Er stellte mit dem Satz „Ähnliches wird durch Ähnliches geheilt" einen der zentralen Grundsätze auf. Zum Zweck der Heilung werden dem Patienten hierbei Substanzen, von denen bekannt ist oder angenommen wird, sie könnten bei gesunden Menschen der Krankheit ähnelnde Symptome hervorrufen, in starker Verdünnung verabreicht. Die Wahl der richtigen Medikamente richtet sich nach individuellen Krankheitszeichen und Persönlichkeitsmerkmalen des Patienten, es gibt also nicht ein bestimmtes Mittel für eine bestimmte Krankheit. Der Patient wird immer in seiner Ganzheit betrachtet und auch seine Lebensumstände bei der Behandlung mit berücksichtigt. Es handelt sich also um eine ganzheitliche Heilmethode. **Unter welchem Namen ist sie bekannt?**

Frage 406

Ein Muskelkater zeigt nicht nur an, dass man seine Muskeln dringend mal wieder in Bewegung setzen sollte, er kann einen auch ganz schön quälen. Aber was ist eigentlich ein Muskelkater genau?

Frage 407

Welches ist das größte Organ des Menschen?

- ☐ a) Haut
- ☐ b) Lunge
- ☐ c) Leber
- ☐ d) Magen

Frage 408

Der Mensch besitzt weiße und rote Blutkörperchen. Welche Sorte ist aktiv an unserem Immunsystem beteiligt?

Frage 409

Wenn man umgangssprachlich von einer Grippe spricht, hat man zumeist nichts anderes als eine Erkältung, die allenfalls von Fieber begleitet wird. Dabei handelt es sich aber eigentlich nur um einen sogenannten grippalen Infekt. Ein solcher Infekt wird durch relativ harmlose Viren verursacht. Die echte Grippe dagegen geht auf die Influenza-Viren zurück. Sie ist oft mit sehr hohem Fieber und starker Schwäche verbunden. Häufig kommt es auch zu Todesfällen. In der Grippe-Saison 2003/04 starben in Deutschland beispielsweise etwa 6000 Personen an dieser Krankheit, ein Jahr später waren es sogar fast 20.000. Es kann auch zu weltweiten Grippeepidemien kommen. **Wie nennt man derartige Epidemien?**

REKORDWURM

Der längste Wurm überhaupt kann bis zu 20 m lang werden. Es handelt sich dabei um Exemplare des Diphyllobothrium latum – eines Bandwurms, der auch Menschen befallen kann. Interessanterweise bleibt ein Befall meistens ohne weitere Symptome – der Wurm lebt dann im Darm vor sich hin und der Mensch weiß noch nicht einmal etwas davon.

Frage 410

Kann BSE auch für den Menschen gefährlich werden?

Frage 411

Fett ist für den Menschen nicht nur schlecht. In gewissem Umfang muss eine gesunde Ernährung Fett enthalten. Wie viel Fett braucht ein Erwachsener?

- ☐ a) 20–40 g
- ☐ b) 40–60 g
- ☐ c) 60–80 g
- ☐ d) 80–100 g

Frage 412

Was versteht man im Sport unter aerober und anaerober Belastung?

Frage 413

Was will der Fitnesstrainer von einem, wenn er zum Stretching ruft?

- ☐ a) Dehnung der Muskeln
- ☐ b) Aufbau von Muskeln
- ☐ c) Konditionstraining
- ☐ d) Massage des Bindegewebes

Frage 414

Was sind Vitamine?

Frage 415

Ärzte und ihre Patienten sprechen nicht immer unbedingt die gleiche Sprache. Das kann zu einigen Missverständnissen führen. Der Begriff, der nun gesucht wird, wird umgangssprachlich zumeist für eine Entzündung der Gaumenmandeln, die zu einem Engegefühl im Rachen und starken Schluckbeschwerden führen kann, verwendet. Medizinisch gesehen bezeichnet er aber lediglich ein „Engegefühl". Er steht für diverse Krankheiten, wie z. B. auch eine Verengung der Herzkranzgefäße, die starke Schmerzen in der Herzgegend oder hinter dem Brustbein hervorruft und einen Herzinfarkt nach sich ziehen kann. **Von welcher Bezeichnung ist die Rede?**

Frage 416

Bei Sportlern hört man oft von Verletzungen des Meniskus. Wo findet man ihn?

Frage 417

Wofür steht die Abkürzung EKG?

- ☐ a) Einfache Klinik Genesung
- ☐ b) Entzündete Kniegelenke
- ☐ c) Elektrokardiogramm
- ☐ d) Elektrokosmogenese

Frage 418

Für Diabetiker sind die BE enorm wichtig. Was verbirgt sich hinter diesem Kürzel?

- ☐ a) Broteinheit
- ☐ b) Brateinheit
- ☐ c) Braueinheit
- ☐ d) Brenneinheit

Frage 419

Gesundheitsversorgung ist nicht nur eine lokal begrenzte, sondern eine weltweite Aufgabe. Daher gibt es auch eine UN-Organisation, die sich dieser Aufgabe widmet. Wie heißt sie?

Frage 420

Medikamente werden in unterschiedliche Klassen eingeteilt, die wiederum jeweils eigene Namen führen. So bezeichnet man Medikamente, die gegen Virenerkrankungen helfen, als Virusstatika. Arzneien, die gegen Pilze als Krankheitsauslöser wirken, heißen Antimykotika. Eine weitere Klasse von Medikamenten kommt zum Einsatz, wenn es um den Kampf gegen Bakterien geht. **Wie nennt man sie?**

DER HIPPOKRATISCHE EID

Ich schwöre bei Apollon dem Arzt und bei Asklepios, Hygieia und Panakeia sowie unter Anrufung aller Götter und Göttinnen als Zeugen, dass ich nach Kräften und gemäß meinem Urteil diesen Eid und diesen Vertrag erfüllen werde:

Denjenigen, der mich diese Kunst gelehrt hat, werde ich meinen Eltern gleichstellen und das Leben mit ihm teilen; falls es nötig ist, werde ich ihn mitversorgen. Seine männlichen Nachkommen werde ich wie meine Brüder achten und sie ohne Honorar und ohne Vertrag diese Kunst lehren, wenn sie sie erlernen wollen. Mit Unterricht, Vorlesungen und allen übrigen Aspekten der Ausbildung werde ich meine eigenen Söhne, die Söhne meines Lehrers und diejenigen Schüler versorgen, die nach ärztlichem Brauch den Vertrag unterschrieben und den Eid abgelegt haben, aber sonst niemanden.

Die diätetischen Maßnahmen werde ich nach Kräften und gemäß meinem Urteil zum Nutzen der Kranken einsetzen, Schädigung und Unrecht aber ausschließen.

Ich werde niemandem, nicht einmal auf ausdrückliches Verlangen, ein tödliches Medikament geben, und ich werde auch keinen entsprechenden Rat erteilen; ebenso werde ich keiner Frau ein Abtreibungsmittel aushändigen.

Lauter und gewissenhaft werde ich mein Leben und meine Kunst bewahren.

Auf keinen Fall werde ich Blasensteinkranke operieren, sondern ich werde hier den Handwerkschirurgen Platz machen, die darin erfahren sind.

Hippokrates (Mitte)

In wie viele Häuser ich auch kommen werde, zum Nutzen der Kranken will ich eintreten und mich von jedem vorsätzlichen Unrecht und jeder anderen Sittenlosigkeit fernhalten, auch von sexuellen Handlungen mit Frauen und Männern, sowohl Freien als auch Sklaven.

Über alles, was ich während oder außerhalb der Behandlung im Leben der Menschen sehe oder höre und das man nicht nach draußen tragen darf, werde ich schweigen und es geheim halten.

Wenn ich diesen meinen Eid erfülle und ihn nicht antaste, so möge ich mein Leben und meine Kunst genießen, gerühmt bei allen Menschen für alle Zeiten; wenn ich ihn aber übertrete und meineidig werde, dann soll das Gegenteil davon geschehen.

Frage 421

Was versteht man eigentlich unter dem Begriff „Mythos"?

Frage 422

Er ist so etwas wie der Supermann der griechischen Mythologie und wahrscheinlich einer der größten Helden überhaupt. Und wie das bei Superhelden nun einmal so ist, war er immer wieder genötigt, neue Großtaten zu vollbringen. So ist die Liste seiner Taten im Laufe der Zeit so lang geworden, dass hier nur einige besonders wichtige genannt werden können. Der Held kämpfte beispielsweise gegen die neunköpfige Hydra von Lerne und überlebte den Kampf. Er mistete die Ställe des Augias aus, indem er einen Fluss durch sie hindurch leitete. Außerdem fing er den äußerst wilden kretischen Stier ein und erbeutete den Gürtel der Amazonenkönigin Hippolyte. Und er pflückte die goldenen Äpfel der Hesperiden. Schließlich rückte er auch noch dem Unterwelthund Zerberus zu Leibe und entführte ihn aus dem Hades in die Oberwelt. Solche Taten sprechen sich natürlich herum, und so geriet unser Held nie in Vergessenheit. **Um wen handelt es sich?**

Frage 423

Die Germanen kannten mehrere verschiedene Göttergeschlechter, die auch an unterschiedlichen Orten wohnten. Wo waren die Wanen beheimatet?

- ☐ a) in Asgard
- ☐ b) in den Kronen der Bäume
- ☐ c) in Walhall
- ☐ d) in den Tiefen der Erde und des Meeres

DIE DREIZEHN ASEN

Die Asen sind das gewaltigste und bedeutsamste der germanischen Göttergeschlechter. Die dreizehn Asen sind Odin, Thor, Tyr, Baldur, Bragi, Forseti, Heimdall, Hönir, Iduna, Loki, Mimir, Ullr und Vidar

Frage 424

Wie heißt der Chef der römischen Götter?

- ☐ a) Zeus
- ☐ b) Osiris
- ☐ c) Neptun
- ☐ d) Jupiter

Frage 425

In vielen Religionen gibt es einen Gott, der für die Unterwelt bzw. das Totenreich zuständig ist. Wer hatte in der ägyptischen Mythologie diese Aufgabe inne?

Frage 426

Wer waren die Zentauren (manchmal auch „Kentauren" geschrieben)?

Frage 427

In frühester Zeit gab es nur zwei Götter, die von den Alten „Herr unseres Fleisches" und „Herrin unseres Fleisches" oder Xochiquetzal genannt wurden. Beide hatten vier Söhne: Der älteste hieß „der rote Tezcatlipoca", weil er bei seiner Geburt ganz rot war. Der zweite wurde „der schwarze Tezcatlipoca" genannt. Er war mächtiger als die anderen drei. Als dritten Sohn bekamen sie

Quetzalcoatl

Quetzalcoatl, der auch „Nacht und Wind" genannt wird, und der vierte Sohn trug den Namen Uitzilopochtli, was soviel heißt wie „Herr des Knochens" oder „die zwölfköpfige Schlange". Nachdem diese Götter sechshundert Jahre zusammengelebt hatten, beschlossen sie, allen Dingen ihre Ordnung zu geben. Sie ist in Grundzügen der Schöpfungsmythos einer sehr alten Religion. **Welche Kultur verehrte diese sechs Gottheiten als Schöpfer ihrer Welt?**

Frage 428

Welche römische Göttin wird häufig mit verbundenen Augen dargestellt?

Frage 429

Wessen Sohn war Lohengrin?

☐ a) Sohn des Parsifal
☐ b) Sohn des Arthus
☐ c) Sohn des Siegfried
☐ d) Sohn des Tristan

Frage 430

Gegen Ende der Parsifal-Erzählung trifft der Titelheld seinen Halbbruder Feirefiz. Dieser verfügt über ein sehr auffälliges Äußeres. Worin besteht diese Auffälligkeit?

☐ a) Er hat eine Narbe im Gesicht.
☐ b) Ihm fehlen ein Arm und ein Bein.
☐ c) Er hat eine schwarz-weiß-gescheckte Haut.
☐ d) Er trägt sein Haar in einem kunstvollen Zopf mehrfach um den Kopf geschlungen.

Frage 431

Viele Götter und Helden der nordischen Mythologie tauchen in einer berühmten altisländischen Dichtung auf. Wie heißt sie?

Aus der nordischen Mythologie: Thor, Gott des Donners

Frage 432

Wie so viele Gestalten in der antiken Mythologie waren auch sie Mischwesen. Sie besaßen Vogelkörper und Mädchenköpfe und waren gar lieblich anzuschauen. Noch viel lieblicher als ihr Äußeres war aber ihr Gesang. Aber genau hier lag für den Menschen die große Gefahr, denn sie saßen auf einer Klippe im Meer und verdrehten den Seeleuten mit ihrem Gesang die Köpfe. Sie verloren prompt die Gewalt über ihr Schiff und fuhren in den sicheren Tod. Auch Odysseus musste auf seinen Reisen ihre Klippe passieren. Er verstopfte die Ohren seiner Mannschaft mit

Wachs und ließ sich selbst am Mast festbinden, um dem Gesang lauschen zu können, ohne seine Mannschaft ins Verderben zu manövrieren. **Wie hießen die gefährlichen Sängerinnen?**

Frage 433

In der nordischen Mythologie kommen häufig die sogenannten Nornen vor. Wer verbirgt sich hinter diesem Namen?

Frage 434

Was verbindet Romulus, den Gründer Roms, mit dem biblischen Kain?

Frage 435

Der König von Sparta war einer der tapfersten Helden von Troja. Wie lautet sein Name?

☐ a) Odysseus
☐ b) Menelaos
☐ c) Agamemnon
☐ d) Pergamon

Frage 436

Zeus hatte auf dem Olymp das Zepter in der Hand. Aber auch seine Gemahlin verfügte über einige Macht, schließlich war sie die höchste Göttin. Wie hieß sie?

Zeus

☐ a) Ira
☐ b) Hora
☐ c) Hera
☐ d) Rita

PLEJADEN, DIE SIEBEN TÖCHTER DES ATLAS

Auf der Flucht vor dem Jäger Orion – so weiß es die Sage – werden die jungfräulichen Plejaden von Zeus als Siebengestirn an den Himmel gesetzt. Auch heute kennt man noch die Plejaden als Siebengestirn im Sternbild „Stier". Insgesamt befinden sich dort mehr als 300 Sterne, aber nur die sieben Plejaden sind mit bloßem Augen zu beobachten.

Frage 437

Die Ägypter verehrten eine Vielzahl von Göttern, von denen viele sehr auffällige körperliche Merkmale aufwiesen. Einer von ihnen trug anstelle eines menschlichen Kopfes das Haupt eines Schakals. Um welche Gottheit handelt es sich hierbei?

Frage 438

Nachdem Siegfried dem Burgunderkönig Gunther bei der Brautwerbung um Brunhilde behilflich war (was auf jeden Fall geheim bleiben sollte), bekam er seine Schwester zur Frau. Während eines Streits zwischen den beiden Frauen verrät sie Brunhild aber das Geheimnis. Daraufhin gerät Hagen von Tronje derart in Rage, dass er Siegfried umbringt. Ein wenig später heiratet die Witwe den Hunnenkönig Etzel und übt fürchterliche Rache an Hagen und ihrem Bruder. Aber auch sie nimmt kein natürliches Ende, sondern fällt einem Anschlag des Dietrich von Bern zum Opfer. **Welche Frau lebte dieses aufregende und blutrünstige Leben?**

Frage 439

Welche Bewandtnis hat es der Sage nach mit der sprichwörtlichen „Büchse der Pandora"?

Frage 440

Vlad, genannt „Der Pfähler", war im 15. Jahrhundert Fürst der Walachei. Welcher Romanfigur diente er als Vorbild?

Frage 441

Bei der Brautwerbung für seinen Onkel verliebt sich Tristan in die Braut, verführt sie mit Zauberkraft und brennt schließlich mit ihr durch. Welchen Namen trägt die Verführte?

☐ a) Isabella
☐ b) Herzeloide
☐ c) Brunhilde
☐ d) Isolde

Frage 442

Der zweite Teil von Wagners *Ring der Nibelungen* heißt *Die Walküre*. Wer waren die Walküren eigentlich?

☐ a) Waldgeister
☐ b) Botinnen Odins
☐ c) Schwestern Freyjas
☐ d) Geister gefallener Kriegerinnen

Frage 443

In der griechischen Mythologie haust die Sphinx auf einem Felsen bei Theben (auch die Ägypter kannten diese Wesen mit dem Menschenkopf und dem geflügelten Löwenkörper) und stellt Vorbeikommenden ein Rätsel. Wer es nicht lösen kann, wird von ihr getötet. Dies ist das Rätsel der Sphinx: „Es gibt auf der Erde ein Zwiefüßiges und ein Vierfüßiges und, genauso genannt, ein Dreifüßiges. Als einziges Wesen ändert es seine Gestalt. Wenn es sich mit den meisten Füßen fortbewegt, ist seine Schnelligkeit am geringsten." **Hätten Sie den Besuch bei der Sphinx überlebt und die richtige Lösung gewusst?**

Sphinx

ZUR ERFINDUNG DER AKUPUNKTUR

Einer chinesischen Sage nach ist die Entdeckung der Akupunktur einem Zufall zu verdanken: Ein Soldat wurde im Kampf von einem spitzen Pfeil verletzt. Während seiner Rekonvaleszenz stellt er erstaunt fest, dass nicht nur seine Wunde heilte, sondern auch eine organische Erkrankung, die ihn zuvor geplagt hatte, sich in Luft auflöste. Die Akupunktur hatte einen ersten Erfolg gezeigt.

Frage 444

Umgangssprachlich heißt es manchmal: „Er rannte, als seien alle Furien hinter ihm her." Was macht die Furien denn so schrecklich, dass man am besten vor ihnen flüchtet?

Frage 445

In der Schöpfungsgeschichte der ägyptischen Mythologie spielt ein blutiger Kampf eine zentrale Rolle. Welche beiden Gottheiten geraten hier in Streit?

Frage 446

Wie heißt in der nordischen Mythologie der Untergang der Götter?

☐ a) Armageddon
☐ b) Götterdämmerung
☐ c) Götterfall
☐ d) Midgardir

Frage 447

Odin, der germanische Götterkönig, hat einen Blutsbruder, der für das Schicksal der Götter eine entscheidende Rolle spielt. Wie heißt er?

Frage 448

Wo befand sich das sagenhafte Labyrinth?

☐ a) vor den Toren Athens
☐ b) auf einer Anhöhe bei Troja
☐ c) am Eingang zum griechischen Totenreich
☐ d) auf Kreta

Frage 449

Welcher ägyptische Gott wurde oft mit einer Sonnenscheibe auf dem Kopf und auch häufig gleichzeitig als Falke dargestellt?

☐ a) Re bzw. Ra
☐ b) Amun
☐ c) Ptah
☐ d) Thot

Frage 450

Das Orakel von Delphi spielte in seinem Leben eine große Rolle. Es hatte seinem Vater, König Laios von Theben, nämlich vorausgesagt, er werde durch die Hand seines Sohnes sterben. Um das zu verhindern, setzte Laios seinen Sohn direkt nach der Geburt aus. Korinthische Hirten fanden das Kind und nahmen es bei sich auf. Erwachsen geworden befragte er seinerseits das Orakel und erhielt die Auskunft, er werde seinen Vater umbringen. Daraufhin verließ er seine Zieheltern, um ihnen keinen Schaden zuzufügen. Unterwegs traf er in der Tat seinen Vater, erkannte ihn aber nicht und erschlug den alten Herrn im Streit. Nachdem er vor Theben das Rätsel der Sphinx gelöst hatte, erhielt er zum Dank das Königreich und die Hand der verwitweten Königin Iokaste, seiner Mutter. **Wie heißt dieser tragische Held?**

Frage 451

Zusammen mit Jupiter und Juno beschützte sie die Stadt Rom. Sie wurden zusammen als „Kapitolinische Trias“ verehrt. Wie heißt diese Göttin?

Frage 452

Wer waren die Nibelungen?

Frage 453

Wer durfte in der griechischen Mythologie Nektar trinken?

☐ a) getötete Krieger
☐ b) lebende Krieger vor der Schlacht
☐ c) alle Menschen, die ein tugendhaftes Leben lebten
☐ d) Götter

DIE NEUN MUSEN UND IHRE ZUSTÄNDIGKEITEN

Kalliope: epische Dichtung
Melpomene: tragische Dichtung
Thalia: komische Dichtung
Euterpe: Flötenspiel
Tepsichore: Chorlyrik und Tanz
Erato: Liebesdichtung
Polyhymnia: Hymnendichtung
Klio: Geschichtsschreibung
Urania: Sternkunde

Frage 454

Trolle gibt es nicht nur in Fantasyspielen, sie tauchen auch in der nordischen Mythologie auf. Dort sind sie Kobolde in Riesen- oder Zwergengestalt, die ständig ihr Aussehen ändern können. Sie mögen die Menschen nicht und behexen sie mit Krankheiten. Aber Trolle sind auch verwundbar. **Was macht diese Plagegeister unschädlich?**

Frage 455

Worin bestand – in den Augen des Zeus – das große Verbrechen des Prometheus?

Frage 456

Was haben Siegfried und Achilles gemeinsam?

Frage 457

Was war der Gral?

☐ a) das Grab Parsifals
☐ b) das Schwert Lohengrins
☐ c) ein heiliger Kelch
☐ d) der Schatz des Artus

Frage 458

Auf vielen Darstellungen wird ein Gott als kleiner Junge, der Pfeile verschießt, dargestellt. Um wen handelt es sich?

☐ a) Amor
☐ b) Mars
☐ c) Poseidon
☐ d) Jupiter

Frage 459

Als Tochter eines Königs fiel sie einem Gott wegen ihrer Schönheit auf. Der verliebte sich in sie und verlieh ihr eine besondere Gabe, aber sie wollte von dem edlen Herrn nichts wissen. Zornentbrannt bewirkte der verschmähte Gott, dass sich ihre Gabe in einen Fluch verwandelte. Obwohl sie allen Leuten erzählte, welch finsteres Schicksal ihrer Heimatstadt drohte, wollte ihr niemand zuhören. Und so trat das, was sie vorausgesehen hatte, auch ein, und die Stadt wurde zerstört. Noch heute benutzen wir ihren Namen bisweilen, wenn wir auf vergebliche Mahnungen oder düstere Prophezeiungen aufmerksam machen möchten. **Wer war die Unglückliche?**

Frage 460

Sisyphus, Gründer und erster König Korinths, war für seine Verschlagenheit bekannt. So konnte er sogar den Tod überlisten. Das gefiel den Göttern gar nicht und deshalb erlegten sie ihm eine Strafe auf. **Mit welcher Strafe muss sich Sisyphus seither plagen?**

Frage 461

Er war einer der ersten Philosophen, der sich nicht „Weiser", sondern „Freund der Weisheit" – also Philosoph – nannte. Er selbst hat nichts Schriftliches hinterlassen, doch gibt es eine Reihe von Werken, die sich mit ihm und seinen Lehren befassen. In diesen Schriften erfährt man, dass er nicht nur als brillanter Denker, sondern auch als unbarmherziger Frager bekannt und gefürchtet war. Mit immer neuen Fragen versuchte er, den Dingen auf den Grund zu gehen und der Wahrheit auf die Spur zu kommen. Die Söhne der reichsten Athener Familien waren seine glühendsten Verehrer. **Wie hieß der Philosoph?**

Frage 462

Philosophen sind und waren bisweilen kauzige Gestalten. Welcher Philosoph soll der Überlieferung nach in einer Tonne gelebt haben?

Frage 463

Georg Wilhelm Friedrich Hegel arbeitete in seiner Philosophie viel mit den Begriffen „These" und „Antithese". Aus diesen beiden folgte nach seiner Überzeugung ein Drittes. Worum handelt es sich dabei?

Georg W. F. Hegel

PHILOSOPHISCHER HANSWURST

Arthur Schopenhauer war nicht sonderlich begeistert von der Philosophie Hegels. Daher sparte er auch nicht mit deutlicher Kritik. So schrieb er u. a.: „Hegel, ein platter, geistloser, ekelhaft-widerlicher, unwissender Scharlatan, der mit beispielloser Frechheit Aberwitz und Unsinn zusammenschmierte, welche von seinen feilen Anhängern als unsterbliche Weisheit ausposaunt und von Dummköpfen richtig dafür übernommen wurden, ... hat den intellektuellen Verderb einer ganzen gelehrten Generation zur Folge gehabt."

Frage 464

Philosophen haben sich immer wieder Gedanken über den Staat und die Politik gemacht. Aristoteles hatte beispielsweise eine ganz klare Vorstellung darüber, welche Staatsform er für die schlechteste hielt.

☐ a) Monarchie
☐ b) Demokratie
☐ c) Oligarchie
☐ d) Aristokratie

Frage 465

Nicht alle Philosophen suchen den Sinn im menschlichen Leben. Es gibt auch eine Haltung, die die Welt und das menschliche Dasein als sinnlos betrachtet. Wie nennt sich diese philosophische Haltung?

Frage 466

Auf welchen Denker soll der Satz „Störe meine Kreise nicht" zurückgehen?

☐ a) Descartes
☐ b) Diogenes
☐ c) Plato
☐ d) Archimedes

FÜNF DISZIPLINEN

Die Philosophie gliedert sich in fünf klassische Disziplinen: Logik, Erkenntnistheorie, Ethik, Ästhetik und Metaphysik.

Frage 467

Er wurde 1724 in Königsberg geboren. Dort verbrachte er seine Kindheit und auch seine Studienjahre. Im Anschluss daran wurde er zunächst Hauslehrer bei adeligen Familien, bevor er endlich sein Ziel verwirklichen und eine Lehrtätigkeit an der Universität aufnehmen konnte. Dort widmete er sich nicht nur der Philosophie, sondern auch der Mathematik, Physik, Geografie, dem Naturrecht, der Mechanik und Mineralogie. Er wird oft als steifer, an einen regelmäßigen Tagesablauf gebundener typischer Professor dargestellt, der von der Pflicht getrieben ganz auf seine Arbeit konzentriert war, doch diese Beschreibung stimmt nicht ganz. Auch er war den Freuden des Lebens nicht abgeneigt und galt beispielsweise als guter Kartenspieler. Mit Schriften wie seinem Hauptwerk *Kritik der reinen Vernunft* avancierte er schließlich zu einem der einflussreichsten und meistdiskutierten Philosophen. **Um wen geht es?**

Frage 468

Welche Aufgabe hatten sich die Scholastiker gesetzt?

Frage 469

Einige Philosophen vertreten die Auffassung, das Schicksal sei unabwendbar. Wie nennt man eine derartige Sichtweise?

☐ a) Altruismus
☐ b) Nihilismus
☐ c) Fatalismus
☐ d) Protestantismus

Frage 470

Welcher der folgenden Sätze stammt von René Descartes?

☐ a) Ich denke, also bin ich.
☐ b) Ich kam, sah und siegte.
☐ c) Ich weiß, dass ich nichts weiß.
☐ d) Ich bin, also kann ich denken.

René Descartes

Frage 471

Wie hieß die Lebensgefährtin des französischen Philosophen Jean Paul Sartre?

Frage 472

Als „Frankfurter Schule" bezeichnet man eine philosophische Bewegung, die auch die Studentenbewegung der späten 1960er-Jahre grundlegend beeinflusste. Eines der bekanntesten Werke dieser Gruppierung wurde 1944 im amerikanischen Exil verfasst und trägt den Titel *Dialektik der Aufklärung*. Darin entwickeln seine Autoren die These von einer Naturalisierung der gesellschaftlichen Verhältnisse. Die Menschen, so kritisieren sie, würden ihre Umwelt nämlich zu sehr als Faktum akzeptieren und sich nicht mehr als Urheber ihrer Geschichte sehen. **Wie heißen die wichtigsten Protagonisten der Frankfurter Schule?**

Frage 473

Ein bedeutender Philosoph sagte einmal: „Aufklärung ist der Ausgang des Menschen aus seiner selbst verschuldeten Unmündigkeit." Wer war es?

Frage 474

Welcher Philosoph beschäftigte sich in seinem Werk immer wieder mit der „Frage nach dem Sinn von Sein"?

Frage 475

Die Philosophie benötigt – wie jede Wissenschaft – bestimmte Methoden. Wie heißt die Methode, bei der Philosophen von Einzelfällen und Beobachtungen auf allgemein gültige Sätze schließen?

☐ a) Induktion
☐ b) Obduktion
☐ c) Deduktion
☐ d) Präduktion

Frage 476

Welcher Schüler Sokrates' hat die Gespräche seines Meisters mitgeschrieben und so dafür gesorgt, dass auch die Nachwelt an seinen Gedanken teilhaben konnte?

Sokrates

☐ a) Aristoteles
☐ b) Plato
☐ c) Diogenes
☐ d) Archimedes

Frage 477

Wer begründete die Schule der Stoiker?

Frage 478

Sein Name wird heute vor allem mit rücksichtsloser Machtpolitik unter Ausnutzung aller Mittel, die das Recht erlaubte, verbunden. Ein aus seinem Namen abgeleiteter Begriff wird daher häufig als Schimpfwort für ein politisches Verhalten gebraucht, welches raffiniert, aber ohne jeglichen Einfluss von Moral und Sittlichkeit die eigene Macht und das eigene Wohl steigern will. Geboren wurde er im Jahr 1469 in Florenz. Vor allem aufgrund seines Werks *Il Principe* wird er von vielen als einer der bedeutendsten Staatsphilosophen der Neuzeit bezeichnet. Sein eigentliches politisches Hauptwerk trägt aber den Titel *Discorsi*. **Wie hieß der Politiker, Philosoph, Geschichtsschreiber und Dichter?**

Frage 479

Welcher Mathematiker und Philosoph hat gesagt: „Alles entspricht der Zahl"?

Frage 480

Wer war der erste Philosoph, der sich mit

dem „anthropos", also mit dem Menschen, beschäftigte?

☐ a) Antisthenes
☐ b) Sokrates
☐ c) Plato
☐ d) Protagoras

Frage 481

Wo liegt für Thomas von Aquin der Ursprung des Staates?

☐ a) in Gott
☐ b) in der Natur
☐ c) im Individuum
☐ d) in der Gesellschaft

Thomas von Aquin

Frage 482

Was waren die zentralen Themen in der Lehre von Sören Aabye Kierkegaard?

Frage 483

Wodurch ist der Existenzialismus gekennzeichnet?

Frage 484

Er entwickelte seine Philosophie auf der Basis der Ideen Kants: Unsere Erkenntnis bildet nicht die Gegenstände ab, wie sie wirklich sind. Seiner Ansicht nach ist die Welt subjektiv ein Konstrukt unserer Erkenntnisformen. Außerdem sei der Mensch durch ein ewiges Begehren beschränkt, das sich z. B. in unseren Instinkten und Trieben zeigt. Dieser Drang lasse uns leiden, denn jeder Wunsch sei nur der Ausgangspunkt für einen neuen Wunsch. Erlösung gebe es nur in der Kunst – oder noch besser in der Askese, die er mit dem Nichtsein gleichsetzt. **Welcher Philosoph verfügte über diese pessimistische Sichtweise?**

Frage 485

Insbesondere in der zweiten Hälfte des 20. Jahrhunderts sorgte in den philosophischen Diskursen ein Begriff für Furore: „Dekonstruktion". Was ist darunter zu verstehen?

Frage 486

Wer ist der „Vater" des kategorischen Imperativs?

☐ a) Arthur Schopenhauer
☐ b) Karl Marx
☐ c) Immanuel Kant
☐ d) Georg Wilhelm Friedrich Hegel

Frage 487

Wer ist der Begründer der Anthroposophie?

☐ a) Friedrich Engels
☐ b) Gottfried Wilhelm Leibniz
☐ c) Betrand Russell
☐ d) Rudolf Steiner

Frage 488

Innerhalb der Sprachwissenschaft und -philosophie gibt es einen eigenen Zweig, der sich mit den Zeichen beschäftigt. Er untersucht, wie sprachliche und nicht sprachliche Zeichencodes funktionieren, wie sie strukturiert sind und wie man sie versteht. Bereits in der Antike (hier machten sich u. a. Plato und Aristoteles darüber Gedanken), im Mittelalter und auch im 17. und 18. Jahrhundert (Wilhelm Leibniz und David Hume können hier als Beispiel genannt werden) entstanden die Grundlagen für die moderne Lehre von den Zeichen. Einer ihrer prominentesten Vertreter heutzutage ist Umberto Eco. Seiner Meinung nach kann der Interpret (also derjenige, der das Zeichen zu deuten versucht) das Zeichen in diesem oder jenen Sinn deuten. **Wie heißt die Lehre von den Zeichen?**

Frage 489

Welcher Philosoph hat „Wenn es Gott nicht gäbe, müsste man ihn erfinden“ gesagt?

Frage 490

Weisheit, Tapferkeit, Gerechtigkeit und Mäßigung zählen zu den weltlichen Tugenden. Ihnen sind verschiedene Symbole zugeordnet. Welche von ihnen wird durch die Schlange symbolisiert?

Frage 491

Yin ist die andere Seite von ...

☐ a) Yang
☐ b) Yong
☐ c) Yung
☐ d) Yeng

Frage 492

Welcher Philosoph beschäftigte sich in seinem Werk hauptsächlich mit dem Verhältnis von Sprache und Wirklichkeit?

☐ a) Friedrich Nietzsche
☐ b) Ludwig Wittgenstein
☐ c) Hans-Georg Gadamer
☐ d) Karl Jaspers

Frage 493

Bis zum Jahr 1912 war die Lehre eines Philosophen in China Staatsreligion. Welchem Denker wurde diese Ehre zuteil?

Frage 494

In der Philosophie gibt es eine Menge verschiedene Richtungen oder Schulen. Die Anhänger dieser Schule sahen als die Richtschnur des Handelns die Lust – körperliches Wohlergehen und Gemütsruhe – an. Allerdings war damit nicht die pure Sinneslust gemeint. Die Wahrnehmung muss ihrer Ansicht nach immer durch den Verstand geprüft werden. Erst, wenn sie diese Prüfung hinter sich hat, kann sie Geltung beanspruchen. Ein tugendhaftes Leben sahen die Anhänger der Schule übrigens als Voraussetzung für ein glückliches Leben an. **Wie nennt man sie?**

Frage 495

Welcher Denker begründete mit einem staatsphilosophischen Werk mit dem Titel *Utopia* das literarische Genre des utopischen Romans?

Frage 496

Karl Marx begründete den wissenschaftli-

chen Sozialismus. Das unternahm er nicht allein, er hatte einen Mitstreiter. **Wer unterstützte ihn bei dieser Aufgabe?**

MARX ALS DICHTER

Bevor sich Karl Marx der Philosophie und Politik zuwandte, hatte er sich bereits im Jünglingsalter als Dichter versucht. Einige seiner Werke sind überliefert und zeigen, dass er als Philosoph für die Menschheit deutlich wertvoller war. Hier nun eine kleine Kostprobe aus dem Gedicht *Schicksaltragödie*:

Das Mägdlein steht da so bleich,
so stille und verschlossen;
die Seele, engelweich,
so trüb und verdrossen ...
Sie war so fromm, so mild,
dem Himmel ergeben,
der Unschuld seliges Bild,
das Grazien weben.
Da kam ein Ritter hehr
Auf prunkendem Rosse,
im Auge ein Liebesmeer
und Glutgeschosse.
Das traf so tief in die Brust;
Doch er zog von dannen,
hinstürmend in Kriegeslust;
nichts mag ihn bannen.

Frage 497

Nicht jeder Begriff, der philosophisch klingt, hat auch etwas mit dem Fach zu tun. Welcher der folgenden vier Begriffe bezeichnet keine philosophische Richtung oder Lehre?

☐ a) Materialismus
☐ b) Paralogismus
☐ c) Empirismus
☐ d) Pragmatismus

Frage 498

Welche der folgenden Schriften stammt von Thomas Hobbes?

☐ a) *Leviathan*
☐ b) *Paradise Lost*
☐ c) *Sechs Bücher über den Staat*
☐ d) *Der Fürst*

Thomas Hobbes

Frage 499

Die deutsche Philosophin und Frauenrechtlerin wurde 1891 als jüngstes Kind einer jüdischen Familie geboren. Nach einer Phase atheistischer Weltanschauung konvertierte sie zum Katholizismus. Am 7. August 1942 wurde sie nach Auschwitz deportiert, wo sie zwei Tage später ermordet wurde. Am 1. Mai 1987 sprach Papst Johannes Paul II. sie selig und am 11. Oktober 1998 heilig. **Wie hieß diese Frau?**

Frage 500

Ein bekannter deutscher Philosoph musste im Jahr 1800 seinen Lehrstuhl in Jena räumen, da ihm Atheismus vorgeworfen wurde. Wen ereilte dieses Schicksal?

Frage 501

Wann wurde Buddha geboren?

☐ a) 563 v. Chr.
☐ b) 422 v. Chr.
☐ c) 73 v. Chr.
☐ d) 242 n. Chr.

Buddha

Frage 502

Im Alten Testament lässt Gott zehn Plagen über die Ägypter hereinbrechen, um den Auszug der Israeliten aus dem Land zu erzwingen. Welches waren diese zehn Plagen?

Frage 503

Schon in früher Zeit herrschte unter den Anhängern Mohammeds nicht immer Einigkeit und Frieden. Bereits kurz nach seinem Tod im Jahr 632 kam es zu ersten Auseinandersetzungen um seine Nachfolge. Zum Kalifen wurde schließlich sein engster Vertrauter Abu Bakr gewählt. Sein Vetter und Schwiegersohn Ali ging dabei leer aus. Damit war der Streit allerdings nicht beigelegt, im Jahr 680 eskalierte er zwischen Alis Sohn Hussein und dem sechsten Kalifen Yazid. Hussein wurde im Laufe der Streitigkeiten getötet. Seine Anhänger trennten sich endgültig von denen Yazids. **Wie werden sie genannt?**

Frage 504

Wie heißen die heiligen Schriften der Hindus?

Frage 505

Wo findet man ein Minarett?

Frage 506

Wie bezeichnet man im Hinduismus die Summe der guten und bösen Taten?

☐ a) Atman
☐ b) Shiva
☐ c) Karma
☐ d) Dharma

Frage 507

Laut den Berichten der Bibel war Gott nicht immer ganz einverstanden mit dem, was die Menschen vollbrachten. Daher sah er sich bisweilen gezwungen, die Menschheit zu

Noahs Arche

bestrafen. So schickte er z. B. eine große Sintflut, in der alle Lebewesen ertranken. Nur Noah und seine Frau überlebten diese Strafe. Sie hatten auf Geheiß Gottes eine Arche gebaut und von jeder Tierart ein Pärchen an Bord genommen. So konnte das Fortbestehen der Arten auch nach der Sintflut gesichert werden. **Wo strandete Noah, als sich die Fluten wieder zurückzogen?**

Frage 508

Wie heißt der höchste jüdische Feiertag?

Frage 509

Jerusalem ist nicht nur für das Christentum eine heilige Stadt. In welchen beiden weiteren Weltreligionen spielt die Stadt eine wichtige Rolle?

Frage 510

Welches Land ist das Ursprungsland des Buddhismus?

☐ a) China
☐ b) Indien
☐ c) Nepal
☐ d) Japan

LEIDEN IM BUDDHISMUS

Die erste der „Vier edlen Wahrheiten" im Buddhismus beschäftigt sich mit dem Leiden: „Geburt ist Leiden. Altern ist Leiden. Krankheit ist Leiden. Tod ist Leiden ... mit dem Ungeliebten vereint, von Lieben getrennt zu sein ist Leiden," heißt es da.

Frage 511

In welchem Land ist der Dalai Lama das geistige Oberhaupt?

☐ a) Indien
☐ b) Nepal
☐ c) Tibet
☐ d) Thailand

Frage 512

Das Pessachfest ist eines der drei wichtigsten jüdischen Feste. Es findet jeweils im Frühling statt. Pessach beginnt mit einem gemeinsamen Mahl am Vorabend, genannt Seder. Diese Feier, die übrigens auch der Ursprung des christlichen Abendmahls ist, geht nach strengen Regeln vor sich. Auch darf während ihr kein gesäuertes Brot verzehrt werden. Mit diesen Feierlichkeiten soll an ein sehr wichtiges Ereignis in der Geschichte der Juden erinnert werden. **An welches?**

Frage 513

Wer gründete den Orden der Franziskaner?

Frage 514

Welcher Religion stehen die Freimaurer nahe?

Frage 515

Welche der folgenden Weltreligionen ist die älteste?

☐ a) Christentum
☐ b) Judentum
☐ c) Buddhismus
☐ d) Hinduismus

ANTEIL DER RELIGIONEN AN DER WELTBEVÖLKERUNG (IN %)

Religion	1900	1998	Prognose 2025
Christen	33,4	33,2	34,8
Muslime	12,4	19,9	24,4
Hindus	12,5	12,9	13,4
Buddhisten	7,8	6,0	5,4
Stammesreligionen	6,6	4,1	3,7
Sikhs	0,2	0,4	0,4
Juden	0,8	0,3	0,2

Frage 516

Wie heißt die heilige Schrift des Islam?

☐ a) Koran
☐ b) Kabbala
☐ c) Scharia
☐ d) Veda

Frage 517

Im Hinduismus spielt die sogenannte Trimurti, eine ganz spezielle Dreieinigkeit, eine große Rolle. Diese Dreieinigkeit besteht aus drei Aspekten des Göttlichen: die Zerstörung, die Schöpfung und die Erhaltung. Obwohl es sich hier um gegensätzliche Werte handelt, gehen sie in der Trimurti eine Einheit ein. Eine der drei Gottheiten wird immer mit seinen vier Insignien – Diskus, Muschelhorn, Lotos und Keule –, die sie in vier Armen hält, dargestellt. Die zweite Gottheit wird meist mit weißer oder aschegrauer Haut und oft mit einem blauen Hals dargestellt. Ihr auffälligstes Merkmal ist aber das dritte Auge auf der Stirn. Die dritte Gottheit weist auf Darstellungen meist vier Gesichter und vier Arme auf. Außerdem hat sie einen Gebetskranz und die Veden bei sich. **Wie heißen die drei Gottheiten der hinduistischen Trimurti?**

Frage 518

Wo findet man den Shintoismus?

Frage 519

Die Menschen, die das Leben Jesu im Neuen Testament festhielten, werden heutzutage Evangelisten genannt. Wie viele Evangelisten gibt es und wie lauten ihre Namen?

Frage 520

Welcher Begriff ist in der folgenden Liste fehl am Platze?

☐ a) Tora
☐ b) Ramadan
☐ c) Bibel
☐ d) Koran

Frage 521

Wen nannte man den lächelnden Papst?

☐ a) Paul VI.
☐ b) Johannes XXIII.
☐ c) Johannes Paul I.
☐ d) Johannes Paul II.

Frage 522

Welche Religion kannte die Götter Adad, Sin, Schamasch und Ea?

Frage 523

Um diesen Heiligen ranken sich – wie das bei vielen Heiligen der Fall ist – mehrere Legenden. Die ältere der Legenden behandelt seine Leiden, nachdem er sich als Christ zu erkennen gegeben hatte. Hier heißt es immer wieder, er habe, durch seinen Glauben gestärkt, unvorstellbare Qualen über sich ergehen lassen müssen. Allgemein bekannter ist eine jüngere Legende, die ihn als Drachentöter darstellt. Der Heilige rettet hier – ähnlich wie in vielen Ritterepen – eine junge Frau aus den Klauen eines bösen Drachen. Anstatt um ihre Hand anzuhalten und diese auch zu bekommen, rät er dem Volk, dem die junge Frau angehört, zur Taufe, um das Böse endgültig zu überwinden. Diesen Rat befolgen die Menschen und es kommt zu einer großen Taufaktion. **Von welchem Heiligen ist hier die Rede?**

DER BELIEBTESTE HEILIGE

Antonius von Padua gilt als der bekannteste und beliebteste Heilige der Welt. In Padua wurde ihm zu Ehren die Basilika S. Antonio errichtet. An seinem Grab ereigneten sich in der Folgezeit so viele Wunder, dass es hieß: „Suchst du Wundertaten, gehe zu Antonius!" Die Basilika in Padua ist eine der meistbesuchten Wallfahrtsstätten überhaupt. Aber man findet auch sonst kaum eine römisch-katholische Kirche auf der Welt, die nicht einen Altar, ein Gemälde, ein Fresko oder eine Statue besitzt, die dem Heiligen geweiht ist.

Frage 524

Viele Religionen weisen einen eigenen Kalender auf. Mit welchem Jahr beginnt die Zeitrechnung nach dem islamischen Kalender?

Frage 525

Wie reagierte Heinrich VIII., König von England, als Papst Clemens VII. seine Ehe mit Katharina von Aragón nicht scheiden wollte?

Heinrich VIII.

Frage 526

Welcher Apostel hat die Korintherbriefe geschrieben?

☐ a) Paulus
☐ b) Johannes
☐ c) Matthäus
☐ d) Thomas

Frage 527

Die in den orthodoxen christlichen Kirchen verwendeten Heiligenbilder haben einen ganz speziellen Namen. Wie lautet er?

☐ a) Ionen
☐ b) Ikonen
☐ c) Imagina Dei
☐ d) Statuten

SAKRAMENTE

Die katholische und die orthodoxe Kirche kennen sieben Sakramente: Taufe, Firmung, Eucharistie, Buße, Krankensalbung, Priesterweihe und Ehe. Diese Sakramente sind Zeichenhandlungen, die die Gnade Gottes für die Gläubigen vermitteln und seine Nähe spürbar machen sollen.

Frage 528

Im Hinduismus gibt es einen heiligen Fluss, mit dessen Wasser sich die Gläubigen von ihren Sünden reinwaschen können. Wie heißt dieser Fluss?

Gläubige beim Waschen im heiligen Fluss

Frage 529

Ein für das Christentum folgenschweres Dokument beginnt mit den folgenden Sätzen: „1. Aus Liebe zur Wahrheit und in dem Bestreben, diese zu ergründen, soll in Wittenberg unter dem Vorsitz des ehrwürdigen Vaters ..., Magisters der freien Künste und der heiligen Theologie sowie deren ordentlicher Professor daselbst, über die folgenden Sätze disputiert werden. Deshalb bittet er die, die nicht anwesend sein und mündlich mit uns debattieren können, dieses in Abwesenheit schriftlich zu tun. Im Namen unseres Herrn Jesu Christi, Amen. 2. Da unser Herr und Meister Jesus Christus spricht: Tut Buße usw. (Matth. 4,17), hat er gewollt, dass das ganze Leben der Gläubigen Buße sein soll."
Um welches Dokument handelt es sich?

Frage 530

Wer machte im Jahr 1979 den Iran zur islamischen Republik?

Frage 531

Wie nennt man die Westmauer des jüdischen Tempels in Jerusalem?

Frage 532

Wie nennt sich die im Islam wichtige Pilgerfahrt?
☐ a) Hakksch
☐ b) Hallsch
☐ c) Hannsch
☐ d) Haddsch

Frage 533

Wo steht die größte Tempelanlage der Welt?
☐ a) in Rom
☐ b) in Kambodscha

☐ c) in Mekka
☐ d) in Peru

Frage 534

Besondere kurze Gebetsformeln, die immer wieder wiederholt werden, spielen im Hinduismus und Buddhismus eine große Rolle. Ihren Ursprung haben diese Formeln wohl als Beschwörungen oder zur Abwehr von Dämonen. Mittlerweile sollen durch das meditative Wiederholen der Texte spirituelle Energien freigesetzt werden. Im Christentum hat das Beten des Rosenkranzes eine ähnliche Funktion, im Islam gibt es die Kurzformel „Allah Akbar", und das Judentum kennt den Satz „Schma Israel adonaj eloheinu". Der indische Name für solche Formeln hat sich mittlerweile auch bei uns eingebürgert. **Wie lautet er?**

Frage 535

Einer der Söhne Abrahams gilt als Stammvater der Juden, ein anderer als Stammvater der Muslime. Wie heißen beide?

Frage 536

Wie nennt man einen Geistlichen, der sich mit Tanz, Musik oder Drogen in Trance versetzt?

☐ a) Schamane
☐ b) Derwisch
☐ c) Scharlatan
☐ d) Samurai

Frage 537

Wie heißen die geflochtenen Brote, die am Sabbat gegessen werden?

Sabbatfeier

Frage 538

Es ist das Ziel eines jeden Buddhisten, dorthin zu gelangen. Allerdings kann es eine lange Zeit dauern, bis er so weit ist, seinen Weg zu vollenden. Denn diesen Ort erreicht nur, wer es zu Lebzeiten zur Vollkommenheit gebracht hat und dessen Lebensbegierde erloschen ist. In einem Leben ist das nicht zu bewerkstelligen. Daher muss ein Buddhist den Kreislauf aus Geburt, Tod und Wiedergeburt einige Male durchlaufen, bis es soweit ist. **Wie nennt sich dieser geheimnisvolle Ort?**

Frage 539

In unregelmäßigen Abständen tagen die katholischen Bischöfe und Kardinäle unter Vorsitz des Papstes. Wie nennen sich diese Versammlungen?

Frage 540

Welchen amerikanischen Bundesstaat haben die Mormonen gegründet?

☐ a) Texas
☐ b) Utah
☐ c) Florida
☐ d) Illinois

Frage 541

Der Begriff, der hier gesucht wird, lässt sich ungefähr mit „das mit Wasserfarben gemalte Bild" übersetzen. Charakteristisch für diese Kunstwerke sind weiche, fließende Konturen und das Durchscheinen des Malgrundes. Der Arbeitsgang verläuft immer von den hellen zu den dunkeln Partien des Bildes. Man findet diese Art der Malerei schon in altägyptischen Totenbüchern und chinesischen Rollenbildern. Im 19. Jahrhundert war sie besonders beliebt und eine oft angewandte Technik des Expressionismus. **Um welche Art von Kunstwerken handelt es sich?**

Frage 542

Welcher Maler ist besonders für seine Bibelillustrationen und Entwürfe für Glasfenster mit religiösen Motiven bekannt geworden?

Frage 543

Welches Steckenpferd ritten die „Blauen Reiter"?

Frage 544

Wer war der Maler der berühmten *Mona Lisa*?

☐ a) Pablo Picasso
☐ b) Leonardo da Vinci
☐ c) Raffael
☐ d) Sandro Botticelli

Mona Lisa

Frage 545

Wie heißt das Sommerschloss, das der preußische König Friedrich II. in Potsdam erbauen ließ?

Frage 546

Aus welchem Land stammt der Maler Vincent van Gogh?

☐ a) aus den Niederlanden
☐ b) aus Deutschland
☐ c) aus Belgien
☐ d) aus Polen

Frage 547

Vor 40 Jahren gründete dieser 1935 in Manchester geborene weltberühmte Architekt sein Architekturbüro. Seither machten er und seine Partner immer wieder durch spektakuläre Bauten auf sich aufmerksam. So bekam er beispielsweise 1979 den Auftrag für die Hongkong & Shanghai Banking Corporation das „schönste Gebäude der Welt" zu bauen. Er entwarf ein technisches Meisterwerk, in dem die Büroetagen paketweise an acht riesigen Stahlsäulen aufgehängt sind. Auch in Deutschland kann man einige seiner Bauwerke bewundern. Das prominenteste dürfte die Kuppel auf dem Reichstag sein. Auch das neue Wembley-Stadion in London wird nach seinen Entwürfen gebaut. **Wie lautet der Name des Architekten?**

Frage 548

Was sind die prominentesten Kennzeichen der gotischen und der romanischen Architektur?

Frage 549

Was ist das größte gotische Bauwerk Deutschlands?

☐ a) der Dom in Speyer
☐ b) das Ulmer Münster
☐ c) die St.-Michaelis-Kirche in Hamburg
☐ d) der Kölner Dom

Frage 550

Wo schuf Michelangelo sein berühmtes Wandbild *Das Jüngste Gericht*?

☐ a) im Petersdom
☐ b) im Louvre
☐ c) in der Sixtinischen Kapelle
☐ d) in Sacré Cœur

DAS GRÖSSTE BILD

Das größte Wandgemälde der Welt ist – wie es heißt – 27.870 m² groß und befindet sich in Key Biscaine. Das größte Bild, das je gemalt worden ist, soll das *Panorama des Mississippi* von John Banvard aus dem Jahre 1846 gewesen sein. Es hatte eine Länge von 800 m und war 3,5 m hoch. Das Kunstwerk zeigte den Flusslauf des Mississippi und wurde im Jahr 1891 bei einem Brand zerstört.

Frage 551

Die *Nachtwache* ist eines seiner bekanntesten und beliebtesten Gemälde. Er hatte es für den Festsaal der Amsterdamer Schützengilde gemalt. Dort blieb das Gemälde allerdings nur bis zum Jahr 1745 hängen, danach kam es ins Amsterdamer Rathaus. Da es für dieses Gebäude zu groß war, wurde es an allen vier Seiten beschnitten. Dies merkt man vor allem daran, dass auf der rechten Seite ein Trommler halb durchgeschnitten ist. Das sehr düster gehaltene Gemälde zeigt eine Bürgerwehr aus dem 17. Jahrhundert Das Bild weist die für diesen Maler typischen Hell-Dunkel-Kontraste auf. Durch diese Kontraste wird die Aufmerksamkeit besonders auf den Anführer der Bürgerwehr und auf eine junge Frau, die ihr nicht angehört haben kann, gelenkt. Das Werk hängt heute im Rijksmuseum in Amsterdam. **Um welchen Maler handelt es sich?**

Frage 552

Mit welcher Kunstrichtung bringt man Salvador Dalí und René Magritte in Verbindung?

Stillleben von S. Dalí

Frage 553

Wie hoch ist der Eiffelturm in Paris?

☐ a) 300 m
☐ b) 320 m
☐ c) 380 m
☐ d) 440 m

DAS HÖCHSTE GEBÄUDE DER WELT

Um die Ehre, das höchste Gebäude der Welt zu besitzen, entbrennt immer wieder von Neuem ein Wettstreit. Jeder möchte sich gerne mit dieser Auszeichnung schmücken. Das derzeit höchste Gebäude steht in Taipeh, Taiwan. Es besitzt 101 Stockwerke und ist 508 m hoch. Es wurden 60.000 Tonnen Stahl, 5360 km Telefonkabel und 100 km Wasserleitungen verbaut. Aber andere Bauten sind diesem Giganten bereits auf den Fersen. So soll u. a. in Dubai ein noch höheres Bauwerk entstehen.

Frage 554

Welches berühmte Bauwerk wurde am 30. Oktober 2005 in Dresden nach seinem Wiederaufbau feierlich eingeweiht?

Frage 555

Eines der eindrucksvollsten Gemälde der europäischen Malerei heißt *Die Erschießung der Aufständischen von 1808.* Von welchem Maler stammt es?

Die Erschießung der Aufständischen von 1808

Frage 556

Welcher berühmten Frauenstatue fehlen beide Arme?

Frage 557

Das Atomium wurde für die Weltausstellung 1958 gebaut und avancierte schnell zum Wahrzeichen der Stadt, in der es steht. Wie heißt diese Stadt?

☐ a) Bern
☐ b) Brüssel
☐ c) Genf
☐ d) Basel

DIE WICHTIGSTEN PHASEN IN PICASSOS WERK

Blaue Periode: 1901–1904
Rosa Periode: 1904–1906
Analytischer Kubismus: ab 1907
Beginn der abstrakten Malerei: ab 1909
Synthetischer Kubismus: ab 1912
Surrealismus: ab 1925
Plastische Arbeiten: 1930er-Jahre
Lithografien: 1945–1949
Bemalte Keramiken: ab 1947
Bearbeitungen alter Meister: ab 1954
Grafiken, Zeichnungen und Radierungen: ab 1961

Frage 558

Wer während der Weltausstellung 1937 den spanischen Pavillon betrat, sah sich einem fast 8 m langen Bild gegenüber, das der damals 56-jährige Pablo Picasso gemalt hatte. Das Bild ist sehr düster und nur in den Farben Schwarz, Weiß und Grau gehalten. Nur wenige Gemälde ziehen den Betrachter so schnell und nachhaltig in ihren Bann wie dieses Meisterwerk. Es ist eine leidenschaftliche Anklage gegen Gewalt und Krieg, entstanden anlässlich der Bombardierung eines kleinen spanischen Ortes im spanischen Bürgerkrieg. Der Ort wurde dabei vollkommen zerstört, es war das erste Mal, dass Luftterror gegen ein ziviles Ziel eingesetzt wurde, um den Gegner zu zermürben. Das Werk trägt den Namen dieses Ortes. **Wie lautet er?**

Frage 559

Welcher bedeutende Maler war ein Vertreter des Barock?

☐ a) Eugène Delacroix
☐ b) Peter Paul Rubens
☐ c) Michelangelo Buonarroti
☐ d) Giotto di Bondone

Frage 560

Welcher Künstler schuf die stark symbolhaften Gemälde wie *Gepflügte Erde* und *Frauen und Vögel in der Nacht*?

☐ a) Max Ernst
☐ b) Salvador Dalí
☐ c) Pablo Picasso
☐ d) Joan Miró

Frage 561

Welcher Maler begründete in Frankreich mit Georges Braque zusammen den Kubismus?

Frage 562

Der berühmte Architekt Mies van der Rohe sagte einst „Less is more“ (Weniger ist mehr). Demgegenüber behauptete ein Kollege von ihm „Less is bore“ (Weniger ist langweilig). Wer zeichnete für diesen Spruch verantwortlich?

Frage 563

An diesem Bauwerk trat erstmals die Symbiose von Bogenbau und Säulenordnungsrelief auf, die in der Folgezeit zu einem der wichtigsten Anliegen der römischen Architektur werden sollte. Seit der Renaissance wurde dieses bauliche Merkmal maßgebend für die ganze abendländische Baukunst. Das erhaltende Stockwerk besitzt eine Front mit Bogenstellungen und dorischen Halbsäulen, der innen eine Galerie mit halbkreisförmigen Haussteinbögen entspricht. Innenräume und Treppen sind mit Tonnengewölben überspannt, die Wandflächen waren mit Stuck überzogen. **Um welches Gebäude handelt es sich hierbei?**

Frage 564

Welches Berliner Museumsgebäude entwarf der Architekt Daniel Libeskind?

☐ a) die Alte Nationalgalerie
☐ b) das Jüdische Museum
☐ c) die Neue Nationalgalerie
☐ d) das Museum Berggruen

Frage 565

Nicht nur die Werkzeuge, mit denen Maler die Farbe auf die Leinwand bringen, sind entscheidend. Auch die Art und Weise, wie die Farben angerührt werden, können zu

ganz charakteristischen Ergebnissen führen. Was bezeichnet man beispielsweise als Gouache?

Frage 566

Der Name der Kunstrichtung „Konkrete Kunst“ geht auf den Niederländer Theo von Doesburg zurück. Was versteht man darunter?

Frage 567

In der Bildhauerei werden Skulptur und Plastik unterschieden. Aus welchem der folgenden Materialien fertigen die Künstler eine Skulptur?

☐ a) Bronze
☐ b) Elfenbein
☐ c) Wachs
☐ d) Gips

Frage 568

Gerne werden Staatsmänner und -frauen oder Gebäude auf Banknoten abgebildet. Welche Gebäude zieren die Euro-Banknoten?

Frage 569

Alltägliche Themen wie Geburt, Tod, Liebe, Sex und Krieg bildeten den Mittelpunkt seiner Arbeit. Zudem war es ihm äußerst wichtig, dass seine Kunst zu erschwinglichen Preisen verkauft wurde, sich also nicht nur eine ausgesuchte und wohlhabende Klientel an seinen Werken erfreuen konnte. Daher eröffnete er den sogenannten Pop Shop. Er hat mit vielen großen Künstlern wie Madonna oder Grace Jones zusammengearbeitet. Er starb am 16. Februar 1990 an AIDS. **Um wen handelt es sich?**

DAS TEUERSTE GEMÄLDE DER WELT

Das Gemälde *No. 5, 1984* von Jackson Pollock in seiner berühmten Dripping-Technik ist derzeit mit einer Verkaufssumme von 140 Millionen Dollar (110 Millionen Euro) das teuerste der Welt. Bis zum November 2006 hielt diesen Rekord ein Porträt von Adele Bloch-Bauer des Malers Gustav Klimt, das der US-Kosmetikhersteller Ronald Lauder zum Rekordpreis von 135 Millionen Dollar (107 Millionen Euro) erworben hatte. Das Bild aus dem Jahr 1907 stellt die Ehefrau eines jüdischen Industriellen aus Wien dar.

Frage 570

Eine Richtung in Kunst und Architektur wurde nach dem 1919 von Walter Gropius (1883–1969) gegründeten Bauhaus benannt. Was sind die wichtigsten Kennzeichen dieser Richtung?

Frage 571

Welche architektonische Besonderheit weist das Guggenheim-Museum in New York auf?

☐ a) Es ist spiralförmig.
☐ b) Es ist ein auf den Millimeter genauer Würfel.
☐ c) Es ist unterirdisch angelegt.
☐ d) Es verfügt über keinen einzigen rechten Winkel.

Frage 572

Der bulgarische Künstler Christo wurde vor allem als „Verpackungskünstler" weltbekannt. 1985 erregte er mit einem Projekt ganz besondere Aufmerksamkeit. Welches Projekt war das?

☐ a) die Verhüllung des Reichstages
☐ b) die Verhüllung des Eiffelturms
☐ c) eine Installation im Central Park
☐ d) die Verhüllung des Pont Neuf

Frage 573

Was ist der Unterschied zwischen einem Pfeiler und einer Säule?

Frage 574

Welcher amerikanische Maler wurde für seine Motive, die er Comics entnommen hat, berühmt?

Frage 575

Aus der Antike sind die sogenannten sieben Weltwunder bekannt. Welches der folgenden Bauwerke gehört nicht dazu?

☐ a) das Mausoleum in Halikarnassos
☐ b) der Koloss von Rhodos
☐ c) das Labyrinth von Knossos
☐ d) der Leuchtturm von Pharos

Frage 576

Der Name „Impressionismus" geht auf ein Bild zurück. Es trägt den Titel *Impression soleil levant*. Der Maler dieses Kunstwerks verzichtete bei seiner Realisierung ganz auf eine räumliche Wirkung. Auch standen weder eine realistische Darstellung noch die Komposition im Bildaufbau hier im Vordergrund. Dafür zeigt er einen Augenblick mit verspielten Lichtreflexen und verschwommenen Schattenbildungen. Die macht den besonderen Charme des Bildes und auch der ganzen Kunstrichtung aus. **Von welchem Maler stammt das Bild?**

Frage 577

Es war der zentrale Ort im alten Rom. Caesar und seine Nachfolger hatten es ausgebaut, aber als ab dem 5. Jahrhundert der Niedergang Roms begann, verfiel es zunehmend. Worum handelt es sich?

Frage 578

Im Jahr 1563 malte ein Niederländer den Turmbau zu Babel, dessen Architektur ein wenig an das Kolosseum in Rom erinnerte. Wer war es?

Frage 579

Wer schuf die berühmten Lithografien *Der Schrei* und *Angst*?

☐ a) Edvard Munch
☐ b) Ernst Barlach
☐ c) Christian Krohg
☐ d) Käthe Kollwitz

Frage 580

Eines der größten Museen der Welt ist der Louvre. Welchem Zweck diente das Gebäude, bevor es zum Museum wurde?

☐ a) Gefängnis
☐ b) Kirche
☐ c) Königssitz
☐ d) Theater

Frage 581

Im Deutschen unterscheidet man die verschiedensten Wortarten. Bei der nun gesuchten Wortart handelt es sich um eine Beifügung zu einem Nomen. Damit ist ein Ausdruck gemeint, der dazu beiträgt, die Bedeutung des Nomens zu erweitern. Diese Wortart kann ein einfaches Adjektiv sein, muss aber nicht unbedingt nur aus einem Wort bestehen. So sind hier auch ein Nomen im Genitiv, ein Nomen mit Präposition oder sogar ein Relativsatz denkbar. **Um welche Wortart handelt es sich?**

Frage 582

***Betttuch* und *Sauerstoffflasche* – irgendwie scheinen diese Wörter ein wenig ungewöhnlich auszusehen. Wie ist es eigentlich, sind nach der neuen Rechtschreibung nun Dreifach-Konsonanten erlaubt?**

DIE HÄUFIGSTEN BUCHSTABEN

Der im Deutschen am häufigsten gebrauchte Buchstabe ist das e. Gefolgt wird der Vokal von einem Konsonanten, am zweithäufigsten verwenden wir das n. Der seltenste Buchstabe ist nicht das x – wie man vielleicht meinen sollte –, sondern das q.

Frage 583

Wie lautet die korrekte Schreibweise? Sie wollten die gegnerische Mannschaft ...

☐ a) fertig machen
☐ b) fertigmachen
☐ c) Fertig machen
☐ d) fertig Machen

Frage 584

Vielen gilt der Konjunktiv als ein Schreckgespenst der deutschen Sprache. Man unterscheidet zwischen Konjunktiv I und Konjunktiv II. Welche Haltung des Sprechers drückt der Konjunktiv II in der indirekten Rede aus?

Frage 585

Seit einiger Zeit erlebt der Apostroph im Deutschen einen wahren Boom. Dabei steht er häufig an Stellen, an denen er nichts zu suchen hat. In welchen Fällen darf kein Apostroph gesetzt werden?

DAS LÄNGSTE WORT

Da man im Deutschen Worte nahezu beliebig zusammensetzen kann, ist es eigentlich witzlos, nach dem längsten deutschen Wort zu suchen – es lässt sich immer noch ein weiteres Wort anhängen. Daher sind Wortungetüme wie Himmelherrgottsakramentkreuzschockschwerenotpotzbombenelementdonnerwetter nur mäßig interessant. Viel interessanter ist da schon ein Blick in den Duden. Welches Wort ist hier wohl das längste? In der 22. Auflage des Lexikons teilen sich mit jeweils 33 Buchstaben Arbeiterunfallversicherungsgesetz und Bundesausbildungsförderungsgesetz die Krone.

Frage 586

Die Rechtschreibreform hat das *ß* nach einem kurzen Vokal abgeschafft. Welches

der folgenden Wörter wurde bereits vor der Reform mit *ss* geschrieben?

☐ a) dass
☐ b) hassen
☐ c) Fass
☐ d) Fluss

Frage 587

In jeder Sprache gibt es viele verschiedene Wortarten, die alle unterschiedliche Namen tragen. So auch im Deutschen. Verben sind beispielsweise Wörter, die Tätigkeiten bezeichnen, Nomen hingegen benennen bestimmte Objekte oder Personen, Adjektive wiederum sind für Eigenschaften zuständig. Und dann gibt es auch noch die Pronomen. **Was soll man sich nun darunter vorstellen?**

Frage 588

Die Schreibung einiger Wörter bereitet Vielen immer wieder Probleme. Hier kommt eines davon. Wie schreibt man es korrekt?

☐ a) Rytmus
☐ b) Rythmus
☐ c) Rhytmus
☐ d) Rhythmus

Frage 589

Auch der Plural bereitet bisweilen Probleme. Wie lautet er beispielsweise beim Wort *Praktikum*?

Frage 590

Die Sprache lebt, das ist keine Frage. Trotzdem kann man sich bei der Wortstellung nicht jede mögliche Freiheit gönnen. Nur einer der folgenden Sätze weist die richtige Wortstellung auf. Welcher ist es?

☐ a) Ich gehe, weil bin ich verabredet.
☐ b) Ich gehe, weil ich bin verabredet.
☐ c) Ich gehe, weil ich verabredet bin.
☐ d) Ich gehe, weil verabredet ich bin.

Frage 591

Die deutsche Sprache stammt vom Indogermanischen ab. Diese Sprache kannte noch acht oder neun verschiedene Fälle. Da haben wir es mit unseren vier Fällen also richtig einfach. Wie heißen die vier Fälle eigentlich?

Frage 592

Nach seinem Abitur 1846 im niederrheinischen Wesel studierte er vier Semester Geschichte, Germanistik und Klassische Philologie in Bonn. 1854 holte er mit besonderer Genehmigung das Staatsexamen an der Universität Bonn nach und promovierte noch im gleichen Jahr an der Philosophischen Fakultät der Universität Marburg mit einer Dissertation zum Thema *De Sophoclis Antigona*. Später arbeitete er als Lehrer und Direktor verschiedener Gymnasien. Seine wichtigste Berufung sah er aber in seinem Einsatz für die Vereinheitlichung der deutschen Sprache. So veröffentlichte er im Jahr 1880 das Werk *Vollständiges Orthographisches Wörterbuch der deutschen Sprache*. **Wie lautet sein Name?**

Frage 593

Wie heißt es richtig?

☐ a) Ich gebe ihn den Ball.
☐ b) Ich gebe ihm den Ball.

☐ c) Ich gebe ihn dem Ball.
☐ d) Ich gebe ihm dem Ball.

Frage 594

Bei einigen Texten hat es den Anschein, als habe jemand einen Sack Kommata über ihnen ausgeschüttet, so willkürlich sind diese Satzzeichen gesetzt. Welcher der folgenden Sätze ist richtig?

☐ a) Das Haus, das am Ende der Straße steht, steht leer weil die Besitzer ausgezogen sind.
☐ b) Das Haus, das am Ende der Straße steht, steht leer, weil die Besitzer ausgezogen sind.
☐ c) Das Haus das am Ende der Straße steht steht leer, weil die Besitzer ausgezogen sind.
☐ d) Das Haus, das am Ende, der Straße steht, steht leer, weil die Besitzer ausgezogen sind.

Frage 595

Was ist der Unterschied zwischen einem Adjektiv und einem Adverb?

Frage 596

Das Deutsche kennt mehrere Zeitformen, um Dinge zu beschreiben, die in der Vergangenheit passiert sind. Wodurch unterscheidet sich das Perfekt und Präteritum?

Frage 597

***Als* und *wie* gehören zu den fiesen kleinen Wörtern, die man besser nicht verwechseln sollte, die aber häufig verwechselt werden. Daher möchten wir nun wissen, wie es korrekt heißt?**

☐ a) Ich bin schlauer wie du.
☐ b) Ich bin schlauer als wie du.
☐ c) Ich bin schlauer wie als du.
☐ d) Ich bin schlauer als du.

Frage 598

Befindet sich etwas, das in der Nähe eines Hauses ist, *nahe des Hauses* oder *nahe dem Haus*?

PALINDROME

Als Palindrome bezeichnet man Wörter oder Texte, die vorwärts und rückwärts gelesen gleich sind. Ein einfaches Beispiel ist der Name Anna. Der Klassiker lautet hier aber sicher: *Ein Neger mit Gazelle zagt im Regen nie.* Ein schönes Beispiel ist auch: *Dir, Gisela, male Ina dein Kajak! Nie, Daniela, male Sigrid!* Und auch: *Emma behend 'ne Hebamme!* besitzt einen ganz eigenen Reiz.

Frage 599

In den folgenden Zeilen soll es um ein ganz besonderes Tempus (also eine Zeitform) gehen, ein Tempus, das sich in der Vergangenheit abspielt. Nun wissen wir alle, dass Vergangenheit nicht immer gleich Vergangenheit ist, auch hier gibt es noch zeitliche Abstufungen. Es gibt Dinge, die haben sich früher in der Vergangenheit zugetragen, andere sind noch nicht ganz so lange her. Will man über eine Begebenheit berichten, die zu einem bestimmten Zeitpunkt in der Vergangenheit stattgefunden hat, verwendet man das Präteritum. Man sagt z. B. *Letzten Dienstag war meine Deutschprüfung.* Will man nun in der Erzählung noch etwas ansprechen, das vor dem Prüfungstermin gelegen hat – zum Beispiel das Lernen für die Prüfung – benötigt man die spezielle Zeitform. **Wie heißt sie?**

Frage 600

Das Objekt eines Satzes bezieht sich auf das jeweilige Prädikat. Es gibt nähere Informationen zum Prädikat (ist aber nicht immer erforderlich). Objekte können in verschiedenen Fällen stehen. Welcher Fall ist beim Objekt am wenigsten gebräuchlich und welcher findet am häufigsten Verwendung – Genitiv, Dativ oder Akkusativ?

Frage 601

Bisweilen herrscht die Meinung vor, man könne alles noch steigern. Das gilt für einige Adjektive allerdings definitiv nicht. Welches der folgenden Adjektive lässt sich nicht steigern (obwohl es gerne probiert wird)?

☐ a) optimal
☐ b) groß
☐ c) hübsch
☐ d) schnell

Frage 602

Morgen werden wir in die Stadt gehen **– dieser Satz steht im Futur I. Die deutsche Sprache kennt aber noch eine Futurform, nämlich das Futur II. Wie lautet der Beispielsatz in dieser Zeitform?**

Frage 603

Der Konjunktiv ist einer der drei Modi, in dem die deutschen Verben stehen können. Man verwendet ihn in der indirekten Rede und bei irrealen Wünschen und Bedingungssätzen. Wie heißen die beiden anderen Modi?

Frage 604

Welches der folgenden Wörter ist richtig geschrieben?

☐ a) Färte
☐ b) widersprechen
☐ c) baiseite
☐ d) nähmlich

Frage 605

In den folgenden Text haben sich einige Fehler eingeschlichen. Suchen und korrigieren Sie diese (achten Sie dabei auch auf fehlende Kommata):

Nicht immer muß man in weite Fernen schweifen oder in mikroskopisch kleine Bereiche vorstoßen um Aufsehen erregende Forschungsergebnisse zu erhalten. Bisweilen reicht der Blick in die eigene Müslischüssel als Inspiration für intensive Forschungstätigkeit vollkommen aus. Wie zum Beispiel läßt es sich erklären das sich die auf der Milch schwimmenden Cornflakes immer wieder zu Klumpen vereinigen? Man mag es kaum glauben aber dieses alltägliche Fänomen konte bis vor Kurzen nicht Zufriedenstellend erklärt werden. Nun haben Forscher von der Harvard University den sogenannten „Cheerios Effekt" (natürlich nach einer in den Vereinigten Staaten beliebten Frühstücksflockensorte benannt) endlich erklären können. Die Kräfte die hier in erster Linie eine Rolle spielen sind Gravitation, Auftrieb und Oberflächenspannung.

Frage 606

Welcher der folgenden Sätze ist richtig geschrieben?

☐ a) Als der Tot kam, war ich bereits tod.
☐ b) Als der Tod kam, war ich bereits tot.
☐ c) Als der Tod kam, war ich bereits tod.
☐ d) Als der Tot kam, war ich bereits tot.

Frage 607

Häufig hört man in Zügen folgende Ansage: ***Bitte steigen Sie aus, dieser Zug endet hier!*** **Ist diese Ansage so eigentlich korrekt?**

Frage 608

Die deutsche Handball-Nationalmannschaft ist Weltmeister geworden. Welche der folgenden Aufforderungen war im Endspiel wohl immer wieder zu hören?

☐ a) Werf den Ball!
☐ b) Wirf den Ball!
☐ c) Wirfe den Ball!
☐ d) Werfe den Ball!

Frage 609

Wie heißt es eigentlich: ***Ich backte einen Kuchen*** **oder** ***Ich buk einen Kuchen*****?**

Frage 610

Es gibt einige Verben, die zwingend ein Dativ-Objekt (das auf die Frage *wem* antwortet) nach sich ziehen. Nennen Sie fünf dieser besonderen Verben!

Frage 611

Meyers Konversationslexikon schrieb über die beiden Brüder in seiner Ausgabe aus dem Jahr 1888: „Die Gemeinsamkeit und gegenseitige Ergänzung der beiden Brüder in Hinsicht auf deutsche Wissenschaft und Politik, Überzeugungstreue, Arbeitskraft und Richtung ihres Wirkens steht als ein seltenes Beispiel da …" Vor allem verantworten sie einige bahnbrechende Werke über die deutsche Sprache und Grammatik. So veröffentlichte einer von beiden im Jahr 1819 seine *Deutsche Grammatik*, „ein historisches Leben mit allem Fluß freudiger Entwickelung in sie zaubern", wie es im Untertitel heißt. Bis zu diesem Zeitpunkt hatte es noch kein Werk gegeben, das sich nicht nur mit der deutschen Sprache, sondern auch mit ihren Wurzeln eingehend befasst hatte. Das umfangreiche Werk bezieht sich auf sämtliche germanischen Sprachen, ihre Zusammenhänge und ihre geschichtliche Entwicklung. Außerdem begannen die Brüder die Arbeit an einem umfangreichen Wörterbuch, das alle Wörter aus der Zeit „von Luther bis Goethe" auflisten sollte. Hier kamen sie bis zum Buchstaben F, das Werk wurde aber auch nach ihrem Tod fortgesetzt. Sie gelten somit als Begründer der deutschen Philologie. **Von welchem bekannten Brüderpaar ist hier die Rede?**

Frage 612

Welches Wort gehört in die Lücke? Ein Kilogramm Äpfel … 2,99 EUR.

☐ a) kosten
☐ b) kostete
☐ c) kostet
☐ d) köstet

Frage 613

Die Zeichensetzung in der wörtlichen Rede ist in der Regel ganz einfach: Am Anfang der Rede kommt das öffnende Anführungszeichen und am Ende das schließende. So weit, so gut. Aber oft reicht das nicht. Man möchte noch Erklärungen einfügen, wer da gerade gesprochen hat. Wenn diese Erklärungen am Ende der wörtlichen Rede stehen oder in ihrer Mitte eingefügt werden, muss man besondere Regeln zur Zeichensetzung beachten. **Welche Regeln sind das?**

Frage 614

Welcher der folgenden Sätze enthält keinen Fehler?

☐ a) Wegen des Auftritts heute abend konnte die Sängerin heute morgen keinen Bissen essen.

☐ b) Wegen des Auftritts Heute abend konnte die Sängerin Heute morgen keinen Bissen essen.

☐ c) Wegen des Auftritts Heute Abend konnte die Sängerin Heute Morgen keinen Bissen essen.

☐ d) Wegen des Auftritts heute Abend konnte die Sängerin heute Morgen keinen Bissen essen.

Frage 615

Für gewöhnlich schreibt man alle Wörter, die als Nomen gebraucht werden, mit einem großen Anfangsbuchstaben (Beispiel: im Allgemeinen, das Beste, der Erste, die Meisten). Aber keine Regel ohne Ausnahme – daher gibt es auch hier Fälle, in denen das nicht gilt. Wie lautet die Ausnahme von der Regel?

Frage 616

Sie haben den Ausdruck bestimmt schon oft gehört. Aber wie heißt es denn nun eigentlich richtig: *baff erstaunt sein* oder *bass erstaunt sein*?

Frage 617

Welche der folgenden Aussagen ist im Deutschen zwar gebräuchlich, aber nicht korrekt?

☐ a) Das hat Sinn.

☐ b) Das macht Sinn.

☐ c) Das ist sinnvoll.

☐ d) Das ergibt Sinn.

Frage 618

Wie heißt der Plural des Wortes Lexikon?

☐ a) Lexikons

☐ b) Lexikönne

☐ c) Lexikas

☐ d) Lexika

Frage 619

Eine ältere Dame beschwert sich an der Supermarktkasse: *Eine solch langsame Abfertigung bin ich nicht gewöhnt! Das geht nebenan aber schneller.* Ist *gewöhnt* hier die richtige Form oder muss es *gewohnt* heißen?

Frage 620

Bei der Bedeutung einiger ähnlich klingender Wörter tun wir alle uns manchmal schwer. Was ist beispielsweise der Unterschied zwischen *anscheinend* und *scheinbar*?

Frage 621

Wenn man in England freundlich „bitteschön“ sagen möchte, muss man sich bestimmter Ausdrücke bedienen. Welcher der folgenden Ausdrücke gehört nicht dazu?

☐ a) You're welcome!
☐ b) Please!
☐ c) Pardon!
☐ d) Here you are!

Frage 622

In Deutschland sind Kreisverkehre derzeit schwer angesagt. Auch die Engländer kennen diese Form der Verkehrsführung bestens. Wie nennen sie die Straßenkreisel eigentlich?

DENGLISCH ANDERS HERUM

Mittlerweile haben wir viele englische Begriffe in die deutsche Sprache übernommen. Auf der anderen Seite haben es aber auch ein paar deutsche Wörter geschafft, in den englischen Sprachgebrauch Einzug zu halten. Neben dem oft zitierten Kindergarten und Sauerkraut findet man dort nun u. a. auch Doppelgänger, Glockenspiel, Lederhosen, Fahrvergnügen, Schadenfreude, Gemütlichkeit, Rucksack und Bratwurst.

Frage 623

Der Duden ist eines der gebräuchlichsten und wichtigsten Wörterbücher der deutschen Sprache. Was im Duden verzeichnet ist, gilt als korrektes Deutsch. Auch für die englische Sprache gibt es ein solches Werk. Es wird von der Oxford University Press herausgegeben und seine Geschichte reicht bis ins Jahr 1857 zurück. Damals war das Projekt allerdings nicht in Oxford, sondern in London bei der Philological Society beheimatet. Im Jahr 1879 ging bereits die Verantwortung an den altehrwürdigen Verlag in Oxford über. Heutzutage sind in diesem Wörterbuch mehr als 300.000 Worte verzeichnet. Die letzte komplette Ausgabe umfasst 21.730 Seiten. **Wie heißt das Wörterbuch?**

Frage 624

Manche Wörter ändern im Englischen ihre Bedeutung, je nach Präposition, mit der sie verwendet werden. Wo liegt z. B. der Unterschied zwischen *to look, to look for* und *to look after*?

Frage 625

In einer englischen Kurzgeschichte steht folgender Satz: *They were sitting in a pub, shrouded with cigarette smoke.* Wie lässt sich der zweite Teil des Satzes sinnvoll übersetzen?

☐ a) ... stanken nach Zigarettenqualm.
☐ b) ... qualmten viele Zigaretten.
☐ c) ... waren von Zigarettenqualm eingehüllt.
☐ d) ... fühlten sich vom Zigarettenqualm gestört.

Frage 626

Welche Antwort auf folgende Feststellung ist sinnvoll? *His mother is really amazing. She's 90 years old and still fends for herself.*

☐ a) I know. She's very healthy.
☐ b) I know. She's confined to her bed.
☐ c) I know. She lives with her son and he takes care of her every need.
☐ d) I know. They're going to put her in a nursing home.

Frage 627

Im folgenden englischen Witz fehlen ein paar entscheidende Wörter. Bitte füllen Sie die Lücken sinnvoll!

A hungry-looking tramp knocked ______ the kitchen door and asked _______ something to eat. The woman of the house, _________ felt a bit uneasy, replied: "If I give you a piece _________ my home-made apple-pie, will you promise to go away and not come back?" "Well, you know your cooking better _________ I do, lady", said the tramp.

EINE GUTE FA(H)RT FÜR ENGLÄNDER

„So kann man schon mit kleinen Sachen Leuten eine Freude machen", heißt es in einem bekannten Reim. Es bedarf bisweilen auch nicht viel, um einen Engländer, der sich auf Reisen in Deutschland befindet, glücklich zu machen – oder wenigstens doch zum Kichern zu bringen. So schöne deutsche Wörter wie Ausfahrt, Auffahrt, Schifffahrt etc. reichen da schon völlig aus. Das liegt daran, dass auch die englische Sprache das Wort *fart* kennt. Übersetzt bedeutet es allerdings etwas ganz anderes, nämlich Furz.

Frage 628

Es gibt Wörter, die im Englischen und im Deutschen (fast) gleich geschrieben werden, aber ganz unterschiedliche Bedeutungen besitzen. Man nennt sie manchmal *false friends*, also *falsche Freunde*. Kennt man sie nicht, kann es mitunter zu peinlichen Verwechslungen kommen. Eines dieser Wörter ist das Deutsche *prägnant*. Wie heißt die englische Übersetzung für dieses Wort?

Frage 629

Woran sind die meisten englischen Adverbien zu erkennen?

Frage 630

Was bedeutet *He gives me the creeps*?

☐ a) Es gruselt mir vor ihm.
☐ b) Er bäckt meine Pfannkuchen.
☐ c) Er schleimt sich bei mir ein.
☐ d) Er macht vor mir einen Diener.

Frage 631

Im Deutschen wird man *gelb vor Neid*. Die Engländer verwenden hier eine andere Farbe. Welche?

Frage 632

Immer dann, wenn man eine Service-Hotline anruft, ist gerade kein Spezialist verfügbar und man wird von einer freundlichen Computerstimme in der Warteschleife gehalten. Auf Deutsch hört man dann die Ansage *Bitte bleiben Sie am Apparat*. Was sagt die englische Computerstimme in dieser Situation?

Frage 633

Was sagen Sie, wenn Sie in England Theaterkarten bestellen wollen?

☐ a) I'd like to book some maps.
☐ b) I'd like to book some tickets.
☐ c) I'd like to book some books.
☐ d) I'd like to book some theatre.

Frage 634

Häufig gibt es bei der Übersetzung von *needn't* und *mustn't* Verwirrung. Wo liegt der Unterschied zwischen *We needn't take the umbrella* und *We mustn't take the umbrella*?

Frage 635

Wie geht der folgende Satz richtig weiter? We haven't got ...

☐ a) ... some children.
☐ b) ... any children.
☐ c) ... a children.
☐ d) ... one children.

Frage 636

Im Folgenden soll es um eine ganz besondere Verbform im Englischen gehen. Gebildet wird sie ganz einfach, indem man der Infinitivform ein -ing anhängt. Daher erhält sie manchmal auch den Namen ing-Form. Diese Verbform kann sowohl im Aktiv als auch im Passiv verwendet und von wirklich jedem Verb gebildet werden. Verwendet wird es entweder als Subjekt oder als Teil eines Subjekts (Beispiel: *Learning English takes time; The making of Harry Potter VII took a long time*) sowie als Objekt (Beispiel: *Daniel Radcliff loves acting*). Häufig verwendet man diese Verbform nach Präpositionen oder nach bestimmten formelhaften Wendungen. Auch gibt es einige spezielle Verben, die diese Verbform nach sich ziehen. **Wie heißt die ing-Form wirklich?**

Frage 637

Auch das Englische kennt eine Reihe verschiedener Vergangenheitsformen. Eine dieser Formen ist das *past progressive*. Wie wird es gebildet und wann benutzt man es?

LANG LEBE DIE ABKÜRZUNG!

Spätestens seit dem Siegeszug der SMS finden sich englische Abkürzungen auch in unserer Alltagssprache. Aber so schön wie die Engländer bekommen wir das noch nicht hin. Ein schon altes Beispiel ist das Hinweisschild 4U2P, das ein Urinal anzeigt. Ausgesprochen heißt es „For you to pee". Aber auch das SMS-Zeitalter fördert einige tolle Beispiele zutage: B4, we usd 2 go 2 NY 2C my bro, his GF & thr 3 :-@ kds FTF. Ausgeschrieben bedeutet dieser Text: „Before, we used to go to New York to see my brother, his girlfriend and their three screeming kids face to face."

Frage 638

In jeder Sprache gibt es stehende Redewendung, die man nur schwer übersetzen kann. So heißt *einen Zahn zulegen* auf Englisch keineswegs *to gain weight of a tooth*. Wie übersetzt man diesen Ausdruck denn wirklich?

☐ a) to keep up the scratch
☐ b) to run off the wall
☐ c) to pick up the pace
☐ d) to street up

Frage 639

Eine weitere Redewendung zeugt vom großen Vertrauen der Engländer in die Justiz. Wie lässt sich *to be as sober as a judge* übersetzen?

Frage 640

Wie wird das Futur im Englischen gebildet?

Frage 641

Was verlangt ein Engländer von Ihnen, wenn er Sie auffordert: *"Defenestrate yourself!"*

☐ a) Sie sollen sich aus dem Fenster stürzen.
☐ b) Sie sollen sich gegen Vorwürfe verteidigen.
☐ c) Sie sollen verschwinden.
☐ d) Sie sollen schnell heraneilen.

Frage 642

Im folgenden Text gilt es zu entscheiden, ob die Wörter in Klammern als Adverb oder Adjektiv verwendet werden müssen. Setzen Sie die korrekten Formen ein!

A woman with a baby in her arm was sitting __________ (sad) in the waiting-room of a railway-station, weeping __________(bitter). Up came a porter and __________ (immediate) asked her what the trouble was. "Oh dear me", she cried, "some people were in here and they were so __________(rude) to me about my little son. I'm __________ (total upset). They said he looked __________ (ugly)." "My dear," said the porter __________(kind). "Don't worry about it. How about a __________ (nice) cup of tea?" "You're so __________ (good)" she said, wiping her eyes, "that would be __________(awful, nice)". "And while I'm at it", he said, "what about a banana for you monkey?"

Frage 643

Wie lautet die richtige Verbform in diesem Satz?
When he arrived a crowd (to wait) for several hours to greet him.

Frage 644

Welche Art von Begebenheiten werden mit dem future progressive ausgedrückt?

St. Paul's Cathedral

Frage 645

Welche Antwort passt am besten zur Frage *Have you studied English before?*

☐ a) Yes, when I was born.
☐ b) Yes, I'm interested in your English course.
☐ c) Yes, but I need practice in speaking.
☐ d) Yes, I'd like to come to your school.

Frage 646

Setzen Sie hier die richtige Phrase ein. *To eat a lot of food is to ___________.*

☐ a) pig out
☐ b) roll out
☐ c) wear out
☐ d) pick at it

GHOTI UND FISH

Auf den ersten Blick haben das Kunstwort *ghoti* und das englische Wort *fish* nichts miteinander zu tun. Das ändert sich aber ganz schnell, wenn man sich *ghoti* einmal näher vornimmt. Spricht man nämlich das gh wie in *laugh* als f, o wie in *women* als i und ti wie in *nation* als sh, muss man *ghoti* wie *fish* aussprechen. Und plötzlich muss sich der Star-Trek-Fan auch nicht mehr fragen, warum Fisch auf Klingonisch Ghoti heißt...

Frage 647

Die sogenannten *if-clauses* sind Bedingungssätze. Das heißt, das Ereignis im Hauptsatz (ohne *if*) findet nur statt, wenn die Bedingung im Satzteil mit *if* erfüllt ist. Welche drei Formen von if-clauses gibt es und wie werden sie gebildet?

Frage 648

Übersetzen Sie folgenden kurzen Sachtext ins Deutsche:

The eastern part of England has very fertile soil, which makes good farmland. Wheat is one of the main crops. In southern England, there is a lot of dairy-farming. Kent, in the South-East, is called the "Garden of England", because of all the fruit and vegetables that are grown there.

Frage 649

***I have a new dishwasher and a fridge in my ___________________________.* Das letzte Wort fehlt in diesem Satz. Wie lautet es?**

☐ a) bathroom
☐ b) cellar
☐ c) kitchen
☐ d) office

Frage 650

Wie drückt man es im Englischen aus, wenn jemand zu einer Strafe verurteilt wurde?

Frage 651

Wandeln Sie folgende Sätze in die indirekte Rede um:

Sarah: "I haven't telephoned my sister."
Peter "I travel to London once a year."
Paul to Angela: "You're my last guest before I leave this town."

Frage 652

Bei starkem Regen regnet es in Deutschland Bindfäden. Was fällt in England in diesem Fall vom Himmel?

☐ a) mice and cats
☐ b) cats and dogs
☐ c) sheep and goats
☐ d) cows and bulls

Frage 653

Umgangssprachliche Ausdrücke bereiten dem Nicht-Muttersprachler am meisten Schwierigkeiten. Versuchen Sie dennoch, den folgenden Satz zu vervollständigen: *A tired Brit may say she feels* _________

☐ a)... sparky
☐ b)... knackered
☐ c)... peckish

Frage 654

Korrigieren Sie die Fehler im folgendem Brief:

Hello,
My name is Susan. I'm forteen and I life in Germany. My hobbys are go to discos, sometimes I hear music in the radio. In the summer I go bathing in a lake. I haven't any brothers or sisters. We take busses to scool. I visit form 9 at my school. My birthday is on Friday. I hope I will become a new guitar. I'm looking forward to get a e-mail from you.
Yours,
Susan

Frage 655

Warum sagt man eigentlich *an apple*, aber *a uniform*?

Frage 656

Setzen Sie in den folgenden Sätzen die richtige Präposition ein:

I go _____ school in Vienna.
We have lunch _____ one o'clock.
She works _____ Saturday.
I stay _____ home _____ the morning

Frage 657

Wie übersetzt man *Ich auch nicht* ins Englische?

☐ a) Neither do I.
☐ b) I not.
☐ c) Nor do I.
☐ d) I don't.

Frage 658

Was will ein Engländer von Ihnen, wenn er *Shut up* sagt?

☐ a) Sie sollen abschließen.
☐ b) Sie sollen es ruhig angehen lassen.
☐ c) Sie sollen das Fenster schließen.
☐ d) Sie sollen den Mund halten.

Frage 659

In den folgenden Satz haben sich einige Fehler eingeschlichen. Was ist hier nicht korrekt?

We leaving on the ferry tomorrow by the crack of dawn.

Frage 660

Viele Redewendungen, die wir im Deutschen kennen, gibt es auch in England. Allerdings werden sie fast niemals wörtlich übersetzt. Was bedeutet z. B. *a face as long as a fiddel?*

Frage 661

Welcher Literatur-Nobelpreisträger verfasste die *Danziger Trilogie*?

Frage 662

Er wurde am 11. Oktober 1821 in Moskau geboren und zählt nunmehr zu den wichtigsten russischen Dichtern. Bereits mit 25 Jahren veröffentlichte er sein Erstlingswerk, das ihm einen großen Erfolg bescherte. Es schien also eine reibungslose Literatenkarriere ihren Lauf zu nehmen. Doch das Leben hielt für den Schriftsteller einige Turbulenzen bereit. So wurde er nur drei Jahre später wegen Teilnahme an Zusammenkünften eines sozialistischen Kreises in St. Petersburg verhaftet und kurz darauf zum Tode verurteilt. Erst auf der Hinrichtungsstätte wurde das Todesurteil in eine vierjährige Zwangsarbeit in Sibirien umgewandelt. In der Folgezeit verdiente er sich als Soldat in Sibirien. Von dort kam er als überzeugter Christ nach Russland zurück. Er verbrachte zusammen mit seinem Bruder einige Jahre in großer Armut, bis sich seine wirtschaftliche Situation langsam besserte. Auch an seine Karriere als Autor konnte er nun wieder anknüpfen. Aus seiner Feder stammen Werke wie *Der Spieler*, *Schuld und Sühne*, *Der Idiot* oder *Die Brüder Karamasow*. **Wie heißt der Autor?**

Frage 663

Welchem Schriftsteller wurde der erste Nobelpreis für Literatur verliehen?

Frage 664

Wer lässt Wladimir und Estragon vergeblich auf Godot warten?

- ☐ a) Franz Kafka
- ☐ b) Samuel Beckett
- ☐ c) Albert Camus
- ☐ d) Maxim Gorki

Frage 665

In welchem Werk findet sich die folgende berühmte Textstelle: „Da steh' ich nun, ich armer Tor, und bin so klug als wie zuvor!"

- ☐ a) *Der zerbrochene Krug*
- ☐ b) *Faust*
- ☐ c) *Die göttliche Komödie*
- ☐ d) *Der Idiot*

DEFTIGE FLÜCHE

Goethe hat nicht nur sehr zur Verbreitung von Bildung und Literatur beigetragen, auch dem Fluchen hat er auf die Sprünge geholfen. So lässt er in seinem *Götz von Berlichingen* dem Hauptmann des Reichsheers durch seinen Trompeter bestellen: „Vor Ihro Kaiserlichen Majestät hab' ich, wie immer, schuldigen Respekt. Er aber, sag's ihm, er kann mich im Arsch lecken." Allerdings hat nicht Goethe diesen derben Fluch erfunden, es gab ihn schon vorher.

Frage 666

In welcher Erzählung Franz Kafkas spielt ein Insekt eine wichtige Rolle?

Franz Kafka

Frage 667

Diese bekannte Romanfigur beginnt ihre Lebensgeschichte mit folgenden Worten: „Ob ich mich als Held meines eigenen Lebens erweisen werde oder ob dieser Rang irgendeinem anderen gebühren wird, müssen diese Seiten zeigen. Um meine Lebensgeschichte mit meinem Eintritt ins Leben zu beginnen, will ich berichten, dass ich nach glaubwürdigen Zeugenaussagen an einem Freitag um zwölf Uhr nachts geboren worden bin." Das Leben, das unser kleiner Held von nun an fristen muss, ist allerdings – wie so oft bei den Protagonisten des Autors – nur wenig freudvoll. Umgeben von grausamen und missgünstigen Menschen, schlägt er sich durch das England des 19. Jahrhunderts. Im Laufe der Zeit begegnen ihm dabei einige Gestalten, die ihrerseits in die Literaturgeschichte eingegangen sind: Dazu zählen z. B. sein Kindermädchen Peggorty, die grausamen Mr. und Mrs. Murstone, seine exzentrische Tante Betsy Trotwood und der betrügerische Angestellte Uriah Heep (nach dem sich sogar eine Rockband benannte). All diese Figuren sind eng mit der Hauptfigur, die dem Roman auch seinen Namen gibt, verknüpft. **Wie heißt der Knirps, den der Leser durch sein Leben begleitet?**

Frage 668

Der italienische Dichter Dante Alighieri schrieb *Die göttliche ...*

☐ a) *Eingebung*
☐ b) *Weissagung*
☐ c) *Tragödie*
☐ d) *Komödie*

Dante Alighieri

Frage 669

***Die Angst des Tormanns beim Elfmeter* stammt aus der Feder von**

☐ a) Peter Handke
☐ b) Bodo Illgner
☐ c) Heinrich Böll
☐ d) Benjamin von Stuckrad Barre

Frage 670

Wie heißt die kleine Schwester von Mia Maria und Jonas aus der Krachmacherstraße?

Frage 671

***John Maynard* zählt zu den Balladen, die in (fast) jedem Deutschbuch zu finden sind. Wer hat sie geschrieben?**

Frage 672

„Für seine kraftvolle und innerhalb der heutigen Erzählkunst stilbildende Meisterschaft, jüngst an den Tag gelegt in *The Old Man and the Sea*" erhielt er im Jahr 1954 den Literatur-Nobelpreis. Der im Jahr 1899 in Illinois geborene Sohn eines Landarztes und einer Opernsängerin gilt als einer der erfolgreichsten und bekanntesten Schriftsteller Amerikas im 20. Jahrhundert. Er war aber nicht nur Schriftsteller, sondern auch Reporter und Kriegsberichterstatter, Erzähler, zugleich ein Abenteurer, Jäger, Hochseefischer, Großwildjäger und vieles mehr. All diese Tätigkeiten und seine Erfahrungen dabei schlugen sich in den vielen Erzählungen und Romanen nieder. Der Durchbruch als Autor gelang ihm 1927 mit dem Roman *Fiesta*. Ein weiteres seiner berühmten Werke spielt im spanischen Bürgerkrieg und heißt *Wem die Stunde schlägt* (Original: *For Whom the Bell Tolls*). **Wie heißt der Abenteurer und Autor?**

Frage 673

Die Komödie *Der zerbrochene Krug* zählt zum Standardrepertoire vieler Bühnen und wird immer wieder einmal aufgeführt. Wer schrieb das Stück?

☐ a) Schiller
☐ b) Goethe
☐ c) Kleist
☐ d) Hölderlin

Frage 674

Die lateinamerikanische Literatur ist auch in Europa recht beliebt. Das liegt nicht zuletzt an einem Autor, der mit *Hundert Jahre Einsamkeit* einen absoluten Bestseller geschrieben hat. Wie lautet der Name des Kolumbianers?

Frage 675

In seinem berühmtesten Werk beschreibt der irische Schriftsteller James Joyce einen Tag im Leben des Leopold Bloom. Welchen Titel hat der Roman?

Frage 676

Welche Ballade beginnt mit den folgenden Zeilen:

„Wer wagt es, Rittersmann oder Knapp, Zu tauchen in diesen Schlund? Einen goldnen Becher werf ich hinab, Verschlungen schon hat ihn der schwarze Mund. Wer mir den Becher kann wieder zeigen, Er mag ihn behalten, er ist sein Eigen."

Frage 677

Wie nennen sich japanische Kurzgedichte, die sich in erster Linie mit der Natur beschäftigen?

☐ a) Haiku
☐ b) Lakai
☐ c) Samurai
☐ d) Harakiri

FRÜHESTE DICHTUNG

Als eine der frühesten literarischen Dichtungen gilt das sumerische Gilgamesch-Epos. Es stammt aus dem 1. bis 3. Jahrtausend v. Chr. und schildert in 3000 Versen die Abenteuer des sagenhaften Herrschers von Uruk, Gilgamesch. Auf Grundlage dieses Stoffs sind mittlerweile eine ganze Zahl verschiedener Romane und Dramen entstanden.

Frage 678

Der Literatur-Brockhaus schrieb über ihn 1995: „Auf der Basis seiner eigenen Erfahrungen schrieb er in knappem Stil harte, witzige Storys, Romane und Gedichte über das Leben in den Randzonen der bürgerl. amerikan. Gesellschaft. Schockwirkung durch die Darstellung brutaler Gewalt, obszöner Sexualität und des Schmutzes der Gosse." Der so Beschriebene wurde 1920 als Sohn eines US-Soldaten polnischer Herkunft und einer Deutschen in Andernach geboren. Er stand nicht auf der Sonnenseite des Lebens, seine Familie hatte nie viel Geld und so gestaltete sich seine Kindheit hart und auch entbehrungsreich. Nach dem Studium lebte er viele

Jahre wenig sesshaft, machte viele Gelegenheitsjobs und verbrachte einige Zeit im Gefängnis und in der Psychiatrie. Auch wenn sein Leben in der Folgezeit in etwas ruhigeren Bahnen (gemessen an seinen frühen Jahren) verlief, blieb er zeitlebens ein Außenseiter. **Wie heißt dieses Raubein der amerikanischen Literatur, an dem sich die Geister auch heute noch scheiden?**

Frage 679

Georg Büchner setzt sich in einem seiner Werke mit der Französischen Revolution auseinander. Welchen Titel trägt es?

Frage 680

Krimis sind schon seit langer Zeit beim Publikum äußerst beliebt. Einer der Kommissare, der allen Lesern ein Begriff ist, dürfte Sherlock Holmes sein. Wie hieß sein Schöpfer?

☐ a) Patricia Highsmith
☐ b) Henning Mankell
☐ c) Arthur Conan Doyle
☐ d) Mary Shelley

Frage 681

Welcher russische Schriftsteller wurde durch seine Werke, die sich mit den russischen Straflagern in Sibirien befassten, weltberühmt?

Frage 682

Welches der folgenden Märchen stammt von Hans Christian Andersen?

☐ a) *Die Prinzessin auf der Erbse*
☐ b) *Der Goldene Topf*
☐ c) *Franz Sternbalds Wanderungen*
☐ d) *Hänsel und Gretel*

Frage 683

Im zarten Alten von knapp 20 Jahren verfasste die Engländerin Mary Shelley einen Gruselroman, der Weltruhm erringen sollte. Um welches Werk handelt es sich?

☐ a) *Dracula*
☐ b) *Frankenstein*
☐ c) *Harry Potter*
☐ d) *Dämonentanz*

Frage 684

„Ein Ring, sie zu knechten, sie alle zu finden, ins Dunkel zu treiben und ewig zu binden Im Lande Mordor, wo die Schatten drohn." Ausgerechnet dieser Ring gerät in die Hände des friedvollen Hobbits Frodo Beutlin – und für ihn und seine Freunde beginnt das größte Abenteuer, das bis dahin ein Hobbit aus Mittelerde je erlebt hat. Denn es ist Frodos Aufgabe, den verhängnisvollen Ring ins Land Mordor zu bringen und dort zu vernichten. Aber in Mordor herrscht Sauron, der schreckliche und grausame Herrscher der Dunkelheit, der den Ring auch begehrt und mit seiner Hilfe die Macht über ganz Mittelerde an sich reißen will. Dies ist – ganz knapp zusammengefasst – der Inhalt der berühmten Fantasy-Trilogie *Herr der Ringe*. **Wie heißt der Autor dieses Jahrhundertwerks?**

Frage 685

Als Autor von Romanen wie *Solaris* oder *Der Unbesiegbare* gilt er als einer der Klassiker der Science-Fiction. Wie lautet der Name des Russen?

Frage 686

In welchem Jahr bekam Heinrich Böll den Nobelpreis für Literatur?

Frage 687

Wie heißen die beiden Hauptfiguren in John Steinbecks *Von Mäusen und Menschen*?

☐ a) Paul und Roger
☐ b) George und Lennie
☐ c) Frank und Rick
☐ d) Polly und Selma

John Steinbeck

Frage 688

Aus wessen Feder stammt der Roman *Die Pest*?

Frage 689

Bei welchen Vorhaben hilft Rumpelstilzchen der armen Müllertochter?

☐ a) beim Diamantenfinden
☐ b) beim Silberputzen
☐ c) beim Weihrauchernten
☐ d) beim Goldspinnen

Frage 690

Wie es sich für eine gute Komödie gehört, gibt es hier jede Menge Irrungen und Wirrungen. Die schöne Athenerin Hermia ist zusammen mit ihrem Geliebten Lysander auf der Flucht vor ihrem Vater, der sie mit einem anderen jungen Mann – Demetrius – verheiraten will. Ihre Flucht führt sie in den sommerlichen Wald. Demetrius hat sich an die Fersen des Liebespaares geheftet und wird seinerseits von der unglücklich in ihn verliebten Helena verfolgt. Im Wald ist hingegen auch die Hölle los. Hier ist nämlich der Elfenkönig Oberon höchst eifersüchtig, da seine Gemahlin einen Jüngling in ihre Obhut genommen hat. Oberon setzt alles – und vor allen auch Magie – daran, seine Gemahlin zurückzuerobern. Das Zusammentreffen aller Beteiligten und diverse Zauber und Beschwörungen sorgen nun für allerlei Verwirrung in den Herzensangelegenheiten. Bei dieser Komödie handelt es sich um eines der meistgespielten Shakespeare-Stücke überhaupt. **Wie heißt sie?**

W. Shakespeare

Frage 691

Welcher Romanheld muss sich zum Gleis Neundreiviertel begeben, wenn er zur Schule kommen will?

Frage 692

Wie nennt sich das Hauptwerk des französischen Schriftstellers Honoré de Balzac?

Frage 693

Joanne K. Rowling war nicht die erste Kinder- und Jugendbuchautorin, die sich mit Zauberschülern befasste. Auch Ottfried Preußler hat sich dieses Themas angenommen. Wie heißt sein düsterer Zauberschülerroman?

☐ a) *Rungholt*
☐ b) *Hexentanz*
☐ c) *Krabat*
☐ d) *Sabbat*

Frage 694

Aus welchem Land stammt der Dichter Pablo Neruda?

☐ a) Chile
☐ b) Argentinien
☐ c) Kuba
☐ d) Mexiko

Frage 695

Im Jahr 1932 erschien der Roman *Schöne neue Welt*. Wer hat ihn verfasst?

Frage 696

Obwohl er bereits mit 35 Jahren bei einem tragischen Verkehrsunfall in London ums Leben kam, gilt er als einer der wichtigsten Autoren – ja vielleicht sogar als Vater – der deutschen Pop-Literatur. Er stellte immer wieder inhaltliche und formale Grenzen infrage und gelangte so zu ganz neuen Ausdrucksformen. So arbeitete er häufig mit Collagen und versuchte, Techniken aus Fotografie und Film auf die Literatur zu übertragen. Aus solchen Überlegungen ergab sich u. a. sein Konzept der „snap shots", die, ähnlich der Fotografien, eine Momentaufnahme der Wirklichkeit darstellten. Sein einziger Roman trägt den Titel *Keiner weiß mehr*. **Wie heißt der Autor?**

Frage 697

Er schrieb Romane über Musik (*High Fidelity*) oder Fußball (*Fever Pitch*) und wurde mit ihnen weltbekannt. Wie heißt der englische Autor?

Frage 698

Von wem stammt *Das Dschungelbuch*?

☐ a) Mark Twain
☐ b) Charles Dickens
☐ c) Rudyard Kipling
☐ d) J. R. R. Tolkien

Frage 699

Welcher Schriftstellerin wurde als erster Frau der Literatur-Nobelpreis verliehen?

☐ a) Grazia Deledda
☐ b) Selma Lagerlöf
☐ c) Sigrid Undset
☐ d) Pearl S. Buck

Frage 700

In einem berühmten Roman schildert der Russe Boris Pasternak das Schicksal eines Arztes und Künstlers zwischen 1904 und 1930. Wie heißt dieser Roman?

Boris Pasternak

Frage 701
Von welchem berühmten Wissenschaftler stammt das folgende Zitat: „Zwei Dinge sind unendlich: das Universum und die menschliche Dummheit. Aber beim Universum bin ich mir nicht ganz sicher."

Frage 702
Diese Redewendung blickt bereits auf eine lange Geschichte zurück. Seit Ende des 16. Jahrhunderts ist sie belegt. Sie erklärt sich daraus, dass viele tschechische Ortsnamen in Böhmen für die Deutschen, die dort wohnten oder vorbeikamen, aber tschechisch nicht beherrschten, fremd klangen und nur schwer auszusprechen waren. Selbst in der Literatur finden sich Hinweise auf die Redewendung. So benutzt sie z. B. Hans Jakob Christoffel von Grimmelshausen in seinem Werk *Simplicissimus* (1668). Dort heißt es: „Es waren mir nur ..., und alles ein gantz unverständliche Sprache." **Welche Redewendung muss anstelle der drei Punkte stehen?**

Frage 703
Wie heißt die folgende Weisheit aus dem Volksmund richtig?

☐ a) Eklig nährt am besten.
☐ b) Ewig währt am längsten.
☐ c) Ehrlich wiegt am meisten.
☐ d) Ehrlich währt am längsten.

Frage 704
In *Till Eulenspiegel* wird von einer Katze erzählt, die als Hase verkauft wurde. Solche oder ähnliche Episoden finden sich in vielen europäischen Volksdichtungen wieder. Eng mit ihnen verbunden sind in Deutschland zwei Redensarten. Wie heißen sie?

Frage 705
Ein bekannter deutscher Schriftsteller und Satiriker hat einmal gesagt: „Der Vorteil der Klugheit liegt darin, dass man sich dumm stellen kann. Das Gegenteil ist schon schwieriger." Wie lautet sein Name?

Frage 706
Wer in einer Angelegenheit viele Wege machen muss und von einer Stelle zur anderen geschickt wird, der läuft ...

☐ a) ... von Hinz nach Kunz.
☐ b) ... von Pontius zu Pilatus.
☐ c) ... von Adam zu Eva.
☐ d) ... vom Hölzchen zum Stöckchen.

Frage 707
Sportler werden von Journalisten gerne befragt. Dabei kommen schon einmal ganz erstaunliche Antworten zustande. Eine ganz besondere Quelle für interessante Lebensweisheiten stellen dabei Fußballspieler dar. Ein ehemaliger Nationalspieler gilt als der ungekrönte König des Fußballer-Zitats. Einige seiner Sprüche werden immer wieder gern zitiert. So beipielsweise: „Wir dürfen jetzt nicht den Sand in den Kopf stecken." Oder der Klassiker schlechthin: „I hope, we have a little bit lucky" (bei seiner ersten Pressekonferenz in New York). Oder auch: „Jeder, der mich kennt und der mich reden

gehört hat, weiß genau, dass ich bald englisch in sechs oder auch schon in vier Wochen so gut spreche und Interviews geben kann, die jeder Deutsche versteht." **Wie heißt der Mann, der heutzutage als Trainer arbeitet?**

Frage 708

Von großen Persönlichkeiten aus der Geschichte sind bisweilen auch große Aussprüche überliefert. Caesar beispielsweise ist in jedem Geschichts- und Lateinbuch mit diesem Ausspruch vertreten: „Veni, vidi …" Aber wie geht es noch einmal weiter?

☐ a) wadi
☐ b) vode
☐ c) pipi
☐ d) vici

Frage 709

Es gibt mehrere verschiedene Ausdrücke dafür, dass zwei Dinge gut zueinander passen. Welches der folgenden Beispiele zählt nicht dazu? Es passt …

☐ a) … wie der Deckel auf den Topf.
☐ b) … wie der Bart zum Propheten.
☐ c) … wie die Faust aufs Auge.
☐ d) … wie der A… auf den Eimer.

Frage 710

Wer schmückte sich ursprünglich *mit fremden Federn*?

Frage 711

Was versteht man unter einem Aphorismus?

Frage 712

Diese Redensart bedeutet, dass man mit jemandem gemeinsame Sache macht bzw. die gleichen Ziele verfolgt. Wie heißt sie?

Frage 713

Es handelt sich hier nicht um ein Sprichwort, sondern um ein Zitat eines bekannten Staatsmannes, das nunmehr in den allgemeinen Sprachgebrauch übergegangen ist. Kann man normalerweise die Entstehung von Redewendungen nicht genau datieren, liegt hier der Fall ein wenig anders. Bekannt wurde der gesuchte Ausdruck nämlich durch Winston Churchill, der auf einem Bankett am 09.11.1914 sagte, die Maxime des britischen Volkes sei es, dass alles seinen ganz normalen Gang gehe. Er bezog sich dabei auf die Ereignisse des Ersten Weltkriegs und wollte betonen, dass sie keinen besonderen Einfluss auf das britische Wirtschaftsleben hätte. **Wie lautet dieses geflügelte Wort auf Englisch?**

W. Churchill

Frage 714

Was geht auf „keine Kuhhaut"?

☐ a) Sünden
☐ b) Reichtümer
☐ c) Testament
☐ d) Schulden

Frage 715

Wie heißt das vollständige Sprichwort? Die Axt im Haus ...

☐ a) ... spottet jeder Beschreibung.
☐ b) ... sorgt für Ruhe und Ordnung.
☐ c) ... gehört in jeden guten Haushalt.
☐ d) ... erspart den Zimmermann.

Frage 716

„Als ich klein war, glaubte ich, Geld sei das Wichtigste im Leben. Heute, da ich alt bin, weiß ich: Es stimmt." Dieses Zitat ist so oder in einigen Abwandlungen sehr bekannt geworden. Von wem stammt es?

Frage 717

Welche Redewendung geht auf die hebräischen Worte „p'lat" und „puz" zurück?

Frage 718

Viele Redewendungen und geflügelte Worte gehen auf die Bibel zurück. So berichtet z.B. das 3. Buch Mose, dass am Versöhnungstag den Hohepriestern als Opfer für die Sünden des Volkes zwei Böcke übergeben wurden. Einer von ihnen wurde dem Herrn geopfert, den anderen Bock jagten die Priester in die Wüste. Auf diesen Brauch gehen gleich zwei Redewendungen zurück. **Welche sind das?**

Frage 719

Hier ist wieder ein Sprichwort durcheinander geraten. Nur eine der folgenden Versionen stimmt. Welche?

☐ a) Was du heute kannst besorgen, das verschiebe stets auf morgen.
☐ b) Was du heute kannst besorgen, das verschiebe nicht auf morgen.
☐ c) Was du heute kannst verschieben, kann auch noch bis morgen liegen.
☐ d) Was du heute wirst vermasseln, darüber solltest morgen du nicht quasseln.

Frage 720

Welche unserer Redensarten leitet sich von den römischen Zahlen ab?

Frage 721

Was bedeutet „Tabula rasa machen"?

☐ a) Klarheit und Ordnung schaffen
☐ b) bewegliche Möbel herstellen
☐ c) alles kurz und klein schlagen
☐ d) kurzen Prozess machen

Frage 722

Wer hatte – im eigentlichen Sinne der Redensart – bei jemand anderem „einen Stein im Brett"?

Frage 723

Dieser Schriftsteller und Übersetzer war besonders für seine komische Lyrik bekannt. Daneben brachte er sein Talent für kurze, witzige und treffende Bemerkungen in einer Vielzahl von Aphorismen zum Ausdruck. Er wurde im Jahr 1871 als Sohn eines Landschaftsmalers in München geboren. Sein erstes Buch erschien 1895. Bis zum Tod des schwer lungenkranken Dichters erschienen nun regelmäßig viele weitere Werke. Nach seinem Tode veröffentlichte seine Witwe eine große Zahl weiterer

Bücher aus seinem Nachlass. Noch heutzutage erfreuen sich seine Verse großer Beliebtheit. So stammt z. B. der bekannte Vers „Es war einmal ein Lattenzaun, mit Zwischenraum hindurchzuschaun" aus seiner Feder. Auch das geflügelte Wort „Weil nicht sein kann, was nicht sein darf" geht auf ihn zurück. **Wie heißt er?**

Frage 724

Auf welches literarische Werk geht die Redewendung „der Weisheit letzter Schluss" zurück?

Frage 725

Es gibt eine alte höfische Sitte, nach der den Teilnehmern an einem Festmahl vor dem Essen von Edelknaben Wasser über die Hände gegossen wurde. Welche Redensart geht auf diesen Brauch zurück?

Frage 726

Wer einen guten Freund hat, kann mit ihm ...

☐ a) ... über Stock und Stein gehen.
☐ b) ... durch dick und dünn gehen.
☐ c) ... durch ein Nadelöhr gehen.
☐ d) ... von Sodom nach Gomorrha gehen.

Frage 727

Wer diese Frage beantworten kann, hat die Weisheit mit ...

☐ a) ... Bechern getrunken.
☐ b) ... Gabeln geschluckt.
☐ c) ... Löffeln gegessen.
☐ d) ... Messern geschnitten.

Frage 728

Wenn man etwas zur Sprache bringen will, bringt man es umgangssprachlich „aufs Tapet". Was ist dieses „Tapet" eigentlich?

Frage 729

Welches geflügelte Wort wurde aus einem Ausspruch von Cicero – „epistula non erubescit" (ein Brief errötet nicht) – entwickelt?

Frage 730

Nasreddin Hodscha war ein türkischer Volksweiser, der auch für seine Schlitzohrigkeit bekannt war. Von ihm erzählt man sich folgende Anekdote: Nasreddin wollte gern als Heiliger gelten, daher wurde er gefragt, welche Wunder er vollbringen könne. Darauf antwortete er, er könne einem Baum befehlen, zu ihm zu kommen. Allerdings wollte kein Baum seiner Aufforderung nachkommen. Als Nasreddin daraufhin wegging, wurde er gefragt, wohin er gehen wolle, und antwortete: „Die Propheten und die Heiligen sind nicht hochmütig und verblendet. Kommt der Palmbaum nicht zu mir, so gehe ich zu ihm." **Welche Redensart könnte auf diese Anekdote zurückgehen?**

Frage 731

Wie nennt man einen einzelnen Mann innerhalb einer Gruppe von Frauen?

☐ a) Hahn im Korb
☐ b) Storch im Nest
☐ c) Made im Speck
☐ d) Hund in der Pfanne

Frage 732

Wer musste sich früher „an die eigene Nase fassen"?

Frage 733

Ein bekannter Sportmoderator zeigte in einer seiner Reportagen viel Mitgefühl für einen deutschen Nationalspieler: „Der kleine Oliver Neuville. Er schaut immer so traurig drein. Man möchte ihn am liebsten an die Hand nehmen und ihm ein Eis kaufen." Wer war es?

Frage 734

Was ist besser als eine Taube auf dem Dach?

☐ a) eine Blinde in der Küche
☐ b) eine große Lahme im Badezimmer
☐ c) ein Spatz in der Hand
☐ d) eine Fliege auf der Nase

Frage 735

„Pferde heißen so, weil sie auf der Erde laufen. Wenn sie fliegen könnten, würden sie Pflüfte heißen." Vom wem stammt dieser Satz?

☐ a) Fredl Fesl
☐ b) Heinz Erhardt
☐ c) Peter Frankenfeld
☐ d) Dieter Bohlen

Frage 736

Im 16. Jahrhundert soll sich in der Stadt Hornberg im heutigen Baden-Württemberg ein für ihre Bürger peinliches Ereignis abgespielt haben. Damals erwarteten sie nämlich ihren Herzog zu Besuch. Als sie ihn in der Ferne ankommen sahen, verschlossen sie mit den Salutschüssen ihr ganzes Pulver. Daraufhin mussten die Einwohner der Stadt allerdings feststellen, dass sie nur das Gefolge des Herzogs begrüßt hatten. Die Ankunft des Adeligen vollzog sich wenig später in aller Stille. Eine andere Überlieferung besagt, dass die Hornberger so oft Salut schießen übten, dass bei der Ankunft des Herzogs keine Munition mehr übrig war. Auf diese Episoden geht heutzutage eine Redensart zurück. **Wissen Sie, wie diese heißt?**

Frage 737

Warum können Milchmädchen im Volksmund nicht vernünftig rechnen?

Frage 738

Woher kommt der Begriff „aus dem Stegreif"?

Frage 739

Wovor schützt das Alter nicht?

☐ a) Sturheit
☐ b) Dummheit
☐ c) Heiterkeit
☐ d) Krankheit

Frage 740

Wer Leuten, die es nicht zu schätzen wissen, etwas Wertvolles schenkt, der wirft Perlen vor die ...

☐ a) ... Pferde
☐ b) ... Hunde
☐ c) ... Säue
☐ d) ... Gänse

Frage 741

Welcher bekannte Rockmusiker wird auch „The Boss" genannt?

Frage 742

Wie hieß der Sänger der Rockband The Doors?

☐ a) Ian Gillan
☐ b) Jim Morrison
☐ c) Roger Daltrey
☐ d) Nick Kerslake

LIVE-AID

Eines der größten Konzerte aller Zeiten ist sicherlich das 1985 von Bob Geldof initiierte Live-Aid-Konzert zugunsten der Menschen in Afrika. Es fand parallel im Londoner Wembley-Stadion und im John-F.-Kennedy-Stadion in Philadelphia statt. Auf diesen zwei Bühnen traten abwechselnd für mehr als 16 Stunden die Topstars der damaligen Musikszene auf. Dazu gehörten u. a. Queen, David Bowie, Elton John, Dire Straits, Mick Jagger, Bob Dylan, Santana, Madonna, Paul McCartney, Status Quo, The Who, Tina Turner, Eric Clapton, Phil Collins, U2, Simple Minds, Duran Duran, Judas Priest, Black Sabbath und viele mehr. Phil Collins sorgte hier noch für einen besonderen Rekord, da er auf beiden Bühnen auftrat. Nach seinem Auftritt in London setzte er sich in die Concord und absolvierte darauf auch noch eine Show in Philadelphia.

Frage 743

Dieser italienische Violinist und Komponist zählt zu den ganz großen Geigenvirtuosen aller Zeiten. Im 19. Jahrhundert, als er auftrat, wurde er wegen seines als dämonisch empfundenen Spiels und seiner geheimnisvoll-diabolischen Erscheinung häufig als der „Teufelsgeiger" bezeichnet. Bei seinen Auftritten brillierte und überraschte er das Publikum mit damals noch unbekannten Griffen wie Doppelflageoletts, einer Mischung von Pizzikato der linken Hand mit Springbogen oder mit Manipulationen am Instrument. Bisweilen entfernte er einzelne Saiten oder stimmte sie um. Seine eigenen Kompositionen für die Geige konnten erst viele Jahrzehnte nach seinem Tod von anderen Violinisten fehlerfrei gespielt werden. Spielte er bei seinen Konzerten Stücke von anderen Komponisten, konnte es schon einmal vorkommen, dass er diese so weit auslegte, dass sie nachher kaum noch zu erkennen waren. **Wie hieß der Musiker?**

Woodstock-Festival

Frage 744

Welcher bekannte Gitarrist hat auf dem Woodstock-Festival eine ganz spezielle Version der amerikanischen Nationalhymne intoniert und danach seine Gitarre verbrannt?

Frage 745

Wenn es darum geht, das einflussreichste und beste Rockalbum aller Zeiten zu

küren, landet eine Platte namens *Dark Side Of The Moon* regelmäßig ganz weit vorne. Von welcher Band stammt dieses Werk?

Frage 746

Welcher große Jazz-Trompeter hörte auch auf den Namen „Satchmo"?

☐ a) Neil Armstrong
☐ b) Lance Armstrong
☐ c) Louis Armstrong
☐ d) Samuel Armstrong

Frage 747

Welche der folgenden Figuren stammt aus Mozarts Oper *Die Zauberflöte*?

☐ a) Tamino
☐ b) Claudio
☐ c) Papageno
☐ d) Caruso

W. A. Mozart

Frage 748

Welcher italienische Komponist komponierte die *Vier Jahreszeiten*?

Frage 749

Wen überkam *Immer wieder sonntags* die Erinnerung?

☐ a) Inga & Wolf
☐ b) Udo Jürgens
☐ c) Mouth & McNeil
☐ d) Cindy & Bert

Frage 750

Der Komponist wurde 1813 in Leipzig geboren. Als er sieben Jahre alt war, zog die Familie nach Dresden, wo der Knabe in der berühmten Dresdner Kreuzschule seinen ersten Musikunterricht erhielt. 1828 kehrte die Familie dann wieder nach Leipzig zurück. Dort verstärkte sich sein Interesse an der Musik nochmals, allerdings legte er beim Klavierspielen keine hervorstechende Begabung an den Tag. Dennoch wurde aus ihm ein berühmter – und auch bisweilen umstrittener (einige seiner Schriften weisen nationalsozialistische Tendenzen auf) – Komponist. Seine erste Oper wurde im Jahr 1834 vollendet und hieß *Die Feen*. Wesentlich bekannter ist aber sicherlich *Der Ring der Nibelungen*, ein Opernzyklus, der aus den Einzelwerken *Das Rheingold, Die Walküre, Siegfried* und *Götterdämmerung* besteht. **Um welchen Komponisten geht es hier?**

Frage 751

Mit welchem Musikstück wurde Bill Haley weltberühmt?

Frage 752

Welche legendäre Musiksendung startete der WDR im Jahr 1974?

Frage 753

Das Doppelalbum *Bitches Brew* aus dem Jahr 1970 zählt zu den einflussreichsten Werken, die stilistisch zwischen Rock und Jazz angesiedelt sind. Von wem stammt es?

Frage 754

Das herausragendste Kennzeichen dieser Musik stellt der teilweise sehr eloquente Sprechgesang dar, der nicht selten aus spontan geschmiedeten Versen besteht. Die musikalische Grundlage bildet ein sehr ausgeprägter Rhythmus. Er wird häufig vom sogenannten Rapper dadurch erzeugt, dass er mithilfe zweier Plattenspieler bestimmte Passagen von Schallplatten immer wieder abspielt. Ursprünglich fand man in der Musik auch kaum weitere Instrumente. Mit der Zeit wurden dann immer mehr Instrumente eingesetzt und weitere musikalische Stile (insbesondere der Rhythm 'n' Blues) in die Musik integriert, die somit sehr hitparadentauglich wurde. **Um welchen Musikstil geht es?**

Frage 755

Welches der folgenden Instrumente ist kein Blechblasinstrument?

☐ a) Trompete
☐ b) Posaune
☐ c) Saxofon
☐ d) Horn

Frage 756

Was versteht man unter einem Oratorium?

Frage 757

Wie hieß die erste Schallplatte der Beatles?

☐ a) *Please Please Me*
☐ b) *A Hard Day's Night*
☐ c) *Sgt. Pepper's*
☐ d) *Beatles For Sale*

The Beatles

TEURES VINYL

Die teuerste Platte aller Zeiten ist bis jetzt: John Lennon & Yoko Ono – *Double Fantasy*. Diese spezielle Kopie des Albums hatte Lennon etwa fünf Stunden vor seinem gewaltsamen Tod für seinen Attentäter Mark Chapman signiert. Sie wurde für 525.000 Dollar (rund 394.000 Euro) versteigert.

Frage 758

Was kann man sich unter einer Fuge in der Musik vorstellen?

Frage 759

Einer der großen Hits der Hardrock-Combo Deep Purple heißt *Child in ...*

☐ a) *Tokyo*
☐ b) *Heaven*
☐ c) *Hell*
☐ d) *Time*

Frage 760

Was verbirgt sich hinter dem Begriff „Motown"?

☐ a) eine Stadt im Mittleren Westen der USA
☐ b) ein Musikstil
☐ c) eine Plattenfirma
☐ d) ein Jazzfestival

Frage 761

Das Musical, das hier gesucht wird, entstand in den späten 1960er-Jahren in den Vereinigten Staaten. Die USA führten zu diesem Zeitpunkt den Vietnamkrieg, die Hippie-Bewegung befand sich in ihren Anfängen. Die Hauptperson des Musicals, Claude, ist Teil einer Gruppe von Hippies, den sogenannten Tribes. Die Mitglieder des Tribes versuchen, ihren eigenen Weg zu finden, und artikulieren ihre Ablehnung der bestehenden Herrschaftsnormen. Äußeres Zeichen ihrer Rebellion sind die langen Haare. Als Claude den Einberufungsbefehl erhält, bringen er, sein Freund Berger und der ganze Tribe ihre Ablehnung der Gesellschaft lauthals zum Ausdruck. In Songs und Tanznummern artikulieren sie ihren Unmut, aber auch ihre Träume für das kommende Zeitalter, das das ihre, das *Age of Aquarius,* sein wird. **Wie heißt das Musical, das zu den erfolgreichsten Produktionen dieser Art überhaupt zählt?**

STILLE

Ein Klavierstück, das auch von Laien virtuos gespielt werden kann, stammt von John Cage und trägt den Titel *4'33"*. Der Titel gibt die Spieldauer des Stücks an. Während dieser gesamten Zeit ist kein Ton zu hören, und auch auf der Partitur des Dirigenten findet sich nur der Verweis, dass das Piano keinen Ton von sich zu geben hat. Da es sich um eine Solokomposition handelt, schweigen auch alle anderen Instrumente. Cage hat hier aber nicht unbedingt die Stille komponiert, die „Musik" soll aus den zufälligen Geräuschen im Konzertsaal bestehen.

Frage 762

Für wie viele Opern zeichnet Ludwig van Beethoven verantwortlich?

Ludwig van Beethoven

Frage 763

Welcher Jazzmusiker spielte das *Köln Concert* ein?

☐ a) Herbie Hancock
☐ b) Keith Jarrett
☐ c) Abdullah Ibrahim
☐ d) Dave Brubeck

Frage 764

Welche britische Rockband setzte der *Lady in Black* ein musikalisches Denkmal?

Frage 765

Sie wollte *'nen Cowboy als Mann*. Von welcher Sängerin ist hier die Rede?

Frage 766

Wer bekundete 1968 seine *Sympathy For The Devil*?

☐ a) Pretty Things
☐ b) Beatles
☐ c) Deep Purple
☐ d) Rolling Stones

Frage 767

Komponisten haben es, zumindest solange sie noch unbekannt sind, nicht leicht. So hatte auch dieser Komponist einen harten Weg zu beschreiten, bis er zum Kapellmeister des Grafen Esterhazy berufen wurde. Als er diesen Platz an der Sonne jedoch einmal erreicht hatte, ging es ihm gut. Er erfreute sich aller Freiheiten und hatte stets ein kleines Orchester zur Verfügung. Da er viel Zeit auf dem abgeschiedenen Landsitz der österreichisch-ungarischen Familie verbrachte, konnte er ohne Einfluss von außen einen ganz eigenen Stil entwickeln. Zu seinen bekanntesten Kompositionen zählen die *Symphonie mit dem Paukenschlag*, die Oratorien *Die Schöpfung* und *Die vier Jahreszeiten* sowie die Melodie der deutschen Nationalhymne. **Wie heißt der Komponist?**

Frage 768

In welcher Stadt besucht der Musikliebhaber die Scala?

Die Scala

Frage 769

Wie nennt sich die kleine Schwester der Oper?

Frage 770

Von welchem Komponisten stammt *Die Unvollendete*?

☐ a) Franz Schubert
☐ b) Wolfgang Amadeus Mozart
☐ c) Franz Liszt
☐ d) Ludwig van Beethoven

EIN GROSSES SINFONIEORCHESTER

In einem modernen großen Sinfonieorchester finden sich folgende Instrumente:
Streicher:
12–16 erste Geigen, 10–14 zweite Geigen, 8–12 Bratschen, 6–8 Kontrabässe
Holzbläser:
1 Piccoloflöte, 3 große Flöten, 3 Oboen, 1 Englischhorn, 3 Klarinetten, 1 Bassklarinette, 3 Fagotte, 1 Kontrafagott
Blechbläser:
6 Hörner, 4 Trompeten, 4 Posaunen, 1 Basstuba
Schlagzeug:
4 Pauken, kleine und große Trommel, Becken, Triangel, Xylofon, Glockenspiel u. a.
Außerdem je nach Bedarf:
1-2 Harfen, Klavier, Orgel, Celesta u. a.

Frage 771

Die Band Velvet Underground aus dem Dunstkreis von Andy Warhol hat immer wieder mit einer deutschen Sängerin zusammengearbeitet. Wie heißt sie?

☐ a) Nico
☐ b) Peggy
☐ c) Nina
☐ d) Nena

Frage 772

Welches Instrument spielte der amerikanische Jazzmusiker Benny Goodman?

Frage 773

Der Reggae hat seinen Ursprung auf Jamaika, und das, was man heutzutage als Reggae kennt, stellt bereits eine Spielart dieser Musik dar, die den „westlichen Hörgewohnheiten" angepasst worden ist. Noch stärker als andere ursprüngliche Musikstile fußt der Reggae auf einer bisweilen sehr filigranen Rhythmusarbeit (und verwendet gerne afrikanische Rhythmen), die zumeist von einem E-Bass und einem Schlagzeug beigesteuert werden. Tasteninstrumente, Gitarren und auch Bläser setzen hier zumeist „nur" noch die besonderen Akzente, wobei die Reggae-Gitarre, deren leicht gedämpfte Saiten nur ganz kurz angeschlagen werden, auch zu so etwas wie einem Markenzeichen dieser Musik geworden ist. Einer der bekanntesten Reggae-Musiker starb 1981 an Krebs. **Wie ist sein Name?**

Frage 774

Wer gewann den ersten European Song Contest (damals firmierte die Veranstaltung allerdings noch unter dem Namen Grand Prix Eurovision de la Chanson)?

Frage 775

Wer komponierte die Oper *Porgy and Bess*?

Frage 776

Welche deutschen Elektropop-Pioniere besangen die *Autobahn* und den *Trans Europa Express*?

☐ a) Tangerine Dream
☐ b) Radio Aktivität
☐ c) Kraftwerk
☐ d) Elektrolurch

Frage 777

Welcher amerikanische Country-Musiker trug den Beinamen „Man in black"?

☐ a) Johnny Cash
☐ b) Waylon Jennings
☐ c) Willie Nelson
☐ d) Hank Williams

Frage 778

In der Geschichte der Rock- und Popmusik wurden immer wieder sogenannte Supergroups aus der Taufe gehoben. Häufig gab es nur wenige Tonträger, ein paar Konzerte, und dann ging man im Streit wieder auseinander. Eine Band verträgt halt zu viele Individualisten und Superstars nicht. So war es auch bei der hier gesuchten Formation. Eric Clapton, Ginger Baker, Steve Winwood und Rick Grech gründeten die Band im Jahr 1969. Man brachte nur eine LP heraus und trennte sich bereits nach sechs gemeinsamen Monaten. Und das, obwohl die Musiker vorher gesagt hatten, man habe „blindes Vertrauen" zueinander. **Wie hieß die Band?**

Frage 779

Von wem stammt die Operette *Die lustige Witwe*?

Frage 780

Dieser Musiker wird häufig als das Chamäleon der Rockmusik bezeichnet. So trat er u.a. als Ziggy Stardust auf. Wie heißt er?

☐ a) Mick Jagger
☐ b) Paul McCartney
☐ c) David Bowie
☐ d) Alice Cooper

Frage 781

Welche amerikanischen Entertainer traten zusammen als „The Rat Pack“ in Erscheinung?

Frage 782

Nicht nur aus den Vereinigten Staaten kommen große Entertainer, auch hierzulande gibt es diese Spezies. Einer, der zu den größten deutschen Entertainern zählt, wurde 1913 in Berlin geboren. Von der Schule hielt er nicht allzu viel, und so verdingte er sich als Zauberer bei einem Wanderzirkus. Weitere Jobs waren Hotelpage, Vertreter, Schaufensterdekorateur, Stepptänzer und Bildermaler. 1938 kam er schließlich zum „Kabarett der Komiker“. Nach dem Krieg engagierten ihn die Amerikaner für ihre Truppenbetreuung. Hier fand er viele Anregungen, die er später in Konzepte für Quizshows in Rundfunk und Fernsehen umsetzte. Seine größten Erfolge feierte er, dessen Markenzeichen das groß karierte Jackett war, als Moderator von Fernsehsendungen wie *Eine nette Bescherung, Vergissmeinnicht* oder *Musik ist Trumpf.* **Wie hieß der Entertainer?**

Frage 783

Die Rateshow *Wer wird Millionär* mit Günther Jauch zählt zu den beliebtesten

Günther Jauch

Fernsehunterhaltungssendungen überhaupt. Schon einige Zeit, bevor Jauch das Wissen seiner Kandidaten auf die Probe zu stellen begann, sorgte ein Brettspiel dafür, dass eine Quizwelle durch die hiesigen Wohnzimmer schwappte. Wie heißt das beliebte Spiel?

Frage 784

***Wetten, dass..?* wurde nicht immer vom selben Moderator präsentiert. In der langen Geschichte der Show gab es verschiedene Wechsel. Wie hieß der dritte Moderator?**

☐ a) Thomas Gottschalk
☐ b) Stefan Raab
☐ c) Wolfgang Lippert
☐ d) Jürgen von der Lippe

Frage 785

Welche Fernsehserie um das Leben einer reichen amerikanischen Industriellenfamilie wurde am 30. Juni 1981 erstmals im deutschen Fernsehen ausgestrahlt?

Frage 786

In welchem preisgekrönten Gesellschaftsspiel geht es darum, eine kleine Insel zu besiedeln?

☐ a) *Civilization*
☐ b) *Die Siedler von Catan*
☐ c) *Stahlross*
☐ d) *Villa Paletti*

Frage 787

Nicht nur Künstler können Entertainment-Geschichte schreiben. Bisweilen sind es auch Gebäude, neudeutsch gerne als Locations bezeichnet, die die Augen der Fans zum Leuchten bringen. Das Hotel, um das es hier geht, steht in Las Vegas und ist im Stil eines alten römischen Palastes errichtet. Vor allem in den 1980er-Jahren war es der Austragungsort für viele berühmte Boxkämpfe. In den 1990ern baute man das Hotel zu einem familienfreundlichen Unterhaltungskomplex um. Hier haben nahezu alle Größen des Showgeschäfts, wie beispielsweise Elton John, Liberace oder Celine Dion, bereits gastiert. **Wie heißt dieses berühmte Hotel?**

Frage 788

Wie heißt der schwedische Regisseur, der Filme wie *Szenen einer Ehe* oder *Fanny und Alexander* in Szene gesetzt hat?

Szene aus Fanny und Alexander

DER LÄNGSTE FILM ALLER ZEITEN

Den wohl längsten Film aller Zeiten hat John Henry Timmis IV gedreht. Er verfügt nicht über eine Handlung im üblichen Sinne, sondern beobachtet den Dichter L. D. Groban dabei, wie er einen 4080 Seiten langen Gedichtband rezitiert. Die Rezitationen werden dabei von Musikvideos und kleinen Einspielfilmen unterbrochen. Das Spektakel dauert insgesamt fast 87 Stunden.

Frage 789

Mit welcher Fernsehshow bannte Hans Rosenthal von 1971 bis 1986 die Nation vor den Fernseher?

Frage 790

Der Film *Die glorreichen Sieben* von John Sturges wurde ein großer Erfolg. Sein Stoff geht auf einen anderen Film zurück, der auch erfolgreich in den Kinos lief. Wie hieß dieses erste Werk?

Frage 791

Welche Serie gilt als die „Mutter" der deutschen Comedy-Fernsehserien?

☐ a) *Klimbim*
☐ b) *Sketchup*
☐ c) *Schillerstraße*
☐ d) *Nonstop Nonsens*

Frage 792

Seit Ende der 1970er-Jahre begann eine ganz neue Spielidee, die Gaststätten und später auch die Wohnstuben zu überfluten, die Videospiele. 1980 kam ein Videospiel auf den Markt, das alle Rekorde brechen sollte. Die Spielidee war einfach: Man musste mit seiner Spielfigur, einer simplen gelben Scheibe mit einem stilisierten Maul, durch ein Labyrinth manövrieren und dabei kleine Punkte fressen. Allerdings war die Spielfigur nicht allein im Labyrinth, es gab auch fiese Gespenster, die man besser nicht verspeiste. Waren alle Punkte aufgefressen und war die Spielfigur keinem Gespenst über den Weg gelaufen, erreichte man das nächste Level. **Wie heißt dieser absolute Videospiel-Klassiker?**

Frage 793

Wie nennt sich der Hauptpreis, der bei den Internationalen Filmfestspielen in Cannes vergeben wird?

☐ a) Goldener Bär
☐ b) Goldene Palme
☐ c) Goldener Löwe
☐ d) Goldene Kristallkugel

Frage 794

Der Adolf-Grimme-Preis wird jährlich an Fernsehproduktionen verliehen, die die spezifischen Möglichkeiten des Fernsehens auf hervorragende Art und Weise nutzen. In welcher Stadt findet die Verleihung statt?

☐ a) Weimar
☐ b) Frankfurt
☐ c) Berlin
☐ d) Marl

Frage 795

Der Video- und Telespiel-Boom machte auch vor dem öffentlich-rechtlichen Fernsehen nicht halt. So schickte die ARD im Jahr 1977 Thomas Gottschalk mit einer Videospiel-Show auf Sendung. Wie nannte sich das Spektakel?

Frage 796

Die Tochter der amerikanischen Schauspielerin Judy Garland wurde ein berühmter Entertainment-Star. Wie ist ihr Name?

Judy Garland

ERSTE DOKUSOAP AUS HOLLYWOOD

1914 erkaufte sich Hollywood für 25.000 Dollar das Recht, den von Pancho Villa angeführten mexikanischen Aufstand gegen den Diktator Victoriano Huerta mitzufilmen. Der Regisseur Raoul Walsh (1892–1980) erhielt den Auftrag. Um optimale Lichtverhältnisse zu schaffen, überredete er den Revolutionär dazu, nur zwischen 9.00 Uhr morgens und 16.00 Uhr nachmittags kämpfen zu lassen. Auch wurden Schlachten so lange verzögert, bis alle Kameras zur Aufnahme bereit waren. Nicht der Rebellenführer gab dann das Signal zum Angriff, sondern der Regisseur. Das Material, das auf diese Weise entstand, wurde allerdings nicht verwertet. Hollywood lehnte das Material als zu unrealistisch ab.

Frage 797

Wie heißt die älteste Nachrichtensendung im deutschen Fernsehen?

Frage 798

Im Vorspann einer bekannten Science-Fiction-Serie heißt es: „Der Weltraum, unendliche Weiten. Wir schreiben das Jahr 2200. Dies sind die Abenteuer des ..., das mit seiner 400 Mann starken Besatzung fünf Jahre lang unterwegs ist, um neue Welten zu erforschen, neues Leben und neue Zivilisationen. Viele Lichtjahre von der Erde entfernt, dringt die ... in Galaxien vor, die nie ein Mensch zuvor gesehen hat." **Wie heißt die**

Serie, die bei ihren Fans schon längst Kultstatus erreicht hat?

Frage 799

Die Blues Brothers sind nach eigener Aussage ...

☐ a) ... total bekloppte Idioten.
☐ b) ... immer auf Achse.
☐ c) ... die beste Band der Welt.
☐ d) ... im Auftrag des Herrn unterwegs.

Frage 800

Wie heißt der Erfinder von Käpt'n Blaubär?

☐ a) Walter Moers
☐ b) Seyfried
☐ c) Sven Nordquist
☐ d) Otto Waalkes

Frage 801

Eine vor allem in den 1980er-Jahren beliebte Reihe von Gesellschaftsspielen trägt den Titel *Das schwarze Auge*. Um welche Art von Gesellschaftsspiel handelte es sich hierbei?

Frage 802

Wer war der Lieblingsschauspieler des deutschen Regisseurs Werner Herzog?

W. Herzog

Frage 803

***Dallas* war zwar die erfolgreichste Familienserie im deutschen Fernsehen, aber nicht die erste. Welcher Serie gebührt diese Ehre?**

☐ a) *Denver Clan*
☐ b) *Familie Heinz Becker*
☐ c) *Familie Schölermann*
☐ d) *Die Semmelings*

Frage 804

Er stammt aus einem alten mecklenburgischen Adelsgeschlecht und wurde 1923 in Brandenburg an der Havel geboren. Der Komödiant, Zeichner, Schriftsteller, Schauspieler und Regisseur wurde in Deutschland vor allem durch seinen feinsinnigen Humor bekannt. Dabei nahm er vor allem die alltäglichen Schwierigkeiten in der zwischenmenschlichen Kommunikation auf die Schippe. Eine nach ihm selbst benannte Fernsehserie, in der er kleine Sketche und selbst gezeichnete Cartoons zeigte, wurde zu einem Klassiker der deutschen Fernsehunterhaltung. Figuren wie Herr Müller-Lüdenscheid und Dr. Klöbner, aber auch Wum und Wendelin, sind allgemein bekannt. Auch seine Kinofilme *Ödipussi* und *Papa ante Portas* wurden große Erfolge. **Von welchem Komiker ist hier die Rede?**

Frage 805

Einer der bekanntesten Western ist *Spiel mir das Lied vom Tod*. Von wem stammt die Musik für diesen Streifen?

Frage 806

Durch welche Serie wurde Yvonne Catterfeld in Deutschland bekannt?

☐ a) *Lindenstraße*
☐ b) *Gute Zeiten, schlechte Zeiten*

Yvonne Catterfeld

☐ c) *Marienhof*
☐ d) *Verliebt in Berlin*

Frage 807
Dietmar Schönherr spielte in der Science-Fiction-Serie *Raumschiff Orion* den Commander. Wie lautet in der Serie sein Name?

Frage 808
Welche beiden Polizisten sorgten auf den *Straßen von San Francisco* für Ordnung?

AUS DEM VORSPANN DER SERIE *RAUMSCHIFF ORION*

Was heute noch wie ein Märchen klingt, kann morgen Wirklichkeit sein. Hier ist ein Märchen von übermorgen: Es gibt keine Nationalstaaten mehr. Es gibt nur noch die Menschheit und ihre Kolonien im Weltraum. Man siedelt auf fernen Sternen. Der Meeresboden ist als Wohnraum erschlossen. Mit heute noch unvorstellbaren Geschwindigkeiten durcheilen Raumschiffe unser Milchstraßensystem. Eins dieser Raumschiffe ist die ORION, winziger Teil eines gigantischen Sicherheitssystems, das die Erde vor Bedrohungen aus dem All schützt. Begleiten wir die ORION und ihre Besatzung bei ihrem Patrouillendienst am Rande der Unendlichkeit.

Frage 809
Pong gilt als eines der ersten Videospiele, ist also sozusagen der Klassiker schlechthin. Um welche Art von Spiel handelt es sich hierbei?
☐ a) Tennis
☐ b) Autorennen
☐ c) Weltraumschlacht
☐ d) Memory

Frage 810
Es gibt einige Filme, in denen nicht die Polizisten, sondern die Gangster die Rolle der sympathischen Helden übernehmen. Einer dieser Filme ist *Butch Cassidy und Sundance*

Kid, eine Western-Komödie. Die beiden Helden planen hier den aberwitzigen Coup, ein und denselben Postzug gleich zweimal auszurauben. Das Unternehmen geht schief, und sie müssen vor Kopfgeldjägern nach Bolivien fliehen. Dort setzen die beiden sympathischen Gangster noch eine Weile ihre bisweilen dreisten Raubzüge fort, bis sie schließlich doch von der bolivianischen Polizei und den Kopfgeldjägern gestellt werden. **Welche beiden Schauspieler verkörpern Butch Cassidy und Sundance Kid?**

Frage 811

Auch Journalisten erlangen zuweilen einen hohen Bekanntheitsgrad. Wer erhielt beispielsweise den Titel „Mr. Tagesschau"?

DIE ERFOLGREICHSTEN KINOFILME

Laut imdb.com haben bis zum Jahr 2007 folgende Filme am meisten Geld eingespielt:

1. **Titanic (1997) 1,8 Mrd. $**
2. **Der Herr der Ringe: Die Rückkehr des Königs (2003) 1,1 Mrd. $**
3. **Fluch der Karibik 2 (2006) 1,06 Mrd. $**
4. **Harry Potter und der Stein des Weisen (2001) 968 Mio. $**
5. **Star Wars: Episode I (1999) 922 Mio. $**
6. **Der Herr der Ringe: Die zwei Türme (2002) 921 Mio. $**
7. **Jurassic Park (1993) 919 Mio. $**
8. **Harry Potter und der Feuerkelch (2005) 892 Mio. $**
9. **Shrek 2 (2004) 880 Mio. $**
10. **Harry Potter und die Kammer des Schreckens (2002) 866 Mio. $**

EIN NEUER VOLKSSPORT

Seit es Fernbedienungen gibt und die Zahl der Fernsehkanäle stark angestiegen ist, hat ein neuer Volkssport Einzug in die deutschen Wohnzimmer gehalten: das Zapping. Statistiken besagen, dass der passionierte Zapper an einem 4-Stunden-Fernsehabend mehr als 100-mal die Kanäle wechselt. Einige können sich nicht entscheiden, welches Fernsehprogramm sie anschauen sollen, andere wollen der Werbung entkommen und wiederum andere zappen aus Spaß an der Freude.

Frage 812

Als Groschenroman bezeichnet man eine leichte, meist in Zeitungsform erscheinende Lektüre, die nur wenig Geld kostet. Sie werden oft als nicht enden wollende Serien von unterschiedlichen Autoren produziert. Zu den erfolgreichsten Groschenromanserien zählt ein Weltraumabenteuer. Wie ist der Name der Serie?

Frage 813

Von welcher bekannten Fernsehserie lief am 30. Januar 2005 die tausendste Folge?

☐ a) *Wetten, dass..?*
☐ b) *Sportschau*
☐ c) *Verbotene Liebe*
☐ d) *Lindenstraße*

Frage 814

Welcher Schauspieler sprach den berühmten Satz „Ich seh dir in die Augen, Kleines"?

- ☐ a) Burt Lancaster
- ☐ b) Clint Eastwood
- ☐ c) Richard Gere
- ☐ d) Humphrey Bogart

Frage 815

Wie heißt der Oscar für Musikproduktionen?

- ☐ a) Granny
- ☐ b) Grammy
- ☐ c) Phoney
- ☐ d) Disky

Frage 816

Sie bestimmen den Stellenwert eines Senders und nehmen entscheidenden Anteil an der Programmgestaltung. Eine Sendung, die hier die in sie gesetzten Erwartungen nicht erfüllt, wird schnell aus dem Programm genommen. Regisseure, Schauspieler und Moderatoren warten gespannt und bisweilen auch ängstlich auf die Ergebnisse und die Einstufung ihrer Sendung. Ermittelt werden diese Ergebnisse in repräsentativ ausgewählten Haushalten, deren Fernsehverhalten durch bestimmte technische Geräte ständig erhoben wird. **Wie nennen sich die Daten, die zum Schreckgespenst von so manchem Fernsehschaffenden geworden sind?**

Frage 817

In der Reihe *Deutschland sucht den Superstar* werden regelmäßig neue Gesangstalente gesucht. Wer konnte die erste Staffel gewinnen?

- ☐ a) Jürgen Milski
- ☐ b) Elli Erl
- ☐ c) Alexander Klaws
- ☐ d) No Angels

Frage 818

Wie hießen die beiden Zeichentrickfiguren, die hin und wieder in Wim Thoelkes Sendung *Der große Preis* ihren Schabernack trieben?

Frage 819

Eisenbahnen vermochten Kinder schon immer zu faszinieren, und so wurde im Jahr 2004 ein Spiel, das sich mit dem Bau von Eisenbahnlinien befasste, zum Spiel des Jahres. Um welches Spiel geht es?

Frage 820

Für welchen Film erhielt William Wyler 1959 den Oscar als bester Regisseur?

- ☐ a) *Ben Hur*
- ☐ b) *Die Brücke am Kwai*
- ☐ c) *Gigi*
- ☐ d) *West Side Story*

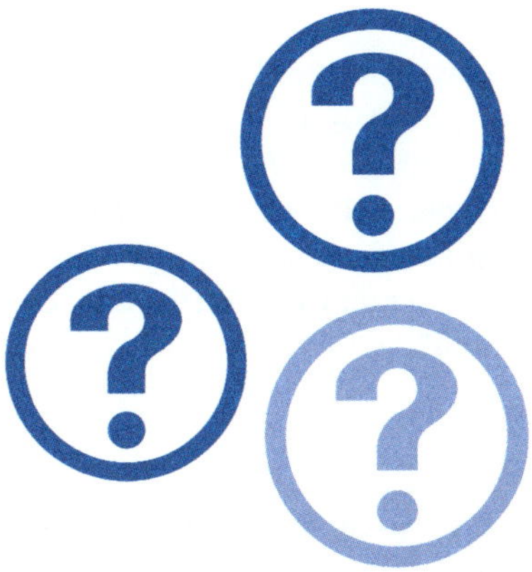

Frage 821

Unterernährung ist auch in den wohlhabenden Industriestaaten ein Thema geworden. Ab wann spricht man von extremer Unterernährung und chronischem Hunger?

- ☐ a) bei weniger als 1400 Kalorien täglich
- ☐ b) bei weniger als drei Mahlzeiten täglich
- ☐ c) bei einem Taillenumfang von weniger als 60 cm
- ☐ d) bei einem Body-Mass-Index von weniger als 20

Frage 822

Während weltweit mehr als 800 Millionen Menschen Hunger leiden, nimmt insbesondere in den Industrienationen die Zahl der stark Übergewichtigen deutlich zu. Woran liegt das?

Frage 823

Vegetarier werden heutzutage auch hierzulande kaum noch als Exoten angesehen. Dass Menschen bei ihrer Ernährung auf Fleisch und Fisch verzichten, sorgt nur noch vereinzelt für Unverständnis. Aber es gibt ganz unterschiedliche Formen von Vegetarismus. Manche Vegetarier haben auch Milchprodukte oder Eier von ihrem Speiseplan gestrichen. **Wie nennt man die Vegetarier, die gar keine tierischen Produkte mehr nutzen, also auch auf Honig, Gelatine oder Kleidung aus Wolle und Leder verzichten?**

Frage 824

Was versteht man unter einem aeroben Training?

10 REGELN FÜR GESUNDES ESSEN

1. Essen Sie vielseitig.
2. Getreideprodukte und Kartoffeln liefern wichtige Ballaststoffe. Achten Sie aber auf vollwertige Getreideprodukte. Auszugsmehl ist nicht gesund.
3. Essen Sie 5-mal am Tag Obst oder Gemüse.
4. Nehmen Sie täglich Milch oder Milchprodukte zu sich. 1- bis 2-mal pro Woche sollten Sie Fisch essen, Fleisch und Wurstwaren besser nur in Maßen genießen.
5. Versuchen Sie, wenig Fett oder fettreiche Nahrungsmittel zu sich zu nehmen.
6. Auch Zucker und Salz sollten Sie nur in Maßen essen.
7. Achten Sie darauf, viel zu trinken.
8. Bereiten Sie Ihre Mahlzeiten schonend zu.
9. Nehmen Sie sich Zeit zum Essen.
10. Achten Sie auf Ihr Gewicht und bleiben Sie in Bewegung.

Frage 825

Was wird bei einem Laktattest überprüft?

Frage 826

Die weltweite Fleischproduktion ist ein Grund für den Hunger in vielen Ländern der Welt. Wieso ist das so?

☐ a) Die Viehhirten kommen oft tagelang nicht zum Essen.

☐ b) Die Löhne für die Arbeiter in der Fleisch verarbeitenden Industrie sind zu niedrig.

☐ c) Der Anbau von Futtermitteln verbraucht zu viel Land.

☐ d) Immer mehr Menschen werden Vegetarier.

Frage 827

Welche Sportart verbirgt sich hinter dem Begriff „Aerobic"?

☐ a) langsames Laufen

☐ b) entspanntes Schwimmen

☐ c) Konditionstraining mit Musik

☐ d) Training für 100-m-Lauf

Frage 828

Diese Trainingsmethode erfreut sich seit ca. 2003 großer Beliebtheit. Sie kombiniert gleichmäßige, fließende Bewegungen, die von einem stabilen Zentrum ausgehen, mit ruhig ausgeführten Übungen zur Entspannung und Dehnung der Muskeln. Mit ihr sollen die tief liegenden Bauchmuskeln und die Beckenmuskulatur trainiert und insgesamt eine Stabilisierung rund um die Wirbelsäule erreicht werden. Dabei liegt das Hauptaugenmerk auf der natürlichen Körperausrichtung und der richtigen Atmung. Dabei spielt auch die Konzentration eine wichtige Rolle. Geeignet ist das Trainingsprogramm für alle Alters- und Fitnessstufen. Benannt wurde diese spezielle Gymnastik nach ihrem Erfinder, der im Jahr 1880 in Düsseldorf geboren wurde. **Wie heißt sie?**

Frage 829

Was sind die Kennzeichen einer nachhaltigen Ernährung?

Frage 830

Wie oft sollte man täglich Obst und Gemüse zu sich nehmen, wenn man sich gesund ernähren möchte?

Frage 831

Wie viel Prozent der täglichen Gesamtenergie sollte man in Form von Fett zu sich nehmen?

☐ a) nicht mehr als 10 %
☐ b) nicht mehr als 20 %
☐ c) nicht mehr als 25 %
☐ d) nicht mehr als 30 %

Frage 832

Welches der folgenden Lebensmittel hat den höchsten Fettanteil (je 100 g)?

☐ a) Pommes frites
☐ b) Sahnejoghurt
☐ c) Fischstäbchen
☐ d) Salami

CHOLESTERINREICHE NAHRUNGSMITTEL

Folgende Nahrungsmittel enthalten besonders viel Cholesterin:

	Cholesterin in mg pro 100 g
Aal	163
Austern	125
Butter	230
Eigelb	1260
Garnele	135
Hackfleisch, gemischt	100
Hering, mariniert	100
Hühnerleber	555
Hummer	180
Mascarpone	138
Languste	200
Leberpastete	137
Ochsenzunge	140
Schinkenspeck	100
Schweineleber	340
Wiener Würstchen	100
Wildente	110
Zungenwurst	110

Frage 833

Bisweilen hört man, (Freizeit-)Sportler müssten aufpassen, kein „Sportlerherz" zu bekommen. Das könne ein gesundheitliches Risiko darstellen. Gibt es überhaupt ein Sportlerherz?

Frage 834

Alternative Lebensformen sind keine Erfindung der 68er-Generation. Bereits im späten 19. und frühen 20. Jahrhundert waren sie in einigen Gesellschaftskreisen sehr populär. So ging es vielen Menschen auch um ein gesundes Leben. Ein Arzt aus der Schweiz, der von der Heilkraft pflanzlicher Rohkost überzeugt war, hatte damals beispielsweise viele Anhänger. Seiner Meinung nach waren solche Pflanzen besonders gesund, die viel „lebendige Sonnenenergie" gespeichert hatten. Auch heute noch profitieren wir von den Erkenntnissen dieses Arztes, denn er hat auch das Müsli erfunden. **Wie lautet sein Name?**

Frage 835

Was versteht man unter Aminosäuren?

Frage 836

Ist es ratsam, am Wochenende mit Power zu trainieren und dann in der Woche keinen Sport zu treiben?

Frage 837

Welche Muskulatur wird im Fitnessstudio vom „Butterfly" trainiert?

☐ a) Oberschenkelmuskulatur
☐ b) Waden

☐ c) Bizeps
☐ d) Brustmuskulatur

Frage 838

Wie hoch ist der Fruchtanteil in einem durchschnittlichen Fruchtnektar?

☐ a) 34 %
☐ b) 50 %
☐ c) 70 %
☐ d) 100 %

Frage 839

Im 18. Jahrhundert war Sport eigentlich noch kein Schulfach. In dem kleinen Thüringer Ort Schnepfenthal entstand 1784 aber eine Schule, in der Sport zum Unterrichtsplan gehörte. Dafür verantwortlich war der Lehrer Johann Christoph Friedrich GutsMuths. Der hielt seine Gedanken zum Thema Turnen auch schriftlich fest. Seine Schriften inspirierten auch einen Hilfslehrer in Berlin, der mit seinen Schülern als „Vorbereitung auf einen Befreiungskrieg gegen Napoleon" ausgedehnte Ertüchtigungsmärsche durchführte. Im Volkspark Hasenheide errichtete dieser Lehrer schließlich den ersten öffentlichen Turnplatz. **Wie wurde er wegen seiner Begeisterung fürs Turnen genannt?**

Frage 840

Wie wird Tofu hergestellt?

Frage 841

Wie viele Kalorien verbraucht eine 60 kg schwere Büroangestellte, die sich nicht viel bewegt, pro Tag?

GRUNDUMSATZ

Wer sein Gewicht reduzieren will, sollte seinen Grundumsatz kennen. Der Grundumsatz ist die Energie, die man im Liegen an einem Tag verbrauchen kann, ohne dabei zuzunehmen. Und so ermittelt man den entsprechenden Wert:
Multiplizieren Sie Ihr Idealgewicht mit 21,6. Das Ergebnis ist Ihr Grundumsatz in Kalorien.
Vom Grundumsatz unterscheidet man den Leistungsumsatz. Da wir uns ja alle täglich bewegen, verbrauchen wir mehr Kalorien, als unser Grundumsatz ausdrückt. So kann ein Sportler, der sich häufig körperlich anstrengt, den doppelten Grundumsatz verbrauchen, der Büro-Typ, der überwiegend sitzt jedoch nur den 1,4-fachen.

Frage 842

Qi-Gong ist der Name einer alten chinesischen Atem- und Meditationstherapie. Wie alt ist Qi-Gong wohl?

☐ a) 2500 Jahre
☐ b) 3300 Jahre

☐ c) 4000 Jahre
☐ d) 5200 Jahre

Frage 843

Hobbysportler, die nur ab und zu aktiv sind, können auch durch ihre Ernährung etwas für die Fitness tun. Wie sieht eine gesunde Ernährung für sie aus?

☐ a) sehr eiweißreich
☐ b) sehr fettreich
☐ c) besonders ausgewogen
☐ d) sehr kalorienreich

Frage 844

Wie kommt beim Sport eigentlich das Seitenstechen zustande, und wie lässt es sich vermeiden?

Frage 845

Seit einiger Zeit hört man, dass man bei der Ernährung auch auf die gesunden Omega-3-Fettsäuren achten sollte. Was bewirken sie eigentlich?

Frage 846

Unter den Molekülen, die für die Aufrechterhaltung des Lebens unverzichtbar sind, nehmen sie eine herausragende Stellung ein. Sie zählen zu den Makromolekülen, das heißt, sie bestehen aus sehr vielen Bausteinen. Man kann sie sich wie lange Perlenketten vorstellen. Die einzelnen „Perlen" werden hier durch die sogenannten Aminosäuren gebildet. Die gesuchten Makromoleküle zählen zu den Grundbausteinen aller Zellen. Sie verleihen ihnen nicht nur ihre Struktur, sondern sind auch die molekularen Maschinen, die Stoffe transportieren oder Signalstoffe erkennen. Ohne sie liefe also im menschlichen Organismus gar nichts. Um dies zu unterstreichen, leitete der Forscher Jens Jacob Berzelius im Jahr 1838 ihren Namen auch von dem griechischen Wort „protos", das „Wichtigstes" oder „Erstes" heißt, ab. **Von welchem Stoff ist hier die Rede?**

J. Berzelius

Frage 847

Welches Getränk eignet sich für Freizeitsportler am besten?

☐ a) Saftschorle
☐ b) Energy Drink
☐ c) Coca Cola
☐ d) Radler (Saft-Bier-Mischung)

Frage 848

Joggen gilt als effektive Sportart, wenn es darum geht, Kalorien zu verbrennen. Wie viele Kalorien verbrennt ein Jogger durchschnittlich pro Kilogramm Körpergewicht und zurückgelegtem Kilometer?

Frage 849

Zu einer gesunden und ausgewogenen Ernährung zählt auch Fisch. Wie oft pro Woche sollte Fisch auf Ihrem Teller liegen?

Frage 850

Tai-Chi ist eine jahrhundertealte chinesische Bewegungsmethode. Hier werden bestimmte Figuren dargestellt. Welche der folgenden Figuren gibt es im Tai-Chi nicht?

☐ a) der Kranich breitet die Flügel aus
☐ b) zurückschreiten und Affen vertreiben
☐ c) Hände wie Wolken
☐ d) der Giraffe den Hals streicheln

Frage 851

Was ist Banja?

☐ a) ein Schokoriegel
☐ b) ein russischer Schwitzraum
☐ c) ein polnisches Nationalgericht
☐ d) eine tschechische Heilgymnastik

Frage 852

Ordnen Sie die folgenden Soßen nach ihrem Kaloriengehalt: Ketchup, Mayonnaise, Joghurt-Dressing (beginnend bei der Soße mit den wenigsten Kalorien).

Frage 853

Als Grundlage für dieses Lebensmittel wird Milch verwendet. Ebenso wie die Milch kann das Lebensmittel einen unterschiedlichen Fettgehalt haben. Bei der Herstellung wird die Milch auf eine Temperatur von etwa 35° bis 40° C gebracht und dann mit bestimmten Bakterienkulturen versetzt. Nun beginnt ein Vorgang, den man auch Fermentation nennt. Aus dem in der Milch enthaltenen Milchzucker wird dabei durch Gärung Milchsäure gebildet. Diese Milchsäure führt dann dazu, dass sich die Milcheiweiße so zusammenlagern, dass eine Gallerte entsteht. Dieser Vorgang dauert zwischen sechs und zehn Stunden. **Welches Nahrungsmittel entsteht auf diese Art und Weise?**

Frage 854

Man kann sich nicht immer nur zusammenreißen, manchmal greift man doch zu Fast Food. Wie lange muss der Mittagsspaziergang ausfallen, wenn man eine Portion Pommes frites und eine Currywurst wieder wettmachen möchte?

Frage 855

Coca Cola enthält eine Menge Zucker. Wie viel Zucker findet man beispielsweise in einem halben Liter dieses beliebten Getränks?

☐ a) 10 g
☐ b) 30 g
☐ c) 50 g
☐ d) 100 g

Frage 856

Der menschliche Organismus enthält ca. 65 % Wasser. Wie viel Flüssigkeit sollte ein Erwachsener täglich durchschnittlich zu sich nehmen?

☐ a) 20–45 ml pro kg Körpergewicht
☐ b) 45–60 ml pro kg Körpergewicht
☐ c) 60–80 ml pro kg Körpergewicht
☐ d) 100 ml pro kg Körpergewicht

Frage 857

Welche Sportart eignet sich als Einstiegssport für Übergewichtige besonders gut?

Frage 858

Was bewirken Ballaststoffe eigentlich?

Frage 859

Wenn man sich schmackhafte und gesunde Mahlzeiten vorstellt, kommen einem wahrscheinlich nicht unbedingt Chrom oder Eisen in den Sinn. Für den Geschmack einer Mahlzeit sind diese beiden Stoffe in der Tat unerheblich, aber dennoch braucht der Organismus kleine Mengen von ihnen, um richtig funktionieren zu können. Eisen wird beispielsweise beim Sauerstofftransport benötigt. Chrom spielt im Zuckerstoffwechsel eine Rolle. Allerdings sind dafür nur jeweils winzig kleine Mengen dieser Stoffe notwendig. **Wie werden Substanzen genannt, die der Körper nur in sehr geringen Mengen benötigt?**

Frage 860

Wer Sport treibt, hat manchmal leider auch mit Verletzungen zu tun. Welche Sportverletzungen sind am häufigsten?

- ☐ a) Verletzungen an der Schulter
- ☐ b) Verletzungen am Sprunggelenk
- ☐ c) Verletzungen am Oberschenkel
- ☐ d) Verletzungen am Knie

KALORIENVERBRAUCH BEIM SPORT

Ein Mensch, der 70 kg wiegt, verbraucht beim Sport pro Stunde folgende Kalorien:

Aerobic	**476**
Fitnesstraining	**828**
Bergsteigen	**544**
Fußball	**596**
Golf ohne Caddy	**388**
Inline-Skating	**540**
Joggen (1 km in 5 min)	**936**
Radfahren (25 km/h)	**764**
Schwimmen, zügig	**704**
Walking *	**496**

*** Der Kalorienverbrauch beim Nordic Walking liegt noch einmal um 20–50 % höher.**

Frage 861

Woher kommt der Begriff „Sport" überhaupt?

Frage 862

In welchem Land findet die Fußball-Weltmeisterschaft 2010 statt?

☐ a) Deutschland
☐ b) England
☐ c) Südafrika
☐ d) Brasilien

Frage 863

Wie oft konnte die deutsche Handball-Nationalmannschaft den Weltmeistertitel gewinnen?

Handball-WM 1993, Deutschland gegen Schweden

Frage 864

Aus welchen Einzeldisziplinen setzt sich der „moderne Fünfkampf" zusammen?

FUSSBALLER-LIEDER

Fußballer haben sich auch immer wieder einmal als Gesangsstars versucht; zumeist verliefen die Versuche glimpflich, von bleibenden Schäden ist nichts bekannt. Allerdings erwiesen sich die Kicker durch die Reihe als nur mäßig talentiert. Hier kommt nun eine Auswahl von Fußballer-Songs:

Deutsche Fußball-Nationalmannschaft: *Fußball ist unser Leben*
Norbert Nigbur: *44 Beine*
Gerd Müller: *Dann macht es bumm*
Radi Radenkovic: *Bin i Radi, bin i König*
Peter Alexander und die Fußball-Nationalmannschaft: *Mexico mi amor*
Fritz Walter und die Altinternationalen: *Schwarz und Weiß*
Udo Jürgens & die Fußball-Nationalmannschaft: *Wir sind schon auf dem Brenner*
Michael Schanze & die Fußball-Nationalmannschaft: *Olé Espana*
Franz Beckenbauer: *Gute Freunde kann niemand trennen*
Udo Jürgens und die Fußball-Nationalmannschaft: *Buenos dias, Argentina*

Frage 865

Manche Sportler geraten nach dem Ende ihrer Karriere schnell wieder in Vergessenheit, andere sind noch Jahrzehnte später den Sportfans ein Begriff. So beispielsweise diese Läuferlegende aus Tschechien. Seine größten Erfolge feierte er bei den Olympischen Spielen in Helsinki. Dort gewann er dreimal Gold. Während er den 10.000-m-Lauf als haushoher Favorit souverän gewann, wurden seine Siege über 5000 m und im Marathon legendär. So war er im 5000-m-Lauf eigentlich schon hoffnungslos auf den vierten Platz zurückgefallen, konnte aber in der letzten Kurve noch einmal die vor ihm Laufenden überspurten. Daraufhin entschloss er sich kurzfristig zur Teilnahme am Marathon und gewann auch diesen Lauf mit olympischem Rekord. Unvergessen dürfte auch sein Laufstil bleiben: Stets mit heraushängender Zunge unterwegs, machte er den Eindruck, am Ende seiner Kräfte zu sein. Dies brachte ihm auch seinen Beinamen, „Die Lokomotive", ein. **Um welchen Sportler geht es?**

Frage 866

1992 fanden die Olympischen Sommerspiele in Barcelona statt. Die wievielten Olympischen Sommerspiele der Neuzeit waren dies?

Olympische Sommerspiele in Barcelona

- ☐ a) die 20.
- ☐ b) die 25.
- ☐ c) die 30.
- ☐ d) die 35.

Frage 867

In welcher Sportart konnte sich Emerson Fitipaldi einen Namen machen?

- ☐ a) Formel 1
- ☐ b) Radrennen
- ☐ c) Boxen
- ☐ d) Golf

FUSSBALL-REKORDE

Die meisten Bundesligaspiele: Karl-Heinz Körbel (Eintracht Frankfurt) – 602 Spiele
Die meisten Spiele in Serie: Sepp Maier (FC Bayern München) – 442 Spiele
Die meisten Siege: Manfred Kaltz (Hamburger SV) – 291 Siege
Die meisten Niederlagen: Bernard Dietz (MSV Duisburg) – 221 Niederlagen
Die meisten Platzverweise: Stefan Effenberg – 7 Platzverweise/3 Rote und 4 Gelb-Rote Karten
Erfolgreichster Bundesliga-Trainer: Udo Lattek – 8-mal Deutscher Meister
Am meisten entlassene Trainer: Jörg Berger, Gyula Lorant – je 6-mal entlassen
Verein mit den meisten Trainer-Entlassungen: Eintracht Frankfurt – 20 Entlassungen

Frage 868

Wer wurde bei der Fußball-WM 2006 Torschützenkönig?

Frage 869

Angekündigt wurde dieser legendäre Boxkampf als „Rumble in the jungle". Er war für den Herbst 1974 zwischen dem damaligen Schwergewichtsweltmeister und seinem Herausforderer, der den Titel auch schon getragen hatte, vorgesehen. Allerdings verletzte sich der Weltmeister bei der Vorbereitung, und der Kampf wurde um einen Monat verschoben, sodass er schließlich am 30. Oktober stattfand. Der Herausforderer überraschte mit der Taktik, dass er sich von seinem Gegner immer wieder in die Seile drängen ließ, so aber dessen harte Schläge besser abfedern konnte. Diese Taktik zeigte Erfolg, da der Weltmeister nach einigen Runden konditionell immer stärker abbaute und in der achten Runde auf die Bretter geschickt wurde. Der Herausforderer, dem die Sympathien des Publikums gehörten, hatte seinen Titel zurückerobert. **Welche beiden Boxer standen sich hier gegenüber?**

Frage 870

Wie oft konnte Eddie Merckx die Tour de France gewinnen?

Frage 871

Welche der folgenden Sportarten ist nicht bei Olympischen Spielen im Programm?

- ☐ a) Beach Volleyball
- ☐ b) Curling
- ☐ c) Rugby
- ☐ d) Trampolinspringen

DER EWIGE MEDAILLENSPIEGEL

Wenn der Mensch seine Statistiken nicht hätte... Es gibt also nicht nur die Weltbestenlisten im Tennis und anderen Sportarten, es gibt auch einen ewigen Medaillenspiegel für Olympische Spiele. Hier sind alle Medaillen verzeichnet, die seit 1896 vergeben wurden:

Land	Gold	Silber	Bronze
USA	867	661	585
Russland/ UdSSR/GUS	499	410	371
Deutschland	375	391	417
Großbritannien	185	239	228
Frankreich	181	191	207
Italien	177	145	156
Ungarn	149	132	155
Schweden	141	154	172
Australien	105	110	135
Finnland	103	81	114

Frage 872

Welcher amerikanische Tennisspieler wurde nicht nur wegen seiner guten Leistungen, sondern auch wegen seiner Wutausbrüche bekannt?

Frage 873

In welcher Sportart ziehen die „Harlem Globetrotters" eine große Show ab?

Frage 874

Welcher Verein gehört der Fußball Bundesliga ohne Unterbrechung seit ihrem Bestehen an?

☐ a) Bayern München
☐ b) Werder Bremen
☐ c) Schalke 04
☐ d) Hamburger SV

Frage 875

Wie heißt Deutschlands erfolgreichster Tischtennisspieler?

☐ a) Jörg Rosskopf
☐ b) Boris Becker
☐ c) Timo Boll
☐ d) Ralf Wosik

Frage 876

Bei welchem Radsport-Klassiker müssen sich die Fahrer über insgesamt knapp 60 km Kopfsteinpflaster quälen?

Frage 877

Für gewöhnlich haben Weltrekorde in der Leichtathletik nicht allzu lange Bestand. Der US-Amerikaner Bob Beaman hingegen konnte sich 23 Jahre lang über seine Bestmarke freuen, ohne dass ein anderer Sportler sie erreicht hätte. Erzielt hat er den Rekord bei den Olympischen Spielen 1978 in Mexiko-City. Man vermutet heutzutage, dass die dünne Luft in den rund 2300 m Höhe, in denen Mexiko-City liegt, mit zu dieser fabelhaften Leistung beigetragen hat. **In welcher Disziplin ging Beaman damals an den Start?**

Frage 878

Welche über die Grenzen Großbritanniens hinaus bekannte Ruderregatta sorgt alljährlich in England für Aufsehen?

Frage 879

Wie viele Ringe hat die Zielscheibe beim Bogenschießen?

☐ a) 5
☐ b) 7
☐ c) 10
☐ d) 12

Frage 880

In welcher Sportart feierte Georg Hackl seine großen Erfolge?

☐ a) Rodeln
☐ b) Bobfahren
☐ c) Ski-Langlauf
☐ d) Biathlon

Frage 881

Wie nennen sich die „Stöcke", die Billardspieler für ihren Sport benutzen?

Frage 882

Wer sich mit Sport beschäftigt, kann immer wieder Zeuge besondere Duelle werden. Manchmal sind es die herausragenden Leistungen der Protagonisten, die diese Zweikämpfe aus der Masse hervorheben, manchmal sorgen auch ihre Begleitumstände für Schlagzeilen. Hin und wieder kommt dies alles zusammen. Wie bei dem Duell, das im Jahr 1972 in Reykjavik stattfand. Dort kämpften ein US-Amerikaner und ein Sowjetbürger, während der heißen Phase des Kalten Krieges, um die Schachweltmeisterschaft. Von den Medien wurde dieser Titelkampf zu einem „Krieg der Systeme" hochstilisiert, und so wurde nicht nur auf dem Schachbrett, sondern auch außerhalb mit harten Bandagen gekämpft. Gegenseitige Verleumdungen und Vorwürfe prägten das Bild. Es heißt, dass man sogar unter dem Tisch, an dem die beiden Kontrahenten saßen, eine Trennungsplatte installieren musste, damit sie sich nicht treten konnten. **Wie hießen die beiden Schachgroßmeister?**

SCHACHMARATHON

Schach ist kein Spiel für ungeduldige Zeitgenossen, da will jeder Zug sorgsam überlegt werden. Aber auch hier gibt es natürlich die Spitze des Eisbergs. Die längste Schachpartie dauerte 20 Stunden und 15 Minuten und erstreckte sich über 269 Züge. Gespielt wurde sie zwischen Predrag Nicolic und Goran Arsovic im Jahr 1989 in Belgrad. Die Partie endete übrigens Remis.

Frage 883

Wie heißt der erfolgreichste Torschütze in der Geschichte des deutschen Fußballsports?

Frage 884

Welche beiden Sportarten werden beim Biathlon miteinander verbunden?

Frage 885

Wer konnte im Winter 2001/02 die Vierschanzentournee gewinnen?

☐ a) Jens Weißflog
☐ b) Matti Nykänen
☐ c) Andreas Goldberger
☐ d) Sven Hannawald

EDDIE THE EAGLE

Man muss nicht unbedingt Medaillen gewinnen oder Höchstleistungen bringen, um Olympiageschichte zu schreiben. Das bewies eindrucksvoll der Brite Michael Edwards, auch „Eddie the Eagle" genannt, bei den Olympischen Winterspielen 1988 in Calgary. Er trat dort in der Skispringen-Konkurrenz an und wird als einer der schlechtesten Skispringer aller Zeiten in die Geschichte eingehen (wer hätte auch je von einem anderen Briten auf Skiern gehört). Sowohl auf der Normalschanze als auch auf der Großschanze belegte Edwards ungefährdet den letzten Platz und erhielt daraufhin von der Fachpresse seinen Spitznamen.

Frage 886

Welcher CDU-Politiker wurde zunächst durch seine sportlichen Leistungen weltbekannt?

Frage 887

Wie viele Kugeln befinden sich beim Poolbillard auf dem Tisch?

☐ a) 8
☐ b) 9
☐ c) 10
☐ d) 11

Frage 888

In Deutschland zählt das Endspiel im DFB-Pokal zu den großen Sportereignissen des Jahres. Fußball besitzt aber nicht in jedem Land einen so hohen Stellenwert. In den Vereinigten Staaten beispielsweise fristet diese Sportart ein eher bescheidenes Dasein. Dort sorgen andere Sportereignisse für Furore. So z. B. der „Super Bowl". Die Fernsehübertragung hiervon wird von etwa 250 Millionen Zuschauern verfolgt. Statistiker haben sogar ermittelt, dass während ihr die durchschnittliche Kriminalitätsrate um 70 % und die Zahl der Verkehrsunfälle um 50 % sinken. **Das Endspiel welcher Sportart stellt der „Super Bowl" eigentlich dar?**

Frage 889

In welcher Sportart bedient der Sportler ein Finn-Dinghy?

Frage 890

Welcher deutsche Ringer erhielt den Beinamen „Kran von Schifferstadt"?

Frage 891

Welcher ehemalige Weltklassespieler führte als Trainer die deutsche Handball-Nationalmannschaft im Jahr 2007 zum Weltmeistertitel?

☐ a) Heiner Brand
☐ b) Kurt Klühspieß
☐ c) Andreas Thiel
☐ d) Wlado Stenzel

Frage 892

Welcher Eishockey-Profi wurde mit der Rückennummer 99 weltberühmt?

☐ a) Dieter Hegen
☐ b) Wayne Gretzky
☐ c) Sergei Fedorov
☐ d) Ernst Kühnhackl

Frage 893

Im zarten Alten von 16 Jahren gelang dieser Sportlerin der Gewinn einer olympischen Goldmedaille im Hochsprung. Das war im Jahr 1972, die Spiele fanden in München statt. Nach diesem Triumph geriet sie in eine sportliche Krise und konnte sich 1976 in Montreal nicht einmal für das Hochsprung-Finale qualifizieren. Man glaubte zu diesem Zeitpunkt allgemein, ihre Karriere sei nun beendet, doch die Sportlerin kam noch einmal zurück. Vier Jahre später, bei den Olympischen Spielen in Moskau, durfte sie wegen des Boykotts der westlichen Länder nicht starten, ihre Formkurve zeigte aber nach oben. 1982 wurde sie mit Weltrekordhöhe Europameisterin, zwei Jahre später sicherte sie sich ihre zweite olympische Goldmedaille. **Wie heißt diese Ausnahmesportlerin?**

Frage 894

Auch Leichtathleten müssen bisweilen Schwerstarbeit leisten. So beispielsweise

die Hammerwerfer, wenn sie ihr Sportgerät durch die Arena wirbeln. Wie schwer ist ein solcher Hammer?

Hammerwerfer

Frage 895

In welcher Sportart holte Robby Nash bereits mit 13 Jahren seinen ersten Weltmeistertitel?

Frage 896

Aus einer der folgenden Städte kam nie ein Fußball Erstligaklub. Aus welcher?

☐ a) Münster
☐ b) Osnabrück
☐ c) Braunschweig
☐ d) Hannover

Frage 897

1985 gewann Boris Becker seinen ersten Wimbledon-Titel. Wie hieß sein damaliger Gegner?

☐ a) Björn Borg
☐ b) Pete Sampras
☐ c) Kevin Curren
☐ d) Ivan Lendl

Boris Becker

Frage 898

Die Zehnkämpfer werden häufig als Könige der Leichtathletik bezeichnet. Welche Disziplinen müssen sie im Laufe eines Wettkampfs absolvieren?

Frage 899

Welche der folgenden Disziplinen gehört nicht zum Kraft-Dreikampf?

☐ a) Bankdrücken
☐ b) Fingerhakeln
☐ c) Kniebeugen
☐ d) Kreuzheben

Frage 900

Welche Rallyeveranstaltung gilt als berühmteste, aber auch umstrittenste ihrer Art?

Frage 901

Das Internet erfreut sich auch als virtueller Marktplatz wachsender Beliebtheit. Binnen welcher Frist darf ein Käufer einen online geschlossenen Kaufvertrag ohne Angabe von Gründen kündigen?

Frage 902

Internetsurfen am Arbeitsplatz wird nicht gern gesehen. Aber stellt das schon einen Kündigungsgrund dar?

Frage 903

In vielen Innenstädten locken Spielhallen mit ihren Angeboten. Ab welchem Alter darf man sich in diesen Vergnügungstempeln aufhalten?

☐ a) ab 14
☐ b) ab 16
☐ c) ab 18
☐ d) ab 21

Frage 904

Dieser Fall war im Jahr 1981 ein gefundenes Fressen für die Boulevardpresse. In einem Gerichtssaal in Lübeck findet der Prozess gegen einen Mann statt, der seine Tochter umgebracht haben soll. Am 6. März 1981 steht eine junge Frau, die Mutter des ermordeten Mädchens, plötzlich auf, zückt eine Pistole und erschießt den mutmaßlichen Mörder. Im November 1982 begann der Prozess gegen die „Rachemutter", wie sie in der Öffentlichkeit nun genannt wurde, am 2. März 1983 wurde sie wegen Totschlags zu sechs Jahren Haft verurteilt. Nach drei Jahren wurde sie vorzeitig aus dem Gefängnis entlassen. **Wie ist der Name der Frau?**

Frage 905

Beim Auszug gibt es zwischen dem Vermieter und dem Mieter häufig Streit über die Renovierung einer Wohnung. Welche Pflichten hat der Mieter hier eigentlich?

Frage 906

Welche deutsche Großstadt gilt als „Hauptstadt der Kriminalität"?

☐ a) Hamburg
☐ b) Berlin
☐ c) Frankfurt
☐ d) München

SELTSAME GESETZE ÜBER MÄNNER

In Miami dürfen sich Männer in der Öffentlichkeit nicht mit einem Morgenmantel ohne Gürtel blicken lassen.
In Carmel, New York, geht das Gesetz noch weiter: Hier ist es Männern untersagt, das Haus zu verlassen, wenn die Schuhe nicht zum Jackett passen.
Kein verheirateter Mann darf in Virginia an einem Sonntag fliegen.
Während der Fischfang-Saison ist es den Männern in New Jersey nicht erlaubt zu stricken.
In New York City ist es Männern verboten, Frauen hinterherzuschauen. Wer es dennoch tut, wird gezwungen, Scheuklappen für Pferde zu tragen, wann immer er auch spazieren geht. Außerdem muss er eine Strafe von 25 $ entrichten.

Frage 907

Wie lange muss der Arbeitgeber bei einer Erkrankung seines Angestellten den Lohn fortzahlen?

☐ a) 4 Wochen
☐ b) 6 Wochen
☐ c) 2 Monate
☐ d) 6 Monate

Frage 908

Was wird vom Bürgerlichen Gesetzbuch (BGB) geregelt?

Frage 909

Was versteht man unter dem genetischen Fingerabdruck?

Frage 910

Amerika zu Zeiten der Weltwirtschaftskrise, Ende der 1920er- bis Anfang der 1930er-Jahre: In diesen Jahren mischten eine Kellnerin, ein Kleinganove und ihre Gang den Mittleren Westen der Vereinigten Staaten von Amerika gehörig auf. Sie begingen zahlreiche Einbrüche, überfielen Händler und stahlen Autos – auf ihr Konto gingen aber auch Entführungen und Morde. Es war das Markenzeichen der Gang, mit dem sie immer wieder in die Schlagzeilen kam, die neuesten Ford-Modelle zu klauen und als Fluchtwagen zu benutzen. Dann lieferte man sich Verfolgungsjagden mit der Polizei, trickste sie dabei immer wieder aus und entwischte ihnen schließlich über die Ländergrenzen. 1967 wurde das Leben des Gangsterpärchens, das 1934 in einem Polizeihinterhalt in St. Louis erschossen wurde, schließlich verfilmt. **Wie hießen die beiden?**

Frage 911

Wann trat das Deutsche Grundgesetz in Kraft?

☐ a) 1945
☐ b) 1947
☐ c) 1949
☐ d) 1951

Frage 912

Es ist schon ärgerlich, wenn man eine teure Bahnfahrkarte bezahlt hat und dann keinen Platz in der zweiten Klasse bekommt. In einem solchen Fall, so heißt es oft, hat man das Recht, sich in die erste Klasse zu setzen. Diese Aussage ist ...

☐ a) richtig.
☐ b) falsch.

Frage 913

Wann muss ein Nachbar die sogenannte Laubrente zahlen?

Frage 914

Braucht die Polizei immer einen Durchsuchungsbefehl, wenn sie eine Wohnung durchsuchen möchte?

Frage 915

Was besagt der sogenannte Taschengeldparagraf?

Frage 916

Wer kennt diese Situation nicht: Man steht im Supermarkt an der Kasse und hat es eilig. Die Schlange ist lang, es scheint eine halbe Ewigkeit zu dauern, bis man seine

Waren endlich bezahlen kann. Endlich ist man an der Reihe, man gibt der Kassiererin einen großen Schein (Kleingeld ist gerade keines vorhanden) und erhält das Wechselgeld zurück. Dabei bemerkt man, dass die Kassiererin einem zu viel Wechselgeld zurückgegeben hat. Anstatt sich zu melden und den Irrtum aufzuklären, zuckt man innerlich die Schultern und geht nach Hause – man hat es schließlich eilig. **Ist ein solches Verhalten strafbar?**

SELTSAME GESETZE ÜBER FRAUEN

In Kalifornien regelt ein Gesetz, dass mit einem Hausmantel bekleidete Frauen kein Auto fahren dürfen.
In Illinois haben es weibliche Singles nicht leicht. Hier besagt ein Gesetz, dass sie männliche Junggesellen mit „Meister" anzureden haben.
In Norfolk, Virginia, darf keine Frau das Haus verlassen, ohne ein Korsett zu tragen. Ganz anders sieht das in Merryville, Missouri, aus. Dort ist es Frauen strengstens verboten, ein Korsett zu tragen, denn: „Das Privileg, einen kurvenreichen und durch nichts eingeengten Körper einer jungen Frau bewundern zu dürfen, darf dem normalen amerikanischen Mann nicht verweigert werden."
In Memphis, Tennessee, dürfen Frauen nur dann Auto fahren, wenn ein Mann vor dem Auto herläuft und zur Warnung von Fußgängern und anderen Autofahrern eine rote Fahne schwenkt.

Frage 917

Wie lange hat ein in Deutschland zu lebenslänglicher Haft Verurteilter für gewöhnlich abzusitzen?

☐ a) 10 Jahre
☐ b) 15 Jahre
☐ c) 25 Jahre
☐ d) bis zu seinem Tod

Frage 918

Mit wie vielen Personen ist ein Schöffengericht normalerweise besetzt?

☐ a) mit zwei Personen
☐ b) mit drei Personen
☐ c) mit vier Personen
☐ d) mit sechs Personen

Frage 919

Jeder Christ darf die Taufe vornehmen. Darf auch jeder Bundesbürger einen Verbrecher verhaften?

Frage 920

Was ist das höchste Strafmaß in der Jugendstrafe?

☐ a) 5 Jahre
☐ b) 10 Jahre
☐ c) 15 Jahre
☐ d) lebenslänglich

Frage 921

Was bedeutet die Abkürzung ViSdP?

Frage 922

Im Spätsommer und Herbst 1888 versetzte ein Serienmörder das Londoner East End in

Angst und Schrecken. Seine Opfer waren ausschließlich Prostituierte, die er zunächst umbrachte und dann zumeist auch noch verstümmelte. Die Morde wurden an öffentlichen oder halb öffentlichen Plätzen verübt. Der Täter schnitt dabei seinen Opfern die Kehlen durch. Anschließend nahm er an den Leichen chirurgische Eingriffe vor. Bei einigen Opfern wurden sogar innere Organe entnommen. Die Polizei bekam während ihrer Ermittlungen einige Briefe zugestellt, die angeblich aus der Feder des Mörders stammen sollten. Fünf Morde gehen auf jeden Fall auf seine Kappe, bei 13 anderen Fällen war sich die Polizei nicht sicher. Die Identität des Mörders konnte nie aufgeklärt werden, sein Name ist aber weltweit bekannt geworden. **Wie lautet er?**

Frage 923

Kann jemand, der Mundraub verübt, wirklich straffrei nach Hause gehen?

Frage 924

Wie heißt das oberste Gericht der Bundesrepublik Deutschland?

Frage 925

Wie lange dauert im Sinne des Gesetzes die Kindheit?

☐ a) bis zum 8. Lebensjahr
☐ b) bis zum 11. Lebensjahr
☐ c) bis zum 14. Lebensjahr
☐ d) bis zum 16. Lebensjahr

Frage 926

In welcher Stadt befindet sich der Internationale Strafgerichtshof?

☐ a) Den Haag
☐ b) Brüssel
☐ c) New York
☐ d) Paris

WEITERE KURIOSE GESETZE

In Nevada haben es Kamelbesitzer schwer. Sie machen sich nämlich strafbar, wenn sie ihr Tier auf einem Highway ausreiten.
In Arizona dürfen Piloten während des Fluges nicht gurgeln.
Piloten und Fluggäste in Alaska haben es noch schwerer. Ihnen ist es nämlich per Gesetz verboten, aus dem Flugzeug einen Elch anzuschauen.
Einem alten russischen Gesetz zufolge muss ein Zug anhalten, wenn sich entlang der Trasse ein schlafender Mensch befindet, und solange warten, bis dieser sein Nickerchen beendet hat.
Die Gesetzgeber in Kentucky legen großen Wert auf die Reinlichkeit der Bevölkerung. Sie haben festgeschrieben, dass mindestens einmal pro Jahr gebadet werden muss.

Frage 927

Auf wen geht der Rechtsgrundsatz „In dubio pro reo“ zurück?

Frage 928

Immer wieder haben sich auch Filmregisseure des Bereichs „Recht und Gesetz“ angenommen. Dabei erfreuen sich nicht nur Krimis, sondern auch Gerichtsfilme und -dramen beim Publikum großer Beliebtheit. Eines der bekanntesten Gerichtsdramen kam im Jahr 1957 in die Kinos. Hier geht es um einen Mordprozess in den Vereinigten Staaten gegen einen 18-jährigen Puertoricaner, der seinen Vater umgebracht haben soll. Zunächst scheint alles gegen den Angeklagten zu sprechen, die Geschworenen ziehen sich zur Beratung zurück, und man erwartet eine schnelle Entscheidung. Doch ein Geschworener hat Zweifel an der Schuld des 18-Jährigen. Zusammen mit einigen Gleichgesinnten gelingt es ihm, Ungereimtheiten in der Beweisführung der Staatsanwaltschaft aufzudecken und so einen Freispruch zu erwirken. **Wie heißt dieser Film?**

Frage 929

Einmal im Monat darf man es richtig krachen lassen und auch in der Mietwohnung ein rauschendes Fest feiern, heißt es häufig. Stimmt das? Oder wie oft sind Partys erlaubt?

- ☐ a) einmal im Monat
- ☐ b) zweimal im Monat
- ☐ c) dreimal im Monat
- ☐ d) nur, wenn die Nachtruhe eingehalten wird

Frage 930

Wenn ein Arbeitgeber ein Arbeitszeugnis ausstellt, müssen bestimmte formelle Voraussetzungen erfüllt sein. Welche der folgenden Voraussetzungen gehört nicht dazu?

- ☐ a) Das Zeugnis muss maschinegeschrieben sein.
- ☐ b) Das Zeugnis muss mit „Zeugnis" überschrieben sein.
- ☐ c) Das Zeugnis darf keine Schreibfehler enthalten.
- ☐ d) Das Zeugnis muss eine Kopie des Arbeitsvertrages als Anlage enthalten.

Frage 931

Kann man – wie es vielfach gesagt wird – wirklich ein Mietverhältnis vorzeitig beenden, wenn man in der Lage ist dem Vermieter drei potenzielle Nachmieter zu präsentieren?

Frage 932

Welche Aufgaben hat der Europäische Gerichtshof?

Frage 933

Am 8. August 1963 ereignete sich in England ein Verbrechen, das wohl zu den bekanntesten überhaupt geworden ist (natürlich wurde der Stoff auch verfilmt, wie es sich für wirklich außergewöhnliche Ereignisse gehört). Durch zwei manipulierte Signale wurde der königliche Postzug auf einer einsamen Strecke zum Halten gebracht, die Gauner überwältigten das Zugpersonal und fuhren mit der Lok und einem Anhänger, der umgerechnet 50 Millionen Euro enthielt, ein Stück weiter, wo sie die Beute in bereitstehende Fahrzeuge verluden. **Unter welchem Namen ging diese Straftat in die Kriminalgeschichte ein?**

Frage 934

Im Reiserecht spielt die sogenannte Frankfurter Tabelle eine große Rolle. Was findet man dort?

AUTOREGELN

Die „Bäuerliche Anti-Automobil-Gesellschaft“ in Kentucky hat folgende Regeln festgelegt:
1. Bei einer Nachtfahrt über Landstraßen müssen alle Autofahrer jede Meile anhalten, eine Leuchtrakete abfeuern und zehn Minuten warten, damit die Straße geräumt werden kann.
2. Wenn ein Fahrer eine Gruppe von Pferden sieht, muss er anhalten und sein Fahrzeug mit einer Decke abdecken, die farblich mit der Landschaft harmonisiert.
3. Wenn sich ein Pferd weigert, das Auto zu passieren, muss der Fahrer seinen Wagen von der Straße entfernen und in den Büschen verstecken.
Ob und mit welchen Mitteln diese Regeln kontrolliert und durchgesetzt werden, ist nicht bekannt.

Frage 935

Nichts ist ärgerlicher, als im Urlaub nicht schlafen zu können, weil nachts ein zu großer Lärm im Hotel oder um das Hotel herum herrscht. So ein Mangel berechtigt den Reisenden zu einer Minderung des Reisepreises. Wie hoch kann eine solche Minderung ausfallen?

☐ a) bis 10 %
☐ b) 5–10 %
☐ c) 10–40 %
☐ d) 40–75 %

Frage 936

Wie viele polizeilich registrierte Straftaten ereignen sich jährlich in Deutschland?

☐ a) ca. 3 Millionen
☐ b) ca. 6 Millionen
☐ c) ca. 8 Millionen
☐ d) ca. 15 Millionen

Frage 937

Das Internet wird für viele Menschen immer interessanter. Es werden Internetforen zu den verschiedensten Wissensgebieten und mit den unterschiedlichsten Diskussionsthemen aufgemacht. Allerdings treiben sich nicht nur redliche Menschen im World Wide Web herum, sodass es leicht passieren kann, dass in einem Internetforum rechtswidrige Dinge verbreitet werden. **Wer kann dafür eigentlich zur Verantwortung gezogen werden?**

Frage 938

Das Zusammenleben der Menschen ist durch eine Vielzahl von Gesetzen geregelt. Diese Gesetze werden bisweilen recht bizarr abgekürzt. Was verbirgt sich z. B. hinter RgebStV?

Frage 939

Einige Mietverträge untersagen die Haltung eines Hundes oder einer Katze. Muss sich ein Mieter an eine derartige Klausel halten?

Frage 940

Von welchem Alter an ist ein Kind (zumindest beschränkt) geschäftsfähig?

☐ a) von der Geburt an
☐ b) ab 7 Jahren
☐ c) ab 12 Jahren
☐ d) ab 14 Jahren

Frage 941

In einigen Ländern dürfen Jugendliche bereits mit 16 Jahren den Führerschein machen. Wie sieht das in Deutschland aus?

Frage 942

Das Handy klingelt während der Fahrt im Auto oder mit dem Fahrrad. Darf man das Gespräch entgegennehmen?

- ☐ a) Natürlich, denn es könnte ja ein wichtiges Gespräch sein.
- ☐ b) Nur auf dem Fahrrad darf man das immer.
- ☐ c) Nur mit einer Freisprecheinrichtung.
- ☐ d) Nur, wenn man an einer roten Ampel steht.

Frage 943

Welche Fahrzeuge müssen auf Landstraßen möglichst den befestigten Seitenstreifen benutzen?

Frage 944

Dieses Fahrzeug hat keine Räder, Achsen, Getriebe und Oberleitungen. Es rollt nicht, es schwebt. An der Stelle von Rad und Schiene bei der Eisenbahn tritt hier ein berührungsfreies elektromagnetisches Trag-, Führ- und Antriebssystem. Der Antrieb, der die Bahn nach vorne treibt, befindet sich nicht – wie beim Zug – im Fahrzeug, sondern im Fahrweg. Dort wird ein elektromagnetisches Feld erzeugt. Soll das Fahrzeug nun fahren, wird das Magnetfeld nach vorne verschoben, und der Zug bewegt sich zusammen mit dem Feld. Eine komplizierte Elektronik sorgt nun dafür, dass sich das Magnetfeld immer so bewegt, wie es für die Fahrt benötigt wird. **Um welches Verkehrsmittel handelt es sich hier?**

WIE FUNKTIONIERT DIE SATELLITENNAVIGATION?

Für die Satellitennavigation, wie sie auch heute in Fahrzeugen verwendet wird, braucht man Signale von drei Satelliten. Jeder dieser Satelliten sendet ständig Nachrichten, die ungefähr diese Form haben: „Ich bin Satellit Nr. X, meine Position ist gerade Y, und diese Nachricht wurde zum Zeitpunkt Z versandt".

Um die Position des Fahrzeugs zu bestimmen, vergleicht der Empfänger im Auto die Zeit, zu der das Signal ausgesandt wurde mit der Zeit, zu der er das Signal empfangen hat. Daraus kann er berechnen, wie lange das Signal unterwegs war, wie weit der Satellit also vom Fahrzeug entfernt ist. Nun gibt es aber auf der Erde mehr als einen Punkt, der genau gleich weit vom Satelliten entfernt ist. Deshalb nimmt man die Daten von drei Satelliten. Aus ihnen kann man ganz genau die Position des Fahrzeuges bestimmen (sie ist dort, wo sich die drei Kreise der Satelliten überschneiden).

Wenn man das Ziel einprogrammiert hat, kann der Computer im Navigationssystem immer die eigene Position mit einer eingespeicherten Karte vergleichen und den Fahrer sicher und genau ans Ziel bringen.

Frage 945

Diese Situation kennt sicherlich jeder: Man hat sich in einer fremden Stadt an der Ampel auf der falschen Spur eingeordnet. Eigentlich müsste man rechts abbiegen, steht nun aber auf der Spur, die ein Abbiegen nach links oder eine Fahrt geradeaus erlaubt. **Darf man, wenn die Straße frei ist, dennoch vorsichtig rechts abbiegen?**

Frage 946

Die richtige Einschätzung des eigenen Bremsweges ist für die Verkehrssicherheit ungeheuer wichtig. Um wie viel verlängert er sich, wenn ein Autofahrer seine Geschwindigkeit verdoppelt?

☐ a) Er bleibt gleich.
☐ b) Er verdoppelt sich.
☐ c) Er verdreifacht sich.
☐ d) Er vervierfacht sich.

Frage 947

Welche zulässige Höchstgeschwindigkeit gilt im Allgemeinen innerhalb geschlossener Ortschaften?

Frage 948

Welcher Vorschriften gelten für einen Autofahrer, der ein anderes Fahrzeug überholen will (mehrere Antworten sind möglich)?

☐ a) Er darf die zulässige Höchstgeschwindigkeit nicht überschreiten.
☐ b) Er muss zügig fahren und darf auch für kurze Zeit die Höchstgeschwindigkeit überschreiten.
☐ c) Er muss deutlich schneller sein, als der zu überholende Verkehrsteilnehmer.

☐ d) Er muss den zu Überholenden durch Lichthupe auf seine Absicht aufmerksam machen.

Frage 949

Am Straßenrand ist ein Transporter geparkt, der gerade ausgeladen wird. Auf beiden Fahrbahnen kommen Autos an. Wer muss in dieser Situation warten?

Frage 950

London war Mitte des 19. Jahrhunderts die größte Stadt der Welt und hatte schon deutlich mehr als eine Million Einwohner. Auf den Straßen der Metropole war da einiges los. Da kamen ein paar Techniker auf die Idee, besondere Signale einzusetzen, um Herr über das Verkehrschaos zu werden. Doch es kam bereits nach kurzem Betrieb zu einem tragischen Unglück. Eines der Signale explodierte nämlich und tötete dabei einen Polizisten. Schnell nahmen die Engländer ihre neue Anlage wieder außer Betrieb. **Welche Signale hatten sie damals erfunden?**

Frage 951

Ab wann darf man eine Nebelschlussleuchte einschalten?

☐ a) Wenn die Sichtweite unter 100 m beträgt.

☐ b) Wenn die Sichtweite unter 75 m beträgt.

☐ c) Wenn die Sichtweite unter 50 m beträgt.

☐ d) Immer, wenn man dazu Lust hat.

Frage 952

Rechts vor links – diese Regel kennen wir alle. Aber an welchen Stellen ohne entsprechende Verkehrszeichen gilt sie eigentlich?

☐ a) an Einmündungen mit abgesenktem Bordstein

☐ b) an Straßenkreuzungen oder Einmündungen

☐ c) an Einmündungen von Feld- und Waldwegen

☐ d) an Einfahrten und Parkplätzen

Frage 953

Auf welche Verkehrsteilnehmer muss ein Autofahrer achten, der rechts auf eine Vorfahrtsstraße einbiegen will?

Frage 954

Seit einigen Jahren tauchen immer mehr Ampeln im Verkehrsbild auf, die zusätzlich zu den normalen Lichtsignalen über einen grünen Pfeil verfügen, der nach rechts zeigt. Wie muss man sich hier verhalten?

Frage 955

Wie viel Promille Alkohol hat ein 80 kg schwerer Mann im Blut, der zwei normale Gläser Bier getrunken hat?

Frage 956

Bei dieser Art von Bremse sind die Bremsklötze auf einem Ring montiert, der sich in einem speziellen Bremsbehälter befindet. Der Ring ist so beschaffen, dass er auseinander gedrückt werden kann. Betätigt man die Bremse nun, dreht sich ein Bauteil, das dafür sorgt, dass sich der Durchmesser des Rings vergrößert und so die Bremsklötze an die Wand des Behälters gedrückt werden. Da der Behälter fest mit dem Rad verbunden ist, wird also auch das Rad gebremst. **Wie nennen sich Bremsen dieser Bauart?**

Frage 957

Wer hat hier Vorfahrt?

Frage 958

Was ist der Unterschied zwischen einem „Halteverbot" und einem „eingeschränkten Halteverbot", und welches Schild zeigt das jeweilige Halteverbot an?

Frage 959

Wann werden Ordnungswidrigkeiten, die im Verkehrszentralregister verzeichnet wurden, frühestens wieder getilgt?

☐ a) nach einem Jahr

☐ b) nach zwei Jahren

☐ c) nach drei Jahren
☐ d) nach vier Jahren

Frage 960

Was besagt dieses Verkehrsschild?

☐ a) Die Straße ist für Lkws verboten.
☐ b) Lkws dürfen hier nicht in Kolonne fahren.
☐ c) Lkws, die länger als 70 m sind, dürfen hier nicht fahren.
☐ d) Das Fahren ohne Mindestabstand ist verboten.

Frage 961

In immer mehr Städten tauchen sie auf, die Kreisverkehre. Aber Kreisverkehr ist noch lange nicht gleich Kreisverkehr, hier gibt es einige Unterschiede. Da findet man zunächst einmal diejenigen, bei denen überhaupt keine Schilder den Verkehr regeln. Bei anderen Kreisverkehren sollen Vorfahrtschilder für Ordnung sorgen. Schließlich sind auch solche in Betrieb, die über spezielle Kreisverkehrsschilder und Vorfahrtregelungen verfügen. Bei dieser Vielfalt ist es nicht leicht, den Überblick zu bewahren. **Wer hat eigentlich in welchem Kreisverkehr Vorfahrt?**

Frage 962

Wann muss ein Fahrzeug im Zusammenhang mit einem Kreisverkehr durch Blinken oder Handzeichen die Richtungsänderung anzeigen?

☐ a) nur beim Einfahren in den Kreisverkehr
☐ b) nur beim Verlassen des Kreisverkehrs
☐ c) immer
☐ d) nie

Frage 963

Gerade in Zeiten des drohenden Klimawandels wird auch im Straßenverkehr der Umweltaspekt immer wichtiger. Hier gelten Fahrzeuge mit Hybridantrieb als umweltfreundliche Alternative. Was genau versteht man eigentlich darunter?

REKORDVERDÄCHTIGER SPRITVERBRAUCH

Viele Automobilhersteller tun sich schwer damit, den Treibstoffverbrauch ihrer Fahrzeuge zu senken. Und so sind Gefährte, die sechs oder acht Liter auf 100 km verbrauchen, eher die Regel als die Ausnahme. Aber es geht auch anders: Ein Wasserstoffauto, das von der Eidgenössischen Technischen Hochschule Zürich entwickelt wurde, stellte hier im Jahr 2005 einen Rekord auf. Das Fahrzeug besitzt anstelle des Verbrennungsmotors zwei Elektromotoren. Sie beziehen ihren Strom von einer Brennstoffzelle. Würde man den Verbrauch dieses Modells auf Benzin umrechnen, käme man auf einen Liter auf 5384 km.

Frage 964

Seit einigen Jahren erfreuen sich Motorroller bei Jugendlichen großer Beliebtheit. Wie schnell dürfen sie mit diesen Gefährten höchstens unterwegs sein?

Frage 965

Wo liegt die Promillegrenze für die Blutalkoholkonzentration zum Führen von Kraftfahrzeugen?

☐ a) 0 Promille
☐ b) 0,5 Promille
☐ c) 0,8 Promille
☐ d) 1,1 Promille

Frage 966

Wie nennt man ein Motorrad mit vier Rädern?

Frage 967

Wie schnell darf man in einem verkehrsberuhigten Bereich fahren, der durch dieses Schild gekennzeichnet ist?

☐ a) 4 bis 7 km/h
☐ b) 10 km/h
☐ c) 30 km/h
☐ d) höchstens 50 km/h

Frage 968

Fahrräder sind nicht nur umweltfreundliche Verkehrsmittel, sondern auch beliebte Sportgeräte. Bei der Ausstattung insbesondere von Rennrädern versucht der wahre Profi, möglichst viel Gewicht einzusparen. Daher verfügen diese Maschinen zwar über aufwendige Gangschaltungen und Bremsen, weiteres Zubehör wie Schutzbleche, Gepäckträger und Beleuchtungsanlagen sucht man indes vergeblich. **Darf man sich mit einem so ausgestatteten Rennrad im normalen, alltäglichen Straßenverkehr bewegen?**

REKORDRAD

30 Gänge, Hightechbremse, ergonomischer Lenker? All das reichte dem Amerikaner Leon Chassman nicht aus. Wie das Guiness-Buch der Rekorde bereits im Jahr 1998 meldete, konstruierte er einen Drahtesel, der über 1500 verschiedene Gänge verfügte. Welches Gewicht das Gefährt schließlich auf die Waage brachte, ist allerdings nicht überliefert. Den Geschwindigkeitsrekord mit einem Fahrrad konnte Chassman mit seiner Maschine nicht brechen. Den hält der Niederländer Fred Rompelberg mit immerhin 268,8 km/h.

Frage 969

Wie hat sich ein Autofahrer an einer Bushaltestelle zu verhalten?

Frage 970

Was bedeutet dieses Verkehrszeichen?

☐ a) Hier beginnt eine Umleitung.
☐ b) Hier darf man einen Stau rechts umfahren.
☐ c) Nothalte- und Pannenbucht
☐ d) Abkürzung gesperrt

Frage 971

Wer eine Ampel bei Rot überfährt, gefährdet nicht nur den Straßenverkehr, sondern riskiert auch eine empfindliche Strafe. Wie hoch ist sie?

KURIOSE ZWEIRADREKORDE

Für viele Zeitgenossen scheint eine einfache Fahrt mit dem Fahrrad zu langweilig zu sein. So überlegte sich der Lübecker Christian Adam, dass es wesentlich spannender sei, mit dem Fahrrad rückwärts zu fahren. In dieser Disziplin hält er auch den Rekord mit 113,3 km innerhalb von sechs Stunden. Auch diese Fahrweise vermochte ihn nur kurz zu begeistern, und so dachte er sich eine verschärfte Variante aus. Mittlerweile hält Adam auch den Rekord im „Fahrrad-Rückwärtsfahren-und-dabei-Geigespielen". Hier schaffte er 60,45 km in fünf Stunden und neun Minuten.

Frage 972

Experten sind sich einig: Auf allen Zweirädern sollte man eigentlich mit einem Helm unterwegs sein. Allerdings ist der Helm nicht überall Pflicht. Welches der folgenden Zweiräder bringt keine Helmpflicht mit sich?

☐ a) Mofa
☐ b) Roller
☐ c) Kleinmofa
☐ d) Motorrad

Frage 973

Wer heutzutage seinen Führerschein macht, bekommt den begehrten „Lappen" nicht auf Lebenszeit überreicht, sondern muss zunächst eine Probezeit absolvieren. Nicht jeder übersteht diese Probezeit ohne Fahrfehler. Haben diese Fehler eine bestimmte „Schwere" erreicht, zieht das Konsequenzen nach sich. Die Straßenverkehrsbehörde fordert den Verkehrsteilnehmer nämlich auf, innerhalb einer vorgeschriebenen Frist an einer bestimmten Schulungsmaßnahme teilzunehmen. Wer diese Frist nicht einhält, muss seinen Führerschein so lange abgeben, bis die Maßnahme besucht wurde. **Wie nennt sie sich?**

Frage 974

Woraus setzt sich eigentlich der vollständige Anhalteweg eines Fahrzeugs zusammen?

☐ a) nur aus dem Bremsweg
☐ b) nur aus dem Reaktionsweg
☐ c) aus dem Abstand zum vorausfahrenden Fahrzeug
☐ d) aus dem Reaktions- und Bremsweg

Frage 975

Nicht nur Alkohol am Steuer ist gefährlich. Welche Gefahren bringt der Haschischkonsum für Fahrzeugführer mit sich?

Frage 976

Welcher besondere Verkehrsweg führte von Nürnberg nach Fürth?

Frage 977

Was ist beim Abschleppen eines anderen Fahrzeugs zu beachten (mehrere Antworten sind möglich)?

☐ a) Der Abstand zwischen den Fahrzeugen darf nicht größer als 5 m sein.
☐ b) Motorräder dürfen nur mit fester Verbindung abgeschleppt werden.

☐ c) Das abschleppende Fahrzeug darf nur im ersten Gang fahren.

☐ d) Das Abschleppseil bzw. die Abschleppstange muss deutlich gekennzeichnet sein.

ABS UND ESP – SICHERHEIT IM AUTO

Das Herzstück eines Antiblockiersystems (ABS) ist ein besonderes Steuergerät. Es misst in regelmäßigen Abständen, ob sich die Räder beim Bremsen noch drehen, oder ob sie blockieren. Im Fall des Blockierens sorgt es dafür, dass sich der Bremsdruck verringert und die Räder sich wieder frei drehen können. So wird erreicht, dass die Räder beim Bremsen nie blockieren und das Fahrzeug so nicht ins Schleudern gerät.

Die Abkürzung ESP steht für Elektronisches Stabilitätsprogramm. Damit ist ein System gemeint, das verhindern soll, dass Autos während der Fahrt schleudern. Auch hier sind Sensoren im Einsatz, die registrieren, ob das Fahrzeug Bewegungen macht, die es nicht machen soll. Dann reagiert dieses System damit, dass es einzelne Räder abbremst und so die Fahrt des Fahrzeugs wieder stabilisiert.

Frage 978

Im Alter von 16 Jahren können Jugendliche den Führerschein der Klasse A 1 machen. Welche Fahrzeuge dürfen sie damit fahren?

Frage 979

Die Straßenverkehrsordnung unterscheidet zwischen Vorfahrt und Vorrang. Was ist unter diesen beiden Begriffen zu verstehen?

Frage 980

Was bedeutet dieses Verkehrszeichen?

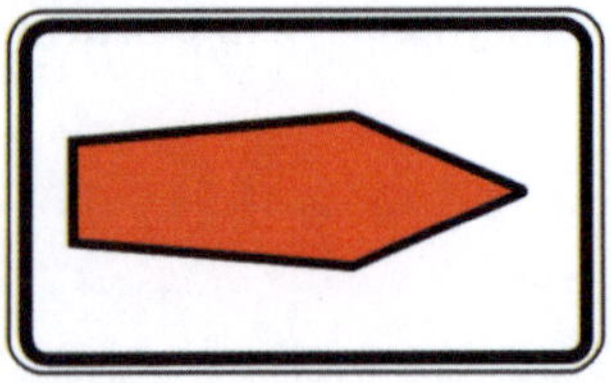

☐ a) Hier darf man ausnahmsweise rechts abbiegen.

☐ b) Hier muss man unbedingt rechts abbiegen.

☐ c) Streckenempfehlungen auf der Autobahn

☐ d) Verbreiterung der Straße nach rechts

Frage 981

Adelstöchter und weibliche Sprösslinge aus sogenannten guten Häusern bekamen früher eine spezielle Lehrerin an die Seite gestellt, die ihnen in erster Linie die Verhaltensregeln in ihren Gesellschaftskreisen nahe bringen sollte. Wie nannten sich diese gestrengen Damen?

Frage 982

Stellen Sie sich vor, Sie möchten eine geschäftliche E-Mail an den Inhaber der Firma Horst König GmbH schicken. **Wie sprechen Sie Herrn König in dieser Mail an?**

☐ a) Hallo Horst!
☐ b) Sehr geehrter Herr König!
☐ c) Hi Alter!
☐ d) Tachchen!

Frage 983

Wir sind heute mehr denn je gezwungen zu kommunizieren. Auf Schritt und Tritt werden wir von Kommunikationsangeboten und -notwendigkeiten begleitet. Technische Neuerungen bringen dabei auch Veränderungen der Standards mit sich. Zwar lässt sich ein Anrufbeantworter heutzutage kaum noch als technische Neuerung bezeichnen, aber gerade hier scheint es noch großen Bedarf an den richtigen Umgangsformen zu geben. Insbesondere dann, wenn ein Anrufbeantworter auch für geschäftliche Zwecke genutzt wird, sollte man einige Sorgfalt auf die Ansage verwenden. Aber auch der Anrufer hat bestimmte Pflichten. **Worauf sollte man beim Besprechen des Anrufbeantworters also achten?**

„Übrigens werden vielleicht wenige Menschen in einem so kurzen Zeitraume in so manche sonderbare Verhältnisse und Verbindungen mit anderen Menschen aller Art geraten, wie ich, seit ungefähr 20 Jahren; und da hat man denn schon Gelegenheit, wenn man nicht ganz von der Natur und Erziehung verwahrlost ist, Bemerkungen zu machen und vor Gefahren zu warnen, die man selbst nicht hat vermeiden können."
(Adolph Freiherr Knigge: *Über den Umgang mit Menschen*)

Frage 984

Die Schweden haben es leicht. Sie duzen ihr Gegenüber einfach. Das ist in Deutschland so nicht gern gesehen. Was gibt es also bei der Anrede zu beachten?

Frage 985

Kaum ein Bereich hält so viele Fallen für denjenigen bereit, der bemüht ist, sich gut zu benehmen, wie das Essen. Wie nimmt man beispielsweise formvollendet ein gekochtes Frühstücksei zu sich?

Frage 986

Visitenkarten gehören für viele Leute heutzutage einfach dazu. Darf man private Visitenkarten problemlos mit handschriftlichen Zusätzen versehen, oder beleidigt man dadurch sein Gegenüber?

Frage 987

Die Frage nach dem Trinkgeld bewegt die Gemüter schon seit einiger Zeit. Wie sieht das eigentlich im Flugzeug aus? Welches Trinkgeld ist für die Flugbegleiterinnen und Flugbegleiter angemessen?

☐ a) 5 Prozent

☐ b) 10 Prozent

☐ c) Je nachdem, wie zuvorkommend man behandelt wurde.

☐ d) Hier ist Trinkgeld nicht üblich.

„Sei aber nicht allzu sehr Sklave der Meinung anderer von dir! Sei selbstständig! Was kümmert dich am Ende das Urteil der ganzen Welt, wenn du tust, was du sollst? Und was ist dein ganzer Prunk von äußeren Tugenden wert, wenn du diesem Flitterputz nur über ein schwaches, niedriges Herz hängst, um in Gesellschaften Staat damit zu machen?"
(Adolph Freiherr Knigge: *Über den Umgang mit Menschen*)

Frage 988

Stellen Sie sich vor, Sie stehen einem promovierten Menschen gegenüber. Müssen Sie seinen Doktortitel bei der Anrede mit aussprechen?

☐ a) Ja, es besteht sogar ein rechtlicher Anspruch darauf.

☐ b) Nein, solche „läppischen" Titel nennt man nicht.

☐ c) Ja, es sollte schon aus Höflichkeit geschehen.

☐ d) Nein, es könnte sonst der Eindruck entstehen, man wolle sich bei seinem Gegenüber „einschleimen".

Frage 989

Ursprünglich wurde dieses Kleidungsstück erfunden, um bei den Soldaten des Altertums das Scheuern des Lederpanzers ein wenig zu verhindern. Um die Mitte des 18. Jahrhunderts herum verwendeten es kroatische Soldaten der französischen Armee, um ihren Kragen zusammenzuhalten. Man geht davon aus, dass der heutige Name dieses Kleidungsstücks auf die kroatische Bezeichnung für diesen Teil der Uniform zurückgeht. Als modisches Accessoire setzte es sich erst im 19. Jahrhundert durch. Heutzutage ist es zumindest in der geschäftlichen Kleidung des Herrn obligatorisch. **Wovon ist hier die Rede?**

Frage 990

Herrenjacketts können, je nach Situation, komplizierte Gebilde sein. Wenn ein Mann unter dem Jackett eine Weste trägt, sind dann alle Knöpfe des Jacketts geschlossen?

Frage 991

Stellen Sie sich vor, Sie müssen zwei gleichrangige Damen miteinander bekannt machen. Mit welchem Satz leiten Sie diese Tätigkeit am besten ein?

☐ a) „Erlauben Sie mir, dass ich Frau ... vorstelle?"

☐ b) „Darf ich die Damen bekannt machen?"

☐ c) „Dies ist Frau ... und das Frau ...!"

☐ d) „Darf ich Sie einander vorstellen?"

Frage 992

Wie unterschreibt man einen offiziellen Brief am besten?

☐ a) mit freundlichen Grüßen
☐ b) mit besten Wünschen
☐ c) see you later, aligator
☐ d) Tschüssikowski

Frage 993

Der Handkuss ist hierzulande nicht mehr weit verbreitet. Dennoch kann es nicht schaden, ein wenig über ihn zu wissen. Wem wird die Hand beispielsweise wo geküsst?

Frage 994

Sie sind zu einem Dinner eingeladen. Wie lange dauern derartige Veranstaltungen für gewöhnlich?

> **„Vor allen Dingen aber vergesse man nie, dass die Leute unterhalten sein wollen; dass selbst der unterrichtendste Umgang ihnen in der Länge ermüdend vorkommt, wenn er nicht zuweilen durch einen Witz und gute Laune gewürzt wird …"**
> **(Adolph Freiherr Knigge: *Über den Umgang mit Menschen*)**

Frage 995

Nun wissen Sie, wie lange ein Dinner dauert. Aber auch in diesem Rahmen sind einige Regeln zu bedenken. Stellen Sie sich also vor, Sie sind zu einem festlichen Dinner in einem Top-Restaurant eingeladen. Sie betreten den Raum – bis hierhin konnten Sie alle Hürden, die das perfekte Auftreten mit sich bringt, bravourös meistern – und werden zu Tisch gebeten. Dort stehen vor Ihnen Wasser und Wein. **Trinken Sie nun oder trinken Sie nicht, und – vor allem – was trinken Sie?**

Frage 996

Das Essen ist nun vorüber. Sie haben das Bedürfnis, einen Zahnstocher zu benutzen. Dürfen Sie dies bei Tisch tun?

☐ a) Ja, denn die Zahnhygiene gehört genauso dazu wie das gesittete Essen.
☐ b) Ja, aber nur, wenn Zahnstocher auf dem Tisch stehen.
☐ c) Nein, Zahnstocher benutzt man grundsätzlich nicht bei Tisch.
☐ d) Ja, aber man sollte sich dabei die Hand vor den Mund halten.

Frage 997

Im Theater werden die Plätze in der Mitte grundsätzlich als Letztes besetzt. Wer ein wenig später kommt, wird also an einigen bereits sitzenden Theaterbesuchern vorbeigehen müssen. Wie verhält man sich in einem solchen Fall perfekt?

Frage 998

Sie erhalten eine Visitenkarte mit dem Namen „Prof. Dr. Ernst Müller". Wie sprechen Sie den Mann korrekt an?

☐ a) Herr Müller
☐ b) Herr Professor Doktor Müller
☐ c) Ernst
☐ d) Herr Professor Müller

Frage 999

Der erste Eindruck ist oft entscheidend. Auch die ersten Gesten sollte man nicht unterschätzen. Wie gestaltet sich ein perfekter Händedruck?

Frage 1000

Bisweilen gerät man in heikle Situationen, in denen man sich gar nicht wohl fühlt. Glücklich ist, wer da einen eleganten Ausweg kennt. Wenn beispielsweise der redselige Nachbar wieder einmal alle Zeit der Welt hat, Sie aber eigentlich etwas Besseres zu tun haben, als sich lustige Geschichten aus seiner Jugend anzuhören, muss eine wirksame Strategie her, um das Gespräch taktvoll zu beenden, ohne den Nachbarn dabei zu beleidigen. „Sie reden zu viel, halten Sie doch einmal den Mund", zählt hier sicher nicht zu den glücklichsten Ansätzen. **Wie ließe es sich besser machen?**

„Sie (die Fürsten) werden in der Erziehung verwahrlost, von Jugend auf durch Schmeichelei verderbt, durch andere und sie selbst verzärtelt. Sie lernen sich selbst nicht kennen, weil man sie, aus Furcht oder Hoffnung, die widrigen Eindrücke, welche ihre Fehler und Gebrechen würden, nicht empfinden lässt."
(Adolph Freiherr Knigge: *Über den Umgang mit Menschen*)

Frage 1001

Bei einigen Einladungen findet man Hinweise auf die erwünschte Kleidung. Häufig sind viele Zeitgenossen nach ihrer Lektüre genauso klug wie vorher. Welche Kleidung wird beispielsweise erwartet, wenn auf der Einladung von „Black tie" oder „Tuxedo" die Rede ist?

Frage 1002

Wenn ein Herr und eine Dame gemeinsam ausgehen, überlässt der Herr seiner Begleiterin für gewöhnlich den Vortritt. In welchem Fall ist es aber genau umgekehrt?

- ☐ a) beim Verlassen eines Restaurants
- ☐ b) beim Betreten eines Restaurants
- ☐ c) beim Hinaufsteigen einer Treppe
- ☐ d) beim Einsteigen in ein Taxi

Frage 1003

Wer eine Auslandsreise unternimmt, läuft besonders große Gefahr, in ein Fettnäpfchen zu treten. Man sollte sich also besser ein wenig mit Sitten und Gebräuchen des Reiseziels bekannt machen. **Was muss man z. B. beachten, wenn man in Frankreich zum Abendessen eingeladen ist und der Gastgeberin Blumen mitbringen möchte?**

- ☐ a) In Frankreich überreicht man einer Dame nur Blumen, wenn man in sie verliebt ist.
- ☐ b) In Frankreich werden die Blumen immer im Papier überreicht.
- ☐ c) In Frankreich werden die Blumen immer ohne Papier überreicht.
- ☐ d) Der Blumenstrauß sollte keine Nelken enthalten.

Frage 1004

Manchmal kommt es zu peinlichen Situationen, wenn nicht ganz klar ist, ob man sich per Handschlag begrüßen oder es bei einer verbalen Begrüßung belassen soll. Wer hier die Benimmregeln kennt, kann nichts verkehrt machen. **Wie verfährt man als wohlerzogener Mensch angesichts einer solchen Begrüßungssituation?**

„Manche Leute glauben, größere Eigenschaften berechtigten sie, die kleinen gesellschaftlichen Schicklichkeiten, die Regeln des Anstands, der Höflichkeit oder der Vorsicht zu vernachlässigen – das ist nicht gut getan ... und es ist nicht weise gehandelt, die unschuldigen Gebräuche der Gesellschaft zu verachten, wenn man in der Gesellschaft leben und wirken will.“
(Adolph Freiherr Knigge: *Über den Umgang mit Menschen*)

Frage 1005

Zum guten Benehmen gehört auch das Einhalten der Ruhezeiten – insbesondere dann, wenn man als Mieter mit mehreren Mietparteien zusammen auf relativ engem Raum wohnt. Wann sollte man also Lärm vermeiden?

Frage 1006

Geboren wurde er am 16.10.1752 in Bredenbeck bei Hannover als Spross einer uradligen, in welfischer Tradition lebenden Familie. Nach seiner Erziehung durch Hofmeister studierte er von 1769 bis 1772 Jura in Göttingen. Anschließend erhielt er eine Anstellung als Hofjunker und Assessor der Kriegs- und Domänenkasse in Kassel, 1777 wurde er weimarischer Kammerherr von Herzog Carl August von Sachsen-Weimar. Seine Tätigkeit für den Illuminatenorden (1780–84) und sein Eintreten für die Verwirklichung der Menschenrechte ließen den in unsicheren wirtschaftlichen Verhältnissen lebenden Kleinadligen bei seinen aristokratischen Gönnern ins Zwielicht geraten. Sie führten schließlich zum Verlust des Vermögens und nötigten ihn zur Anpassung an bürgerliche Lebensformen. Dennoch arbeitete er während der ganzen Zeit als Schriftsteller. Eines seiner bekanntesten Werke erschien im Jahre 1788. **Wie hieß dieser Adelige?**

Frage 1007

Darf man zu einem Cocktailkleid oder langen Abendkleid eine Uhr tragen?

Frage 1008

Wie verhält man sich am besten, wenn man innerhalb einer größeren Gesellschaft an einem Tisch sitzt und zum WC gehen möchte?

- ☐ a) Man sollte gar nicht zum WC gehen müssen.
- ☐ b) Man sagt „Ich muss mal austreten“ und geht.
- ☐ c) Man flüstert dem Nachbarn zu, dass man mal zur Toilette muss.
- ☐ d) Man geht, ohne zu sagen, wohin man sich begibt.

Frage 1009

Sie haben neue Geschäftspartner, die aus Indien kommen. Was sollten Sie bei der Auswahl des Restaurants für ein Arbeitsessen berücksichtigen?

- ☐ a) Inder essen gerne sehr scharf gewürzte Speisen.
- ☐ b) Es sollten genügend vegetarische Gerichte auf der Karte stehen.
- ☐ c) Das Restaurant sollte rauchfrei sein.
- ☐ d) Inder gehen im Ausland nur in indische Restaurants.

Frage 1010

Ihr neuer Geschäftspartner aus Japan überreicht Ihnen seine Visitenkarte. Wie sollten Sie sie entgegennehmen?

> **„Es ist unmöglich, sich von gewissen Leuten geliebt zu machen, und da kann es nicht schaden, wenn diese uns wenigstens fürchten."**
>
> **(Adolph Freiherr Knigge: *Über den Umgang mit Menschen*)**

Frage 1011

Auch bei der Zusammenstellung eines Menüs gilt es, ein paar Dinge zu beachten. Welche „klassischen" Regeln gibt es für die Menüfolge?

Frage 1012

In welchen Ländern könnte ein Nicken mit dem Kopf möglicherweise zu Verwirrung führen, da es vor allem die älteren Leute häufig als „Nein" verstehen?

- ☐ a) Israel
- ☐ b) Albanien
- ☐ c) China
- ☐ d) Bulgarien

Frage 1013

Die legendäre Schneiderwerkstatt Poole & Co. wurde um 1806 von Henry Poole in London gegründet, ansässig war sie in der bekannten Savile Row. Seinen Ruhm verdankt das Unternehmen nicht nur der hervorragenden Arbeit, sondern auch der Erfindung eines der wohl bekanntesten Kleidungsstücke für den Abend. Der Prince of Wales gab es hier als Frack ohne Schwalbenschwanz in Auftrag. **Um welches Kleidungsstück handelt es sich?**

Frage 1014

Wie verhalten Sie sich korrekt, wenn Sie etwas zu spät zu einem geschäftlichen Meeting kommen?

Frage 1015

In welchen Ländern sollten Sie nicht mit der linken Hand essen oder Geschenke übergeben, da sie als unrein gilt?

Frage 1016

Sie sind mit Ihrem Vorgesetzten zu einem wichtigen Termin gegangen und bemerken, dass ihm die Hose offen steht. Wie reagieren Sie?

- ☐ a) Sie machen eine lustige Bemerkung. Das entkrampft die Situation.
- ☐ b) Sie machen eine entsprechende Handbewegung.
- ☐ c) Sie warten auf den passenden Moment und machen Ihren Chef diskret auf das Malheur aufmerksam.
- ☐ d) Sie machen Ihren Nachbarn leise auf die Hose des Chefs aufmerksam. Man hat ja sonst nicht viel zu lachen.

„Es ist wahrlich eine höchst schwere Arbeit, Menschen zu bilden – eine Arbeit, die sich nie mit Geld bezahlen lässt. Schämen sollten sich die Menschen, die den Erzieher ihrer Kinder wie eine Art von Dienstboten behandeln!“

(Adolph Freiherr Knigge: *Über den Umgang mit Menschen*)

Frage 1017

Bei welchem Fisch benutzt man kein Fischbesteck?

- ☐ a) Karpfen
- ☐ b) Forelle
- ☐ c) Lachs
- ☐ d) Matjeshering

Frage 1018

Mit der Pünktlichkeit haben viele Menschen so ihre Probleme. Zumeist stört es niemanden, wenn man bei einer Party etwas später kommt. Wie sieht es aber aus, wenn man für 20 Uhr zu einem Abendessen eingeladen ist?

Frage 1019

Die Serviette ist beim Essen weitaus mehr als nur schmückendes Beiwerk. Daher kann sich glücklich schätzen, wer weiß, wie man dieses Stück Stoff professionell handhabt. Wie geht man mit einer Serviette vor, während und nach dem Essen um?

Frage 1020

Sie möchten einen Brief an das befreundete Ehepaar Schmitz schreiben. An wen adressieren Sie das Schreiben?

- ☐ a) Herrn und Frau Schmitz
- ☐ b) Familie Hans Schmitz
- ☐ c) Hans Schmitz und Gisela
- ☐ d) Frau Gisela Schmitz, Herr Hans Schmitz

Frage 1021

Warum ist der Himmel blau?

Frage 1022

Ein Butterbrot, das auf den Boden fällt, landet immer mit der Marmeladenseite unten. Diese Gesetzmäßigkeit kennen wir alle. Sie ist unter einem bestimmten Namen weltberühmt geworden. Wie lautet dieser Name?

☐ a) Millers Paradox
☐ b) Murphys Gesetz
☐ c) Mandrakes Regel
☐ d) Mitchells Grundsatz

Frage 1023

Sprache ist lebendig, sie ist ständigen Veränderungen unterworfen. Einige Worte geraten außer Mode, andere werden neu in den Wortschatz aufgenommen, wieder andere ändern ihre Bedeutung. Das Wort, um das es hier gehen soll, bedeutete ursprünglich „übermütig" oder „ausgelassen". Im Mittelalter verwendete man es meistens im Sinn von „lustig", „fröhlich" oder „kraftvoll". Bereits ab dem 15. Jahrhundert wurde es zunehmend als Ausdruck heftiger sexueller Begierde gebräuchlich. Diese anzügliche Bedeutung setzte sich immer mehr durch. Kein Wunder, dass viele Erwachsene recht schockiert waren, als das Wort in den 1980er-Jahren Einzug in die Jugendsprache fand. Inzwischen ist es wieder allgemein recht geläufig. **Um welches Wort handelt es sich?**

Frage 1024

Warum gibt es im Essen, das in der Mikrowelle aufgewärmt wurde, häufig einige Stellen, die besonders heiß sind, während andere Stellen nur mäßig warm geworden sind?

Frage 1025

Oft heißt es, es gebe keine Säugetiere, die Eier legen. Stimmt das?

Frage 1026

Welche der folgenden Farben findet sich nicht im Regenbogen?

☐ a) Blau
☐ b) Rot
☐ c) Violett
☐ d) Pink

Frage 1027

Wo findet man das sogenannte Philtrum?

☐ a) unterhalb der Nase
☐ b) hinter den Ohren
☐ c) unter den Füßen
☐ d) in der Bauchhöhle

Frage 1028

Welche Bäume werfen ihre Borke ab?

Frage 1029

Warum können einige Menschen mit den Ohren wackeln, andere wiederum nicht?

Frage 1030

Sie sehen eigentlich ganz schmackhaft und vollkommen harmlos aus, die kleinen roten Chilischoten. Auch Pepperoni machen den Anschein, als könnten sie kein Wässerchen trüben, wenn sie auf einer Pizza liegen. Sambal Oleg schließlich könnte man mit einiger Fantasie für eine süße Marmelade halten. Sie alle haben jedoch gemeinsam, dass man sein blaues Wunder erlebt, wenn man arglos von ihnen nascht. Dann nämlich beginnt der gesamte Mund- und Rachenraum zu brennen, das Gesicht läuft rot an, Schweißperlen bilden sich auf Stirn und Oberlippe. **Wie kommt es eigentlich zu dieser heftigen Reaktion, obwohl der Mensch doch gar kein Geschmacksempfinden für Scharfes hat?**

Frage 1031

Wie viele Beine hat der Mensch?

☐ a) 2
☐ b) 3
☐ c) 15
☐ d) ca. 40

Frage 1032

Alle Monate haben 30 oder 31 Tage, nur der Februar tanzt aus der Reihe. Warum hat dieser Monat nur 28 Tage?

Frage 1033

Nanotechnologie ist derzeit schwer im Kommen. Einige Wissenschaftler sprechen gar von der nächsten großen Revolution in der Technik. Der Nanobereich ist – das wissen wir alle – unglaublich klein. Aber wie groß ist Nano eigentlich?

Frage 1034

Was wird mit der Beaufort-Skala eingeteilt?

☐ a) Temperatur
☐ b) Windstärke
☐ c) Dichte
☐ d) Wassertiefe

DAS GEHEIMNIS DES PERFEKTEN SOUFFLÉS

Ein schönes Soufflé zu zaubern, das nicht wieder zusammenfällt, gilt als der Ritterschlag der guten Küche. Damit das gelingt, muss man wissen, wieso ein Soufflé überhaupt aufgeht. Verantwortlich dafür sind die Luftbläschen, die im Eischnee enthalten sind, den man vorsichtig unter die Soufflémasse heben muss. Bei weiterer Erhitzung dehnen sich die Luftbläschen aus. Dabei gerinnen auch die Proteine im Teig und sorgen dafür, dass die Bläschen eine stabile Form annehmen. Öffnet man nun während des Backens zu früh die Ofentür, nämlich bevor die Proteine geronnen sind, fallen die Luftbläschen natürlich wieder in sich zusammen – und das schöne Soufflé ist hinüber.

Frage 1035

Warum wird Eiweiß beim Schlagen steif?

Frage 1036

Ursprünglich ist „blaumachen" ein Begriff, der aus der Arbeitswelt stammt. Genauer gesagt, aus der Arbeitswelt der Färber. Sie färbten ihre Stoffe unter anderem mit der Pflanze Färberwaid. In ihrem Farbbad wurden die Stoffe zunächst gelblich grün. Erst durch das Trocknen wurde blau daraus. Während also die Stoffe trockneten und langsam die gewünschte Farbe annahmen, gab es für die Färbergesellen nichts zu tun. Sie hatten frei, während rundherum die anderen Handwerker ihrer Arbeit nachgehen mussten. Blaugemacht wurde immer an einem bestimmten Tag in der Woche. **An welchem Tag war dies?**

Frage 1037

Worauf gibt das Abendrot einen Hinweis?

- ☐ a) auf eine starke Ozonbelastung
- ☐ b) auf eine eiskalte Nacht
- ☐ c) auf schönes Wetter am kommenden Tag
- ☐ d) auf viele Sternschnuppen in der Nacht

Frage 1038

Wie schwer ist normaler Neuschnee?

- ☐ a) 10 kg pro Kubikmeter
- ☐ b) 20–30 kg pro Kubikmeter
- ☐ c) 30–50 kg pro Kubikmeter
- ☐ d) 50–100 kg pro Kubikmeter

Frage 1039

Warum sieht der Mond am Horizont so groß aus?

Frage 1040

Warum funkeln die Sterne?

Frage 1041

Welcher Saft wird für einen Bedside-Test benötigt?

- ☐ a) Blut
- ☐ b) Milch
- ☐ c) Alkohol
- ☐ d) Apfelsaft

Frage 1042

Die menschliche Wirbelsäule besteht aus dem Wirbelkörper und den dazwischen befindlichen Bandscheiben. Die Bandscheiben

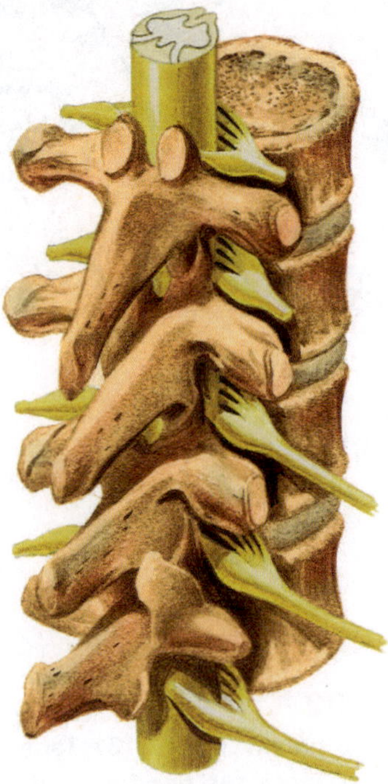

Wirbelsäule eines Menschen

wirken dabei wie Stoßdämpfer – und müssen auch den lieben langen Tag hindurch so einiges aushalten. Das ist normalerweise kein Problem, aber hin und wieder kann es doch zu Komplikationen kommen. Bei bestimmten Belastungen verdreht sich der Wirbelkörper und die Bandscheibe wird dazwischen eingeklemmt. Damit dem empfindlichen Stoßdämpfer kein größeres Übel widerfährt, spannen sich rund um die Wirbelsäule Muskeln an, um die Bandscheibe zu schützen. Dieses Anspannen verursacht einen kurzen, aber heftigen Schmerz. Es dauert danach einige Tage, bis sich die Muskulatur erholt hat und sich der Mensch wieder schmerzfrei bewegen kann. Im Volksmund gibt es für dieses Szenario einen bekannten Namen. **Wie lautet er?**

Frage 1043

Wie können Katzen schnurren?

☐ a) mit dem Kehlkopf
☐ b) mit dem Zungenbein
☐ c) mit der Lunge
☐ d) mit dem Bauch

Frage 1044

Warum ist Wasser nass?

Frage 1045

Unsere Erde dreht sich mit ungefähr 1660 km/h um sich selbst. Warum spüren wir da eigentlich keinen Fahrtwind?

Frage 1046

Warum verklebt Sekundenkleber nicht schon in der Tube?

WARUM WASSER BEIM KOCHEN RAUSCHT

Wenn man Wasser erhitzt, entsteht zunächst ein immer lauter werdendes Rauschen, das kurz vor dem Kochen des Wassers wieder leiser wird. Aber woran liegt das? Beim Erhitzen des Wassers entstehen am heißen Boden des Topfes Dampfblasen, die nach oben steigen. Dort ist aber das Wasser noch kälter. Deshalb fallen die Dampfblasen explosionsartig zusammen und verursachen dabei das laute Geräusch. Wird nun das Wasser immer wärmer, gleicht sich die Temperatur oben und unten im Topf immer weiter an. Die Heftigkeit der Explosionen nimmt gleichzeitig ab. Hat das Wasser überall 100°C erreicht, steigen die Dampfblasen schließlich ohne zusammenzufallen nach oben. Die Flüssigkeit siedet.

Frage 1047

Was versteht man unter Mimikry?

☐ a) Technik beim Handarbeiten
☐ b) Kunstform des späten 19. Jahrhunderts
☐ c) Modestil der Haute Couture
☐ d) Tarnung im Tierreich

Frage 1048

Welches Körperteil wurde von den Germanen „der Starke“ genannt?

☐ a) der Daumen
☐ b) der Oberschenkel
☐ c) der Oberarm
☐ d) der Fuß

Frage 1049

Bereits vor 4000 Jahren gab es im Herrscherpalast von Zimrilim in der altbabylonischen Stadt Mari eine eigene königliche Drogerie. Hier stellten heilkundige Männer und Frauen Salben und Heilessenzen her. Als Ausgangsstoffe für diese Medikamente dienten ihnen Zedern, Zypressen, Oliven, Ingwer und Weihrauch. Diese Zutaten wurden in einer großen speziellen Vase zusammen mit Wasser erhitzt. Dabei entstand Dampf. Dieser Dampf schlug sich dann innen auf dem Deckel der Vase nieder und enthielt die heilsamen Wirkstoffe in großer Konzentration. Dieses Verfahren kennt man bis heute. **Wie nennt es sich?**

....

Frage 1050

Was hat Kunststoff mit Käse zu tun?

....

Frage 1051

Warum bleiben die Meere salzig, obwohl ständig Süßwasser hineinfließt?

....

Frage 1052

Was passiert, wenn sich in unserer Gelenkschmiere kleine Gasbläschen bilden und dann platzen?

☐ a) Es gibt eine Verstauchung.
☐ b) Es gibt eine Zerrung.
☐ c) Die Gelenke knacken.
☐ d) Es gibt einen Muskelkater.

....

Frage 1053

Der belgische Geiger Joseph Merlin (1735–1803) sorgte beim festlichen Maskenball in London für eine ganz besondere Sensation. Er hatte sich in den Kopf gesetzt, einen sehr ausgefallenen und spektakulären Auftritt zu haben. Er wollte sich eines besonderen Gefährts bedienen und so mit viel Schwung in den Saal gerollt kommen. Tatsächlich wurde sein Auftritt für alle Gäste unvergesslich. Merlin rollte mit seinem selbst gebauten „Fahrzeug" Geige spielend in den Saal. Leider hatte er sich bei der Entwicklung keine Gedanken darüber gemacht, wie man bremst und deshalb krachte er mit vollem Schwung in einen teuren Spiegel. Natürlich ging der Spiegel zu Bruch, die Geige überlebte den Zusammenstoß auch nicht und Merlin wurde schwer verletzt. Seine Erfindung fährt aber auch heutzutage noch durch die Weltgeschichte. **Worum handelt es sich?**

....

Frage 1054

Was haben die Brüder Montgolfier erfunden?

☐ a) Heißluftballon
☐ b) Formel-1-Rennwagen
☐ c) Streichhölzer
☐ d) Heizlüfter

....

Frage 1055

Wie sahen die ersten Achterbahnen aus?

....

Frage 1056

Was ist der Unterschied zwischen Raumsonde und Satellit?

....

Frage 1057

Vor ungefähr 2500 Jahren erwähnte der griechische Philosoph Platon einen Insel-

staat, der mittlerweile legendär geworden ist. Wie heißt er?

☐ a) Assyrien
☐ b) Asserbaitschan
☐ c) Pazifis
☐ d) Atlantis

Raffael: *Die Schule von Athen.* In der Mitte: Platon und Aristoteles

DIE FRAGE NACH DEM UNIVERSUM ...

... der Welt und allem beschäftigt die Physiker bereits seit geraumer Zeit. Einige viel versprechende Theorien wurden bereits gefunden, aber die alles erklärende Weltformel gibt es noch nicht. Da haben es Romanautoren bisweilen einfacher. So stellt beispielsweise die Suche nach der „Antwort auf die Frage nach dem Leben, dem Universum und allem" einen wesentlichen Bestandteil der satirischen Roman-Trilogie *Per Anhalter durch die Galaxis* von Douglas Adams dar. Die Antwort, die Adams' Romanhelden finden, ist verblüffend einfach: 42.

Frage 1058

Als Legasthenie bezeichnet man eine Lese-/Rechtschreibschwäche. Wie lautet der entsprechende Fachbegriff für eine Rechenschwäche?

☐ a) Dyskalkulie
☐ b) Dealgebraik
☐ c) Nongeometrie
☐ d) Antianalysis

Frage 1059

Woher kommt der Osterhase?

Frage 1060

Wie viele Engel passen auf eine Nadelspitze?

Antwort 1

Caesar. Auch wenn sich seine Nachfolger Caesaren nannten und das deutsche Wort „Kaiser" auf seinen Namen zurückgeht, war Caesar (100–44 v. Chr.) selbst noch kein Kaiser. Als Beginn der römischen Kaiserzeit gilt die Ernennung von Caesars Großneffen Gaius Octavius (63 v. Chr.–14 n. Chr.) zum „Augustus" im Jahr 27 v. Chr.

Antwort 2

b) Dschingis Khan

Dschingis Khan (ca. 1162–1227) ist sicherlich einer der berühmtesten Mongolenführer. Er war ein Großkhan, dessen Reiterscharen überall dort, wo sie einfielen, ein Feld der Verwüstung hinterließen. Seine Feldzüge führten ihn bis nach Korea, Nordtibet, Indien, Iran und Russland. In seiner Blütezeit umfasste sein Weltreich etwa die Hälfte der damaligen Menschheit.

Dschingis Khan

Antwort 3

Der amerikanische Präsident Roosevelt (1882–1945), der britische Premierminister Churchill (1874–1965) und der sowjetische Staatschef Stalin (1879–1953). In Jalta wurde vom 4. bis zum 11. Februar die alliierte Nachkriegspolitik festgelegt. Man einigte sich dabei auf das Prozedere der Aufteilung Deutschlands in Besatzungszonen und andere Grenzveränderungen.

Konferenz von Jalta

Antwort 4

Greenpeace. Als die Organisation gegründet wurde, waren Themen wie Umweltschutz in der Öffentlichkeit noch nicht sonderlich präsent. Daher galt es als wichtigstes Ziel, vertuschte Umweltverstöße öffentlich zu machen. Um die Öffentlichkeit auch wirklich zu erreichen, ließen sich die Aktivisten spektakuläre und teilweise auch gefährliche Aktionen einfallen.

Antwort 5

Neandertaler

c) Frühmensch

Der Neandertaler ist ein ausgestorbener Verwandter des heutigen Menschen aus der Gattung Homo. Er lebte in einer Zeit von vor ca. 160.000 Jahren bis vor 30.000 Jahren. Den Fossilienfunden nach zu urteilen, lebte er hauptsächlich im heutigen

Süd- und Mitteleuropa und dem Nahen Osten. Die Bezeichnung „Neandertaler" geht auf das Neandertal, einen zwischen den Städten Erkrath und Mettmann gelegenen Talabschnitt der Düssel zurück.

Antwort 6

Sir Edmund Hillary (*1919). Am 29. Mai 1953 gelang es dem Neuseeländer Sir Edmund Hillary zusammen mit dem Sherpa Tenzing Norgay (1914–1986) erstmals, den mit 8488 m Höhe höchsten Berg der Welt zu bezwingen. Die beiden Pioniere näherten sich bei ihrer Tour dem Gipfel von der Südseite her. Mittlerweile befinden sich auf der Südseite sechs verschiedene Routen zum Gipfel. Insgesamt haben Bergsteiger den Mount Everest auf 15 unterschiedlichen Routen bezwingen können.

Antwort 7

Athen. Die großen Reformer dieser Zeit waren Drakon (geb. um 650 v. Chr.), Solon (um 640–um 560 v. Chr.), Kleisthenes (um 570–um 507 v. Chr.), Themistokles (um 525–um 459 v. Chr.) und schließlich Perikles (493–um 429 v. Chr.). Doch die Demokratie hatte nicht nur Anhänger. Der Philosoph Aristoteles (384–322 v. Chr.) z. B. bezeichnete sie als „Herrschaft des Pöbels" und forderte Vorrechte für die Gebildeten, sprich Wohlhabenden.

Antwort 8

d) die Sumerer (ca. 2500 v. Chr.)

Die 1. Dynastie von Ur begründete König Mesannepada. Prunkvolle Grabbeigaben wie Geräte, Keramik, Waffen, Siegelrollen Gold- und Edelsteinschmuck belegen die Größe dieser Hochkultur. Auch gehen viele berühmte Erfindungen auf das Konto der Sumerer.

Antwort 9

Königin Viktoria (1819–1901). Die Monarchin bestieg bereits mit 18 Jahren den Thron und regierte unglaubliche 64 Jahre lang. Sie wird in der Geschichtsschreibung bisweilen auch gern als die „Großmutter Europas" bezeichnet. Ihre Regentschaft war jedoch neben allem Erfolg auch durch Zeiten der Depression, verheerende militärische Niederlagen, kulturelle Stagnation und viel Elend bei den unteren Bevölkerungsschichten geprägt. Trotz allem bescherte sie England eine politische und wirtschaftliche Blütezeit. So gelang es ihr, einem ganzen Zeitalter ihren Stempel aufzudrücken.

Antwort 10

Der Dynastie der Romanows. Die Dynastie wurde Anfang des 17. Jahrhunderts begrün-

Familie Romanow

det. Ihr gehörte u. a. auch Zar Peter der Große (1672–1725) an.

Antwort 11

a) die Inka

Machu Picchu ist eine gut erhaltene Ruinenstadt der Inka. Sie liegt in 2360 m Höhe auf einer Bergspitze der Anden über dem Urubambatal in Peru. Viele Wissenschaftler gehen heutzutage davon aus, dass die Stadt um 1450 von Pachacútec Yupanqui (unbekannt–1471) erbaut wurde. Die Stadt umfasste 216 steinerne Bauten, die mit einem System von Treppen verbunden waren. Etwa 3000 Stufen sind heute noch erhalten, ebenso wie die Außenmauern der zum Teil mehrgeschossigen Wohnbauten. Da die Stadt gut zwischen dicht bewachsenen Bergen eingebettet lag, fanden die spanischen Eroberer sie im Jahre 1532 nicht. So ist sie der Zerstörung entgangen. Machu Picchu ist heute ein begehrtes Touristenziel und liegt am Ende des berühmten, wenn auch beschwerlichen Inka Trail.

Antwort 12

Trotzki. Lew Dawidowitsch Bronstein, genannt Trotzki (1879–1940), kämpfte Seite an Seite mit Lenin. Nachdem Stalin an die Macht gekommen war, wurde er 1929 nach Sibirien verbannt und schließlich in die Türkei ausgewiesen. Aus dem westlichen Ausland führte er einen erbitterten Propagandakampf gegen Stalin, bis er 1940 von einem Sowjetagenten in Mexiko ermordet wurde.

Antwort 13

Der aus Karthago stammende Hannibal (247–183 v. Chr.). Hannibal war sich ziemlich sicher, dass es wenig Sinn hätte, über das Mittelmeer zu kommen, wenn er die Römer überraschen wollte. Daher entschied er sich für einen Weg, mit dem niemand gerechnet hatte. Mit rund 60.000 Soldaten, 10.000 Pferden und 37 afrikanischen Elefanten machte er sich im Jahr 218 v. Chr. auf den Weg. Er überquerte mit seiner Streitmacht von Spanien aus die winterlichen Alpen. Bei dieser Aktion erlitt das Heer zwei schwere Verluste, konnte sich aber schließlich mit den Kelten aus der Poebene verbünden. Durch diesen überraschenden Schachzug gelangte Hannibal gegenüber den militärisch überlegenen Römern für einige Jahre in die Offensive.

Hannibal

Antwort 14

Cato d. Ä. (234–149 v. Chr.). Mit diesem Satz – im Original „Ceterum censeo Cartaginem esse delendam" – soll der römische Senator Marcus Porcius Cato Censorius, genannt Cato der Ältere, jede seiner öffentlichen Reden beendet haben. Er wollte damit seinen Widerwillen den Karthagern gegenüber und seine Befürwortung eines Dritten Punischen Krieges zum Ausdruck bringen. Cato gilt bis in die heutige Zeit als Musterbeispiel eines römischen Konservativen.

Antwort 15

d) Mesopotamien

Babylon lag in Südmesopotamien am Euphrat ca. 90 km südlich des heutigen Bagdad. Dort erlangte es um 1830 v. Chr. den Rang eines Kultur- und Machtzentrums.

Seinen kulturellen Höhepunkt erreichte Babylon unter König Hammurapi (1728–1686 v. Chr.), der die Sumerer und das Reich Akkad besiegte. Er eroberte nicht nur fast das gesamte heutige Zweistromland, sondern ist heute vor allem aufgrund des Kodex Hammurapi, einer der ersten ausführlichen Gesetzessammlungen, bekannt. Babylon ist auch durch die Hängenden Gärten der Semiramis, eines der Sieben Weltwunder der Antike, berühmt geworden. Die Stadt wurde zwischen 1899 und 1917 vom deutschen Archäologen Robert Koldewey ausgegraben und erforscht.

Antwort 16

c) Schändung der Lucrezia

Die Schändung der Lucrezia durch Sextus Tarquinius, den Sohn des siebten und letzten Königs von Rom, 509 v. Chr. Als sich Sextus an der Gemahlin seines Vetters vergangen hatte, vertrieben die Römer unter Lucius Junius Brutus die verhasste Familie.

Antwort 17

Marshallplan. Der Marshallplan war vom amerikanischen Außenminister George C. Marshall (1880–1959) entwickelt worden. Marshall war zuvor Generalstabschef, der oberste militärische Berater von Präsident Roosevelt (1882–1945), gewesen. Offiziell hieß der Marshallplan „European Recovery Program". Er sollte den Wiederaufbau des im Zweiten Weltkrieg zerstörten Westeuropa regeln. Drei Gründe hatten die Amerikaner ganz besonders bewogen, diesen Plan zu entwickeln und später auch in die Tat umzusetzen. Zunächst galt es, der Not leidenden und verhungernden Bevölkerung schnell und effektiv zu helfen. Aber auch die amerikanische Wirtschaft sollte von dem Plan profitieren. Man erhoffte sich in Europa neue Absatzmärkte für die einheimischen Produkte. Schließlich sollte der Marshallplan ein Instrument sein, um die russische Vorherrschaft in Europa einzudämmen.

G. C. Marshall

Antwort 18

Schlieffenplan. Die deutsche Regierung stellte die russische Mobilmachung in der Öffentlichkeit als Kriegserklärung dar, erklärte am 1. August Russland den Krieg und am 2. August Frankreich. Der Bevölkerung wurden Angriffe beider Mächte vorgelogen. Außerdem verletzte man – getreu dem Schlieffenplan – beim Aufmarsch gegen Frankreich die holländische und belgische Neutralität.

Antwort 19

c) Alexander der Große (356–323 v. Chr.)

Alexander besiegte z. B. im Feldzug gegen die Perser den Großkönig Dareios III. Er erreichte auf seinem Kriegszug Indien und Oberägypten. Selbst Caesar sprach in Ehrfurcht von dem Makedonenkönig.

Antwort 20

Germanische Völker. Zwischen dem 2. und 6. Jahrhundert befanden sich viele germanische Völker auf Wanderschaft. Allerdings hatten sie ihre Heimat nicht ganz freiwillig verlassen. Eine besondere Verantwortung kommt hier den Hunnen zu, die die Ost- und Westgoten aus ihren Siedlungen nordwestlich des schwarzen Meeres vertrieben hatten. Die vertriebenen Stämme wandten sich nun nach Süden und Osten. Dadurch begannen weitere germanische Völker ihre Siedlungsgebiete zu verlassen. Schließlich führte die Völkerwanderung dazu, dass das Römische Reich unterging und sich neue Staaten und Reiche in Europa bilden konnten.

Antwort 21

Die Watergate-Affäre. Parteifreunde Nixons (1913–94) waren während des letzten Wahlkampfes in das Hauptquartier der Demokratischen Partei eingedrungen, um sich Vorteile zu verschaffen. Nixons Mitwisserschaft und der Versuch die Verantwortlichen zu decken, führten zu einer Vertrauenskrise und schließlich zum Rücktritt des US-Präsidenten.

Antwort 22

a) die Ch'in-Dynastie (221–226 v. Chr.)
Trotz der nur kurzen Regentschaft der Ch'in-Dynastie, sind ihre Spuren noch jetzt zu bemerken. So leitet sich der Name „China" von dieser Dynastie ab. Shih Huang Ti wurde 221 v. Chr. erster Kaiser, nachdem er alle chinesischen Teilreiche unter seiner Herrschaft vereinigt hatte. Die berühmte Terrakotta-Armee bei Xian stammt aus seinem Grabmal.

Terrakotta-Armee

Antwort 23

John F. Kennedy (1917–1963). John F. Kennedy war angetreten, um die amerikanische Politik gründlich zu reformieren. Er hatte aber nicht genug Zeit, um dieses Vorhaben umzusetzen. Während einer offiziellen Besuchsreise durch Texas wurde der Präsident am 22. November 1963 in Dallas durch zwei Gewehrschüsse tödlich verletzt. Als Täter verhaftete man Lee Harvey Oswald, der seinerseits einem Attentat zum Opfer fiel, bevor die genauen Todesumstände des Präsidenten geklärt werden konnten.

J. F. Kennedy

Antwort 24

Die Kuba-Krise. Bei der Kuba-Krise handelt es sich um eine der schärfsten Auseinandersetzungen zwischen den Vereinigten Staaten von Amerika und der Sowjetunion. Im Jahr 1959 hatten die USA nukleare Mittelstreckenraketen in Italien und der Türkei stationiert. Die Antwort der Sowjetunion ließ zwar etwas auf sich warten, fiel aber ebenso martialisch aus. Man stationierte seinerseits nukleare Raketen, und zwar auf Kuba, sozusagen direkt vor der amerikanischen Haustür. Diese Raketen stellten eine potenzielle Bedrohung der ganzen Süd-USA dar. Am 22. Oktober 1962 verhängte US-Präsident Kennedy eine Seeblockade gegen Kuba und kündigte an, dass die US-Marine alle Kuba ansteuernden Schiffe kontrollieren werde. Die amerikanischen Streitkräfte wurden in Alarmbereitschaft versetzt. Zu diesem Zeitpunkt befanden sich mehrere sowjetische Schiffe mit Kriegsmaterial auf dem Weg nach Kuba. Eine militärische Auseinandersetzung schien nahezu unvermeidbar. In letzter Minute lenkte jedoch der sowjetische Regierungschef Nikita Chruschtschow auf Vermittlung der UNO ein. Die Schiffe drehten ab, die Raketenbasen sollten abgebaut werden. Kennedy garantierte im Gegenzug, keine Invasion auf der Insel vorzunehmen. Die Krise war noch einmal abgewendet worden.

Antwort 25

c) 1948

Seit dem Ende des Ersten Weltkriegs stand das Gebiet Palästina, ein Gebiet, das das heutige Israel und Jordanien umfasst, unter dem Mandat Großbritanniens. Zu diesem Mandat gehörte auch die „Gründung einer nationalen Heimstätte für das jüdische Volk", wie es in der zugrunde liegenden Balfour-Deklaration vom 2. November 1917 formuliert war. Diesen Plan setzten die Briten in der Folgezeit um. Am 14. Mai 1948 endete um Mitternacht das britische Mandat. Kurz vorher verlas David Ben Gurion die Unabhängigkeitserklärung. Elf Minuten später erkannte Harry Truman für die USA den Staat Israel an. Am 16. Mai folgte die Sowjetunion diesem Beispiel.

Kampf um Jerusalem

Antwort 26

Friedrich Barbarossa (1122–90). Friedrich Barbarossa brach im Jahr 1189 gemeinsam mit Philipp II. von Frankreich und Richard I. Löwenherz von England zum Dritten Kreuzzug auf. Zuvor hatte er noch Saladin von Ägypten zum ritterlichen Zweikampf in der ägyptischen Ebene Zoan herausgefordert. Der Kampf sollte am 11. November 1189 stattfinden. Nachdem Barbarossa zwei erfolgreiche Schlachten gegen die Muslime geschlagen hatte, ertrank er am 1. Juni 1190 im Fluss Saleph in Anatolien. Zum Zweikampf mit Saladin kam es nicht mehr.

Antwort 27

Frankreich, Belgien, Luxemburg, Bundesrepublik Deutschland, Niederlande, Italien. Bereits im Jahr 1955 hatten sich die beteiligten Staaten auf der Konferenz von Messina auf die Grundprinzipien einer engeren wirtschaftlichen Zusammenarbeit geeinigt. Hierzu zählten insbesondere die allgemeine wirtschaftliche Einigung der Volkswirtschaften, die Schaffung gemeinsamer supranationaler Institutionen, die Sozialharmonisierung durch Verwirklichung allgemeiner Sozialstandards und die Zusammenarbeit auf dem Nuklearsektor. Am

25. März 1957 unterzeichneten die sechs Staaten schließlich in Rom den „Vertrag zur Gründung der Europäischen Wirtschaftsgemeinschaft" und legten damit den Grundstein für die heutige EU.

Antwort 28

Angriff auf zwei US-Kriegsschiffe. Bereits seit dem Jahr 1954 war Vietnam in zwei Teile geteilt: einen kommunistisch regierten Norden und einen antikommunistischen Süden. Der Süden erfuhr in seinem Kampf gegen den Kommunismus eine recht massive Unterstützung durch die USA. So hatten sie bis zum Jahr 1963 bereits 16.300 Soldaten dort stationiert, die offiziell als „Militärberater" arbeiten und die Regierung des Südens in ihrem Kampf gegen die Guerillabewegung FLN (Nationalfront zur Befreiung Südvietnams) unterstützen sollten. Die FLN ihrerseits bekam Unterstützung aus dem nordvietnamesischen Teil. Nach einem angeblichen Angriff nordvietnamesischer Torpedoboote im Golf von Tonking gab es für den US-Präsidenten Johnson kein Halten mehr. Er befahl mit Unterstützung des amerikanischen Kongresses und Senats die Bombardierung nordvietnamesischer Küstenbefestigungen.

Antwort 29

c) Neil Armstrong

Am 21. Juli 1969 betrat der amerikanische Astronaut Neil Armstrong genau um 3.56 Uhr MEZ als erster Mensch den Mond. Sein berühmter Satz „Das war ein kleiner Schritt für einen Mann, aber ein gewaltiger Schritt für die Menschheit" ging in die Geschichte ein. Wenige Minuten nach ihm setzte auch sein Kollege Edwin Aldrin seinen Fuß auf den Erdtrabanten. Die beiden Astronauten hielten sich 22 Stunden auf dem Mond auf, davon befanden sie sich zwei Stunden lang außerhalb der Landefähre. Diese „Mondspaziergänge" stellten den Höhepunkt des Unternehmens der Apollo-11-Mission dar. Michael Collins kam die undankbare Aufgabe zu, mit der Raumkapsel in der Umlaufbahn des Mondes zu bleiben.

Neil Armstrong

Antwort 30

Roald Amundsen (1872–1928). Der norwegische Polarforscher Roald Amundsen und der Brite Robert Falcon Scott (1868–1912) lieferten sich dieses berühmte Rennen. Sie hatten sich von entgegengesetzten Richtungen aus auf den Weg zur südlichsten Stelle der Erde gemacht. Jeder glaubte, die beste Route herausgefunden zu haben. Amundsen erreichte den Südpol allerdings fünf Wochen vor seinem Kontrahenten, der auf dem Rückweg erfror. Aber auch Amundsen fand sein Ende im ewigen Eis. Seine Spuren verloren sich bei einer späteren Expedition.

Antwort 31

a) Johannes XXIII.

Das Zweite Vatikanische Konzil wurde von Papst Johannes XXIII. einberufen und fand vom 11. Oktober 1962 bis zum 8. Dezember 1965 in drei Sitzungsperioden statt. Nach dem Tod von Papst Johannes XXIII. im Jahr 1963 wurde das Konzil durch Papst Paul VI. fortgesetzt und beendet. Es plädierte für Religionsfreiheit und verstärkten Dialog mit Andersgläubigen und brachte auch eine innerkirchliche Modernisierung der katholischen Kirche auf den Weg (die freilich vielen Kritikern noch lange nicht konsequent genug erschien).

Johannes XXIII.

Antwort 32

d) die Megalithkultur

Megalith ist ein Begriff, der vom griechischen mégas, „groß", und líthos, „der Stein", abgeleitet ist. Und große Steine findet man in Stonehenge (ca. 3200-1000 v. Chr.) zur Genüge. Das Bauwerk stellt eines der bedeutendsten prähistorischen Baudenkmäler Europas dar und gilt mittlerweile als eine der größten Touristenattraktionen der Insel.

Antwort 33

Ihren Ursprung haben die Roten Khmer in der kommunistischen Partei Kambodschas, wirklich stark wurden sie während des Vietnamkriegs. Nachdem der von den USA unterstützte General Lon Nol 1970 den Herrscher Prinz Sihanouk gestürzt hatte, konnten die Vereinigten Staaten ihre kriegerischen Aktivitäten in Vietnam auch von kambodschanischem Boden aus durchführen. Bis zum Jahr 1973 fielen im Zuge dieses Engagements auch viele Bomben auf Kambodscha. Da ist es verständlich, dass die Bevölkerung mit der USA-freundlichen Politik ihres Machthabers nicht einverstanden war. So erhielten die Roten Khmer immer größeren Zulauf. Nach mehreren Jahren des Bürgerkriegs gelang es der Guerillaorganisation 1975 schließlich, die Hauptstadt Kambodschas zu erobern und somit an die Macht zu gelangen. Allerdings wurde die Lage für die Zivilbevölkerung dadurch nicht besser. Unter dem Regierungschef Pol Pot errichteten sie eine Schreckensherrschaft, der ungefähr 1,5 Millionen Kambodschaner zum Opfer fielen.

Antwort 34

Der Dreißigjährige Krieg (1618–48). Das, was wir heutzutage als Dreißigjährigen Krieg bezeichnen, stellt eigentlich eine 30 Jahre andauernde Phase verschiedener kriegerischer Auseinandersetzungen auf europäischem Boden dar. Die meisten Schlachten dieses Krieges fanden auf dem Boden des damaligen Deutschen Reiches statt. Sie verursachten Seuchen und Hungersnöte und verheerten ganze Landstriche. In Süddeutschland überlebte beispielsweise nur ein Drittel der Bevölkerung. Alle wirtschaftlichen und sozialen Verhältnisse wurden völlig umgestürzt. Die durch den Krieg betroffenen Territorien und das Reich als Ganzes brauchten mehr als ein Jahrhundert, um sich von den Kriegsfolgen zu erholen. Der Krieg wurde mit einer derartigen Verbissenheit und Heftigkeit geführt, da sowohl die Religion als auch territoriale Gründe hier eine Rolle spielten. Die Katholische Liga kämpfte gegen die Protestantische Union und die habsburgischen Mächte Österreich und Spanien trugen ihre Konflikte mit Frankreich, den Niederlanden, Dänemark und Schweden aus. Erst der Westfälische Frieden setzte dieser Barbarei ein Ende.

Antwort 35

Nelson Mandela (*1918). Nelson Mandela wurde wie kaum ein anderer zur Symbolfigur für den Kampf der Schwarzen in Südafrika um ihre Freiheit. Trotz internationaler Proteste und einer starken Isolierung des Landes hielt die weiße südafrikanische Regierung fast 30 Jahre an der Inhaftierung Mandelas fest. Nach seiner Freilassung wurde Mandela der erste schwarze Präsident seines Landes.

N. Mandela

Antwort 36

c) Reaktorunglück

Durch Bedienungsfehler und Mängel an der Konstruktion des Reaktors im russischen Kernkraftwerk Tschernobyl ereignete sich im Jahr 1986 dort der sogenannte Super-GAU. Bei diesem Unfall gerät die Kettenreaktion im Inneren des Reaktors vollkommen außer Kontrolle und es werden große Mengen an Radioaktivität freigesetzt. Der Unfall führte zum Tod einer großen Anzahl von Menschen (Näheres hat die russische Regierung hier nie bekannt gegeben). Weitaus mehr Menschen haben mit Krankheiten als Spätfolgen zu tun. Direkt nach dem Unfall wurde das Kernkraftwerk mit einer dicken Betonschicht versiegelt. Unter ihr „schlummern" aber noch immer die hochradioaktiven Ruinen des Reaktors.

Antwort 37

a) der Waffenstillstand von Compiègne

Dieser Waffenstillstand beendete am 11. November 1918 offiziell die Kampfhandlungen des Ersten Weltkrieges. Deutschland musste hier die bedingungslose Kapitulation annehmen.

Antwort 38

Vier Wochen, nachdem die deutsche Wehrmacht 1939 Polen überfallen hatte, eroberte man auch die polnische Hauptstadt Warschau. Hier lebte mit 380.000 Mitgliedern die größte jüdische Gemeinde Europas. Die gesamte jüdische Gemeinde unterlag mit Beginn der deutschen Besatzung einer Vielzahl willkürlicher Zwangsmaßnahmen. Zu ihnen zählten u. a. die Kennzeichnungspflicht, eine erhebliche Einschränkung der Bewegungsfreiheit, die Beschlagnahmung jüdischen Eigentums und gewalttätige Übergriffe. Am 2. Oktober 1940 erging schließlich der Erlass, dass alle in Warschau lebenden Juden in ein speziell gekennzeichnetes Gebiet in der Altstadt ziehen mussten. Das Warschauer Getto war etabliert. Hier lebten nun mehr als 350.000 Menschen auf engstem Raum zusammengepfercht. Mitte November 1940 wurde das Getto schließlich abgeriegelt und von einer hohen Mauer umgeben. Die Lebensbedingungen waren katastrophal, und es herrschten Krankheiten und Hunger. Trotz aller

Repressalien seitens der deutschen Besatzer konnte sich im Getto so etwas wie Widerstand bilden. Im April 1943 beschlossen die deutschen Behörden die Auflösung des Gettos, was für die Bewohner die Deportation in Konzentrationslager bedeutete. Am 9. April 1943 stießen die Deutschen auf bewaffnete Gegenwehr der jüdischen Bevölkerung. Die aus verschiedenen jüdischen Parteien und Gruppen gebildete jüdische Kampforganisation „Zydowska Organizacja Bojowa" konnte sich mehrere Wochen lang den deutschen Truppen unter SS-General Jürgen Stroop (1895–1952) widersetzen. Erst mit der Niederbrennung des gesamten Gettogeländes konnten die deutschen Einheiten das Gebiet bis zum 16. Mai 1943 wieder unter ihre Kontrolle bringen. Die Überlebenden des Aufstandes wurden nun doch deportiert, nur wenige tausend Menschen überlebten das Warschauer Getto.

Antwort 39

Robespierre. Ohne Terror wäre die Tugend schwach. Mit dieser Argumentation versuchte Maximilien de Robespierre (1758–94) die von ihm verantworteten gewaltsamen Aktionen zu rechtfertigen. Im Laufe der Zeit wurden seine „Säuberungen" allerdings immer willkürlicher. Die Folgen dieses Handelns bekam er am eigenen Leib zu spüren. Am 28. Juli 1794 wurde er von ehemaligen Mitstreitern, die befürchteten, selbst Opfer zu werden, auf die Guillotine geschickt. Damit brach der Terror in sich zusammen.

Robespierre

Antwort 40

Konstantinopel. Das Gebiet von Istanbul ist schon seit sehr langer Zeit besiedelt. Wie archäologische Funde zeigen, befanden sich hier bereits im zweiten Jahrtausend v. Chr. Siedlungen. Um 660/658 v. Chr. wurde an dieser Stelle die griechische Handelsniederlassung Byzanz gegründet. Konstantinopel bekam seinen Namen schließlich im Jahr 330 von Konstantin dem Großen (280–337). Seit der Eroberung durch die Türken im Jahr 1453 war Konstantinopel die Hauptstadt des Osmanischen Reiches. 1923 wurde dann die Hauptstadt der Türkei nach Ankara verlegt. Seit 1931 trägt die Stadt den Namen Istanbul.

Istanbul

Antwort 41

b) der Bundespräsident

Der Bundespräsident ist das Oberhaupt der Bundesrepublik Deutschland. Anders als in anderen Staaten hat der Präsident hierzulande jedoch nur wenige wirkliche Befugnisse. So schreibt die Verfassung ihm in erster Linie repräsentative Aufgaben zu. Der Präsident kann jedoch in die Gesetzgebung eingreifen, indem er vom Bundestag verabschiedeten Gesetzen seine Zustimmung verweigert, wenn sie seiner Meinung nach gegen die Verfassung verstoßen. Dann ist für die Politiker Nachsitzen angesagt – sie müssen das Gesetz nachbessern.

Antwort 42

Repräsentative Demokratie. In Deutschland haben wir eine repräsentative Demokratie, wie übrigens in allen anderen demokratischen Staaten auch. Der wichtigste Wesenszug dieser Form der Demokratie ist es, dass nicht alle Entscheidungen direkt vom Volk getroffen werden (daher der Begriff direkte Demokratie), sondern von Volksvertretern, die zu diesem Zweck gewählt oder bestimmt wurden. Das Volk trifft die Entscheidung dann nicht mehr in allen Detailfragen, sondern gibt durch die Wahl bestimmter Parteien eine grobe Richtung der Politik für die nächste Legislaturperiode vor. Welchen Einfluss die Bevölkerung während der Amtszeit auf die gewählten Politiker behält, ist in den jeweiligen Demokratieformen unterschiedlich geregelt. So behält das Volk in der Schweiz beispielsweise ein Vetorecht gegenüber den Entscheidungen seiner Volksvertreter. In anderen Ländern ist der Bevölkerung lediglich ein Petitionsrecht eingeräumt, wiederum andere Länder haben lediglich ein Wahlrecht für ihre Bürger vorgesehen.

Antwort 43

Der Bundestag. Der deutsche Bundeskanzler wird vom Bundestag gewählt. Dabei wird der Kandidat für dieses Amt vom Bundespräsidenten vorgeschlagen. Rechtlich gesehen ist der Präsident bei seiner Entscheidung frei, er kann jede oder jeden vorschlagen, die ihm geeignet erscheinen. De facto gehen seinem Vorschlag natürlich intensive politische Gespräche voraus, sodass der Wunschkandidat der Koalition, die die Bundesregierung bilden wird, auch zur Wahl vorgeschlagen wird. Der Bundestag wählt den Bundeskanzler dann mit der absoluten Mehrheit seiner Mitglieder. Wird der Kandidat nicht gewählt, beginnt eine weitere Phase der Kandidatenfindung. Nun hat der Bundestag 14 Tage Zeit, seinerseits Wahlvorschläge zu machen (Kandidaten müssen von mindestens einem Viertel der Mitglieder vorgeschlagen werden). Erhält auch in dieser Phase kein Kandidat die absolute Mehrheit, wird zwischen allen Kandidaten noch ein weiterer Wahlgang durchgeführt. Nun hat die Wahl gewonnen, wer die meisten Stimmen auf sich vereinigt. Sollte das jedoch weniger als die absolute Mehrheit sein, entscheidet der Bundespräsident. Er kann den Gewinner zum Bundeskanzler ernennen oder Neuwahlen ansetzen.

Antwort 44

Föderalismus. Der Begriff „Föderalismus" leitet sich aus dem Lateinischen ab. Dort heißt foedus „Bund", „Bündnis" oder „Vertrag". In der Bundesrepublik Deutschland stellen die 16 Bundesländer die Gliederstaaten dar.

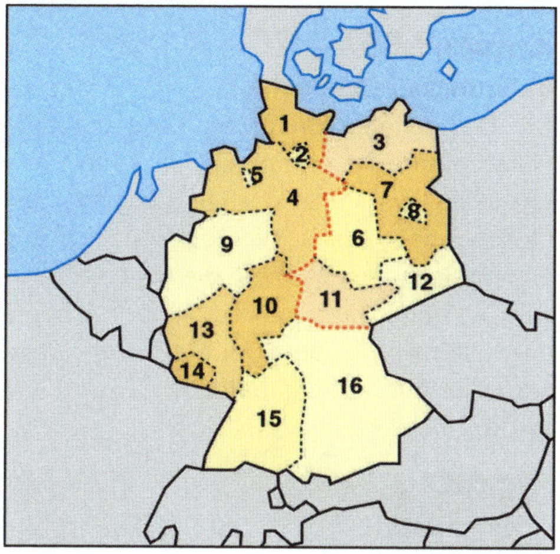

1 = Schleswig-Holstein, 2 = Hamburg, 3 = Mecklenburg-Vorpommern, 4 = Niedersachsen, 5 = Bremen, 6 = Sachsen-Anhalt, 7 = Brandenburg, 8 = Berlin, 9 = Nordrhein-Westfalen, 10 = Hessen, 11 = Thüringen, 12 = Sachsen, 13 = Rheinland-Pfalz, 14 = Saarland, 15 = Baden-Württemberg, 16 = Bayern

H. Kohl

Antwort 45

d) Helmut Kohl

Der CDU-Politiker Helmut Kohl regierte von 1982 bis 1998. Er löste 1982 den Sozialdemokraten Helmut Schmidt als Regierungschef ab. Seine 16-jährige Amtszeit wurde von keinem anderen Kanzler bislang erreicht. 1998 übernahm dann Gerhard Schröder (SPD) mit einer rot-grünen Koalition die Regierungsgeschäfte.

Antwort 46

Im Bundesrat sind Vertreter der einzelnen Landesregierungen vertreten. Dieses Gremium hat also auch keine Legislaturperiode wie der Bundestag, seine Zusammensetzung ändert sich nach jeder Landtagswahl (sofern es dann in den entsprechenden Ländern einen Machtwechsel gibt). Dabei hat jedes Bundesland, abhängig von seiner Größe, zwischen drei und sechs Stimmen. In erster Linie wirkt der Bundesrat bei der Gesetzgebung des Bundes und bei Fragen, die die Europäische Union betreffen, mit. Insbesondere sind Gesetze mitbestimmungspflichtig, die in irgendeiner Weise die Befugnisse der Länder betreffen (wenn sie durch Landesbehörden umgesetzt werden müssen, wenn sie die Finanzen der Länder betreffen, sich mit steuerlichen Angelegenheiten befassen oder eine Änderung des Grundgesetzes zur Folge haben). Aufgrund der Rechtsprechung des Bundesverfassungsgerichts bedarf jedes Gesetz, das auch nur eine Vorschrift enthält, die die Zustimmung des Bundesrates verlangt, als Ganzes der Zustimmung des Bundesrates. Auch kann der Bundesrat selbst Gesetzesentwürfe erstellen und einreichen. Diese gehen dann an die Bundesregierung, die eine Stellungnahme verfasst und den Entwurf dann an den Bundestag weiterreicht.

Antwort 47

b) Parteidisziplin

Der Abgeordnete sollte sich bei Abstimmungen so verhalten, wie es eine Partei bzw. Fraktion vorher mehrheitlich festgelegt hat. Er beugt sich damit also dem Willen der Partei und handelt nicht mehr nach seinem freien Willen.

Antwort 48

Zwei-plus-Vier-Vertrag. Der Vertrag, der die deutsche Wiedervereinigung regelte, heißt Zwei-plus-Vier-Vertrag. Verhandelt wurden die einzelnen Punkte von den vier Siegermächten und den beiden deutschen Staaten. Im Rahmen des Vertrages wurde Deutschland das Recht zugebilligt, in die NATO einzutreten. Im Gegenzug verzichtete man auf den Besitz von atomaren, chemischen oder biologischen Waffen und erkannte endgültig die Nachkriegsgrenzen als verbindlich an.

Antwort 49

Das Wahlverfahren, nach dem der amerikanische Präsident gewählt wird, ist recht kompliziert. Wer überhaupt ins Rennen um die Präsidentschaft gehen darf, wird in Vorwahlen bestimmt. Diese Vorwahlen finden innerhalb der einzelnen Parteien statt, die Kandidaten werden dann auf Wahlparteitagen festgelegt. Am Wahltag selbst wählen die Amerikaner aber auch nicht den Präsidenten, sondern sogenannte Wahlmänner. Je nach Größe verfügen die amerikanischen Bundesstaaten über unterschiedlich viele Wahlmänner, insgesamt gibt es 538. Die Wahlmänner eines Bundesstaates wählen dann den Präsidenten. Sie sind bei ihrer Wahl allerdings nicht frei, sondern müssen sich so entscheiden wie die Mehrheit in ihrem Bundesstaat. Auf diese Weise kann es aber geschehen, dass ein Kandidat zum Präsidenten gewählt wird, ohne über die Mehrheit aller Stimmen zu verfügen.

Antwort 50

b) Deutscher Bundestag

Im Deutschen Bundestag kann es zum Hammelsprung kommen. Das kann dann passieren, wenn Unklarheit über ein Abstimmungsergebnis herrscht. Im Fall des Hammelsprungs betreten die Abgeordneten den Sitzungssaal durch eigens bezeichnete Ja-, Nein- und Stimmenthaltungs-Türen, was die Auszählung natürlich enorm erleichtert.

Plenarsaal im Bundestag

Antwort 51

Das Gewaltmonopol des Staates bezeichnet ein Prinzip, das in allen modernen Staaten Anwendung findet. Die Idee des Gewaltmonopols sieht vor, dass die Bürger eines Staates darauf verzichten, Selbstjustiz zu üben, d. h. ihre Rechte und Ansprüche durch Ausübung von Zwang oder Gewalt durchzusetzen. Vielmehr übertragen sie deren Schutz und Durchsetzung ganz auf die staatlichen Organe wie Gerichte, Polizei und Verwaltung. Diese wiederum sind in einem demokratischen Staat an das von den Parlamenten formulierte Recht und Gesetz gebunden.

Antwort 52

Die Bundesversammlung. Die Bundesversammlung tritt alle fünf Jahre zusammen, um den Bundespräsidenten zu wählen. Theoretisch kann sich jeder Bundesbürger, der das 40. Lebensjahr erreicht hat, zum Bundespräsidenten wählen lassen. Gewählt ist, wer im ersten oder zweiten Wahlgang die absolute Mehrheit der Stimmen bekommt. Fällt in diesen beiden Wahlgängen keine Entscheidung, reicht im dritten Wahlgang die relative Mehrheit, d. h. es ist gewählt, wer die meisten Stimmen erhält.

Antwort 53

Für die Interessen der Ärzte. Der Marburger Bund wurde im Jahr 1947 von jungen Ärzten und Medizinstudenten in der Stadt Marburg (daher auch der Name) gegründet. Es ging damals darum, eine bessere Ausbildung und eine leistungsgerechte Bezahlung zu erreichen. Mittlerweile ist der Marburger Bund mit weit mehr als 100.000 Mitgliedern zum größten Ärzteverband Europas geworden. Seine ursprünglichen Ziele verfolgt er noch immer weiter. Im Jahr 2006 stand er beispielsweise an der Spitze einer großen Protestbewegung von Ärztinnen und Ärzten, die eine angemessene Bezahlung – vor allem für Angestellte in Krankenhäusern – erreichen wollten.

Antwort 54

c) Konrad Adenauer (1876–1967)

Konrad Adenauer wurde zum ersten Bundeskanzler der Bundesrepublik Deutschland gewählt. Er regierte von 1949 bis 1963 und prägte dabei die Politik des jungen Nachkriegsdeutschlands entscheidend. Er sah eine seiner wichtigsten Aufgaben darin, die Bundesrepublik an die anderen westlichen Staaten und die NATO anzubinden.

K. Adenauer

Antwort 55

Den freien Samstag. Als in Deutschland zu Beginn der 1950er-Jahre der Wirtschaftsaufschwung einsetzte, gab es wesentlich mehr Arbeit als Arbeiter. Die Folge war, dass zunächst eine Menge Überstunden anfielen, dann schrittweise die wöchentliche Arbeitszeit erhöht wurde. Im Jahr 1955 lag die wöchentliche Arbeitszeit schließlich bei 49 Stunden, verteilt auf sechs Tage. Angesichts dessen begann sich bei der Arbeiterschaft der Wunsch nach mehr Freizeit zu regen. Der DGB schloss sich diesen Forderungen schließlich an und stritt zusammen mit den Arbeitern für die 40-Stunden-Woche an fünf Arbeitstagen. In den folgenden Jahren stellten sich langsam aber sicher die ersten Erfolge ein.

Antwort 56

Der Atomwaffensperrvertrag ist ein Abkommen, das am 1. Juli 1968 von den drei Atommächten Großbritannien, Sowjetunion und USA geschlossen wurde. In diesem Abkommen vereinbarten die drei Mächte, ihre Atomwaffentechnologie nicht weiter zu verbreiten oder an andere Staaten weiterzugeben. Der Vertrag trat am 5. März 1970 in Kraft, nachdem ihn zahlreiche weitere Staaten unterzeichnet hatten. Mittlerweile haben 189 Staaten den Vertrag unterzeichnet. Die Einhaltung der Bestimmungen wird von der Internationalen Atomenergie-Organisation (IAEO) in Wien kontrolliert.

Antwort 57

b) der 5.

Helmut Schmidt (SPD) war der fünfte deutsche Bundeskanzler. Er stand von 1974 bis 1982 einer sozialliberalen Regierung vor, bevor er durch ein konstruktives Misstrauensvotum von Helmut Kohl (CDU) abgelöst wurde.

Antwort 58

Das Bundesverfassungsgericht. „Das Bundesverfassungsgericht in Karlsruhe wacht über die Einhaltung des Grundgesetzes für die Bundesrepublik Deutschland. Seit seiner Gründung im Jahr 1951 hat das Gericht dazu beigetragen, der freiheitlich-demokratischen Grundordnung Ansehen und Wirkung zu verschaffen. Das gilt vor allem für die Durchsetzung der Grundrechte. Zur Beachtung des Grundgesetzes sind alle staatlichen Stellen verpflichtet. Kommt es dabei zum Streit, kann das Bundesverfassungsgericht angerufen werden." So wird auf der Homepage des Bundesverfassungsgerichts die Aufgabe dieses Organs beschrieben.

Antwort 59

Blockfreie Staaten sind die Staaten, die sich im Ost-West-Konflikt als neutral bezeichnet haben. Sie gehören weder der NATO (als Bündnis des Westblocks) noch dem Warschauer Pakt (der ehemaligen Organisation der Ostblockstaaten) an. Die Gruppe der Blockfreien Staaten (Non-Aligned Movement) traf sich erstmals im Jahr 1961, um gemeinsame politische Interessen zu formulieren. Von dieser Zeit an gewann sie vor allem in der UNO stetig an politischem Gewicht. Allerdings waren die politischen Interessen der einzelnen blockfreien Staaten zu unterschiedlich, um ein geschlossenes Handeln dieser Gruppe über längere Zeit hinweg zu ermöglichen.

Antwort 60

b) einem vietnamesischen Revolutionär

Der „Schlachtruf" der Studenten galt dem nordvietnamesischen Revolutionär Ho Chi Minh (1890–1969). Er rief nach der Befreiung Nordvietnams von den französischen Kolonialherren die „Demokratische Republik Vietnam" aus und wurde seither von vielen Linken als Befreiungsheld gefeiert.

Antwort 61

Brandenburg, Thüringen, Mecklenburg-Vorpommern, Sachsen und Sachsen-Anhalt

Antwort 62

Unter einer Fraktion versteht man einen Zusammenschluss von Menschen in der Politik. Dabei kann es sich sowohl um Menschen handeln, die ein und derselben Partei angehören (beispielweise der Fraktion der SPD im Bundestag), als auch um Mitglieder verschiedener Parteien in einem

Parlament, die inhaltlich die gleichen oder sehr ähnliche Ziele verfolgen (hier lässt sich die Fraktion aus PDS und WASG als Beispiel anführen, wie sie sich nach der Wahl im Jahr 2005 gebildet hat).

Antwort 63

Bei Wahlen unterscheidet man zwischen aktivem und passivem Wahlrecht. Dabei versteht man unter aktivem Wahlrecht das Recht, wählen zu dürfen. Hier ist für gewöhnlich jeder Deutsche, der das 18. Lebensjahr vollendet hat, wahlberechtigt. Bei Kommunalwahlen darf man in einigen Bundesländern (Mecklenburg-Vorpommern, Niedersachsen, Nordrhein-Westfalen, Sachsen-Anhalt und Schleswig-Holstein) bereits mit 16 Jahren wählen. Das passive Wahlrecht besagt, dass man sich als Kandidat für Wahlen zur Verfügung stellen darf. Dieses Recht regelt also die Wählbarkeit eines Menschen. Es kann unter bestimmten Umständen auch aberkannt werden.

Antwort 64

Die Europäische Kommission. Im Zuge der Osterweiterung der EU ist die Größe dieses Gremiums von 20 auf 25 Mitglieder gestiegen. Man ist jedoch bestrebt, die EU-Kommission nicht zu umfangreich werden zu lassen. Daher gibt es eine Initiative, die maximale Anzahl der Kommissare auf zwei Drittel der Anzahl an Mitgliedsstaaten in der EU zu beschränken. Diesen Schritt halten viele EU-Staaten für wichtig, um die Arbeitsfähigkeit der Kommission zu erhalten.

Europäische Kommission

Antwort 65

a) in Russland

Das russische Parlament verfügt über zwei sogenannte Kammern. Eine dieser beiden Kammern ist die Staatsduma. Ihr gehören 450 Abgeordnete, die von der Bevölkerung gewählt werden, an. Die andere Kammer im russischen Parlament ist der Föderationsrat.

Antwort 66

b) Organisation über Sicherheit und Zusammenarbeit in Europa

Die Organisation über Sicherheit und Zusammenarbeit in Europa ist eine Konferenz sämtlicher europäischer Staaten. Sie beschäftigt sich mit der grundsätzlichen Regelung von Fragen der europäischen Sicherheitspolitik. Aber auch die Zusammenarbeit in der Wirtschaft, Technik und Umwelt sowie Fragen zu humanitären Angelegenheiten beschäftigen die Mitglieder der Organisation.

Antwort 67

Der Familienlastenausgleich stellt eine spezielle staatliche Förderung für Familien dar, um sie bezüglich ihres Einkommens mit kinderlosen Familien gleichzustellen. Dazu zählen u. a. das Kindergeld und Kinderfreibeträge (z. B. bei der Steuer). Durch den Familienlastenausgleich sollen die besonderen finanziellen Belastungen, denen Familien ausgesetzt sind, ein wenig abgefangen werden.

Antwort 68

Konstruktives Misstrauensvotum. Der entsprechende Absatz aus dem Grundgesetz lautet folgendermaßen: (1) Der Bundestag kann dem Bundeskanzler das Misstrauen nur dadurch aussprechen, dass er mit der Mehrheit seiner Mitglieder einen Nachfolger wählt und den Bundespräsidenten ersucht, den Bundeskanzler zu entlassen. Der Bundespräsident muss dem Ersuchen entsprechen und den Gewählten ernennen. (2) Zwischen dem Antrag und der Wahl müssen 48 Stunden liegen.

NUR EIN ERFOLGREICHES MISSTRAUENSVOTUM

In der Bundesrepublik Deutschland gab es bislang nur ein erfolgreiches konstruktives Misstrauensvotum. Am 1. Oktober 1982 sorgte ein Koalitionswechsel der FDP von der SPD zur CDU/CSU dafür, dass Helmut Kohl den damals amtierenden Bundeskanzler Helmut Schmidt in seinem Amt ablösen konnte. Am 17. April 1972, also zehn Jahre zuvor, war ein ähnliches Manöver, das den CDU-Politiker Rainer Barzel zum Bundeskanzler machen sollte, gescheitert. Willy Brandt behielt seinen Posten damals.

Antwort 69

Der Nord-Süd-Konflikt besteht zwischen den Industriestaaten der nördlichen Erdhalbkugel und den Staaten der sogenannten Dritten Welt, die überwiegend auf der südlichen Erdhalbkugel angesiedelt sind. Der Konflikt zwischen diesen beiden Regionen besteht in erster Linie darin, dass in den Industriestaaten nur ein vergleichsweise geringer Anteil der Bevölkerung lebt, diese aber über den größten Teil der finanziellen Ressourcen verfügen kann. Während also der Norden im Überfluss lebt, herrschen im Süden Hunger, Armut und Elend. Bereits seit den 1970er-Jahren versuchen die Staaten der sogenannten Dritten Welt vor allem im Rahmen der UN auf ihre Lage aufmerksam zu machen und Forderungen nach einer neuen, gerechteren Weltwirtschaftsordnung durchzusetzen. Hier gibt es bislang jedoch nur einige wenige Teilerfolge zu verzeichnen. Einige der Folgen des Nord-Süd-Konflikts sind eine Verschärfung der Schuldenkrise der armen Länder, eine Verknappung der natürlichen Ressourcen und ein Anwachsen der Flüchtlingsströme von Süd nach Nord.

Antwort 70

d) Michail Gorbatschow (*1931)

Unter Glasnost verstand Michael Gorbatschow den Versuch, die Entscheidungen in Partei und Staat für die Bevölkerung durchsichtiger zu machen. Sie sollte somit die Möglichkeit erhalten, die Prozesse in der russischen Regierung besser zu durchschauen und zudem ein Mitspracherecht wahrnehmen. Ein wichtiges Mittel, um Glasnost zu verwirklichen, war eine freie Presse, die von Gorbatschow gefördert wurde.

Antwort 71

Das Bruttoinlandsprodukt gilt als Maß für die wirtschaftliche Leistung eines Landes. Es wird immer für einen bestimmten Zeitraum (z. B. ein Jahr oder ein Quartal) erhoben. In ihm wird der Wert aller Waren und Dienstleistungen, die während dieses Zeitraums in einer Volkswirtschaft produziert werden, zusammengefasst. Dabei ist es egal, ob diese Leistungen von Inländern oder Ausländern erbracht wurden. Normalerweise wird dieser Wert zu den üblichen Marktpreisen, also brutto ausgewiesen. Daher erklärt sich auch der Name „Bruttoinlandsprodukt". Man kann aber auch die gesamtwirtschaftlichen Abschreibungen von ihnen abziehen, dann erhält man das Nettoinlandsprodukt. Im Jahr 2005 betrug das Bruttoinlandsprodukt in der Bundesrepublik Deutschland 2247,40 Milliarden Euro.

Antwort 72

Europäische Zentralbank. Der Niederländer Wim Duisenberg wurde 1998 zum ersten Präsidenten der Europäischen Zentralbank gewählt, nachdem es hinter den Kulissen ein langes Tauziehen um den Posten gegeben hatte. Zusammen mit ihm hatte sich nämlich auch der Franzose Jean-Claude Trichet für das Amt interessiert. Trichet wurde dann im Jahr 2003 Duisenbergs Nachfolger an der Spitze des Instituts.

Frankfurt am Main

Antwort 73

a) Deutscher Aktienindex

Der Deutsche Aktienindex (DAX) wurde im Jahr 1988 eingeführt. Er erfasst die Kurse von 30 ausgewählten deutschen Aktien (man sagt zu ihnen auch Standardwerte). Er wird während eines Börsentages an der Frankfurter Wertpapierbörse ständig neu errechnet.

Antwort 74

USA, Japan, Bundesrepublik Deutschland, Großbritannien, Frankreich, Kanada, Italien, Russland. Bereits seit 1975 gibt es einen jährlichen Weltwirtschaftsgipfel. Zunächst nahmen allerdings nur die sieben erstgenannten Staaten an den Verhandlungen teil. Russland wird erst seit dem Jahr 1997 regelmäßig dazugebeten. Der G-8-Gipfel beschäftigt sich mit globalen Wirtschafts-, Entwicklungs- und Währungsfragen. Es kommen auch wirtschaftlich relevante Themen der Weltpolitik auf die Tagesordnung. Regelmäßig werden die Treffen der acht führenden westlichen Wirtschaftsnationen von Protesten von Globalisierungsgegnern begleitet.

Antwort 75

c) Die Wirtschaft befindet sich in einem Abschwung.

Man spricht von einer Rezession, wenn die wirtschaftlichen Tätigkeiten rückläufig sind. Nachfrage, Güterproduktion, Investitionen und Gewinne stagnieren. Für gewöhnlich steigt die Zahl der Arbeitslosen und Kurzarbeiter, aber auch die der Unternehmensinsolvenzen in einer Phase der Rezession bisweilen deutlich an.

Antwort 76

Unter Schattenwirtschaft werden all die wirtschaftlichen Vorgänge zusammengefasst, die nicht im Inlandsprodukt erfasst werden und der Volkswirtschaft keinen Nutzen bringen. Dazu gehören so positive Dinge wie Nachbarschaftshilfe und Eigenarbeit. Aber auch Schwarzarbeit und die wirtschaftlichen Ergebnisse strafbarer Handlungen, wie z. B. Drogenhandel oder Waffenschmuggel, zählen zur Schattenwirtschaft. Im Jahr 2005 besaß die Schattenwirtschaft in der Bundesrepublik Deutschland einen Umfang von 15,4 % des Bruttoinlandsproduktes.

Antwort 77

Insidergeschäfte. Diese Geschäfte tragen ihren Namen deshalb, weil nur Insider, also Menschen mit besonderen Einblicken in die Vorgänge eines Unternehmens, sie abschließen könnten. Sie sind verboten, weil derartige Insider den „normalen" Anlegern gegenüber einen Vorteil haben, aber auch, weil sie mit ihren Insidergeschäften ihrem Unternehmen und der gesamten Volkswirtschaft unter Umständen großen Schaden zufügen können.

Antwort 78

c) Gesellschaft mit beschränkter Haftung

Zur Gründung einer GmbH benötigt man ein Kapital von mindestens 25.000 Euro. Jeder Gesellschafter ist mit mindestens 100 Euro an diesem Kapital beteiligt. Seine Haftung bleibt auch auf einen Betrag beschränkt, der der Höhe seiner Einlage entspricht.

Antwort 79

Aktiengesellschaften, Genossenschaften und Gesellschaften mit beschränkter Haftung verfügen über einen Aufsichtsrat. Dieses Gremium ist eingerichtet worden, um die Geschäftsführung dieser Unternehmen zu beaufsichtigen. Außerdem hat es das Recht, Maßnahmen der Geschäftsführung von seiner Zustimmung abhängig zu machen. Darüber hinaus ernennt der Aufsichtsrat die Mitglieder der Geschäftsführung. Er besteht aus mindestens drei Mitgliedern und erstattet der Hauptversammlung über seine Arbeit Bericht.

Antwort 80

Nationale Banken müssen sich bei Noten- und Zentralbanken mit Geld versorgen. In Europa fungiert die Europäische Zentralbank als ein solches Geldausgabe-Institut. Der Leitzins wird nun von der Europäischen Zentralbank festgelegt und bezeichnet die Bedingungen, unter denen die nationalen Banken das Geld erhalten. Dabei steht die Anhebung des Leitzinses für eine restriktive Geldpolitik, die die Inflation niedrig halten soll. Kredite werden in einem solchen Fall für gewöhnlich teurer. Im Gegensatz dazu bewegt die Senkung des Leitzinses eine Verbilligung von Krediten und führt zu steigenden Investitionen. Der Leitzins ist also für die Zentralbanken ein Instrument, um den Geldmarkt zu kontrollieren. Dabei ist einiges an Fingerspitzengefühl nötig, denn

Änderungen des Leitzinses machen sich erst mit einer Verzögerung von ca. einem Jahr auf dem Markt bemerkbar.

Antwort 81

a) Vermögen des Unternehmens

Das Vermögen des Unternehmens wird in den Aktiva verbucht. Es gliedert sich in Anlage- und Umlaufvermögen. Bargeldbestände, Bankkonten sowie kurzfristig verfügbare Finanzanlagen fallen dabei unter das Umlaufvermögen. Grund und Boden, Gebäude und Maschinen sind typische Bestandteile des Anlagevermögens.

DIE ABENTEUERLICHE KINDHEIT EINES ÖKONOMEN

Über das Leben des Adam Smith ist nicht sehr viel bekannt. Man erzählt sich sogar einige Räuberpistolen über seine Kindheit und Jugend. So soll er im Alter von vier Jahren von Zigeunern entführt worden sein. Allerdings hätten seine Entführer ihn während einer Verfolgungsjagd wieder verloren, sodass er bereits kurze Zeit später wieder in den Schoß seiner Familie zurückkehren konnte.

Antwort 82

Adam Smith (1723–90) war nicht nur Moralphilosoph und Buchautor, er arbeitete ab 1778 auch als schottischer Zollkommissar. Dabei ging er rigoros gegen Schmuggler vor und half so, die maroden schottischen Staatsfinanzen zu sanieren.

Adam Smith

Antwort 83

Die Aussperrung stellt im Arbeitskampf für gewöhnlich eine Reaktion der Arbeitgeber auf einen Streik der Arbeitnehmer dar. Die Arbeitnehmer werden dann daran gehindert ihre Arbeit aufzunehmen. Während einer Aussperrung ruht das Arbeitsverhältnis, es werden also auch keine Löhne gezahlt. Nach Beendigung des Arbeitskampfes wird das Arbeitsverhältnis dann aber fortgesetzt. Kündigung wegen Streik oder Aussperrung sind gesetzlich verboten.

Antwort 84

Der Begriff „Bonität" leitet sich vom lateinischen bonitas, „Güte", ab. Er wird in Zusammenhang mit der Vergabe von Krediten angewendet. Die Bonität eines Schuldners bezeichnet also seine Güte. Und die drückt sich für die Banken oder andere Kreditgeber natürlich in seiner Fähigkeit aus, aufgenommene Kredite einschließlich der vereinbarten Zinsen pünktlich zurückzahlen zu können.

Antwort 85

b) NYSE

Die Börse von New York wird unter Insidern mit NYSE – New York Stock Exchange – bezeichnet. Sie wurde im Jahr 1792 gegründet. Heutzutage ist die New Yorker Börse weltweit die größte Institution ihrer Art. Häufig spricht man aber gar nicht mehr von der NYSE, sondern benutzt den Begriff „Wallstreet" als Synonym.

Antwort 86

Unter Angebot versteht man die Menge an Gütern, die die Unternehmen auf dem Markt verkaufen wollen. Nachfrage bezeichnet demgegenüber den Bedarf der Öffentlichkeit an einem bestimmten Produkt. In der freien Marktwirtschaft regelt das Zusammenspiel von Angebot und Nachfrage schließlich den Preis eines Produktes.

Antwort 87

Diese Veränderungen, die gegen Ende des 18. Jahrhunderts das komplette Arbeitsleben auf den Kopf stellten, werden folgerichtig als **industrielle Revolution** bezeichnet.

Dampfmaschine

Antwort 88

c) eine Gesellschaft, die keine Güter herstellt

Eine Holding ist eine Gesellschaft mit dem einzigen Zweck, Beteiligungen an anderen Gesellschaften zu halten. Sie stellt also keine Güter her.

Antwort 89

b) die Börse von Tokio

Der Nikkei-Index ist der Kursindex der Tokioter Börse. Er basiert auf den Kursen von 225 Aktien.

Börse in Tokio

Antwort 90

Spricht man allgemein von Aktien, so ist meistens die Stammaktie gemeint. Der Besitzer einer Stammaktie ist zugleich Mitinhaber der entsprechenden Aktiengesellschaft. Er hat in der Hauptversammlung Stimmrecht und kann also somit an Entscheidungen über die Gewinnverteilung, aber auch über die Entlastung des Vorstandes und des Aufsichtsrats und die Wahl des Wirtschaftsprüfers mitwirken. Auch beim Thema Kapitalveränderungen darf er ein Wörtchen mitreden. Demgegenüber hat der

Besitzer von Vorzugsaktien für gewöhnlich kein Mitspracherecht auf der Hauptversammlung. Dennoch kann der Besitz dieser Art von Aktien auch attraktiv sein, da er häufig mit Sonderrechten wie höheren Dividenden verbunden ist.

Antwort 91

a) der Kapitalanlage

Bauherrenmodelle dienen der Kapitalanlage. Hierbei schließen sich mehrere zu einer Gemeinschaft zusammen, um Immobilien zu bauen oder zu erwerben und dann zu vermieten. Häufig ist es erst mit solchen Modellen möglich, groß angelegte (und dementsprechend auch kostspielige) Bauvorhaben zu realisieren. Neben den zu erwartenden Einnahmen aus der Vermietung des Objekts sind Bauherrenmodelle für die einzelnen Mitglieder der Gemeinschaft vor allem auch aus steuerlichen Gründen sehr attraktiv.

Antwort 92

John Davison Rockefeller (1839–1937) war **ein amerikanischer Unternehmer.** Er war vor allem im Ölgeschäft tätig. Sein Ölunternehmen „Standard Oil Trust" beherrschte seit 1882 etwa 95 % des Raffineriegeschäfts der USA. Durch die Gewinne, die sein Unternehmen machte, wurde er damals zum reichsten Mann der Welt und zum Inbegriff des Kapitalisten. Rockefeller gründete u. a. die Universität Chicago (1890) und verschiedene Stiftungen, die er mit finanziellen Mitteln von mehr als 500 Millionen Dollar ausstattete.

J. D. Rockefeller

Antwort 93

Um die Gesellschaft bürgerlichen Rechts (GbR). Die gesetzlichen Bestimmungen über die Gesellschaft bürgerlichen Rechts sind in Paragraf 705ff BGB festgehalten.

Antwort 94

b) Zahlungsunfähigkeit, c) Überschuldung, e) drohende Überschuldung

Hierbei gilt: Zahlungsunfähigkeit tritt ein, wenn ein Unternehmen (oder eine Privatperson) seine fälligen Schulden nicht mehr begleichen kann. Von drohender Zahlungsunfähigkeit spricht man, wenn die verschuldete Person innerhalb der nächsten zwölf Monate ihre fällig werdenden Verpflichtungen voraussichtlich nicht erfüllen können wird.

Antwort 95

Ehepaare können ihre Einkommensteuererklärung gemeinsam oder getrennt abgeben. Das Ehegatten-Splitting ist ein Verfahren zur Berechnung der Einkommensteuer von gemeinsam veranlagten Ehegatten. Das Verfahren, das hierbei angewendet wird, ist recht einfach. Zunächst wird das zu versteuernde Einkommen des Ehepaares ermittelt und dann halbiert. Von dem so ermittelten halben Familieneinkommen wird nun die zu errichtende Einkommensteuer festgestellt. Schließlich wird die berechnete Einkommensteuer noch verdoppelt (da es ja um zwei Einkünfte geht). Diese Form der Veranlagung ist für die Steuerzahler besonders dann von Vorteil, wenn sich die einzelnen Einkünfte deutlich voneinander unterscheiden.

Antwort 96

Der Bundesrechnungshof ist die oberste Rechnungsprüfungsbehörde der Bundesrepublik Deutschland. Gegründet wurde er auf Grundlage eines Bundesgesetzes aus dem Jahr 1950 und des Artikels 114 des Grundgesetzes. Dort heißt es im zweiten Absatz: „Der Bundesrechnungshof, dessen Mitglieder richterliche Unabhängigkeit besitzen, prüft die Rechnung sowie die Wirtschaftlichkeit und Ordnungsmäßigkeit der Haushalts- und Wirtschaftsführung. Er hat außer der Bundesregierung unmittelbar dem Bundestage und dem Bundesrate jährlich zu berichten. Im Übrigen werden die Befugnisse des Bundesrechnungshofes durch das Bundesgesetz geregelt." Der Bundesrechnungshof besteht aus neun Prüfungsrechtabteilungen, in denen ca. 600 Menschen beschäftigt sind. Der jährliche Bericht ist das einzige Instrument des Bundesrechnungshofes. Weitergehende Sanktionsmöglichkeiten stehen ihm nicht zur Verfügung.

Bundesrechnungshof in Bonn

Antwort 97

a) Vergleich

Um die Insolvenz eines Unternehmens abzuwenden, versucht man häufig einen Vergleich zu schließen. Dabei können die Gläubiger des Unternehmens auf einen Teil ihrer Forderungen verzichten. Das geschieht beispielsweise dann, wenn sie durch die Insolvenz des Unternehmens selbst großen finanziellen Schaden erleiden müssten.

Antwort 98

Der Nettogewinn eines Unternehmens wird am Ende einer bestimmten Rechnungsperiode (z. B. des Geschäftsjahres) ermittelt. Dabei werden dann alle Erträge des Unternehmens ermittelt und von ihnen sämtliche Kosten abgezogen. Demgegenüber bezeichnet man als Umsatz die Summe aller Waren und Leistungen, die von einem Unternehmen verkauft werden.

Antwort 99

Börsencrash. Als Börsencrash oder auch Börsenkrach bezeichnet man einen starken Kursverfall an den Wertpapierbörsen. Nicht selten geht diesem Ereignis eine Wirtschaftskrise voraus. Häufig ist ein Börsencrash allerdings auch ein Auslöser von ernsthaften Krisen.

Antwort 100

b) besonders wichtige Kunden

Der Key-Account-Manager kümmert sich in erster Linie um besonders wichtige Kunden, die eine Schlüsselposition für den Unternehmenserfolg einnehmen. Seine Aufgabe besteht vor allem darin, die marketingpolitischen Maßnahmen seines Unternehmens genau auf diese wichtigen Kunden abzustimmen.

Antwort 101

d) Warentermingeschäft

Bei Warentermingeschäften „wird die Ernte von morgen bereits heute gehandelt". Das heißt, die komplette Abwicklung, ja manchmal sogar die Produktion von Waren, findet nach Abschluss des Geschäfts statt. Es wurde hier lediglich ein Termin zur Erfüllung des Kaufvertrages festgelegt. Solche Geschäfte bieten die Möglichkeit zu bisweilen großen Spekulationsgewinnen.

Antwort 102

Bei einem Investment-Fonds sammelt eine Kapitalanlage-Gesellschaft das Geld einer großen Zahl von Anlegern. Dabei handelt es sich sowohl um Ratensparer als auch um Menschen, die einmalig eine bestimmte Summe Geld anlegen wollen. Auf diese Weise kommen monatlich Beträge in der Höhe von mehreren Millionen Euro zusammen. Mit diesem Geld kauft die Kapitalanlagegesellschaft dann »im großen Stil« Aktien, verzinsliche Wertpapiere oder Immobilien. Sie geht dabei nach dem Grundsatz der Risikostreuung vor. Das bedeutet, wenn eine Aktie plötzlich sehr viel Wert verlieren sollte, verlieren die Anleger nicht zu viel Geld, da der Fonds auch aus anderen Werten besteht. Die Kapitalanlage-Gesellschaft versucht nun, mit dem ihr anvertrauten Geld einen möglichst großen Gewinn zu erwirtschaften, der dann teilweise an die einzelnen Eigentümer des Investment-Fonds ausgezahlt wird.

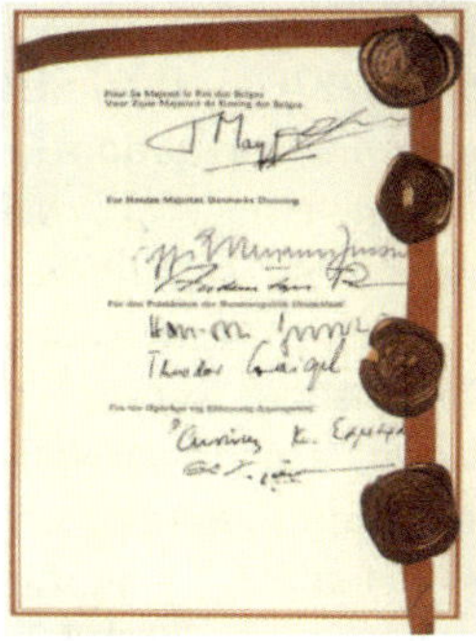

Vertrag von Maastricht

Antwort 103

Die blauen Briefe der Europäischen Union werden an bestimmte Mitgliedstaaten verschickt. Sie gelten als frühzeitige Warnung an diejenigen, deren Verschuldung drei Prozent des Bruttoinlandsproduktes zu überschreiten droht. Man spricht in diesem Zusammenhang auch davon, dass das entsprechende Land die Maastricht-Kriterien verletzt hat.

Antwort 104

c) Bonität von Bankkunden

Die Schutzgemeinschaft für allgemeine Kreditsicherung (Schufa), von Kreditinstituten und dem Einzelhandel gegründet, besteht seit 1927 und gibt Auskunft über die Bonität von Bankkunden.

Antwort 105

Das Weltwirtschaftsforum wurde im Jahr 1971 von Professor Klaus Schwab gegründet. Die weltweit 1000 größten privaten Wirtschaftsunternehmen sind Mitglieder des Forums. Die Voraussetzung für die Mitgliedschaft ist ein Jahresumsatz von mindestens einer Milliarde Dollar.

Antwort 106

Sir Isaac Newton (1643–1727) machte sich als Erster Gedanken über die **Gravitation**. Er beschrieb darin die Anziehungskraft, die zwei Körper aufeinander ausüben und wie sich diese Kraft proportional zur Entfernung der beiden Körper voneinander verändert. Man hat Newtons Gesetz u. a. dafür verwendet, die Planetenbewegungen zu berechnen. Erst viel später zeigte Albert Einstein (1879–1955), dass die Gravitation doch ganz anders funktioniert, als Newton sich das gedacht hatte.

Sir Isaac Newton

Antwort 107

Die Lichtgeschwindigkeit beträgt ungefähr 300.000 km pro Sekunde. Der genaue Wert beträgt 299.792,485 km/s. Entdeckt wurde diese Geschwindigkeit vom dänischen Astronomen Ole Rømer (1644–1710) bereits im Jahr 1667. Um sie zu ermitteln, maß der Däne die Zeit, die der Jupitermond Io für einen Umlauf um seinen Mutterplaneten benötigt. Nach einem halben Jahr maß er diese Zeit noch einmal. Zu diesem Zeitpunkt befand sich Jupiter auf seiner Bahn um die Sonne aber etwas weiter von der Erde entfernt, das Licht brauchte also etwas länger (nämlich ungefähr 1000 Sekunden), um die Erde zu erreichen. Aus diesen Daten konnte Rømer nun bereits recht genau die Lichtgeschwindigkeit errechnen.

Antwort 108

In seiner Allgemeinen Relativitätstheorie befasst sich Albert Einstein (1879–1955) in erster Linie mit der Gravitation und ihrer Auswirkung auf die Raumzeit. Die Raumzeit selbst ist dabei ein vierdimensionales „Geflecht" aus drei räumlichen und einer zeitlichen Dimension. Einsteins Theorie zufolge macht die Gravitation nun nichts anderes, also diese Raumzeit zu krümmen. Das Ganze kann man sich ein wenig wie eine Eisenkugel vorstellen, die auf einem Gummituch liegt. Auch diese Kugel beult das Tuch durch ihr Gewicht ein. Je schwerer die Kugel dabei ist, desto tiefer wird die „Beule" im Tuch. Im Grunde genommen macht jede Masse in der uns umgebenden Raumzeit genau dasselbe.

Antwort 109

a) Heinrich Göbel

Entgegen häufigen Annahmen, dass Thomas Alva Edison (1847–1931) die Glühbirne erfunden hätte (er hat später das Patent angemeldet), war der eigentliche Erfinder ein Deutscher: Heinrich Göbel (1818–1893). Er experimentierte schon 25 Jahre vor Göbels Patentanmeldung mit den ersten Glühbirnen.

Antwort 110

d) Marie Curie

Marie Curie (1867–1934) entdeckte zusammen mit ihrem Mann Pierre (1859–1906) die beiden Elemente Radium und Polonium, deren Strahlung Marie „radioaktiv" nannte. Im Jahr 1903 erhielten die Curies zusammen

mit Henri Becquerel (1852–1908) für ihre Leistungen den Nobelpreis für Physik. Nur acht Jahre später wurde ihr auch der Nobelpreis für Chemie verliehen.

M. Curie

Antwort 111

Im Jahr 1895 experimentierte der deutsche Physiker Wilhelm Röntgen (1845–1923) mit der Kathodenstrahlröhre. Dabei entdeckte er eine besondere Art von Strahlen, die feste Körper durchdringen und einen dahinter befindlichen Film schwärzen konnten: die Röntgenstrahlen. Nun können Röntgenstrahlen nicht jedes Objekt gleich gut durchdringen. Bei Knochen fällt ihnen das beispielsweise viel schwerer als bei Muskeln. Will man einen Menschen röntgen, bestrahlt man seinen Körper mit Röntgenstrahlen und belichtet auf der anderen Seite eine fotografische Platte. Dort, wo die Strahlen auf einen großen Widerstand stoßen (also bei den Knochen), wird die Platte nur wenig geschwärzt. Wo viele Strahlen auf die Platte gelangen können (also bei den Muskeln), erscheint die Platte fast schwarz. So kann man das menschliche Skelett mit Röntgenstrahlen gut abbilden.

Antwort 112

Laser. Der Begriff „Laser" ist eine Abkürzung und bedeutet: „Light Amplification by the Stimulated Emission of Radiation". Übersetzt heißt das: „Lichtverstärkung durch an-geregte Strahlungsaussendung".

Antwort 113

Beide bestehen aus Kohlenstoff. Reiner Kohlestoff tritt in der Natur in zwei Erscheinungsformen auf, die unterschiedlicher kaum sein könnten: als Grafit und als Diamant. Während der Diamant zu den härtesten Stoffen gehört, die wir kennen, und als Isolator fungiert, ist Grafit weich und zudem elektrisch leitend. In der Technik werden diamantbeschichtete Werkzeuge u. a. überall dort eingesetzt, wo es darum geht, besonders harte Werkstoffe präzise zu bearbeiten. Grafit hingegen setzt man gerne als besonders effektives Schmiermittel (z. B. bei Türschlössern) – aber auch in Bleistiftminen – ein. Die beiden Stoffe unterscheiden sich lediglich in der Anordnung ihrer Atome voneinander. Der Diamant verfügt über ein festes, stabiles Atomgitter, während das Grafit aus einzelnen Schichten aufgebaut ist, die untereinander keine Verbindungen aufweisen und lediglich durch die sogenannte Van-der-Vaals-Kraft zusammengehalten werden.

Antwort 114

b) Desoxyribonukleinsäure

DNS ist die Abkürzung für Desoxyribonukleinsäure und bezeichnet die Substanz, die alle Erbinformationen eines Lebewesens

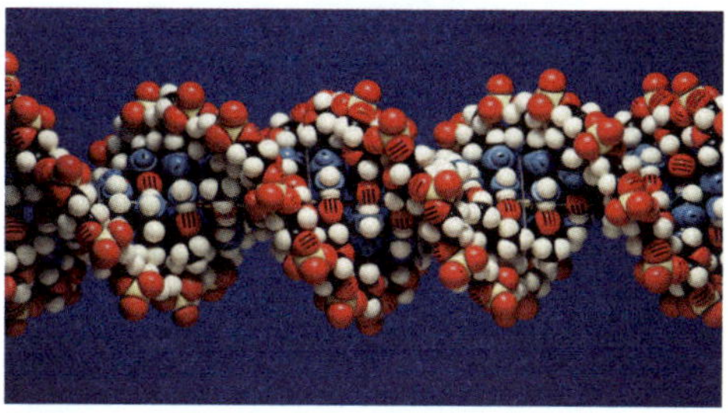

DNS

enthält. Die DNS stellt also so etwas wie den Bauplan für den Körper dar.

Antwort 115

c) das menschliche Erbgut zu entschlüsseln
Das Humangenomprojekt war ein ganz besonderes Projekt. Weltweit arbeiteten etwa 1000 Wissenschaftler aus 40 Ländern im Rahmen dieses Projekts daran, das menschliche Erbgut zu entschlüsseln. Sie begannen ihre Arbeit im Jahr 1990 und konnten 2001 verkünden, ihre Aufgabe erfolgreich beendet zu haben.

Querschnitt durch eine Zelle

Antwort 116

Alle Lebewesen sind aus Zellen zusammengesetzt. Ein ganz wichtiger Bestandteil der Zelle ist der Zellkern. Er wird von zwei Membranen geschützt. Zunächst einmal enthält der Zellkern eine Menge wichtiger Informationen, das Erbgut des betreffenden Lebewesens. Diese Informationen nutzen natürlich nur dann etwas, wenn sie auch gelesen werden können – und auch das geht im Zellkern. Das Lesen übernehmen bestimmte Stoffe. Sie können die beiden schützenden Membranen des Zellkerns durchqueren und verstehen die Informationen, die er bereithält. In einem Zellkern passiert aber noch mehr: Ständig gelangen Informationen über den Zustand der Zelle und der Außenwelt in den Kern. Dort wird dann entschieden, was die Zelle als Nächstes zu tun hat. Die Befehle müssen dann natürlich vom Zellkern wieder nach außen getragen werden. Auch dafür gibt es ganz bestimmte Stoffe. Man kann eine Zelle also ein wenig mit der Brücke auf einem Schiff oder einer Kommandozentrale vergleichen.

Antwort 117

Konrad Lorenz (1903–1989) wurde vor allem durch die Entdeckung der Prägung bekannt. Auf seine diesbezüglichen Ideen war er durch die intensive Beobachtung des Verhaltens von Gänsen gekommen. Diese Beobachtungen brachten ihm auch den Namen „Vater der Graugänse" ein.

K. Lorenz

Antwort 118

Die Fotosynthese gilt als eine der bedeutendsten Reaktionen in der Natur und Voraussetzung für das Leben aller tierischen Organismen einschließlich des Menschen, da durch diesen Vorgang der Sauerstoff zum Atmen gebildet wird. Sie geht in drei Schritten vor sich. In einem ersten Schritt absorbiert die Pflanze mithilfe von Farbstoffen das Licht. Daraufhin wird die elektromagnetische Energie des Lichts in der Pflanze in chemische Energie umgewandelt. Diese chemische Energie benötigt die Pflanze für den Stoffwechsel, zur Synthese organischer Verbindungen und für das Wachstum. Bei diesen Reaktionen entsteht dann der für alles Leben so wichtige Sauerstoff.

Antwort 119

Aminosäuren sind kleine organische Moleküle. Alle Aminosäuren weisen zwei besondere chemische Gruppen auf: eine sogenannte Caroxylgruppe, die aus einem Kohlenstoff-, einem Wasserstoff- und zwei Sauerstoffatomen besteht (-COOH), und eine Aminogruppe aus zwei Wasserstoff- und einem Stickstoffatom (-NH_2). Die einfachste Aminosäure enthält außer diesen beiden Gruppen keine weiteren Elemente. Alle weiteren Aminosäuren besitzen dann noch zusätzliche Elemente. Sie bilden, hintereinander angeordnet, beispielsweise die verschiedenen Proteine, wobei deren Länge von unter 20 bis über 1000 Aminosäuren variieren kann; das längste menschliche Protein besteht sogar aus über 30.000 Aminosäuren.

Antwort 120

c) flüssig

Ein Stoff, der zuvor gasförmig gewesen ist, wird durch die Kondensation in einen flüssigen Zustand überführt. Diesen Vorgang kann man beispielsweise beim Kochen beobachten, wenn der Wasserdampf sich am Topfdeckel niederschlägt und dort als Flüssigkeit hinunterläuft.

Antwort 121

Albert Einstein (1879–1955) bekam den Nobelpreis für die **Entdeckung des Fotoeffekts** verliehen. Dabei handelte es sich um

VERSCHIEDENE AGGREGATZUSTÄNDE

In der Schule lernt man für gewöhnlich, dass die Wissenschaft drei Aggregatzustände unterscheidet: fest, flüssig und gasförmig. Darüber schütteln die Forscher heutzutage nur noch den Kopf, denn es gibt in der Tat eine Reihe weiterer Aggregatzustände. Einer der interessantesten dürfte das Bose-Einstein-Kondensat sein. In diesen Zustand kann man Gase bei sehr niedrigen Temperaturen mithilfe eines ungeheuer komplizierten Verfahrens versetzen. Das Bose-Einstein-Kondensat ist dann dadurch gekennzeichnet, dass sich alle Atome des Gases wie ein einziges Superatom verhalten. Ein solches Superatom ist natürlich wesentlich einfacher zu beobachten als ein „normales“. Insofern ist dieser Zustand für die Wissenschaftler – insbesondere für Quantenphysiker – sehr spannend.

ein Phänomen, das die Physik lange Zeit nicht erklären konnte. Unter bestimmten Bedingungen ist Licht nämlich in der Lage, aus Metalloberflächen Elektronen „herauszuschlagen". Außerdem zeigte sich, dass sich mit zunehmender Helligkeit der Lichtquelle die Anzahl der herausgeschlagenen Elektronen erhöht. Ihre Geschwindigkeit bleibt allerdings gleich. Das heißt, die Energie der Einzelelektronen verändert sich nicht. Dieses Phänomen lässt sich nur mithilfe der Quantenphysik erklären. Wenn man nämlich davon ausgeht, dass auch das Licht in Form von kleinen Teilchen (die Physik nennt sie Photonen) vorliegt, lässt sich der Fotoeffekt leicht erklären. Einstein war der erste, der diesen Weg gegangen ist. Heutzutage hat der Fotoeffekt beispielsweise bei der Gewinnung von Solarstrom großen Nutzen.

Antwort 123

b) Max Planck (1858–1947)

Als sich Max Planck mit der Strahlung sogenannter schwarzer Körper beschäftigte, stellte er fest, dass die Wärmeenergie in winzig kleinen „Paketen" transportiert wird. Er nannte diese Pakete Quanten.

Antwort 123

Galileo Galilei (1564–1642) war Philosoph und Professor für Mathematik in Pisa, Padua und Florenz.

Galileo Galilei

Antwort 124

Die Namen der ursprünglich neun weiteren Planeten in unserem Sonnensystem lauten (ausgehend von der Sonne): Merkur, Venus, Erde, Mars, Jupiter, Saturn, Uranus, Neptun und Pluto. Allerdings wurde Pluto im Jahr 2006 der Status eines Planeten aberkannt, er gilt nunmehr als Zwergplanet.

Antwort 125

d) ein besonderes Kohlenstoff-Molekül

Bei Diamant und Grafit spricht man auch von Modifikationen des Kohlenstoffs. 1985 entdeckte nun ein Forscherteam von der Rice University in Houston/Texas, dass es neben diesen beiden Modifikationen noch eine weitere gibt: die Fullerene. Das sogenannte Buckyball ist eines der bekanntesten Fullerene. Es besteht aus 20 Sechsecken und 12 Fünfecken. Manchem Sportfan dürfte bei dieser kurzen Beschreibung bereits dämmern, wie diese Modifikation des Kohlenstoffs aussieht – nämlich wie ein waschechter Fußball. Jedes Kohlenstoffatom – insgesamt sind hier 60 Atome „verarbeitet", daher bezeichnet man ein Buckyball auch mit der chemischen Formel C_{60} – verfügt über zwei Einzel- und eine Doppelbindung. Neben den C_{60}-Molekülen gibt es noch weitere Fullerene. Das C_{70}-Molekül sieht beispielsweise ein wenig wie ein American Football aus.

Antwort 126

d) Kortison

Kortison ist ein (oft lebenswichtiges) Medikament, das entzündliche oder allergische Erkrankungen lindert. Heutzutage wird Kortison vor allem bei Hautkrankheiten, Asthma, Allergien und Rheuma verwendet.

Die schlimmen Nebenwirkungen, die Kortisonpräparate früher hatten, tauchen heutzutage kaum noch auf. Das liegt vor allem daran, dass die Mediziner nun deutlich mehr über die Wirkung dieses Stoffes wissen und ihn daher wesentlich gezielter und schonender einsetzen können.

Antwort 127

Die Fermentation bezeichnet die Umwandlung von biologischen Materialien mithilfe von Bakterien, Pilzen, Zellkulturen oder Enzymen. Mithilfe dieses Vorgangs werden viele Antibiotika, aber auch Lebensmittel wie Käse oder Sojasoße hergestellt. Bei der Herstellung von Joghurt wird aus dem in der Milch enthaltenen Milchzucker durch Vergärung Milchsäure gebildet. Diese Milchsäure führt wiederum dazu, dass sich die Milcheiweiße zusammenlagern, eine Gallerte entsteht. Aber auch die alkoholische Gärung stellt eine Form der Fermentation dar. Die Hefepilze stellen dabei aus Zucker Alkohol her.

Antwort 128

Schwarze Löcher tragen ihren Namen durchaus zu Recht, denn auch Licht kann ihre enorme Anziehungskraft nicht überwinden. Das heißt allerdings, dass es keine Möglichkeit gibt, schwarze Löcher direkt zu orten. Man ist stets auf den indirekten Nachweis ihrer Existenz angewiesen. So deuten beispielsweise sogenannte Quasare auf schwarze Löcher hin. Zudem geht man heutzutage davon aus, dass sich im Zentrum der meisten Galaxien, insbesondere im Zentrum von Spiralgalaxien wie der unseren, ein schwarzes Loch befindet.

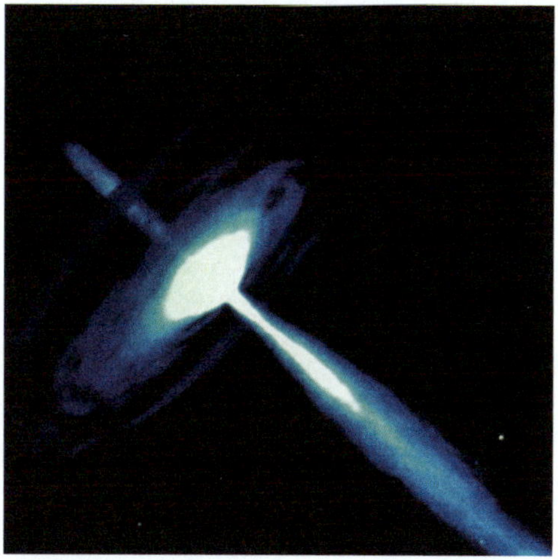

Quasar um ein schwarzes Loch

Antwort 129

Jedes Atom besteht aus Protonen, Neutronen (diese beiden befinden sich im Atomkern) und Elektronen. Die chemischen Eigenschaften eines Elements werden durch die unterschiedliche Anzahl an Protonen bestimmt. Dabei legt die Anzahl an Protonen auch die Menge an Elektronen fest, über die das Atom verfügt. Isotope eines chemischen Elements sind nun all die Atome, die über die gleiche Anzahl an Protonen und Elektronen verfügen, jedoch eine andere Menge an Neutronen aufweisen. Isotope werden dadurch gekennzeichnet, dass man die Summe ihrer Protonen- und Neutronenzahlen angibt. Uran 235 ist beispielsweise das Isotop des Uran mit insgesamt 235 Protonen und Neutronen in seinem Kern.

Antwort 130

Ein Biotop ist ein räumlich begrenzter Ort, an dem verschiedene Pflanzen- und Tierarten in einer Gemeinschaft zusammenleben. Ein solcher Ort kann ein Bachlauf sein oder auch ein Teich, eine Wiese, ein Wald, aber auch nur ein einzelner toter Baum. Manchmal ist sogar eine Mauer ein kleines Biotop. Biotope können natürlich entstanden oder von Menschen künstlich geschaffen worden sein.

Antwort 131

c) Juri Gagarin

Im Jahr 1961 umkreiste Juri Gagarin (1934–1968) in der Raumkapsel „Wostok 1" als erster Mensch die Erde. Damit hatten die Russen die erste Etappe des Wettlaufs in das All gewonnen. Am 27. März 1968 verunglückte Gagarin bei einem Übungsflug tödlich.

J. Gagarin

Antwort 132

a) Chemiker

Polymere sind lange Ketten aus vielen einzelnen Bausteinen. Einen solchen Baustein nennt man dann Monomer. Ein durchschnittliches Polymer enthält zwischen 10.000 und 100.000 Monomere. Dabei können sie aus lauter gleichen, aber unter Umständen auch aus verschiedenen Monomeren zusammengesetzt sein. Die meisten Kunststoffe bestehen übrigens aus solchen Polymeren.

Antwort 133

Im Periodensystem sind die chemischen Elemente **nach ihrem Atomgewicht** angeordnet. Dieses Gewicht hängt mit der Anzahl an Protonen und Neutronen zusammen. Sie besitzen jeweils die Masse 1, das Gewicht entspricht also der Anzahl an Protonen und Neutronen. Die Elektronen verfügen über eine so geringe Masse, dass ihr Gewicht hier keine Rolle spielt.

Antwort 134

Der Impulserhaltungssatz besagt, dass beim Zusammenstoß zweier Körper der Impuls der Körper erhalten bleibt. Dieser physikalische Satz wurde bereits im Jahr 1668 von dem Engländer John Wallis (1616–1703) formuliert.

Antwort 135

a) sie werden schneller

Wenn man einen Stoff erwärmt, führt man ihm Energie zu. Dadurch gehen die Elektronen in den Atomen in einen angeregten und energiereicheren Zustand über.

Antwort 136

c) Gasplanet

Der Jupiter zählt zur Klasse der Gasplaneten. Dazu zählen in der Astronomie Planeten, die vorwiegend aus den leichten Elementen Wasserstoff oder Helium bestehn. Bei Jupiter herrscht das Element Wasserstoff vor. Er ist mit einem Durchmesser von 143.000 km der größte Planet unseres Sonnensystems und besitzt eine Masse, die 2,5-mal so groß ist, wie die aller anderen Planeten des Sonnensystems zusammen.

Antwort 137

In der organischen Chemie geht es in erster Linie um Verbindungen, die aus Kohlenstoff aufgebaut sind. Man sollte nun aber nicht meinen, das seien doch nur ein paar. Immerhin sind bisher mehr als 17 Millionen derartiger Verbindungen bekannt. Darüber hinaus sind Kohlenstoff-Verbindungen häufig wesentlich komplexer als diejenigen, die man in der anorganischen Chemie findet. Dort befasst man sich dann mit den übrigen Verbindungen. Typisch für die chemischen Reaktionen in der anorganischen Chemie ist übrigens, dass sie deutlich schneller über die Bühne gehen.

Antwort 138

Die T-Zellen sind eine besondere Gruppe von weißen Blutkörperchen. Sie gehören zum Immunsystem. Innerhalb dieser Gruppe von Zellen gibt es noch vier weitere Unterscheidungen: Man differenziert in Killerzellen, Helferzellen, Gedächtniszellen und regulatorische T-Zellen. Die Killerzellen vernichten die Eindringlinge in den Körper. Die Helferzellen aktivieren andere Abwehrzellen, die Gedächtniszellen sind langlebig und „erinnern" sich an Erreger, die schon einmal in den Körper eingedrungen sind. Sie helfen dadurch mit, eine möglichst schnelle und effektive Abwehr gegen diese Eindringlinge aufzubauen. Regulatorische T-Zellen schließlich sind sehr wichtig. Sie stoppen alle Abwehrzellen, die versehentlich körpereigenes Gewebe angreifen würden.

Antwort 139

a) Nasenbeutelschwalbe

Eine Nasenbeutelschwalbe gibt es nicht, aber ein Tier mit einem Nasenbeutel ist durchaus bekannt. Es gibt nämlich einen Nasenbeuteldachs.

Mopsfledermaus

Antwort 140

Man nennt solche Stoffe **Katalysatoren**. Auch in der Biologie gibt es so etwas. Enzyme sind Stoffe, die die Aktivierungsenergie für biologische Prozesse herabsetzen. Solche Prozesse würden ohne die Enzyme eventuell gar nicht oder nur sehr langsam ablaufen.

Antwort 141

Der Begriff „Analysis" stammt vom griechischen Wort análysis, das man mit „auflösen" übersetzen kann, ab. Dieses Teilgebiet der Mathematik befasst sich in erster Linie mit Folgen (z. B. 2, 4, 6, 8, 10 …) und Reihen (z. B. 1 + 2 + 3 + 4 …) sowie mit Funktionen reeller Zahlen. Es geht dabei vor allem um die Beschreibung und Berechnung dieser mathematischen Ausdrücke. Die Methoden, die in der Analysis entwickelt wurden, sind insbesondere in den Naturwissenschaften von großer Bedeutung. Bei der Entwicklung der Analysis haben sich vor allem Gottfried W. Leibniz (1646–1716) und Isaac Newton (1643–1727) große Verdienste erworben.

Antwort 142

Abakus. Wann genau diese Rechenhilfe erfunden wurde, lässt sich nicht mehr ermitteln. Es gibt aber sichere Quellen, denen zufolge der Abakus bereits 1100 Jahre v. Chr. im asiatischen Raum verbreitet war.

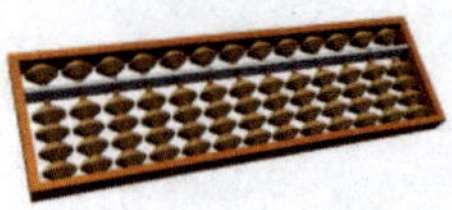

Antwort 143

Es gibt drei binomische Formeln. Sie lauten:

$(a + b)^2 = a^2 + 2ab + b^2$

$(a - b)^2 = a^2 - 2ab + b^2$

$(a + b) \cdot (a - b) = a^2 - b^2$

Antwort 144

b) 180°

Die Summe der Innenwinkel in einem Dreieck beträgt immer 180°. Dieses Wissen kann sehr hilfreich sein, um ein spezielles Dreieck konstruieren zu können, wenn nicht alle Winkel bekannt sind.

Antwort 145

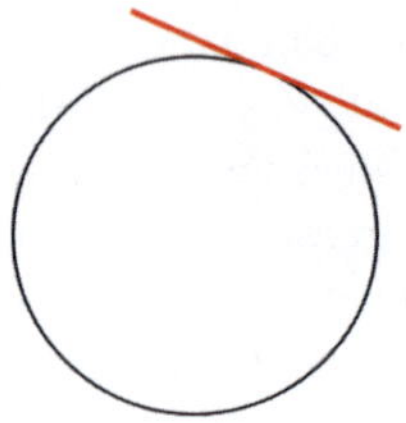

c) Sie berührt den Kreis an genau einem Punkt.

Das Wort „Tangente" kommt aus dem Lateinischen. Das Verb „tangere" bedeutet hierbei berühren.

Antwort 146

Man kann mit geometrischen Figuren verschiedene Dinge anstellen. So lassen sie sich beispielsweise drehen, spiegeln oder parallel verschieben. Diese Aktionen oder auch beliebige Kombinationen dieser Aktionen werden Kongruenzabbildungen genannt. Geometrische Figuren sind genau dann kongruent, wenn sie durch eine Kongruenzabbildung zur Deckung gebracht werden können.

Antwort 147

Es geht um die Kreiszahl Pi (geschrieben π). Sie lautet mit den ersten 100 Nachkommastellen: 3,141 592 653 589 793 238 462 643 383 279 502 884 197 169 399 375 105 820 974 944 592 307 816 406 286 208 998 628 034 825 342 117 067 9

Antwort 148

Die Menge der ganzen Zahlen umfasst alle positiven ganzen Zahlen (also Zahlen ohne

Nachkommastellen), alle negativen ganzen Zahlen und die Null. Brüche zählen nicht zu dieser Menge.

Antwort 149

b) gegenüber dem rechten Winkel

Ein rechtwinkliges Dreieck verfügt über zwei Katheten und eine Hypotenuse. Dabei liegt die Hypotenuse gegenüber des rechten Winkels.

Antwort 150

Es handelt sich um ein rechtwinkliges Dreieck. Die in der Frage formulierte Regelmäßigkeit wurde bereits ca. 600 Jahre v. Chr. von dem griechischen Naturwissenschaftler Thales von Milet (624–546 v. Chr.) formuliert. Sie ist in der Mathematik als Satz des Thales bekannt.

Antwort 151

a) Dreieck

Diese Formel berechnet die Fläche eines Dreiecks. Dabei ist g die Länge der Grundseite und h die Höhe des Dreiecks.

Antwort 152

Pythagoras wurde im Jahr 570 v. Chr. auf der griechischen Insel Samos geboren. Viele Einzelheiten über sein Leben sind nicht bekannt, sodass ihn auch heute noch ein Hauch des Mysteriösen umgibt. Pythagoras starb ungefähr 475 v. Chr.

Pythagoras

Antwort 153

Die drei grundlegenden Werte der Prozentrechnung sind der **Grundwert (G), der Prozentwert (W) und der Prozentsatz (p)**. Dabei ist die Größe, die dem Ganzen bzw. den 100 % entspricht, der Grundwert. Der Prozentwert ist ein Anteil des Grundwertes. Wie viele Prozent er ausmacht, wird vom Prozentsatz, das sind die Angaben in Prozent, bestimmt. Eine der grundlegenden Formeln der Prozentrechnung lautet:

$$G = \frac{W \cdot 100}{p}$$

Antwort 154

d) Wahrscheinlichkeiten

Die Stochastik beschäftigt sich, so heißt es in der mathematischen Definition, mit den Gesetzmäßigkeiten von zufälligen Ereignissen. Dabei gibt es zwei große Teilbereiche, in die sie sich gliedert: die Wahrscheinlichkeitsrechnung und die Statistik.

DIE GRÖSSTE PRIMZAHL

Tüftler sind ständig bemüht, immer größere Primzahlen zu finden. Dabei bedienen sie sich verschiedener ausgeklügelter Verfahren und natürlich der enormen Rechenleistung von Großrechenanlagen. Die (vorläufig) größte gefundene Primzahl lautet übrigens: 232582657 – 1. Sie wurde 2006 im Rahmen des Projekts „GIMPS - The Great Internet Mersenne Prime Search“ entdeckt.

Antwort 155

Primzahlen. Die kleinsten Primzahlen sind 2, 3, 5, 7 und 11. Die 1 ist per Definition keine Primzahl.

Antwort 156

Als Term bezeichnet man eine **mathematische Zeichenfolge, die sinnvoll miteinander verknüpft ist**. Auch eine einzelne Zahl oder eine Variable können Terme sein. 1, 1 + 2 oder 3 : 4 sind Terme. Im Gegensatz dazu handelt es sich bei 6 + x = 12 nicht um einen Term, sondern um eine Aussage. Aussagen sind Sätze, die wahr oder falsch sein können, Terme sind neutral.

Antwort 157

c) $V = a^3$

Das Volumen eines Quaders errechnet sich aus dem Produkt seiner Höhe, Breite und Länge. Ein Würfel ist eine Spezialform eines Quaders, bei dem Höhe, Breite und Länge gleich sind.

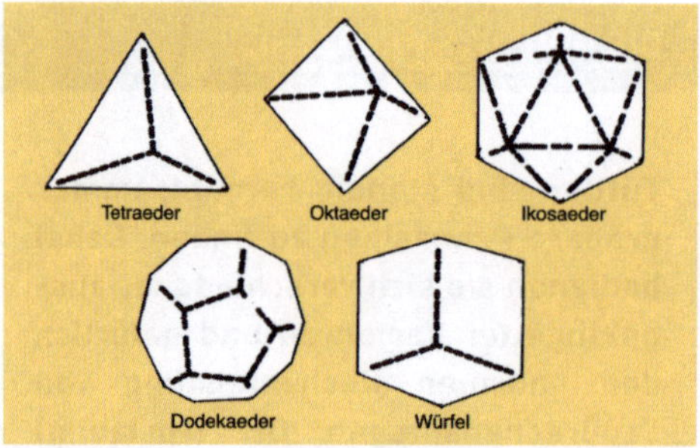

Antwort 158

d) Bruchrechnung

Bei der Bruchrechnung muss man – um Brüche zu addieren oder zu subtrahieren – die beteiligten Brüche auf den gleichen Nenner bringen. Das geschieht durch entsprechendes Erweitern. Der gemeinsame Nenner der Brüche $\frac{2}{3}$ und $\frac{3}{4}$ lautet 12, die Brüche nach der Erweiterung entsprechend $\frac{8}{12}$ und $\frac{9}{12}$.

Antwort 159

Logarithmentafeln stellten früher – bevor jedermann Taschenrechner und Computer sein Eigen nennen konnte – eine wichtige Rechenhilfe dar. Es handelt sich hierbei um eine spezielle Tabelle, aus der man den Logarithmus und die Nachkommastellen bestimmter Zahlen ablesen kann. Mithilfe dieser speziellen Tabellen konnte man beispielsweise die Division und Multiplikation von Zahlen auf die wesentlich einfachere Addition und Subtraktion zurückführen. Es brauchte allerdings einige Übung, bis man mit diesem Hilfsmittel zuverlässig und schnell rechnen konnte.

Antwort 160

Axiome. Eines der bekanntesten Axiome aus der Geometrie lautet z. B. „Die kürzeste Verbindung zwischen zwei Punkten ist eine Gerade". Auch die Aussage „Jede natürliche Zahl n hat genau einen Nachfolger" ist ein bekanntes mathematisches Axiom. Der griechische Gelehrte Aristoteles (384–322 v. Chr.) gilt als der „Vater" der Axiomatik.

Antwort 161

a) Binärsystem

Die Entwicklung des Binärsystems geht auf den deutschen Mathematiker Gottfried Wilhelm Leibniz (1646–1716) zurück. Leibniz zeigte sich davon überzeugt, dass sein System – das nur die Zahlen 0 und 1 enthielt – perfekt für die mechanische Umsetzung in einer Maschine geeignet sei. Er dachte sich aber nicht nur dieses Zahlensystem aus, sondern überlegte sich auch, wie man in diesem System rechnen kann.

Antwort 162

Man nennt einen Winkel zwischen 90° und 180° einen **stumpfen Winkel**. Winkel zwischen 0° und 90° heißen in der Mathematik spitze Winkel, ein Winkel, der exakt 90° aufweist, wird rechter Winkel genannt.

Antwort 163

Exponentielles Wachstum. Das wohl wichtigste Merkmal des exponentiellen Wachstums (das auch natürliches Wachstum genannt wird) ist, dass die Zu- bzw. Abnahme (auch das geht, beispielsweise beim radioaktiven Zerfall) in einem bestimmten Zeitintervall nicht konstant, sondern abhängig vom und proportional zum vorhandenen Bestand ist.

Antwort 164

Der Dreisatz ist ein Rechenverfahren, mit dem man mithilfe von zwei bekannten Größen eine dritte Größe berechnen kann, die noch nicht bekannt ist. In der Aufgabenstellung kennt man zumeist das Ergebnis für eine bestimmte Anzahl der Größe A (z. B. den Preis für fünf Äpfel). Aus diesen Angaben lässt sich nun einfach der Wert für eine Einheit der Größe A (in unserem Beispiel der Preis für einen Apfel) ermitteln. Ist dieser Wert einmal bekannt, machte es keine Schwierigkeiten mehr, ein Ergebnis für jede beliebige Anzahl von A (also jede beliebige Anzahl von Äpfeln) auszurechnen. Da eine solche Rechnung also in drei Schritten vonstatten geht, spricht man vom Dreisatz.

Antwort 165

b) das Produkt einer Zahl mit sich selbst

Die Potenz wird als kleine hochgestellte Zahl neben die potenzierte Zahl geschrieben. So gilt also $8^3 = 8 \cdot 8 \cdot 8 = 512$. Das Gegenteil der Potenz ist die Wurzel (ein von vielen Schülern nur wenig geliebtes Ding). In diesem Fall gilt $\sqrt[3]{512} = 8$.

Antwort 166

Die Winkelfunktionen (Sinus, Cosinus, Tangens und Cotangens) sind in der Geometrie beheimatet. Sie drücken Beziehungen zwischen Winkeln und Längen aus. So lässt sich mit ihrer Hilfe beispielsweise die Länge eines Schattens berechnen, die ein schief in die Erde gesteckter Stab wirft, wenn man den Winkel kennt, den der Stab mit dem Boden bildet. Auch lassen sich mithilfe der Winkelfunktionen Berechnungen an Drei-

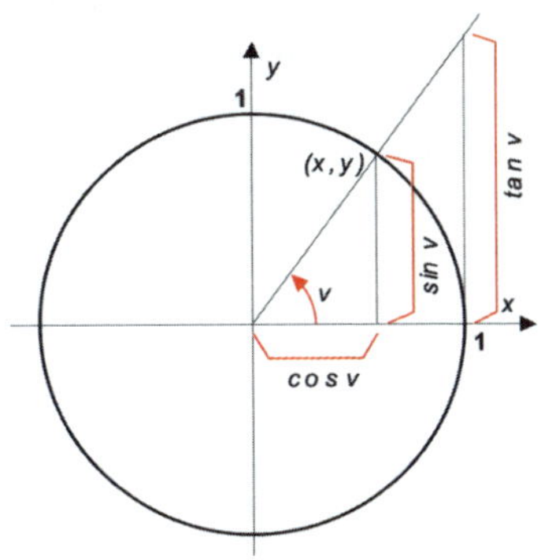

ecken durchführen. Derartige Berechnungen spielen bei Vermessungen eine große Rolle, werden also in der Praxis auch häufig angewendet.

Antwort 167

Als Tautologie bezeichnet man eine Aussage, die immer wahr ist, unabhängig davon, ob ihre einzelnen Teilaussagen als wahr oder falsch angesehen werden können. So handelt es sich beispielsweise bei der Aussage „Es schneit oder nicht" um eine Tautologie. Eine von beiden Teilaussagen ist immer richtig. Da beide mit einem „oder" verknüpft sind, muss also die Gesamtaussage auch immer richtig sein. Aber auch Aussagen nach dem Muster „Wenn A, dann A" bzw. „Aus A folgt A" sind Tautologien.

Antwort 168

In diesem Fall spricht man von einem **Paradoxon**. Ein Paradoxon taucht auf, wenn aus einer Aussage ein Widerspruch entsteht, der sich nicht auflösen lässt.

VERLOGENE KRETER

Der Philosoph und Seher Epimenides lebte im 6./7. Jahrhundert v. Chr. auf der griechischen Insel Kreta. Er gilt als Schöpfer eines der berühmtesten Paradoxons: „Alle Kreter sind Lügner und alle von Kretern aufgestellte Behauptung sind Lügen." Wer versucht, dieses Paradoxon sinnvoll aufzulösen, wird sich unweigerlich im Logikdschungel verlaufen und nicht wieder hinausfinden.

Antwort 169

b) ∞

Die liegende Acht ist in der Mathematik das Zeichen für unendlich.

Antwort 170

c) eine Aussage, deren Wahrheit man mit anderen Aussagen beweisen kann

Hierbei ist es wichtig, dass die Aussage wirklich wahr ist. Eine Aussage wie „Die Innenwinkelsumme eines Dreiecks beträgt 181°" ist nicht wahr, also auch kein mathematischer Satz.

Antwort 171

Ganz allgemein gesprochen stellt eine Funktion eine **eindeutige Abbildung beliebiger Gegenstände auf andere Gegenstände dar**. So kann man beispielsweise jeder Zahl x in einer Funktion ihr Quadrat zuordnen, also x^2. Ganz wichtig ist hierbei die Eindeutigkeit der Abbildung. Die Funktion aus unserem Beispiel würde als mathematische Formel so dargestellt: $f(x) = x^2$. Man kann Funktionen wie diese auch grafisch als Kurve in einem Koordinatensystem aufzeichnen. Das ist allerdings für den mathematischen Umgang mit ihnen nicht zwingend erforderlich.

Antwort 172

Rechtecke besitzen **vier rechte Winkel**. Das normale Viereck muss dieses Merkmal nicht unbedingt haben, hier reichen die vier Ecken aus. So ist z. B. eine Raute zwar ein Viereck, da ihre Innenwinkel nicht 90° betragen.

Antwort 173

b) 5

Pentaeder kommt aus dem Griechischen und bedeutet Fünfflächner.

Antwort 174

Quotient. Der Quotient gibt das Verhältnis zweier Größen zueinander an. Man kann ihn als Dezimalzahl (0,5) oder als Bruch ($\frac{1}{2}$) darstellen.

Antwort 175

Vektoren. Vektoren werden durch einen Betrag und eine Richtung bestimmt. Man kann mit ihnen auch Rechenoperationen ausführen.

Antwort 176

a) Differenz

Antwort 177

George Boole (1815–1964). Mithilfe der Bool'schen Algebra lassen sich logische Aussagen treffen und Bedingungen formulieren. Auch elektronische Schaltungen können mit der Bool'schen Algebra dargestellt werden.

Antwort 178

b) Algebra

Die moderne Algebra beschäftigt sich nicht nur mit Gleichungen, sondern auch mit Strukturen wie Gruppen, Ringen und Körpern (die nicht mit Körpern aus der Geometrie verwechselt werden sollten).

Antwort 179

Eine Sekante ist in der Geometrie eine **Gerade, die einen Kreis an zwei unterschiedlichen Punkten schneidet.**

Antwort 180

Der Durchmesser eines Kreises ist doppelt so groß wie sein Radius.

UNENDLICH IST NICHT GLEICH UNENDLICH

Der Mathematiker David Hilbert (1862–1943) hat ein interessantes Gedankenexperiment formuliert, das zeigt, dass selbst im Unendlichen noch Abstufungen existieren. Hilbert nahm ein Hotel mit unendlich vielen Zimmern an, die durchnummeriert sind. Das Hotel ist gerade voll belegt. Nun kommt ein neuer Gast und fragt den Wirt, ob er noch ein Zimmer bekommen kann. Der Wirt sagt ja, es sei kein Problem. Wie stellt er das nun an? Er verlegt einfach den Gast von Zimmer 1 in Zimmer 2, den Gast von Zimmer 2 in Zimmer 3 und so weiter. Da das Hotel über unendlich viele Zimmer verfügt, stellt diese Aktion kein Problem dar. Am Ende ist immer ein Zimmer frei und kann den neuen Gast aufnehmen. Auf diese Weise ist es dem Wirt also möglich, noch unendlich viele weitere Gäste zu beherbergen. In der Sprache der Mathematik verfügt das Hotel über abzählbar unendlich viele Zimmer. Dagegen ist die Anzahl der Brüche zwischen 0 und 1 überabzählbar unendlich.

Antwort 181

GPS steht für „Global Positioning System" und bezeichnet ein satellitengesteuertes **Navigationssystem**. Man benötigt es, um sich in einer unbekannten Gegend zu orientieren oder um einen Weg zu finden. Dabei wird die Position des Systems mit einer Satellitenpeilung exakt bestimmt und ein eingebauter Computer kann dann den Weg zum Ziel berechnen.

Antwort 182

Die Mikrowelle. Mikrowellenherde erhitzen das Essen, indem sie seine Wasserstoffmoleküle zum Rotieren bringen.

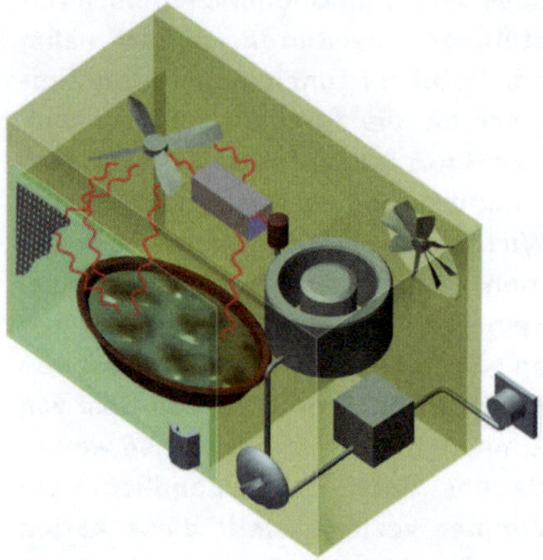

Mikrowelle

Antwort 183

d) Leistung

Die Einheit wurde nach dem schottischen Erfinder James Watt (1736–1819), der die Dampfmaschine entscheidend verbesserte, benannt.

Antwort 184

a) Themse

Dem Vernehmen nach soll der Niederländer Cornelius van Drebbel 1620 ein lederüberzogenes Holzruderboot mit Luftröhren verwendet und damit in der Themse getaucht haben.

Themse in London

Antwort 185

Das Prinzip, nach dem der Flaschenzug funktioniert, beruht auf der Hebelwirkung. Ein schweres Gewicht lässt sich ganz einfach anheben, wenn es auf dem kurzen Arm eines Hebels liegt und man den langen Arm hinunterdrückt. Man muss mit dem langen Arm einen längeren Weg zurücklegen, benötigt im Gegenzug aber weniger Kraft. Bei einem Flaschenzug haben wir es nun nicht mit Hebelarmen, sondern mit Rollen, über die ein Seil gelenkt wird, zu tun. Aber auch hier ist das Prinzip gleich. Man muss das Seil sehr viel weiter nach unten ziehen, als das Gewicht nach oben transportiert wird. Dafür ist aber viel weniger Kraft erforderlich.

Antwort 186

Stoffe, die magnetisch werden können, besitzen eine ganz besondere Struktur. Sie sind aus unzähligen sogenannten Elementarmagneten zusammengesetzt. Jeder dieser winzigen Magnete verfügt über einen eigenen Nord- und Südpol. Normalerweise befinden sich diese Elementarmagnete völlig ungeordnet innerhalb des Stoffs. In einem solchen Zustand hebt sich ihre Wirkung gegenseitig auf. Nun können sich diese winzigen Magnete – z. B. durch den Einfluss eines starken Magnetfeldes von außen – aber alle in Reih und Glied ausrichten. Dann hebt sich ihre Wirkung nicht mehr gegenseitig auf, sondern sie verstärkt sich noch. Der Stoff ist magnetisch geworden.

Antwort 187

Das Fließband. Im Jahr 1913 nahm Ford (1863–1947) die erste Fabrik, die solche Bänder verwendete, in Betrieb.

Antwort 188

Das Prinzip des Radars ist recht einfach: Ein Sender sendet Radiowellen aus. Diese Wellen werden von Gegenständen, auf die sie treffen, wieder reflektiert. In unmittelbarer Nähe des Senders befindet sich ein Empfänger, der die Ankunft der reflektierten Wellen registriert. Die Geschwindigkeit von Radiowellen ist bekannt, man muss also nur die Zeit messen, bis sie wieder empfangen werden und kann daraus die Position des Gegenstands bzw. Hindernisses berechnen.

Antwort 189

b) einen Leiter, der den Strom ohne Widerstand transportiert

Einige Stoffe haben die Eigenschaft, bei sehr niedrigen Temperaturen ihren elektrischen Widerstand zu verlieren. Solche Stoffe nennt man dann Supraleiter. Supraleitende Materialien sind beispielsweise Aluminium, Blei oder Quecksilber.

Antwort 190

c) es lässt den Strom nur in eine Richtung passieren

Eine Diode besteht aus einer Kathode und eine Anode und lässt den Strom nur in einer Richtung passieren. Mithilfe von Dioden lässt sich Wechselstrom in Gleichstrom umwandeln, daher werden diese Bauteile auch Gleichrichter genannt.

Antwort 191

Hydraulik ist ein Begriff aus dem Griechischen, der übersetzt so viel wie „Wasser in Röhren" bedeutet. Gemeint ist damit, dass man sich in einem geschlossenen System die Kräfte des Wassers zunutze machen kann. Durch den Druck der Flüssigkeit können nämlich Kolbenstangen angetrieben werden. Eine solche Technik findet man z. B. bei Hebebühnen, Gabelstaplern, Pressen, Aufzügen und Kränen, aber auch in Bremsen. Heutzutage arbeiten hydraulische Systeme meist nicht mehr mit Wasserkraft. Es werden für sie vielmehr besondere Öle verwendet.

Antwort 192

Es handelt sich um den **Transistor**. Der erste wirklich funktionierende Transistor wurde im Jahr 1947 in den Bell Laboratories in den USA hergestellt, nachdem deutsche Wissenschaftler das Funktionsprinzip bereits 20 Jahre zuvor erkannt hatten.

Antwort 193

Beim Kabelfernsehen empfängt man die Fernsehsignale über ein sogenanntes Breitbandkabel. Bei einem solchen Kabel handelt es sich, wie der Begriff schon andeutet, nicht um ein einfaches Kupferkabel, wie wir es aus dem Haushalt – z. B. von der Stromversorgung – kennen. Vielmehr handelt es sich hierbei um ein Koaxialkabel. Ein solches Kabel besteht aus einem Leiter, einer isolierenden Schicht und einem röhrenförmigen Außenleiter, der meist aus einem Geflecht besteht. Solche Kabel können verwendet werden, um elektromagnetische Wellen nicht nur durch die Luft, sondern auch durch ein Kabel zu übertragen. Da man in Koaxialkabeln einen sehr großen Frequenzbereich übertragen kann, werden sie auch als Breitbandkabel bezeichnet.

Antwort 194

b) in der Mobilfunktechnik

GSM-Netze sind spezielle digitale Mobilfunknetze. Sie werden in zwei Frequenzbereichen betrieben, etwa 900 MHz und 1800 MHz. Die Übertragung der Daten erfolgt hier in reinen Zahlenfolgen aus 0 und 1. Daher lassen sich nicht nur reine Gespräche, sondern Daten jeglicher Art über ein GSM-Netz übertragen.

Antwort 195

d) Ultrakurzwelle

Ultrakurzwellen sind elektromagnetische Wellen, die in einem Frequenzbereich zwischen 30 MHz und 300 MHz liegen. Sie verfügen über eine Wellenlänge zwischen einem und zehn Metern – sind also eigentlich gar nicht so furchtbar kurz. Verwendung finden Ultrakurzwellen in der Rundfunktechnik.

Antwort 196

Pits und Lands finden sich auf jeder CD und DVD. Dabei stellen die Pits winzige Vertiefungen auf der Oberfläche (sie sind nur 0,15 µm tief) dar. Ihr Name kommt vom englischen pit, das „Grube" bedeutet. Diese Pits sind spiralförmig auf der CD angeordnet, also ähnlich wie die Rille auf einer klassischen Schallplatte (allerdings von innen nach außen laufend). Die Zwischenräume zwischen diesen Pits bezeichnet man als Lands. Je nachdem, ob der Laser des CD- oder DVD-Spielers auf ein Pit oder ein Land trifft, braucht er eine unterschiedliche Zeit,

um von der CD reflektiert zu werden. Diese Zeit erkennt der Spieler und kann daraus die gespeicherten Informationen errechnen.

Antwort 197

MP3. Diese Abkürzung steht für MPEG-1 Audio Layer 3. Das Verfahren wurde 1982 am Fraunhofer-Institut für Integrierte Schaltungen in Erlangen entwickelt.

Antwort 198

Im ersten Takt bewegt sich der Kolben nach unten. Dabei strömt oben durch ein Ventil das Benzin-Luft-Gemisch in den Zylinder. Im zweiten Takt bewegt sich der Kolben wieder nach oben und presst dabei das Benzin-Luft-Gemisch zusammen. In dem Moment, wo das Gemisch am dichtesten zusammengepresst ist, entsteht der Zündfunke. Er sorgt dafür, dass das Gemisch explodiert und den Kolben mit großer Kraft nach unten presst. Das ist der dritte Takt. Im vierten und letzten Takt bewegt sich der Kolben schon wieder nach oben. Diesmal presst er dabei die Abgase der Explosion durch ein anderes Ventil aus dem Zylinder hinaus.

Antwort 199

Die Römer. Beim Hypokaustum handelt es sich um die früheste bekannte Form der Heizung. Dabei ruhte der Fußboden der Häuser auf kleinen Ziegelpfeilern. Zwischen diesen Pfeilern konnte heiße Luft, die bei der Verbrennung von Holz in einer speziellen Grube entstand, zirkulieren. Später fanden sich auch Tonröhren in den Wänden der Häuser, durch die ebenfalls die warme Luft strömen konnte.

Antwort 200

b) eine Leuchtdiode

Die Abkürzung LED steht für „light emittig diode" also Licht emittierende Diode. Dabei handelt es sich um ein elektronisches Halbleiter-Bauelement, das Licht abstrahlt, wenn es von Strom durchflossen wird.

Antwort 201

c) an die Hi-Fi-Anlage

Als Subwoofer bezeichnet man einen speziellen Basslautsprecher für die Stereoanlage. Er sorgt für eine besonders gute Wiedergabe der tiefen Frequenzen. An den Subwoofer werden zwei sogenannte Satellitenboxen, die für die mittleren und hohen Frequenzen zuständig sind, angeschlossen. Da die Basstöne nicht in Stereo übertragen werden, reicht ein Basslautsprecher aus.

Antwort 202

Die Kondensstreifen entstehen bei der Verbrennung des Treibstoffs in den Triebwerken. Dabei entwickelt sich nämlich u. a. Wasserdampf, der in der kalten Luft kondensiert und zur charakteristischen Wolke hinter den Flugzeugen wird.

Antwort 203

Die Brennstoffzelle kehrt die Elektrolyse um. Besonders interessant erscheint die Bereitstellung von Strom für Elektroautos durch Brennstoffzellen und die Entwicklung von tragbaren Brennstoffzellen für Laptops oder Handys.

Antwort 204

a) eine Maßeinheit für Strahlung

Lumen stellt eine Maßeinheit für die gesamte von einer Quelle ausgehende sichtbare Strahlung dar. So hat z. B. eine Halogenlampe eine Lichtausbeute von 25 Lumen pro Watt.

Antwort 205

Die einzelnen Rillen einer Schallplatte weisen eine deutliche Struktur auf. Sie verfügen über Berge und Täler, aber auch über Ausbuchtungen nach links und rechts. Fährt nun die Nadel des Plattenspielers durch diese Berg- und Talbahn, wird sie in Schwingungen versetzt. Diese Schwingungen können dann im Tonabnehmer in elektrische Signale umgewandelt werden. Der Schall wird also in die physikalische Struktur der Rille umgewandelt, bevor er in das Vinyl der Schallplatte gepresst wird.

Antwort 206

Die Impulswahl ist ein altes Wählverfahren, das in Deutschland kaum noch angewendet wird. Bei ihm werden die gewählten Nummern in eine entsprechende Anzahl von Gleichstromimpulsen umgewandelt, die dann übertragen werden. Erzeugt werden sie durch eine kurzzeitige Unterbrechung des auf der Leitung liegenden Stromes. Dieses Verfahren ist vergleichsweise langsam. Bei der Tonwahl hingegen ist jeder einzelnen Ziffer ein eigener Ton zugeordnet. Dieses Wählverfahren ist neuer und schneller als die Impulswahl.

Antwort 207

Bei einer Scheibenbremse läuft eine Scheibe aus Stahl, Aluminium oder Carbon zwischen zwei Bremsklötzen. Da sie sehr exakt läuft, kann der Abstand zwischen den Bremsklötzen und der Scheibe sehr klein gehalten werden. Zum Bremsen werden dann die Bremsklötze auf die Scheibe gepresst. Da der Weg, den sie dabei zurücklegen müssen, nur sehr gering ist, kann so eine große Bremskraft erzeugt werden.

Antwort 208

d) Schalter

Relais sind elektromagnetische oder elektromechanische Schalter. Sie werden zum Ein-, Aus- oder Umschalten von Stromkreisen verwendet. Beim klassischen Relais werden durch ein Magnetfeld Kontakte geschlossen oder geöffnet. Dieses Magnetfeld entsteht, wenn eine Spule von Strom durchflossen wird.

Antwort 209

Johannes Gutenberg

Johannes Gutenberg (1397–1468). Es ist nicht genau überliefert, wann Gutenberg zum ersten Mal mit beweglichen Lettern druckte, man geht jedoch davon aus, dass es um das Jahr 1445 herum gewesen sein muss. Die ersten berufsmäßigen Buchkopisten traten bereits im 13. Jahrhundert auf. Allerdings mussten Holzschnitzer oder Kupferstecher noch die kompletten Druckplatten für sie anfertigen.

Antwort 210

Die Aufgabe eines Transformators besteht darin, Spannungen zu verändern. So wandelt beispielsweise der Transformator einer Spielzeugeisenbahn die Netzspannungen von 230 V zu einer auch für Kinder ungefährlichen Spannung von 17 V um. Aber auch umgekehrt funktioniert es. Um Strom über weite Strecken transportieren zu können, z. B. in Hochspannungsleitungen, wird die Spannung auf 380.000 V erhöht. Auch hierzu verwendet man einen Transformator.

Antwort 211

b) den elektrischen Widerstand

Das Fett selbst kann eine Körperfettwaage natürlich nicht messen, daher benötigt man eine indirekte Methode, um den Fettanteil zu bestimmen. Hierzu ermittelt die Waage zunächst das gesamte Körpergewicht. Dann schickt sie einen minimalen Strom durch den Körper und misst den Widerstand. Hierbei gilt: geringer Widerstand = großer Wasseranteil = kleiner Fettanteil. Allerdings messen diese Wagen nicht sonderlich genau.

Antwort 212

Bei einem Planetengetriebe rollen mehrere (typischerweise drei oder vier) kleinere Zahnräder (Planetenräder), die durch einen Ring miteinander verbunden sind (Planetenradring), um ein feststehendes Zahnrad (Sonnenrad). Außen herum ist ein Zylinder, der auf der Innenseite Zähne hat, in denen die Außenseiten der Planetenräder laufen (Hohlrad). Man findet derartige Getriebe z. B. in der Nabenschaltung von Fahrrädern und auch häufig bei Windkraftanlagen.

Antwort 213

b) die Membran

Die Membran des Lautsprechers ist mit einer Spule verbunden, die in einem Permanentmagneten gelagert ist. Leitet man Strom durch die Spule, verhält sie sich wie ein Elektromagnet. Da sich ungleiche Pole zweier Magneten anziehen und gleiche abstoßen, bewegt sich dieser Mini-Elektromagnet bei sich änderndem Stromfluss hin und her. Zusammen mit ihnen bewegt sich auch die Membran und erzeugt so die gewünschten Töne.

Antwort 214

Rückkopplung. Im schlimmsten Fall kann es hier sogar zur sogenannten Resonanzkatastrophe kommen, die die Lautsprecher dann zerstört.

Antwort 215

a) ein Fotoapparat, den es schon im Altertum gab

Mit Camera obscura bezeichnet man eine Lochkamera, die ungefähr in der Zeit von 384–322 v. Chr. erfunden wurde. Es handelt sich dabei im Grunde genommen um eine dunkle Schachtel, in der sich ein kleines

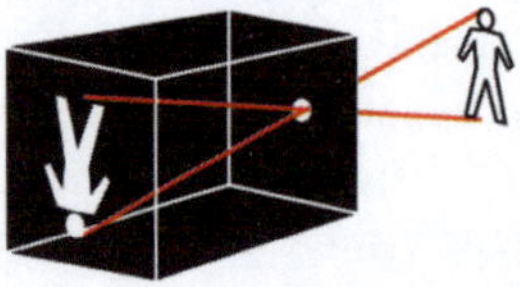

Camera obscura

Loch befindet, durch das Licht fällt. Auf der Rückwand der Schachtel erkennt man das auf dem Kopf stehende Abbild des Objekts vor der Kamera.

Antwort 216

Verantwortlich für diesen besonderen Leuchteffekt sind UV-Strahlen aus künstlichen Lichtquellen, die eine bestimmte Wellenlänge haben. Mit bloßem Auge sind diese Strahlen nicht zu sehen. Bestimmte Materialien reflektieren aber einen Anteil dieses Lichts und beginnen so, geheimnisvoll zu leuchten. Diesen Vorgang nennt man fluoreszieren. Zähne erscheinen im Schwarzlicht übrigens gelb, weiße Textilien leuchtend zumeist hell auf.

Antwort 217

Die Kathodenstrahlröhre – oder auch Braun'sche Röhre genannt – wurde 1897 von Karl Ferdinand Braun (1850–1918) entwickelt und findet sich auch heute noch als Herzstück in vielen Bildschirmen.

Antwort 218

Über ein Gewinde wird beim Rückwärtstreten der sogenannte Bremskonus zwischen zwei Bremsklötze geschoben. Da der Konus keilförmig ist, drückt er die Bremsklötze so lange nach außen, bis sie von der Innenseite gegen das Nabengehäuse drücken und so das Rad abbremsen. Lässt der Pedaledruck wieder nach, sorgt eine Feder dafür, dass die Bremsgummis in ihre Ausgangsposition zurückgeschoben werden und das Rad wieder frei laufen kann.

Antwort 219

c) zum Speichern elektrischer Energie

Ein Kondensator wird benutzt, um elektrische Ladungen bzw. elektrische Energie zu speichern. Die einfachste Form eines Kondensators besteht aus zwei gegenüberliegenden Metallplatten.

Antwort 220

Bei einem Induktionsherd entsteht die Wärme nicht auf der Kochplatte, sondern im Boden des Topfes. Hierzu ist es notwendig, dass der Topfboden aus einem ferromagnetischen Material (wie Eisen oder Kupfer) besteht. In der Kochplatte auf dem Herd befindet sich eine Spule, die von Wechselstrom durchflossen wird. Dadurch wird ein Magnetfeld aufgebaut, das permanent seine Richtung ändert. Am Boden des Kochgeschirrs entsteht so ein sogenannter Wirbelstrom. Der sorgt dann dafür, dass sich der Boden des Topfes erhitzt.

Antwort 221

Faustkeile. Faustkeile sahen nicht alle exakt gleich aus. Je nach Fundstelle und Kultur weisen sie unterschiedliche Formen und Bearbeitungsmethoden auf.

Antwort 222

Das Streichholz. Es hatte zwar schon ab ca. 950 in China Vorläufer des Streichholzes gegeben, doch Walker gilt als Erfinder des modernen Anzünders, so wie wir ihn kennen. Er tränkte die Spitze eines Holzstäbchens mit einer Mischung aus Antimon(III)-sulfid, Kaliumchlorat, Gummi und Stärke. Dieses Stäbchen ließ sich durch Reiben an einer rauen Oberfläche entzünden, brannte jedoch unregelmäßig und verursachte einen unangenehmen Geruch. Durch das Zufügen von Phosphor wurden diese Probleme später schließlich behoben.

Antwort 223

Ursprünglich stammt die Kartoffel aus den südamerikanischen Anden. Dort wurde sie von den Spaniern entdeckt und wegen der schönen Blüte und des üppigen Laubes zunächst als Zierpflanze nach Europa gebracht. Da die oberirdischen Teile der Kartoffel giftig sind, verliefen erste Versuche, dieses Gewächs zu essen, meist schmerzhaft und unangenehm. Erst als man begann, die unterirdische Knolle zu essen, bemerkte man, wie schmackhaft dieses Gewächs sein konnte. Es gibt zahlreiche Anekdoten darüber, wie der Nutzwert der Kartoffel letztlich entdeckt wurde, gesicherte Angaben hierüber findet man aber nicht. Allerdings kann man davon ausgehen, dass bereits die spanischen Eroberer in den Anden von der sättigenden Knolle gekostet hatten.

Antwort 224

b) zum Transport von Wasser in höher gelegene Regionen

Bei der archimedischen Schraube handelt es sich um eine Spirale, die von einem Zylinder umschlossen ist. Durch Drehen an der Spirale wird Wasser von einem tiefer gelegenen Ort auf ein höheres Niveau transportiert.

Antwort 225

d) Ende des 19. Jahrhunderts

Am 12. November 1899 beantragte der Norweger Johan Vaaler ein Patent auf einen Vorläufer der heutigen Büroklammer. Im selben Jahr erwarb ein Amerikaner das Patent für eine Maschine, die Büroklammern herstellen konnte.

Antwort 226

Leonardo da Vinci (1452–1519) gilt als einer der größten Erfinder aller Zeiten. Aber auch als Maler machte er sich unsterblich. Eines seiner berühmtesten Werke ist *Mona Lisa*, die Dame mit dem geheimnisvollen Lächeln.

Leonardo da Vinci

Antwort 227

Alessandro Volta (1745–1827) entwickelte die erste funktionierende Batterie. Sie bestand aus vielen Kupfer- und Zinkplättchen, die er übereinander gestapelt hatte. Zwischen den einzelnen Plättchen befanden sich mit Säure getränkte Läppchen. Diese

Anordnung ist auch unter dem Namen „voltasche Säule" bekannt.

Antwort 228

b) Papier

Ts'ai Lun (ca. 50–120) präsentierte dem Kaiser Han Ho Ti im Jahr 105 – so wird es überliefert – einige Blatt Papier. Lange Zeit lebte er als erfolgreicher Offizier, der über genug Geld und Personal verfügen konnte, um die Papierherstellung zu entwickeln und weiter voranzutreiben. Später fiel er allerdings durch eine Intrige am Hof in Ungnade und setzte seinem Leben mit Gift ein Ende.

Antwort 229

c) Blindenschrift

Braille (1809–1852) war selbst seit seinem dritten Lebensjahr blind. Er entwickelte eine Schrift, die auf einem Raster aus drei Punkten in der Höhe und zwei Punkten in der Breite bestand. Diese Punkte lassen sich in 64 unterschiedlichen Möglichkeiten setzen, können also 64 unterschiedliche Zeichen wiedergeben. Wenn die Punktkombinationen in Papier gestanzt werden, können blinde Menschen sie mit den Fingerspitzen ertasten und so lesen.

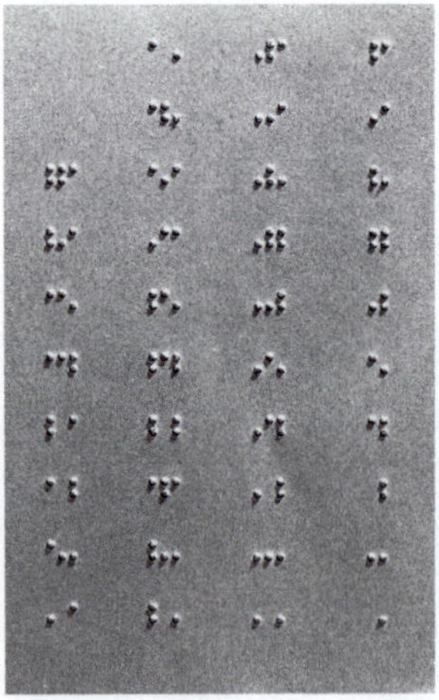

Brailleschrift

Antwort 230

Michell (1724–1793) spekulierte als erster Wissenschaftler über Objekte, die wir heute **schwarze Löcher** nennen. Die Größe und das Verhalten eines schwarzen Lochs wurde allerdings erst viel später, nämlich im Jahr 1916, von Karl Schwarzschild (1873–1916) berechnet. Ihren Namen erhielten diese Objekte sogar erst in den 1960er-Jahren.

Antwort 231

Fauchard (1668–1761) veröffentlichte unter dem Titel *Le chirurgien dentiste* die erste wissenschaftlich vollständige Bearbeitung der **Zahnheilkunde** überhaupt. Karies entfernte der Zahnarzt damals mit Feilen oder einem speziellen Bohrer (Fiedelbohrer). Die Löcher wurden mit Blei und Zinn gefüllt.

Antwort 232

Plunkett (1910–94) hatte das **Teflon** erfunden. Die Anmerkung, Teflon sei in den 1950er-Jahren als Abfallprodukt der Raumfahrtforschung entstanden, stimmt übrigens nicht.

Antwort 233

Aspirin. Schon die Germanen und Kelten haben durch Kochen von Weidenbaumrinden Extrakte hergestellt, die der synthetischen Acetylsalicylsäure ähnelten. Auch sie setzten ihre Arznei gegen Schmerzen ein. Die Acetylsalicylsäure wurde wahrscheinlich 1897 von Arthur Eichengrün (1867–1949) entdeckt.

Antwort 234

Bier. Die frühesten Nachweise für Bier stammen in der Tat aus Mesopotamien. Es gibt Abbildungen Bier trinkender Sumerer aus der Zeit von etwa 3000 v. Chr. Alkoholhaltige Getränke hat es allerdings schon früher gegeben. Brot, das nass geworden war, hat wahrscheinlich erstmals zur Gärung und zum Entstehen alkoholhaltiger Getränke geführt (die freilich noch nichts mit unserem heutigen Lieblingsgetränk zu tun hatten). Die älteste überlieferte Bierschankordnung der Welt stammt übrigens aus dem Jahr 1700 v. Chr. und ist im Codex Hammurabi zu finden.

Brauerei

Antwort 235

b) Thomas Newcomen

Der englische Ingenieur und Erfinder Thomas Newcomen (1663–1729) hat im Jahr 1712 eine erste Dampfmaschine konstruiert. James Watt (1736–1819) verbesserte den Wirkungsgrad der Maschine lediglich und kann deshalb nicht als ihr Erfinder genannt werden.

Antwort 236

c) Justus von Liebig

Justus von Liebig (1803–1873) gilt als bekanntester, berühmtester und erfolgreichster Chemiker seines Jahrhunderts. Auf sein Konto gehen eine ganze Reihe wichtiger Entdeckungen und Erfindungen wie das Backpulver, der Fleischextrakt oder auch die Babynahrung. Darüber hinaus gab er auch der Grundlagenforschung immer wieder neue Impulse. Er gilt z. B. auch als einer der Väter der organischen Chemie.

Antwort 237

Die Anti-Baby-Pille. Das Mittel war hierzulande sehr umstritten, da es mit den damaligen Moralvorstellungen nicht zu vereinbaren war. Daher führte man es auch als „Mittel zur Behebung von Menstruationsstörungen" ein und verschrieb es nur an verheiratete Frauen.

Antwort 238

Die Evolutionstheorie. In dieser Theorie erklärt er die langsame Entwicklung der verschiedenen Arten als Folge ihrer Anpassung an ihren Lebensraum. Am 1. Juli 1859 wurde Darwins Schrift über den Ursprung der Arten durch Mittel der natürlichen Selektion oder die Erhaltung bevorzugter Rassen im Kampf um das Leben vor der Königlichen Linné-Gesellschaft verlesen und galt somit als veröffentlicht. Sein Buch über den Ursprung der Arten wurde ein Jahr darauf veröffentlicht und würde heutzutage als Bestseller bezeichnet. Schon am ersten Verkaufstag ging in vielen Buchhandlungen der komplette Bestand über die Ladentheke.

Antwort 239

a) Rudolf von Virchow

Rudolf von Virchow (1821–1902) tat sich auch als Hygieniker, Sozialreformer und Politiker hervor. So kämpfte er während der Märzrevolution 1848 auf Seiten der Demokraten in Berlin. Ungefähr zur selben Zeit gab er die Zeitschrift *Medicinische Reform* heraus. Er gebraucht hier erstmalig den Begriff „Volksgesundheit" und fordert eine „öffentliche Gesundheitspflege". Mit der Schrift *Die Cellularpathologie in ihrer Begründung auf physiologische und pathologische Gewebelehre* begründete Virchow eine neue naturwissenschaftliche Krankheitslehre. Nach dieser Lehre können alle Krankheitszustände des Organismus auf krankhafte Veränderungen der Körperzellen zurückgeführt werden.

Antwort 240

d) Draisine

Karl Friedrich Drais (1785–1851) erfand im Jahr 1817 sein erstes Laufrad und nannte es Draisine. Es verfügte noch nicht über Pedale, man stieß sich mit den Füßen vom Boden ab und ließ das Gefährt dann ein Stück weit rollen.

Antwort 241

Alfred Nobel (1833–96). Im Jahr 1862 richtete Alfred Nobel sich ein Labor ein, um zu erforschen, wie man Nitroglycerin in der Technik nutzen könnte. Dabei passierten eine Reihe von Unfällen. Bei der schlimmsten Explosion kam im Jahr 1864 u. a. sein Bruder Emil ums Leben. Durch einen Zufall stellte er kurz darauf fest, dass sich der Sprengstoff gut mit Kieselgur mischen ließ. Das Ergebnis nannte er Dynamit.

Antwort 242

Den Moog-Syntheziser. Bei diesem Instrument handelt es sich um eine spezielle Bauart des Synthesizers, eines elektronischen Tasteninstruments, mit dessen Hilfe sich die verschiedensten Klänge synthetisch herstellen lassen. Den großen kommerziellen Durchbruch schafften Moog und seine Firma mit dem sogenannten Minimoog, einem sehr kompakten Gerät, das auch häufig von Rockbands wie Emerson, Lake & Palmer oder Uriah Heep eingesetzt wurde.

Antwort 243

Die Töpferscheibe. Schon lange, bevor die Töpferscheibe erfunden wurde, gab es die Töpferei. Die frühsten keramischen Produkte sind etwa 30.000 Jahre alt.

Antwort 244

a) Asphalt

Joseph Nicéphore Niepce (1765–1833) beschichtete eine polierte Zinnplatte mit einem ganz besonderen Asphalt, der die Eigenschaft hatte, sehr hart zu werden, wenn er mit Licht in Berührung kam. Der französische Künstler montierte nun diese Platte in eine Kamera und belichtete sie fast acht Stunden lang. In dieser Zeit härtete der Asphalt dort aus, wo er dem Licht ausgesetzt war. Den Rest konnte er leicht wieder entfernen – fertig war die erste Fotografie.

Antwort 245

Bei der Entwicklung der Narkose. Sie experimentierten mit Lachgas, Äther und Chloroform, um schmerzlose medizinische Eingriffe bei ihren Patienten zu ermöglichen. Heutzutage gelten sie als die Wegbereiter der modernen Anästhesie.

Antwort 246

Das Rad. Eventuell haben sumerische Töpfer als Erste radähnliche Scheiben für ihre Arbeit verwendet. Als sicher gilt, dass Rollen und Walzen, die Waldarbeiter aus Baumstämmen fertigten, die Menschen bei der Entwicklung des Rades auf die richtige Spur brachten.

Antwort 247

a) im heutigen Irak

Die Sumerer lebten vor etwa 4000 v. Chr. bis etwa 1800 v. Chr. im Süden Mesopotamiens, einem Gebiet, das zwischen den Flüssen Euphrat und Tigris liegt. Heute befinden sich in dieser Region die Staaten Irak, Iran und Syrien.

Antwort 248

Die Ägypter verwendeten zur Verbreitung ihrer Nachrichten zahlreiche Fußboten, kannten aber auch bereits Brieftauben. Aus dem Jahr 255 v. Chr. ist übrigens ein Dokument erhalten geblieben, bei dem es sich um eine Art Kontrollbuch (das sogenannte Hibe-Papyrus) für einen Postboten handelt. Dort haben die Empfänger den Erhalt ihrer Postsendungen quittiert.

Antwort 249

Er entdeckte das Antibiotikum Penicillin. Dieser Stoff verbirgt sich in den gleichnamigen Schimmelpilzen und ist in der Lage, eine ganz Reihe von Keime abzutöten. Es dauerte aber noch zehn weitere Jahren bis zur systematischen Entwicklung des Mittels. Heutzutage kennt man eine Vielzahl verschiedener Antibiotika.

Antwort 250

Mary Quant (geb. 11.02.1934) bot in ihrem Geschäft erstmals den **Minirock** an. Quant gilt auch als Erfinderin des Regenmantels.

Antwort 251

c) Ibn al-Haitham

Abu Ali Hasan ibn al-Haitham (965–1040) – wie der korrekte Name des Wissenschaftlers aus Basra lautet – beschäftigte sich bei seiner Forschung besonders intensiv mit dem Licht. Dabei kam ihm die Idee, Linsen als Sehhilfen zu verwenden. Die erste Brille, so ähnlich, wie wir sie kennen, wurde wahrscheinlich Ende des 13. Jahrhunderts in Venedig erfunden.

Antwort 252

a) im 17. Jahrhundert

Der italienische Arzt Marcello Malpighi

(1628–94) entdeckte sie 1665 und wies zudem nach, dass die rote Farbe des Blutes auf sie zurückgeführt werden kann.

Antwort 253

Der Fußball stammt aus China. Schon 2700 v. Chr. ließen die Offiziere der Huang-Dynastie ihre Soldaten zur körperlichen Ertüchtigung mit Federn gefüllte Bälle in Tore befördern. Das Spiel nannte sich „Ts`uh-küh“, was so viel heißt, wie „den Ball mit dem Fuß stoßen“.

Antwort 254

Bücher, so wie wir sie kennen, tauchen erstmals im alten **Rom und Griechenland** auf. Diese sogenannten Codices bestanden aus mehreren Lagen Pergament, die in der Mitte geknickt und dann zusammengeheftet wurden. Ihre Vorläufer stammen aus Ägypten. Dort hielt man alles Wissenswerte auf Papyrusrollen fest.

Antwort 255

Joseph von Fraunhofer (1787–1826). Die Fraunhofer-Gesellschaft ist mittlerweile die größte Gesellschaft für Forschungs- und Entwicklungsdienste Europas.

Antwort 256

c) die Vererbungsgesetze

Mendel (1822–1884) untersuchte u. a. die Kreuzung von Erbsen und entdeckte dabei die nach ihm benannten „Mendelschen Gesetze“.

Antwort 257

b) Nikolaus August Otto

Der Otto-Motor zeichnet sich dadurch aus, dass in ihm das Kraftstoff-Luft-Gemisch im Verbrennungsraum durch Zündkerzen von außen gezündet wird.

Antwort 258

Der Namenspate des Teddybären ist der amerikanische Präsident Theodore Roosevelt (1858–1919). Dessen Spitzname war „Teddy“. Im Jahr 1902 wurde er zu einer Jagd eingeladen. Während dieser Jagd lief dem Präsidenten ein junger Bär vor die Flinte. Er weigerte sich jedoch, das junge Tier zu erschießen, das fortan als „Teddy's Bear“ in die Anekdoten einging. Ein Karikaturist, der die Begebenheit mitbekommen hatte, sorgte dafür, dass ganz Amerika von dem Vorfall erfuhr und „garnierte“ auch weiterhin seine Porträts des Präsidenten mit einem kleinen Bären. Daraus entwickelte sich dann schließlich das niedliche Kuscheltier, das wir wohl alle unser Eigen nennen.

Antwort 259

Benjamin Franklin (1706–90). In Anspielung auf die Erfindung des Blitzableiters und die Unabhängigkeitserklärung hieß es über ihn damals: Er entriss dem Himmel den Blitz und den Tyrannen das Zepter (Original: Eripuit coelo fulmen, sceptrumque tyrannis).

Antwort 260

c) Archimedes (287–212 v. Chr.)

Beim Einsteigen ins Bad kam Archimedes eine Idee, auf deren Grundlage er das physikalische Gesetz des spezifischen Gewichts formulierte. „Heureka!“ ist Griechisch und heißt: „Ich habe es gefunden!“.

Antwort 261

Gottfried Wilhelm Leibniz (1646–1716) präsentierte im Jahr 1673 eine mechanische Rechenmaschine, die bereits die vier Grundrechenarten und das Ziehen von Quadratwurzeln beherrschte. Sie arbeitete mit Walzen und rechnete im Zehnersystem, hatte jedoch den Nachteil, dass man den Zehnerübertrag von Hand ausführen musste. Der Franzose Blaise Pascal (1623–1662) hatte zwar bereits früher eine Rechenmaschine konstruiert, die in der Praxis aber nicht wirklich funktionierte.

G. W. Leibniz

Antwort 262

a) Konrad Zuse

In einer kleinen Wohnung in Kreuzberg baute der Wissenschaftler Konrad Zuse (1910–1995) den ersten funktionsfähigen programmierbaren Rechner. Die Z3, so hieß das Prunkstück, arbeite mit elektromagnetischen Schaltern, den sogenannten Relais, und basierte erstmals vollständig auf dem Binärsystem. Darüber hinaus war Zuses Maschine frei programmierbar und ihre Programme liefen automatisch ab.

K. Zuse

Antwort 263

Apple Inc. Das erste Produkt, das Jobs (geb. 1955) und seinen Kompagnon Steve Wozniak (geb. 1950) auf einen Schlag bekannt machte, war der erste Personal Computer, der Apple 1.

Antwort 264

Ada Lovelace (1815–52). Nach ihr wurde in den 1970er-Jahren eine Programmiersprache – Ada – benannt.

Antwort 265

c) World Wide Web

Mit WWW wird allgemein das Internet bezeichnet, obwohl das nicht ganz richtig ist. Genau genommen handelt es sich um ein spezielles Textsystem, das über das Internet abrufbar ist.

Antwort 266

Als Halbleiter bezeichnet man ein Material, das von seiner Leitfähigkeit zwischen einem Leiter und einem Isolator angesiedelt ist. Entscheidend für seine Leitfähigkeit ist dabei die Temperatur. Bei Raumtemperatur ist es für gewöhnlich nicht leitend, seine Leitfähigkeit nimmt bei steigenden Temperaturen zu. Außerdem lassen sich gezielt Fremdatome in den Halbleiter einbringen, die dann seine Eigenschaften beeinflussen. Auf diese Weise kann man sich also Materialien „basteln", die genau die Eigenschaften aufweisen, die man für eine bestimmte Anwendung benötigt. In der Mikroelektronik interessiert insbesondere die Eigenschaft, dass ihre Leitfähigkeit durch Anlegen einer Steuerspannung oder eines Steuerstroms verändert werden kann. So lassen sich dann u. a. Transistoren bauen.

Antwort 267

d) dotieren

Das Atom, mit dem der Halbleiter verunreinigt wird, nennt man Donator. Es schenkt („donare" ist Lateinisch und heißt übersetzt „schenken") dem Halbleiter ein zusätzliches Elektron, das dann zur Entstehung eines Stroms beitragen kann.

Antwort 268

Trojaner. Ihren Namen haben diese Programme aus der griechischen Mythologie.

Antwort 269

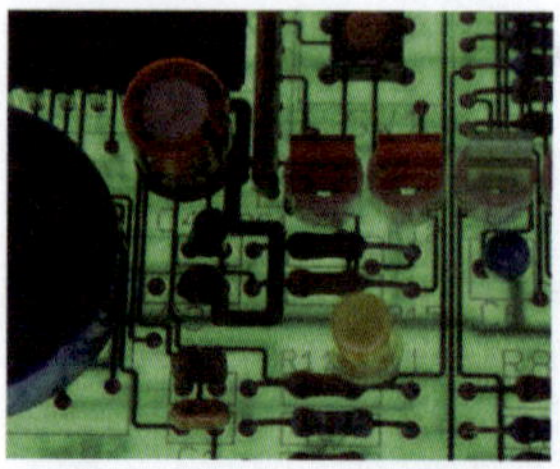

RAM ist die Abkürzung für Random Access Memory. In diesem speziellen Speicher, der sich auf der Hauptplatine befindet, hinterlegt der Rechner alle Daten, die er zum raschen und störungsfreien Betrieb benötigt. Viel Speicherplatz ermöglicht hier eine schnelle Datenverarbeitung. Der Speicher benötigt eine Spannung, um sich Daten merken zu können, schaltet man den Computer aus, gehen auch die Daten verloren.

Antwort 270

b) Central Processing Unit

Die CPU ist das Bauteil in einem Computer, das für das Interpretieren von Befehlen und zum Ausführen von Programmen verantwortlich ist. Sie stellt also das Herzstück der Maschine dar.

Antwort 271

Das Betriebssystem ist ein zentrales Computerprogramm (bzw. ein Bündel verschiedener Programme), das alle Aktivitäten des Computers (wie das Ausführen anderer Programme, das Drucken, die Tastatureingabe etc.) koordiniert.

Antwort 272

Über das **Betriebssystem Linux**, einem Konkurrenzprodukt von Windows. Ubuntu ist eine Version dieses Betriebssystem, das sich Computerbenutzer kostenlos aus dem Internet herunterladen können. Es handelt sich bei Linux um ein sogenanntes Open-Source-Projekt, d. h., der Programmcode des Systems ist frei zugänglich und kann von jedem, der sich dazu berufen fühlt, verbessert werden. Auf diese Weise ist im Laufe der Jahre ein recht komplexes und Windows nahezu ebenbürtiges System entstanden.

Antwort 273

Browser. Der Name leitet sich von dem englischen Verb „to browse“ ab, das „stöbern, schmökern“ bedeutet. Die bekanntesten Browser sind der Internet Explorer, der Netscape Navigator, Firefox und Opera.

Antwort 274

a) einen Verwies auf eine Internetseite

Hyperlink kommt aus dem Englischen und bedeutet so viel wie „Querverweis, Verweis, Verknüpfung“. Heutzutage verwendet man meist die Kurzform des Begriffs: Link.

Antwort 275

b) Eingabe – Verarbeitung – Ausgabe

Das EVA-Prinzip bezeichnet ein Schema, nach dem alle Computer arbeiten. Zunächst müssen Daten eingegeben werden. Diese werden dann verarbeitet (mithilfe von Computerprogrammen) und schließlich wieder ausgegeben.

Antwort 276

Hardware

Als Hardware (harte Ware) bezeichnet man alle Komponenten eines Computers, die man auch anfassen kann, also die Geräte und ihr elektronisches Innenleben. Die Programme werden dagegen unter dem Begriff „Software“ (weiche Ware) zusammengefasst.

Antwort 277

d) Chip

Mitte der 1960er-Jahre nutzte die Firma IBM erstmals Chips in ihren Rechnern, die dadurch deutlich kleiner und kompakter wurden.

Antwort 278

TFT-Monitore nutzen eine besondere Eigenschaft bestimmter flüssig-kristalliner Substanzen, die sich genau zwischen den Aggregatzuständen flüssig und fest befinden. Diese Substanzen können ihre optischen Eigenschaften ändern, wenn eine Spannung an sie angelegt wird. Sie werden dann also, je nach angelegter Spannung, mehr oder weniger durchsichtig. Einzelne Transistoren steuern nun jeden Bildpunkt auf dem Monitor. Von hinten wird er beleuchtet und je nachdem, wie lichtdurchlässig die Flüssigkristalle an der entsprechenden Stelle sind, erscheint der Punkt hell oder dunkel. Die Farben werden dadurch erzielt, dass jeder Bildpunkt aus drei Farbpixeln, die ebenfalls einzeln gesteuert werden können, besteht.

Antwort 279

Bill Gates (*1955) gründete 1975 zusammen mit Paul Allan (*1953) seine Firma Microsoft. Er gilt mittlerweile als der reichste Mann der Welt.

Antwort 280

FlipFlops (der technische Begriff hierfür lautet „bistabile Kippstufe") sind **elektronische Schaltungen aus zwei Transistoren**, die so miteinander verbunden sind, dass immer einer der beiden keinen Strom durchlässt, während der Strom den anderen Transistor passieren kann. So kann man diese Schaltung wie einen elektrischen Kippschalter einsetzen. Es gibt aber noch eine weitere Besonderheit: Die Schaltung eignet sich auch, um einen elektrischen Zustand zu speichern.

Antwort 281

Der Bus in einem Computer dient dem Transport von Daten von einem Bauteil zum nächsten, z. B. vom Speicher zum Prozessor. Eine wichtige Kenngröße ist hier die Breite des Busses. Damit wird die Anzahl der Leitungen, über die gleichzeitig Daten übertragen werden können, bezeichnet. Sind beispielsweise 16 Leitungen vorhanden, spricht man von einem 16-Bit-Bus.

Antwort 282

b) Schweiz

Das World Wide Web wurde 1989 am CERN in der Schweiz entwickelt. Das Internet als übergeordnetes Gebilde ist indes eine amerikanische Erfindung.

Antwort 283

Microsoft Excel. Bereits im Jahr 1985 entstand die erste Version dieses Programms zur Tabellenkalkulation. Seither wurde sein Umfang ständig erweitert und die Funktionen verbessert. Kritiker führen allerdings an, dass Microsoft Excel mittlerweile zu unübersichtlich geworden sei.

Antwort 284

Plug & Play bezeichnet die Eigenschaft von Computern, neue Geräte einfach anschließen und dann sofort mit ihnen arbeiten zu können. Eine vorherige Installation einer speziellen Treibersoftware ist bei diesem Verfahren nicht nötig. Plug & Play kommt aus dem Englischen und lässt sich am besten mit „einstöpseln und loslegen" übersetzen.

PLUG & PRAY

Da Plug & Play in den ersten Jahren nach seiner Entwicklung nicht immer ohne Pannen funktioniert hat, wurde es von Computerfreaks schnell in „Plug & Pray" – einstöpseln und beten – umbenannt. Mittlerweile hat dieses System allerdings seine Kinderkrankheiten überwunden und arbeitet in den meisten Fällen recht zuverlässig.

Antwort 285

c) ROM

ROM ist die Abkürzung für Read Only Memory (Nur-Lese-Speicher).

Antwort 286

Javascript ist eine Programmiersprache, die bei der Erstellung von Internetseiten zum Einsatz kommt. Sie ist oft dann am Werke, wenn bestimmte Elemente einer Internetseite bei der Berührung mit dem Mauszeiger ihre Gestalt verändern. Auch im Zusammenhang mit Formularen und bei der Realisierung von Bannern und Laufschriften wird sie gerne verwendet. Einige Internetseiten begrüßen ihre Besucher je nach Tageszeit mit der korrekten Anrede. Auch hier ist Javascript im Spiel. Dies sind nur ein paar mögliche Anwendungen.

Antwort 287

Das Verfahren, mit dem CDs oder DVDs mehrfach beschrieben werden, nennt man Phase-Change-Technik. Hier ist die Oberfläche der Scheibe mit einem besonderen Material beschichtet: Je nachdem, wie schnell die von dem Schreiblaser erhitzten Stellen abkühlen, wird das Material gut (die Moleküle sind regelmäßig angeordnet) oder schlecht reflektierend (die Moleküle sind unregelmäßig angeordnet). Es gibt hier also keine eingebrannten „Gruben". Das erreicht man am besten, indem man sie mit unterschiedlich intensivem Laserlicht bestrahlt. Je heißer die Laser, desto länger dauert der Abkühlvorgang. Außerdem ist die Oberfläche so beschaffen, dass sich die Eigenschaften des Materials durch erneutes Erwärmen ändern lassen.

Antwort 288

b) eine Programmiersprache

BASIC ist eine der verbreitetsten Programmiersprachen. Sie wurde bereits im Jahr 1964 von John George Kemeny (1926–92) und Thomas Eugene Kurtz (*1928) entwickelt.

Antwort 289

a) zum Erstellen von Präsentationen

Das Programm erlaubt es nicht nur, dem Zuhörer starre Grafiken zu präsentieren, es stellt auch die Möglichkeit, die Grafiken zu animieren (Einblendungen etc.) bereit.

Antwort 290

George Boole (1815–64). Seine Algebra ist unter dem Namen Bool'sche Algebra bekannt.

Antwort 291

Man benötigt den Acrobat Reader, um Dateien mit der Endung .pdf zu betrachten. Dabei handelt es sich um ein spezielles Dateiformat, das es erlaubt Dokumente mit komplettem Layout (also mit Grafiken und allem Drum und Dran) zu speichern und zu verschicken und auf einem beliebigen anderen Rechner, der über das Leseprogramm verfügt, exakt gleich darzustellen.

Antwort 292

Ein Treiber ist ein spezielles Computerprogramm, das dafür sorgt, dass eine Kommunikation zwischen dem Computer und den angeschlossenen Geräten reibungslos funktionieren kann. Er fungiert also sozusagen als Übersetzer zwischen dem Computer (bzw. dessen Betriebssystem) und den Geräten.

Antwort 293

b) eine Sounddatei

WAV ist ein Format für Audiodateien, das – anders als beispielsweise das MP3-Format – die Daten nicht komprimiert und daher recht große Audiodateien zur Folge hat.

Antwort 294

c) Blaise Pascal (1623–62) hatte noch vor Leibniz eine Rechenmaschine erfunden. Allerdings funktionierte das Gerät – im Gegensatz zum Modell von Leibniz – nicht vollständig. Dennoch wurde er für diese Pioniertat posthum mit einer eigenen Programmiersprache geehrt.

Antwort 295

HTML = Hypertext Markup Language. Das ist die grundlegende Programmiersprache für die Erstellung von Internetseiten. Mit ihr lassen sich Texte, Bilder und Links darstellen, allerdings keine Animationen programmieren. Hierzu sind spezielle Programme wie Javascript oder Pearl erforderlich.

Antwort 296

Die Taktfrequenz bezeichnet die **Geschwindigkeit des Mikroprozessors**, der in einen Rechner eingebaut ist. Sie wird in MHz (Megahertz) angegeben und gibt über die Geschwindigkeit, mit der der Prozessorquarz pro Sekunde schwingt, an. Allgemein gilt: Je höher die Taktfrequenz ist, desto schneller arbeitet der Prozessor.

Antwort 297

Byte. Auch die Speicherkapazität von Festplatten und anderen Speichermedien wird in Bytes gemessen. Dabei ist man mittlerweile im Gigabyte-Bereich angekommen. 1 Gigabyte entspricht einer Milliarde Byte.

Antwort 298

a) Corel Draw

Corel Draw Graphics Suite – wie das Programm mit vollem Namen heißt – wurde von der Firma Corel Corporation erstmals 1989 vorgestellt. Es läuft vorzugsweise auf Rechnern, die mit dem Betriebssystem Windows arbeiten.

Antwort 299

Die Bezeichnung „Dual Layer" deutet auf einen **speziellen Typ einer CD oder DVD** hin. Bei ihnen werden die Daten nicht auf eine, sondern auf zwei übereinander liegende Schichten geschrieben, die getrennt gelesen werden können. Dies führt (fast) zu einer Verdoppelung der Speicherkapazität.

Antwort 300

b) Prinzip zur Übertragung von Daten zwischen verschiedenen Anwendungen

Bei diesem Verfahren werden die Daten von einer Anwendung heraus zunächst in einen Zwischenspeicher (in Windows meist „Zwischenablage" genannt) geschrieben und dann in einem zweiten Schritt von dort in die neue Anwendung übertragen. Das kann man z. B. durch die Tastenkombinationen [STRG]+[C] für das Kopieren (Copy) und [STRG]+[V] für das Einfügen (Paste) bewerkstelligen.

Antwort 301

Deutschland, Österreich und die Schweiz. In Deutschland liegen die beiden Bundesländer Bayern und Baden-Württemberg am Bodensee.

Antwort 302

c) ca. 40.000 km

Am Äquator beträgt der Umfang ein wenig mehr als 40.000 km, der Polumfang liegt leicht darunter. Das liegt daran, dass unsere Erde keine perfekte Kugel, sondern leicht abgeplattet ist.

Antwort 303

Greenwich Village. Hier findet man in erster Linie niedrige Stadthäuser mit nur zwei oder drei Etagen, kleinen Gärten und Innenhöfen. Dieses gar nicht an eine Großstadt erinnernde Ambiente macht für viele Bewohner den besonderen Reiz des Stadtteiles aus.

Antwort 304

In Duisburg. Bereits 1716 wurden in Duisburg erste Hafenanlagen gebaut. Heutzutage erstreckt sich das Hafengebiet über eine Fläche von 1000 ha und verfügt über

Hafen von Duisburg

21 Hafenbecken. Diese Becken bieten zusammen 40 km Uferfläche. Im Jahr 2005 wurden im Duisburger Hafen 96 Millionen Tonnen Güter umgeschlagen.

Antwort 305

Die Niagarafälle. Hier stürzt der Niagara River 58 m in die Tiefe. Der Wasserdurchfluss beträgt, je nach Jahreszeit, zwischen 2832 und 5720 m^2 pro Sekunde. Die Wasserfälle locken immer wieder Abenteurer an, die sie mit teilweise sonderbaren Gefährten wie gepolsterten Tonnen befahren wollten. Gesetzlich sind solche Aktivitäten verboten, das kann natürlich richtige Abenteurer nicht von ihrem Vorhaben abbringen. Auch die Tatsache, dass fast jeder zweite Versuch tödlich endet, scheint gestandene Helden nicht zu stören.

Niagarafälle

Antwort 306

b) einen halben Längenkreis auf der Erde

Ein Meridian ist ein halber Längenkreis, der senkrecht zum Äquator steht und durch einen der beiden Pole verläuft.

Antwort 307

Panamakanal. Er verläuft zwischen den Städten Colón an der Atlantikküste und

Panamakanal

Panama-Stadt auf der Seite des Pazifiks. Der Kanal führt auf seinem Weg durch den aufgestauten Gatunsee. Die Durchfahrtszeit beträgt durchschnittlich acht bis zehn Stunden.

Antwort 308

d) Grauwacke

Die Grauwacke ist ein meist graugrünes Gestein, das aus Quarz, Feldspat, Chlorid- und Glimmerplättchen besteht.

Antwort 309

Der Ayers Rock. Er ist etwa 4,5 km lang, 2,5 km breit und 348,7 m hoch. Dabei stellt

Ayers Rock

dieser sichtbare Teil nun einen Bruchteil seiner wahren Größe dar. Der Rest befindet sich unter der Erde.

Antwort 310

Stalagmiten. Tropfsteine sind übrigens aus einem Material, das sich Kalksinter nennt. Sie wachsen nur sehr langsam. Man liegt in der richtigen Größenordnung, wenn man von einem Wachstum ausgeht, das 8 bis 15 mm pro 100 Jahre beträgt.

Antwort 311

a) die Einfahrt in die Bucht von San Francisco

Das Golden Gate ist eine Meerenge, die ca. 8 km lang und zwischen 1,6 und 3 km breit ist. Seit 1930 wird sie von der berühmten Golden Gate Bridge überspannt.

Antwort 312

Alexander von Humboldt (1769–1859) verband während seiner Reisen immer wieder Abenteuer wie die Befahrung des Orinoko mit präziser Forschungsarbeit.

Antwort 313

Der Ural ist ein ungefähr 2100 km langer Gebirgszug, der sich in Nord-Süd-Richtung durch den mittleren Westen Russlands erstreckt. Mit einer Höhe von 1895 m ist der Narodnaja sein höchster Berg.

Antwort 314

An der Spree. Die Spree ist ein ungefähr 400 km langer Fluss, dessen Quelle sich im

Lausitzer Bergland befindet. Bei Berlin mündet sie dann schließlich in die Havel.

Antwort 315

c) Wight

Die Isle of Wight befindet sich an der Südküste Englands und hat eine Fläche von 381 km^2. Dort leben ungefähr 140.000 Menschen.

Antwort 316

Alaska. Die Beringstraße und das südlich von dieser Meerenge gelegene Beringmeer sind nach dem dänischen Entdecker Vitus Bering (1680–1741), der sie im Jahr 1728 durchfuhr, benannt. Sie ist ungefähr 85 km breit und durchschnittlich 30 bis 50 m tief. Die Beringstraße ist fast immer befahrbar, nur wenn die Temperatur unter 70° C sinkt, friert sie zu.

Antwort 317

James Cook (1728– 1779). Cook wurde am 20. Februar 1779 von seiner Mannschaft auf See bestattet.

Antwort 318

d) Mont Blanc

Mont Blanc

Der Mont Blanc ist mit 4809 m der höchste Berg der Alpen. Das gesamte Montblanc-Massiv gehört zu den Savoyer Alpen. Er besteht in erster Linie aus Granit.

Antwort 319

a) Chile

Obwohl die Osterinseln 4000 km von der chilenischen Küste entfernt sind, gehören sie zu Chile. Seit 1995 gelten sie, genauer der Nationalpark Rapa Nui, als UNESCO-Weltkulturerbe.

Antwort 320

Le Havre. Le Havre ist eine Stadt im Nordwesten Frankreichs, direkt an der Seine-Mündung gelegen. Der französische Fluss hat hier eine Breite von mehr als 5 km. Zahlreiche Raffinerien prägen das Bild dieser Hafen- und Industriestadt.

Antwort 321

Die unter der Erdoberfläche gespeicherte Wärmeenergie – also die Erdwärme – bezeichnet man als Geothermie. Je tiefer man in das Innere der Erde vordringt, um so wärmer wird es. Bei uns in Mitteleuropa nimmt die Temperatur um etwa 3° C pro 100 m Tiefe zu. Heute geht man davon aus, dass im Kern der Erde Temperaturen von etwa 5000–6000° C erreicht werden. Diese in der Erde gespeicherte Wärme ist nach menschlichen Maßstäben unerschöpflich. Seit einiger Zeit werden verstärkte Anstrengungen unternommen, diese Energie zur Heizung von Gebäuden oder auch zur Gewinnung von Strom nutzbar zu machen. Die Geothermie erscheint vor allem deshalb als hervorragender

Energieträger, weil es mit heutigen Technologien fast überall möglich ist, sie zu nutzen.

Antwort 322

b) Ostsee

Helsinki liegt im finnischen Meerbusen, der zur Ostsee gehört.

LA-NIÑA, DIE KLEINE SCHWESTER VON EL-NIÑO

Wenn La-Niña im Pazifikraum ihr Unwesen treibt, was meist im Anschluss an El-Niño passiert, geschehen genau die umgekehrten Ereignisse. Dadurch werden die typischen Klimaverhältnisse der betroffenen Regionen noch verstärkt. In Südostasien bedeutet dies, dass die gewohnten heftigen Regenfälle wieder für Abkühlung sorgen. Diese Regenfälle werden nach den vor kurzem dort herrschenden Dürreperioden natürlich sehnlichst erwartet. Für Südamerika sieht es dagegen nicht immer so rosig aus. Hier blühen dann nicht mehr die Wüsten in einer herrlichen Blumenvielfalt, wie es manchmal während El-Niño der Fall ist. Stattdessen beginnen sie wieder sehr stark auszudörren.

Antwort 323

El-Niño. Die Auswirkungen dieses Naturphänomens beschränken sich allerdings nicht nur auf das Wetter. Bedingt durch die Wetterkapriolen fallen in den betroffenen Gebieten beispielsweise auch die Ernten schlechter aus. So kann für die Volkswirtschaft im Pazifikraum großer Schaden entstehen. Es gibt aber auch Auswirkungen auf die Weltwirtschaft, da die Industrieländer stark auf die Rohstoffe wie Fisch, Kakao, Kaffee, Getreide und Sojabohnen aus Südamerika, Australien, Indonesien usw. angewiesen sind.

Antwort 324

Der tropische Wirbelsturm ist eine Naturgewalt, der der Mensch bisweilen kaum etwas entgegenzusetzen hat. Er entsteht ausschließlich über dem Meer. Damit ein Wirbelsturm entstehen kann, muss die Wassertemperatur mindestens 27° C betragen. Dann verdampfen große Mengen Wasser, die mit der warmen Luft nach oben steigen. Es bilden sich Gewitterwolken. Diese Wolken beginnen sich durch die sogenannte Corioliskraft, die aus der Rotation der Erde resultiert, zu drehen. Sie bekommen immer neuen Nachschub und die Drehgeschwindigkeit erhöht sich immer weiter. Aus dem anfänglich kleinen Wirbel entsteht ein ausgewachsener Sturm, der enorme Kräfte aufweist. Häufig schwächt sich ein Wirbelsturm erst dann wieder ab, wenn er über dem Land wütet, da es dort keinen weiteren

Satellitenaufnahme eines Wirbelsturms

Nachschub an feuchten Wassermassen für ihn gibt.

Antwort 325

Flöze. Dieser Ausdruck stammt aus der Sprache der Bergmänner. Er wird aber nicht für jede Erdschicht, sondern nur für solche, die nutzbares Material enthalten, verwendet.

Antwort 326

b) Gobi

Die Wüste Gobi erstreckt sich von Kirgisien und dem Hochland von Pamir im Westen bis zur Mandschurei im Osten. Im Norden reicht sie bis Sibirien, im Süden fast bis zur Chinesischen Mauer. Sie ist insgesamt rund 2000 km lang und erreicht an ihrer breitesten Stelle eine Breite von über 1000 km. Mit ihrer Fläche von mehr als zwei Millionen km^2 ist sie fast zehnmal so groß wie die Bundesrepublik Deutschland.

Antwort 327

c) 6000

Genau gesagt wiegt die Erde 5,972 Tausend Trillionen Tonnen (das ist eine Zahl mit 24 Nullen). Bereits 1798 hat der englische Physiker Henry Cavendish (1732–1810) das Gewicht recht genau berechnet. Er kam damals zu dem Ergebnis, die Erde müsse 6,6 Tausend Trillionen Tonnen wiegen.

Antwort 328

An der Südspitze Afrikas. Viele Schiffsreisen fanden an diesem Kap ihr vorzeitiges Ende, unzählige Seeleute mussten ihr Leben lassen.

Marco Polo bei Kublai Khan

Antwort 329

Marco Polo (1254–1324). Mittlerweile kommen allerdings einige Zweifel an der Authentizität seiner China-Berichte auf. So bemängeln kritische Historiker, dass die Chinesische Mauer, ein wahrlich eindrucksvolles Bauwerk, dort nirgendwo erwähnt wird. Nach einem 17-jährigen Aufenthalt im Reich der Mitte sollte man eigentlich davon ausgehen können, dass er von der Existenz dieses Bauwerks hätten wissen müssen.

Antwort 330

Tektonische Platten. In erdgeschichtlicher Vorzeit bildete die Erdkruste sehr wohl noch eine einheitliche, die ganze Erdoberfläche umfassende Schicht. Die Erde dehnte sich jedoch infolge der Hitze im Erdinnern über die Jahrmilliarden immer weiter aus. Dadurch wurde die Erdkruste in verschiedene Stücke (die tektonischen Platten) gesprengt, die sich beim weiteren Ausdehnen voneinander entfernten und sich heute immer noch gegeneinander bewegen.

Antwort 331

a) Vatikanstadt

Der Staat Vatikanstadt umfasst eine Fläche von 0,44 km^2 und ist damit nicht nur der kleinste Staat Europas, sondern liegt auch weltweit bei dieser Wertung an der Spitze. Im Jahr 2005 lebten knapp 1000 Einwohner in Vatikanstadt.

Antwort 332

d) Barentssee

Die Barentssee ist ein Meeresarm des Nordpolarmeeres. Sie trennt die Küsten Norwegens und Russlands voneinander. Benannt wurde sie nach ihrem Entdecker, Willem Barents (1550–1597).

Antwort 333

Häufig heißt es, die Wolken rumpelten aneinander und verursachten dabei den Donner. Das ist natürlich Unsinn. Der Donner entsteht vielmehr dadurch, dass sich die Luft, durch die der Blitz rast, sehr stark erhitzt. Dabei dehnt sie sich schlagartig aus. Dieses Ausdehnen verursacht dann das bedrohliche Donnern.

Antwort 334

Aus Gesteinstrümmern am Ende eines Gletschers. Der Schutt, den ein Gletscher durch seine Bewegung transportiert, stammt von der Erosion des Felsuntergrundes und von den Hängen und Felsen, die den Gletscher umrahmen. Es gibt je nach Lage der Trümmer Obermoränen, Untermoränen oder Endmoränen. Auch Findlinge sind nichts anderes als große, vom Gletscher mitgeführte Gesteinsblöcke.

Antwort 335

Von den Alpen. Zeitgleich mit diesem Gebirge entstanden auch die Pyrenäen, die Karpaten und der Himalaja.

Antwort 336

c) Dänemark

Grönland ist die größte Insel der Erde und ca. sechsmal so groß wie die Bundesrepublik. Grönland ist innenpolitisch komplett unabhängig, wird in allen außenpolitischen Angelegenheiten jedoch von Dänemark vertreten.

Antwort 337

a) Paris

Das Quartier Latin ist das Studentenviertel in der französischen Metropole.

Antwort 338

Baden bei Zürich, Baden bei Wien und Baden-Baden in Deutschland.

Antwort 339

Die Route von Dover nach Calais. Die beiden Städte liegen nur 34 km voneinander entfernt. Die Überfahrt dauert ungefähr 1,5 Stunden.

Antwort 340

c) ein Wind

Der Monsun ist ein Wind, der im Indischen Ozean im jahreszeitlichen Wechsel seine Richtung ändert. Der Sommermonsun dauert von April bis Oktober und wird von starken Regenfällen begleitet.

Antwort 341

Die **Exxon Valdez** gehörte zu den größten Schiffen, die jemals gebaut wurden. Hier ein paar Daten: Sie war über 300 m lang, hatte über 20 m Tiefgang, wog ohne Ladung 30.000 Tonnen, verdrängte eine Wassermasse von über 200.000 Tonnen und konnte 235 Millionen Liter Rohöl transportieren. Bei dem Unglück vor Alaska liefen 40.000 Tonnen Öl aus.

Antwort 342

Greenpeace. Zu den Gründungsmitgliedern zählten Dorothy und Irving Stowe, Paul Cote, Marie und Jim Bohlen, Bob Hunter sowie Dorothy und Ben Metcalfe.

Antwort 343

BUND – Bund für Umwelt und Naturschutz Deutschland. Der BUND wurde im Jahr 1975 von 21 Männern und Frauen gegründet und verfügte im Jahr 2005 – also 30 Jahre nach seiner Gründung – über fast 400.000 Mitglieder.

Antwort 344

c) ein blauer Engel

Ein kleines Kuriosum am Rande: Produkte, die aus Naturstoffen bestehen, können ökologisch nicht weiter verbessert und darum auch nicht mit dem blauen Umweltengel „dekoriert" werden. Dieses Siegel nimmt dem Verbraucher also nicht das Denken ab, sondern kann lediglich als Orientierungshilfe dienen.

Antwort 345

Fluorchlorkohlenwasserstoffe. Diese Stoffe sind sehr stabil und nicht brennbar. Sie wurden häufig als Treibmittel in Spraydosen oder als Kältemittel in Kühlschränken oder Klimaanlagen eingesetzt. Auch in chemischen Reinigungen fanden diese Stoffe häufig Verwendung. Allerdings zerstören FCKW, die in die Erdatmosphäre gelangen, die schützende Ozonschicht unseres Planeten. Auf ihr Konto geht das Ozonloch. Daher ist ihr Einsatz seit Mitte der 1990er-Jahre weitgehend verboten.

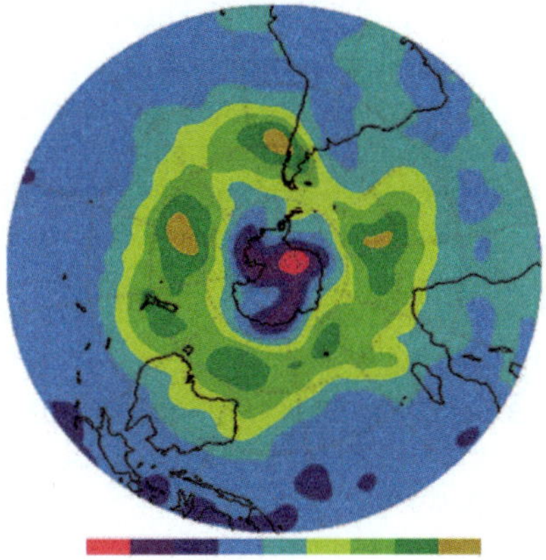

Ozonloch bei der Antarktis

Antwort 346

a) Blockheizkraftwerk

Blockheizkraftwerke sind Geräte, die die Funktion der Heizung und Stromerzeugung direkt beim Verbraucher übernehmen. Sie arbeiten mit sehr hohem Wirkungsgrad, da sie die Abwärme aus der Stromerzeugung zum Heizen nutzen.

Antwort 347

Als Primärenergie bezeichnet man Energieträger, die in der Natur vorkommen und verwendet werden können, ohne sie vorher verändern oder besonders behandeln zu müssen. Zu ihnen zählen beispielsweise Kohle, Erdöl, Windenergie, Biomasse, Sonnenenergie etc. Demgegenüber heißen aufbereitete Energieformen wie Benzin, elektrischer Strom oder Briketts Sekundärenergien.

Antwort 348

Erin Brockovich-Ellis (*22. Juni 1960). Die echte Erin Brockovich spielt eine Gastrolle als Kellnerin im Film. Dabei trägt sie ein Namensschild, auf dem „Julia" geschrieben steht.

Antwort 349

b) zum Bewässern des Gartens

Hier ist es sogar aus ökologischer Sicht ratsam, Regenwasser zu verwenden. Man kann das kostbare Nass beispielsweise in speziellen Tonnen auffangen und dann zur Bewässerung einsetzen.

Antwort 350

Das Unternehmen beschäftigt sich mit der **Sammlung und anschließenden Verwertung von Verpackungsabfällen.** Der „grüne Punkt" auf vielen Verpackungen ist mittlerweile so etwas wie das Markenzeichen des DSD geworden. Entstanden ist das Unternehmen im Jahr 1990.

Antwort 351

b) Kohlendioxid

Kohlendioxid kommt in der Natur sowohl frei als auch in gebundener Form (hier hauptsächlich in Form von Carbonaten) vor. Es handelt sich um ein farb- und geruchloses Gas, das u. a. Flammen (aber auch Lebewesen) ersticken kann.

Antwort 352

Bei der Solarthermie wird die Sonnenenergie zur **Bereitung von Warmwasser** benutzt. Dazu gibt es mehrere verschiedene Technologien, aber das Grundprinzip ähnelt sich jeweils. Das Kernstück der hierzu verwendeten Kollektoren ist ein sogenannter Absorber. Der wird von einer Flüssigkeit (zumeist ein Gemisch aus Wasser und einem umweltverträglichen Frostschutzmittel) durchströmt. Steigt die Temperatur nun über einen gewissen Wert, wird eine Umwälzpumpe zugeschaltet und die warme Flüssigkeit in einen Warmwasserspeicher gepumpt.

Antwort 353

Offshore-Windkraftanlagen. In Deutschland sind im Jahr 2006 die ersten Offshore-Windparks komplett genehmigt worden. Man rechnet damit, dass ihr Bau spätestens im Jahr 2008 in Angriff genommen werden kann. Dann dürfte etwa ab 2009 oder 2010 die Stromproduktion auf offener See auch hierzulande beginnen.

Windkraftanlage

Antwort 354

Die Erdatmosphäre besteht nicht nur aus Luft, sondern auch aus jeder Menge kleiner und kleinster Partikel. Alle diese in der Luft verteilten Feststoffe werden – unabhängig von ihrer chemischen Zusammensetzung – unter dem Begriff „Staub" zusammengefasst. Ihre Größe ist jedoch höchst unterschiedlich, und nicht jeder Staub zählt automatisch auch zu den Feinstäuben. Erst Partikel, die kleiner als 10 µm (10 tausendstel cm) sind, werden als Feinstaub bezeichnet. Ein menschliches Haar hat im Vergleich eine Dicke von ca. 100 µm.

Antwort 355

Physikalisch gesehen ist Energie natürlich nicht erneuerbar. Dennoch hat sich der Begriff erneuerbare Energien für solche Energieträger aus nachhaltigen Quellen, die in menschlichen Maßstäben gemessen nahezu unerschöpflich vorhanden sind, durchgesetzt. Ein weiteres Kennzeichen der erneuerbaren Energien ist, dass ihre Verwendung kaum oder gar keine zusätzliche Umweltbelastung verursacht. Zu ihnen zählen die Biomasse, Sonnenenergie, Wasserkraft, Windenergie und Geothermie.

Solarzellen

Antwort 356

d) Deutsche Bundesstiftung Umwelt

Mit dem Deutschen Umweltpreis sollen – so heißt es in einer Information der Deutschen Bundesstiftung Umwelt – „Einsatz und Leistungen ausgezeichnet werden, die entscheidend und in vorbildhafter Weise zum Schutz und zur Erhaltung unserer Umwelt beigetragen haben bzw. in Zukunft zu einer deutlichen Umweltentlastung beitragen werden".

Antwort 357

b) ca. 14.000

Exakt wurden in Deutschland 2003 14.300 PJ Primärenergie verbraucht. Als Primärenergie bezeichnet man dabei die Energie, die mit den natürlich vorkommenden Energieformen oder Energieträgern wie fossilen Energien oder Biomasse etc. zur Verfügung steht.

Antwort 358

Anna Maria Sybilla Merian (1647–1717).

Sie wurde eine der bedeutendsten Naturforscher ihrer Zeit. Vor ihr hatte sich kaum jemand ernsthaft mit Insekten beschäftigt, das änderte sich jedoch nach der Veröffentlichung ihrer viel beachteten Bücher.

Antwort 359

Regelmäßig im Winter bildet sich das Ozonloch in der Stratosphäre über der Antarktis. Hier dreht sich in den Wintermonaten in etwa 20 km Höhe der sogenannte Polarwirbel. In diesen sehr kalten, durch starke Windströmungen von der Umgebung isolierten Luftmassen wird in einem breiten Bereich in jedem Winter das gesamte Ozon zerstört.

Antwort 360

b) durch einen Chemieunfall

Bei einem Unfall in der Chemiefabrik Icmesa am 10. Juli 1976 wurden große Mengen des hochgiftigen Dioxins freigesetzt. Nur schleppend wurde in den folgenden Tagen die Bevölkerung informiert und vor der Gefahr gewarnt. 77.000 Tiere fielen der Vergiftung zum Opfer. Wie viele Menschen vergiftet wurden und starben, ist nicht klar. Vor allem Kinder hatten aber sehr unter den Folgen des Unfalls zu leiden.

SEVESO – EIN AUGENZEUGENBERICHT

„Es war fast surreal. All diese Pflanzen, diese Bäume ließen ihre Blätter hängen, als ob sie ihren Lebensmut verloren hätten. Nach dem Unfall sahen wir eine Schafherde – vielleicht 50, 60 Tiere, die alle furchtbar aufgebläht waren, die Tiere haben Gras gefressen und die Säure verbrannte ihnen die Kehle.“ (Quelle: Deutschlandradio 10.07.2006)

Antwort 361

c) Atommüll-Transporte

Am 2. Juni 1995 erteilte das Bundesamt für Strahlenschutz die Genehmigung, in Gorle-

Atomkraftwerk

ben ein Atommüll-Zwischenlager zu betreiben. Seither fahren immer wieder Atommülltransporte – vor allem von der französischen Wiederaufbereitungsanlage in La Hague – nach Niedersachsen. Der Widerstand innerhalb der Bevölkerung hält auch mehr als 20 Jahre nach der Genehmigung an. So kommt es immer wieder zu Demonstrationen und Versuchen, die Transporte zu verhindern oder zumindest zu verzögern.

Antwort 362

Die Internationale Kommission für Umwelt und Entwicklung hat im sogenannten Brundtland-Report im Jahr 1987 Nachhaltigkeit so definiert: „Nachhaltig ist eine Entwicklung dann, wenn sie den Bedürfnissen der heutigen Generation entspricht, ohne die Möglichkeiten der zukünftigen Generationen zu gefährden."

Antwort 363

Die Wasserkraft. Mithilfe des Wassers werden Turbinen oder Wasserräder angetrieben, die dann Strom erzeugen. Als besonders effektiv haben sich an einigen Standorten Gezeitenkraftwerke erwiesen, die die Kraft von Ebbe und Flut zur Stromerzeugung nutzen. Insbesondere hier liegt noch ein großes, nicht ausgeschöpftes Potenzial.

Wasserkraftwerk

Antwort 364

Robin Wood. 1982 schlossen sich Umweltschützer zusammen, um gegen das Sterben der Wälder gewaltfrei in Aktion zu treten. Mittlerweile hat der Verein rund 2300 Mitglieder, in 20 Städten arbeiten Regionalgruppen.

Antwort 365

Der Grundgedanke der Agrarwende lässt sich treffend in einem Satz zusammenfassen: Klasse statt Masse. Die Steigerung der Produktionsmenge und fast wahllose Subventionen (die zu Butter- oder Milchbergen führten) sollen nicht mehr im Zentrum stehen, sondern die Produktion qualitativ hochwertiger Lebensmittel. Dabei möchte man ein besonderes Augenmerk auf die Schonung der Ressourcen legen.

Antwort 366

d) Hühner

In der Massentierhaltung werden Hühner in sogenannten Legebatterien gehalten. Das sind extrem kleine Käfige (dem Huhn steht ein Platz zur Verfügung, der kleiner als ein DIN A 4 Blatt ist), in denen die Hühner ihr Leben fristen müssen. Auf diese Weise lassen sich sehr viele Tiere auf vergleichsweise geringem Raum beherbergen. Schätzungen besagen, dass in Deutschland noch immer ca. 90 % der Hühner in Batterien gehalten werden.

Antwort 367
PETA – People for the ethical treatment of animals.

Antwort 368
a) an Fluss- und Bachläufen

Auen unterliegen einer ständigen Veränderung. Das Hochwasser bringt zum einen neue, oft sehr fruchtbare Bodenteilchen mit sich, die sich ablagern, reißt aber auch in den Auen vorhandene Bodenpartikel mit sich. Die Pflanzen und Tiere dieser Landschaften sind an diese sich ständig ändernden Bedingungen gut angepasst.

Antwort 369
Unter Biodiversität versteht man die **biologische Vielfalt von Tieren, Pflanzen und Mikroorganismen**. Ein mit dieser Bezeichnung verwandter, aber etwas besser verständlicher Begriff ist Artenvielfalt.

Antwort 370
Eine durch menschliche Einwirkung strukturell verändere Naturlandschaft wird Kulturlandschaft genannt. Dabei hat diese Form der „Kultivierung" immer wieder dazu geführt, das ökologische Gleichgewicht zu stören. Das ist insbesondere bei falscher Nutzung der Fall.

Antwort 371
b) ein Waldgebiet, in dem Bäume aller Entwicklungsstufen nah beieinander stehen

Diese Waldgebiete entstehen dadurch, dass die Förster hier immer nur einzelne Bäume schlagen lassen. Die Lücken, die so entstehen, schließen sich dann wieder von selbst, der Wald nimmt keinen nennenswerten Schaden.

Antwort 372
c) ökologische Bewegungen

Die „Grüne Liga" ist ein Netzwerk ökologischer Bewegungen. Sie hat ihre Wurzeln noch in der ehemaligen DDR. Ein wirklicher organisatorischer Zusammenschluss fand allerdings erst nach 1990 statt.

Antwort 373
Im Rahmen des Emissionshandels können sich Unternehmen das „Recht" erkaufen, eine bestimmte Menge an Schadstoffen in die Luft zu entlassen. Dazu können sie eine bestimmte Menge an Zertifikaten erwerben. Da die Gesamtanzahl der Zertifikate begrenzt ist, soll so sichergestellt werden, dass darüber hinaus keine weiteren Schadstoffe in die Luft gelangen. Diese Form des „Ablasshandels" ist allerdings nicht unumstritten.

Antwort 374

Biodiesel. Wer nun Biodiesel tanken möchte, sollte sich auf jeden Fall vergewissern, ob sein Fahrzeug vom Hersteller für den Einsatz dieses Kraftstoffes freigegeben ist. Bei Fahrzeugen, die keine Freigabe haben, kann der Biodiesel dazu führen, dass Gummiteile, die mit ihm in Berührung kommen (wie Dichtungen etc.), aufquellen oder sich teilweise gar auflösen. So können dann beispielsweise an der Einspritzpumpe kostspielige Defekte auftreten.

Antwort 375

Normalerweise wird die während des Tages einfallende Sonnenstrahlung gespeichert und nachts wieder an die Atmosphäre abgegeben. Die Gase und Partikel, die für den Treibhauseffekt verantwortlich sind, absorbieren und reflektieren nun einen Teil dieser Wärme, sodass sich die Atmosphäre langsam, aber sicher aufheizt. Den Vorgang kann man sich durchaus wie in einem gigantischen Treibhaus vorstellen.

Antwort 376

b) World Wide Fund for Nature

Der WWF Deutschland wurde 1963 gegründet.

WWF-Logo

Antwort 377

Walter Wallmann (*1932). Aus dem Amt des Bundesministers für Umwelt schied er 1987 aus, als er zum Ministerpräsidenten des Landes Hessen gewählt wurde.

Antwort 378

Über dem Dach tropischer Regenwälder verdunstet eine Menge Wasser und steigt als Wasserdampf in die Höhe. Mit dem aufsteigenden Wasserdampf wird durch Sonneneinstrahlung an der Erdoberfläche erzeugte Wärmeenergie hoch in die Atmosphäre transportiert. Die Freisetzung von Wärme in diesen Höhen treibt auf der einen Seite das Wettergeschehen an und beeinflusst auf der anderen Seite die globale Luftzirkulation. Man weiß noch nicht genau, welche Veränderung die Rodung des Regenwaldes mit sich bringt, sicher ist aber, dass sie gravierend ausfallen wird.

Antwort 379

c) ca. 500.000

Antwort 380

b) 2. Platz

Nur die Arbeitslosigkeit wurde im Rahmen der Umfrage für wichtiger erachtet als der Einsatz für den Umweltschutz.

Antwort 381

Edward Jenner (1749–1823). Zunächst lehnte die Wissenschaft Jenners Impfung rigoros ab. Erst im Jahr 1807 gab es einen Durchbruch für ihn, als das Königreich Bayern als erstes Land die Pockenschutzimpfung einführte.

Antwort 382

Freie Radikale attackieren schützende Zellmembranen und lebensnotwendige Proteine und schädigen das Erbgut, indem sie Bindungen zwischen den Basen zerschneiden. Außerdem sind sie für den Alterungsprozess verantwortlich. Sie bestehen für gewöhnlich aus ein oder zwei Atomen, besitzen freie Elektronen und sind daher ziemlich reaktionsfreudig. Sie kommen überall im Körper vor. In gewissem Maße sind die Schädigungen, die durch freie Radikale verursacht werden, natürlich. Man kann sich aber davor schützen, dass diese unangenehmen Gesellen in unserem Körper überhand nehmen. Sogenannte Antioxidanzien (wie man sie z. B. in Obst, aber auch in Kaffee oder Tee findet) helfen mit, die freien Radikale in Schach zu halten.

Antwort 383

Fette stellen eine Kombination aus Kohlenstoff- und Wasserstoffatomen dar, die in bestimmter, regelmäßiger Art und Weise miteinander verbunden sind. Bei einem gesättigten Fett sind so viele Wasserstoffatome wie möglich mit den Kohlenstoffatomen verbunden. Dabei herrscht zwischen den einzelnen Atomen eine Einfachbindung. Ungesättigte Fette hingegen verfügen über einen oder mehrere Doppelbindungen. Bei der Ernährung sollte man grundsätzlich darauf achten, lieber einfach oder mehrfach ungesättigte Fettsäuren zu verwenden als die gesättigten.

Antwort 384

d) unter die Haut

Der Begriff leitet sich vom lateinischen „sub = unter" und „cutis = Haut" ab.

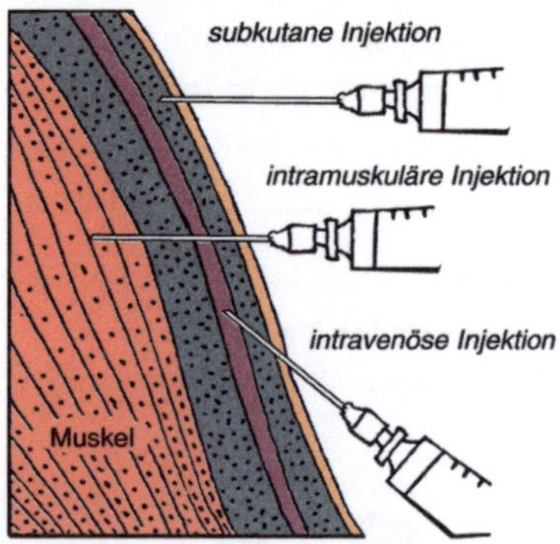

Antwort 385

a) keine

Wie so oft in der Medizin, kommt auch hier der Begriff aus dem Lateinischen und bedeutet übersetzt „ich werde gefallen". Placebos enthalten keinen Wirkstoff, dennoch gibt es Fälle, in denen sie durch ihre psychologische Wirkung (der Patient meint, er bekäme eine wirkungsvolle Arznei) Effekte zeigen.

Antwort 386

Als Functional Food (funktionelle Nahrung) bezeichnet man Nahrungsmittel, in denen bestimmte Zusätze wie beispielsweise Nährstoffe oder Vitamine künstlich zugesetzt wurden, um so einen für die Gesundheit günstigen Effekt zu erzielen.

Antwort 387

Schlaganfall. Nach dem Herzinfarkt und Krebs ist der Schlaganfall die dritthäufigste Todesursache in Deutschland. Bluthochdruck, Rauchen, Übergewicht und Herzerkrankungen kommen hier als besondere Risikofaktoren infrage.

Antwort 388

Hormone „arbeiten" im Körper als besondere Informationsübermittler. Sie werden in bestimmten Drüsenzellen (z. B. im Gehirn oder in der Bauchspeicheldrüse) gebildet und anschließend ins Blut abgegeben. Auf diese Weise gelangen sie zu Zellen mit speziellen „Andockstellen" (man nennt sie auch Rezeptoren), wo ihre Nachricht gelesen werden kann. Als Botenstoffe sorgen Hormone dafür, dass die biologischen Prozesse im menschlichen Körper richtig ablaufen.

Antwort 389

b) starkes Übergewicht

Bei einem Körpermasseindex (BMI) von mehr als 30 (normalgewichtige Menschen haben einen BMI zwischen 18 und 24) spricht man von Adipositas, krankhaftem Übergewicht.

Antwort 390

c) 5 Liter

Bei Verlust von einem Liter Blut schwebt man für gewöhnlich in Lebensgefahr.

Antwort 391

Ein Mangel an Vitamin K kann sich negativ bemerkbar machen, weil sich dadurch die Blutgerinnung verschlechtert. Es können dann Gehirnblutungen auftreten. Weil einige Säuglinge unter Vitamin-K-Mangel leiden, wird eine Gabe des Mittels kurz nach der Geburt routinemäßig angeboten.

Antwort 392

Die Milz. Zu den häufigsten Erkrankungen der Milz zählen die Milzzysten, die Milzverletzungen und die mit einer Vergrößerung des Organs verbundenen Erkrankungen des Blutes, rheumatische Erkrankungen sowie akute und chronische Infektionskrankheiten.

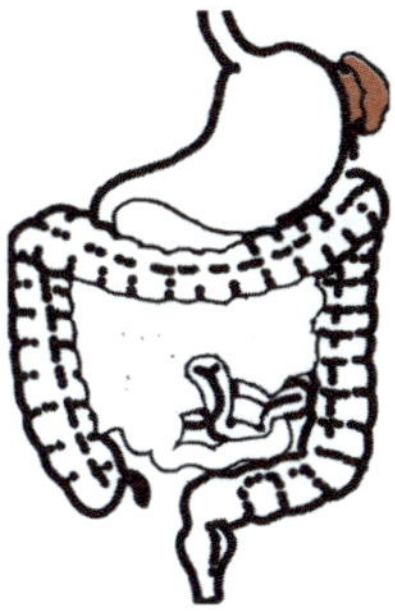

Lage der Milz

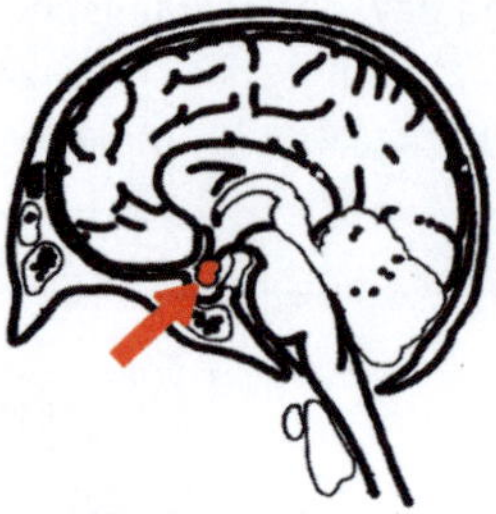

Hypophyse

Antwort 393

Endorphine werden in der **Hirnanhangdrüse** (der sogenannten Hypophyse) gebildet. Sie sind körpereigene Morphine und werden oft als „Glückshormone" bezeichnet. Sie regulieren Triebe und Gefühle und unterdrücken das Schmerzempfinden. Darüber hinaus regulieren sie den Blutdruck, die Darmtätigkeit und die Atmung.

Antwort 394

d) Vitamin O

Vitamin K (Phyllochinon) verbessert die Blutgerinnung, Vitamin E (Tocopheral) schützt als Oxidationsschutz vor den schädlichen freien Radikalen und Vitamin H (Biotin) übernimmt eine wichtige Funktion beim Stoffwechsel.

Antwort 395

a) Cholesterin kommt hauptsächlich in tierischen Fetten vor.

Viele Menschen haben einen zu hohen Cholesterinspiegel, weil unsere Nahrung zu fettreich ist und häufig zu viel Fleisch enthält. Ballaststoffreiche pflanzliche Nahrung kann dazu beitragen, den Cholesterinspiegel wieder zu senken.

Antwort 396

Sekundäre Pflanzenstoffe sind Substanzen, die nur in sehr geringen Mengen in Pflanzen vorhanden sind. Dennoch hat man herausgefunden, dass sie eine wichtige Rolle spielen: Menschen, die viel Obst und Gemüse essen, erkranken nämlich deutlich seltener an Krebs oder Herz-Kreislauf-Erkrankungen als Menschen, die auf diese Nahrungsmittel weitgehend verzichten.

Antwort 397

Bei der Berechnung des BMI wird das Gewicht (in Kilogramm) durch das Quadrat der Körpergröße (in Meter) dividiert.

Antwort 398

b) Hagebutte

Bereits 7 g Hagebutte decken den Tagesbedarf eines Menschen. Dazu benötigt man immerhin 120 g Zitronen oder 600 g Äpfel.

Antwort 399

Tuberkulose. Die Krankheit wird mittels Tröpfcheninfektion übertragen. Daher konnte sie sich gerade bei den dicht gedrängt lebenden Armen rasch ausbreiten. Sie fordert auch heutzutage noch jährlich mehr als zwei Millionen Opfer.

Antwort 400

Für den Menschen sind Omega-3-Fettsäuren lebensnotwendig, der Körper kann sie aber selbst nicht bilden. Daher müssen sie regelmäßig mit der Nahrung aufgenommen werden. Besonders Seefische wie Makrele, Sardine, Sardelle oder Thunfisch gelten hier

Thunfisch

als gute Lieferanten. Im Körper helfen diese Fette u. a. das Cholesterin zu senken, fördern den Blutfluss und werden auch besonders wegen ihrer blutdrucksenkenden und entzündungshemmenden Wirkung geschätzt.

Antwort 401

Hypotonie. Von niedrigem Blutdruck spricht man bei Werten unter 100/60 mmHg (Millimeter Quecksilbersäule, traditionelle Einheit). Menschen, die unter niedrigem Blutdruck leiden, klagen häufig über Müdigkeit, Schwäche, Schwindel und Antriebsschwäche.

Antwort 402

c) Joggen

Kalorien verbrennen beim Nordic Walking

Wenn die Geschwindigkeit beim Jogger deutlich über 10 km/h liegt, verbraucht man bei diesem Sport am meisten Kalorien. Der Verbrauch beim Nordic Walking liegt allerdings nur knapp dahinter.

Antwort 403

b) Pest

Die Krankheit kostete im 14. Jahrhundert mehr als 20 Millionen Menschen in Europa das Leben. Sie wurde von einem Erreger, der Ratten befällt, verursacht. Auf den Menschen wurde der Erreger dann durch Flöhe übertragen.

Antwort 404

Kohlenhydrate sind nichts anderes als **Zucker, Stärke und Zellulose**. Kohlenhydrate bestehen aus den Bausteinen Kohlenstoff, Wasserstoff und Sauerstoff. Sie entstehen bei der pflanzlichen Fotosynthese aus Kohlendioxid und Wasser unter Abgabe von Luftsauerstoff. Der menschliche Organismus ist nicht in der Lage, selbst Kohlenhydrate herzustellen. Auch fällt es ihm nicht leicht, sie zu verwerten. Sie werden vielmehr im Körper zu Glykogen umgewandelt und dann in der Leber und in den Muskelzellen gespeichert. Der Speicherplatz ist aber begrenzt. Wenn er voll ist, wird der Rest in Fett umgewandelt und wandert in die Fettdepots.

Antwort 405

Homöopathie. Der Begriff stammt aus dem Griechischen und setzt sich aus den Bestandteilen „homio" = das Gleiche und „pathos" = das Leiden, die Krankheit zusammen.

Antwort 406

Die Experten sind sich noch nicht ganz einig darüber, wie der Muskelkater genau entsteht. Die meisten neigen aber mittlerweile dazu, kleine Risse in den Muskelfasern dafür verantwortlich zu machen. Diese Risse entstehen, wenn ein ungeübter Muskel sehr beansprucht wird. Durch diese Risse – die man aber nicht mit der Sportverletzung des Muskelfaserrisses verwechseln darf – dringt nun Wasser ein. Dadurch schwillt innerhalb von ein bis zwei Tagen die Muskelfaser an und wird gedehnt. Der Dehnungsschmerz wird dann als Muskelkater wahrgenommen.

Aufbau eines Muskels

Antwort 407

a) Haut

Die Haut eines erwachsenen Menschen bedeckt, je nach Körpergröße, eine Fläche von 1,5 bis 2 m^2. Ihr Gewicht macht etwa ein Sechstel des Körpergewichts aus, im Durchschnitt also 10 bis 12 kg.

Antwort 408

Die weißen Blutkörperchen. Weiße Blutkörperchen sind gewissermaßen die Blutpolizei. Sie machen Krankheitserreger unschädlich. Darüber hinaus schützen sie den Körper vor Infektionen. Dabei erledigen verschiedenen Gruppen von weißen Blutkörperchen ganz unterschiedliche Aufgaben. Sie reichen von der Markierung fremder Zellen bis hin zu deren Zerstörung.

Antwort 409

Pandemien. Verheerende Grippepandemien gab es immer wieder. Bei ihnen kamen viele Menschen zu Tode. Im Zuge der Ausbreitung der Vogelgrippe befürchtet man eine Pandemie, sollte das Virus einmal so weit mutieren, dass es problemlos von Mensch zu Mensch übertragen werden kann. In einem solchen Fall befürchten die Experten mehrere Millionen Todesopfer.

SCHLECHTE ZEIT FÜR SCHÄDEL-OPs

Einen unrühmlichen Rekord hält wahrscheinlich die bronzezeitliche Aunjetitzer Kultur (etwa 2000 v. Chr.). In dieser Periode misslangen nämlich die meisten Schädeloperationen. Nur ca. 72 % dieser Eingriffe sind gelungen. Das konnten selbst die Steinzeitmenschen besser. Sie verwendeten übrigens geschärfte Feuersteine zum Öffnen der Schädeldecke.

Antwort 410

Die Wissenschaft geht davon aus, dass der Verzehr von BSE-infiziertem Rindfleisch beim Menschen zur Creutzfeld-Jakob-Krankheit führen kann. Bei dieser Krankheit wird das Gehirn allmählich wie ein Schwamm durchlöchert.

Antwort 411

c) 60–80 g

Ernährungswissenschaftler empfehlen, dass der Fettanteil an unserer Nahrung nicht mehr als 30 % ausmachen sollte. Als Faustregel gilt, man soll nicht mehr als 1 g Fett pro kg Köpergewicht zu sich nehmen (bei starkem Übergewicht reduziert sich diese Angabe natürlich). Da Fett aber nicht gleich Fett ist, muss man auch auf die Zusammensetzung der verschiedenen Fette achten. Hier gibt es ebenfalls eine Faustregel: Gesättigte, einfach ungesättigte und mehrfach ungesättigte Fette sollten im Verhältnis 1:1:1 stehen.

Antwort 412

Um körperliche Arbeit oder Sport betreiben zu können, muss man dem Körper Energie bereitstellen. Bei geringen bis mäßigen Belastungen werden Fette und Kohlenhydrate als Brennstoffe für die Energiebereitstellung genutzt. Da für diese Form der Energiegewinnung Sauerstoff erforderlich ist, spricht man von aerober Energiegewinnung. Bei höheren Belastungen muss indes eine große Energiemenge in kurzer Zeit produziert werden. Dafür reicht dann die Sauerstoffzufuhr nicht mehr aus, es muss Energie ohne Sauerstoff bereitgestellt werden. Diesen Prozess bezeichnet man als anaerob.

Antwort 413

a) Dehnung der Muskeln

Das Stretching dient in erster Line der Wiederherstellung der Beweglichkeit nach einer starken Muskelanstrengung bzw. der Lockerung vor dem Sport. Auch die Gelenke werden durch dieses Training beweglich gehalten.

Antwort 414

Vitamine sind wissenschaftlich gesehen keine chemisch einheitliche Stoffgruppe, man kann also nicht sagen, „jedes Vitamin besteht aus folgenden Stoffen ...“. Vitamine sind in der Tat recht komplizierte Stoffe, die in der unbelebten Natur nicht einfach so vorkommen. Sie müssen zunächst von Pflanzen, Bakterien oder Tieren gebildet werden. Vitamine sind oft Bestandteile von Enzymen, den Biokatalysatoren des Körpers. Vitamine sind aber auch sehr empfindlich und können leicht durch Sauerstoff, Licht, Wasser oder Hitze zerstört werden. Daher muss man insbesondere beim Herstellen von Nahrungsmitteln auf eine schonende Verarbeitung achten.

Antwort 415

Angina. Die Mediziner benutzen den Begriff mit verschiedenen Zusätzen wie beispielsweise tonsillaris oder pectoris, um die verschiedenen Formen der Angina voneinander zu unterscheiden.

Antwort 416

Der Meniskus ist eine Knorpelscheibe im Knie. Sie liegt zwischen dem Oberschenkelknochen und dem Schienbein. Wenn Ober- und Unterschenkel bei gebeugtem Knie gegeneinander verdreht werden, kann es hier leicht zu Verletzungen kommen. Dann reißt

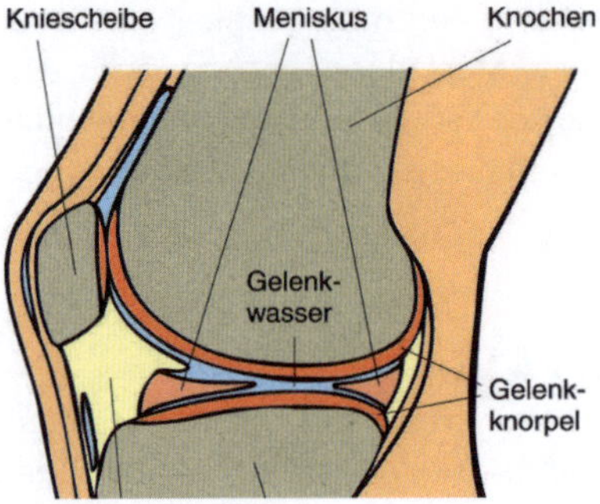

Aufbau des Knies

der Meniskus ein oder wird verklemmt. In beiden Fällen sind schmerzhafte Entzündungen der Kniekapsel die Folge.

Antwort 417

c) Elektrokardiogramm

Das EKG ist ein Verfahren, bei dem die Herzströme aufgezeichnet werden. Das funktioniert, weil das Zusammenziehen und Erschlaffen der Herzmuskeln von elektrischen Strömen begleitet wird, die man in Form einer Kurve aufzeichnen kann.

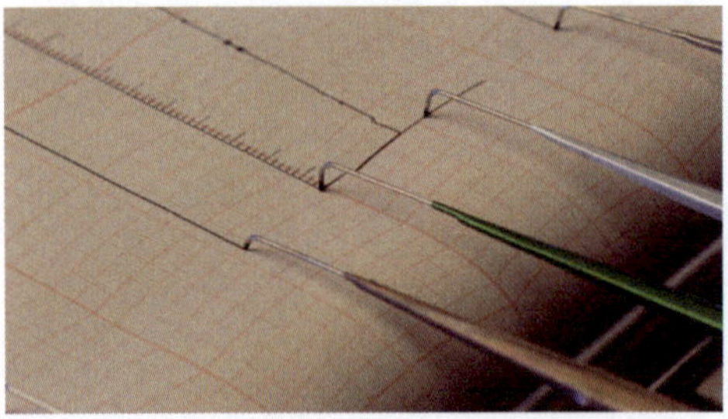

EKG-Aufzeichnung

Antwort 418

a) Broteinheit

Die Broteinheit (BE) ist ein Maß zur Berechnung der Kohlenhydratmenge für die Kost bei Diabetikern. Für diese ist die genaue Kenntnis des Nährstoffgehalts von Lebensmitteln sehr wichtig, weil nur so eine gute Blutzuckereinstellung möglich ist.

Antwort 419

Die Weltgesundheitsorganisation (WHO) wurde am 7. April 1948 gegründet und hat ihr Hauptbüro in Genf. Alle WHO-Mitglieder treten jedes Jahr im Mai in Genf zusammen, um die finanziellen und organisatorischen Geschäfte vorzunehmen und die künftigen Programme festzulegen.

DAS TEUERSTE MEDIKAMENT

Eine Behandlung mit dem derzeit teuersten Medikament der Welt kostet pro Patient und Jahr (nur für das Medikament, versteht sich) 150.000 bis 400.000 US-Dollar. Für seine Herstellung werden pro Dosis und Patient 2000 bis 8000 Plazenten benötigt – und jeder Patient benötigt alle zwei Wochen eine neue Dosis. Behandelt wird mit dieser exklusiven Arznei eine besondere Stoffwechselkrankheit, genannt Morbus Gaucher.

Antwort 420

Antibiotika. Diese Medikamente werden nicht nur gegen Bakterien, sondern auch noch gegen weitere kleine Einzeller, die im Gegensatz zu den Bakterien aber über einen Zellkern verfügen, eingesetzt. Diese Einzeller haben den Namen Protozoen.

Antwort 421

Mythos kommt aus dem Griechischen und bedeutet übersetzt „Wort", „Rede", „Erzählung" oder „Sage". Die meisten dieser besonderen Erzählungen versuchen unsere Welt zu erklären, ihren Anfang und ihr Ende zu beschreiben und dem Menschen Leben und Aufgaben der Götter nahe zu bringen. Und natürlich berichten sie auch vom Leben und den Taten der großen Helden eines Volkes.

DIE OLYMPISCHEN GÖTTER

Zwölf Götter haben ihren Sitz auf dem Olymp: Zeus, Hera, Poseidon, Demeter, Apollon, Artemis, Ares, Aphrodite, Hermes, Athene, Hephaistos und Hestia.

Antwort 422

Herkules war der Sohn des Zeus und der Alkmene. Eigentlich nicht im Olymp ansässig, wurde er dennoch als Lohn für seine vielen Heldentaten in diesem Sitz der griechischen Götter aufgenommen.

Herkules

Antwort 423

d) in den Tiefen der Erde und des Meeres

Die Wanen bescherten den Menschen Fruchtbarkeit und Gedeihen. Zu ihnen zählten Njörd, Freyr und Freyja.

Antwort 424

d) Jupiter

Er ist der Blitz- und Donnergott, Gott des Humors und auch der Göttervater. Jupiter (oder auch Iuppiter) ist der Sohn des Saturn und gilt als Schwurzeuge und Schützer der Ehe.

Antwort 425

Osiris. Osiris ist Gatte und Bruder der Isis (und Vater des Horus) und zählte zu den mächtigsten Gottheiten Ägyptens. Er wurde zumeist als Mumie dargestellt, häufig findet man Darstellungen, auf denen er eine Krone oder andere Königsinsignien, wie Zepter oder Peitsche, mit sich führt. Seine Gesichtsfarbe ist entweder Weiß, Schwarz oder Grün. Alles in allem war Osiris also eine Ehrfurcht gebietende Gestalt, mit der man es sich besser nicht verscherzte.

Antwort 426

Die Zentauren entstammen der römischen

Zentauer

Mythologie und waren Wesen mit Pferdeleib und menschlichem Oberkörper (auch die Fans der Harry-Potter-Romane dürften diese Gestalten kennen). Im Allgemeinen galten sie als gefährlich und heimtückisch. Den Menschen gegenüber neigten sie sogar zur Gewalttätigkeit. Nur ein Exemplar, der weise Cheiron, erwies sich hier als aufgeschlossener. Er wurde schließlich zum Lehrer vieler antiker Helden.

Antwort 427

Die Azteken herrschten ungefähr zwischen dem 14. und 16. Jahrhundert in Südamerika. Ihre Kultur gilt als erstaunlich weit entwickelt. Insbesondere die Opferrituale ihrer Religion liefen sehr blutig ab, auch Menschenopfer waren an der Tagesordnung. In der Schlacht zu fallen oder als Freiwillige an rituellen Menschenopfern teilzunehmen galt für die Krieger als höchste Ehre. Oft wurden jedoch auch Gefangene geopfert. Die Opfer schritten die Stufen einer Tempelpyramide hinauf, legten sich oben auf einen gewölbten Stein, und Priester schnitten ihnen das Herz hinaus. Das aztekische Reich wurde von den spanischen Eroberern zerstört.

Antwort 428

Justitia, die Vermenschlichung der Gerechtigkeit. Die Waage und das Schwert sind weitere Accessoires, die ihr häufig mit auf den Weg gegeben werden. Diese Symbole veranschaulichen, dass das Recht ohne Ansehen der Person (Augenbinde), nach sorgfältiger Abwägung der Sachlage (Waage) gesprochen und schließlich mit der nötigen Härte (Richtschwert) durchgesetzt werden soll.

Justitia

Antwort 429

a) Sohn des Parsifal

Lohengrin war der Sohn des Parsifal. Auf Geheiß des Königs Artus eilte er in einem von einem Schwan gezogenen Schiff der Herzogin Elsa von Brabant zu Hilfe. Aus dieser Hilfsaktion ging eine kurze, glückliche Ehe hervor. Allerdings war es der Herzogin verboten, Lohengrin nach seiner Herkunft zu fragen. Als sie die verbotene Frage dennoch stellte, musste er seine Angebetete schweren Herzens wieder verlassen.

Antwort 430

c) Er hat eine schwarz-weiß-gescheckte Haut.

Feirefiz ist aus der ersten Ehe von Parsifals Vater Gahmuret mit der Mohrenkönigin Belakane hervorgegangen. Aus diesem Grund hat Wolfram von Eschenbach, der Autor des Parsifal-Epos, der Figur das auffällige Äußere verliehen.

Antwort 431

Die Edda. Die gliedert sich in zwei Teile. Der ältere Teil (die Lieder-Edda) stammt aus dem 8. bis 11. Jahrhundert und enthält 30 Lieder, die vom Leben der Götter und Helden handeln. Den jüngeren Teil bezeichnet man gerne als Snorra-Edda. Er stammt aus dem 13. und 14. Jahrhundert und kann als Kommentar zur altnordischen Dichtung und Mythologie verstanden werden.

Antwort 432

Die Sirenen waren die Töchter des Acheloos. Neben ihrem verlockenden Gesang verfügten sie über die Gabe, das Wetter ändern zu können und über ein übermenschliches Wissen. Auch Orpheus entging dem Tod angesichts der Sirenen übrigens. Er übertönte ihren Gesang mit dem eigenen.

Odysseus und die Sirenen

Antwort 433

Die nordische Mythologie kennt drei Nornen. Es sind die Schicksalsgöttinnen Urd (Vergangenheit), Werdandi (Gegenwart) und Skuld (Zukunft). Sie leben an der Schicksalsquelle, die sich am Fuß der Weltesche Yggdrasil befindet, und lenken die Geschicke der Menschen und Götter, indem sie die Fäden des Schicksals spinnen und weben.

Antwort 434

Von beiden wird berichtet, dass sie ihren **Bruder erschlagen** haben. Romulus

Wölfin mit Romulus und Remus

brachte Remus um, nachdem sich dieser – wie es heißt – über einen Verteidigungswall, den Romulus um das noch kleine und unbedeutende Rom gezogen hatte, lustig gemacht hatte.

Antwort 435

b) Menelaos

Menelaos ist der jüngere Bruder Agamemnons und Gemahl der Helena. Der Raub der Helena durch Paris war der Auslöser des trojanischen Krieges und Grund genug für den König, sich hier mächtig ins Zeug zu legen.

Antwort 436

c) Hera

Hera ist die Tochter von Kronos und Rhea und gilt als Beschützerin der Ehe und der Frauen. Außerdem riefen die Frauen Hera als Geburtsgöttin an. Bei Homer wird sie als missgünstige, eifersüchtige und zänkische Frau beschrieben.

Antwort 437

Anubis. Er trug den Beinamen „Der, der in den Mumienbinden ist“. Anubis war der Gott der Einbalsamierer und dafür zuständig, beim Totengericht das Herz der Toten zu wiegen. Osiris war – der Sage nach – von seinem Bruder Seth zerstückelt und auf der ganzen Welt verteilt worden. Anubis sammelte zusammen mit Isis alle Teile wieder ein. Danach soll es ihm gelungen sein, Osiris wieder zusammenzusetzen, indem er ihn mumifizierte.

Antwort 438

Kriemhild. Die Figur der Kriemhild geht – so nehmen es die Experten an – auf Ildikó, die Gattin des Hunnenkönigs Attila, zurück. Diesen Namen trägt sie nur in der mittelhochdeutschen Version des Nibelungenlieds. In anderen Versionen tritt sie beispielsweise als Gudrun in Erscheinung.

Antwort 439

Pandora, eine schöne und verführerische Frau, bekam von Zeus dieses Gefäß geschenkt. Das Geschenk war Teil eines Racheakts, denn Zeus wollte so die Menschen für den Raub des Feuers durch Prometheus bestrafen. In die Büchse hatte der Göttervater alle Übel der Welt eingeschlossen. Als Pandora sie öffnete, verbreiteten sie sich über die ganze Erde. Einzig die Hoffnung (die ja eigentlich ohnehin nichts bei den Übeln verloren hat) blieb in der Büchse zurück.

Antwort 440

Für Graf Dracula. Im Jahr 1897 erschien der Roman *Dracula*, der den irischen Schriftsteller Bram Stoker bis in die heutige Zeit berühmt machte. Vlad, das Vorbild für

Graf Dracula

den Romanvampir, wurde wegen seiner Grausamkeit gefürchtet.

Antwort 441

d) Isolde

Isolde ist die Königstochter von Irland und soll den alternden Marke, den König von Cornwall, heiraten. Tristan bekommt von seinem Onkel den Auftrag, die Brautwerbung zu übernehmen. Damit auch alles ein glückliches Ende nimmt, bekommt sie einen Zaubertrank mit auf die Reise. Wenn Isolde den Trank zu sich nimmt (sie soll es angesichts Markes tun), verliebt sie sich unsterblich in den Mann, den sie dann sieht.

Tristan und Isolde

Antwort 442

b) Botinnen Odins

Die Walküren ritten über die Schlachtfelder, griffen auch immer wieder in die Schlacht ein und sammelten schließlich die gefallen Krieger auf, um sie nach Walhall zu bringen. Dort bewirteten sie die Helden mit Met.

Antwort 443

Der Mensch. Als Kind krabbelt er auf Händen und Füßen und ist dabei sehr langsam unterwegs. Dann richtet er sich auf und bewegt sich auf seinen beiden Beinen fort. Im Alter schließlich nimmt er einen Stock zur Hilfe, der sozusagen sein drittes Bein darstellt.

DIE FURIEN BEI DANTE

In Dantes *Göttlicher Komödie* findet sich eine eindrucksvolle Beschreibung der Rachegöttinnen:

Bluttriefend beieinander, hoch erhoben,
An Wuchs und Haltung Weibern gleich, so standen
Die höllischen drei Furien stracks dort oben.
Giftgrüne Hydern ihre Gürtel banden,
Als Haupthaar Nattern sich den Unholdinnen
Und Vipern um die Schläfen dräuend wanden.

Antwort 444

Die Furien sind in der römischen Mythologie die **Rachegöttinnen**. Ihre Aufgabe war es, die menschlichen Ungerechtigkeiten zu bestrafen und dabei gingen sie mit ihren Opfern nicht gerade zimperlich um. So wurden die Furien zu gefürchteten Gottheiten.

Antwort 445

Osiris und Seth. Beide sind eigentlich Brüder, aber aus Neid erschlägt Seth Osiris und zerstückelt den Leichnam. Es gelingt Anubis, Osiris wieder zum Leben zu erwecken, indem er ihn mumifiziert. Dadurch wird er zum Gott der Toten, zum Symbol der Auferstehung und des ewigen Lebens, einer der wichtigsten ägyptischen Götter. Seth bleibt nur die Rolle als ungeliebter Gott des Unfriedens, des Chaos und des Krieges.

Antwort 446

b) Götterdämmerung

In der Götterdämmerung, so heißt es, verlieren die Götter im Kampf gegen die Riesen und Dämonen. Die Erde sinkt ins Meer und der Himmel geht in Rauch und Feuer auf. Aber damit ist die Geschichte der Welt nicht beendet, denn nach dem Fall wird eine neue grüne Erde aus dem Meer auftauchen und Baldur, der Gott des Lichts und der Fruchtbarkeit, soll dann aus dem Reich der Toten zurückkehren und die Geschicke der Erde lenken.

Antwort 447

Loki taucht sowohl als listenreicher Helfer der Götter auf als auch als ihr Feind. Er ist halb Gott, halb Riese und kann verschiedene Gestalten annehmen. Seine Kinder sind die Midgardschlange, die Todesgöttin Hel und der Wolf Fenrir, der in der Götterdämmerung die Sonne verschlingt.

Palast von Knossos

Antwort 448

d) auf Kreta

Das Labyrinth war ein riesiger Irrgarten, der von Dädalus erbaut wurde. In ihm hielt der König Minos den Minotaurus, ein Ungeheuer mit Menschleib und Stierkopf, gefangen. Die Flucht aus dem Labyrinth gelang nicht vielen. Aber Theseus schaffte das Kunststück, nachdem er den Minotaurus, der ihm an den Kragen wollte, besiegt hatte.

Antwort 449

a) Re bzw. Ra

Re (oder auch Ra, es sind beide Bezeichnungen geläufig) ist der Sonnengott. Besonders in der 4. und 5. Dynastie gewann er große Bedeutung. Später wurde er dann mit dem Gott Amun zu Amun-Re verschmolzen. Unter Pharao Echnaton wurde er unter dem Namen Aton als einziger Gott verehrt.

Antwort 450

Ödipus. Die Wahrheit kommt ans Licht, als in Theben die Pest ausbricht und man wiederum das Orakel befragt. Aus Verzweiflung bringt sich Iokaste um und Ödipus sticht sich beide Augen aus. Fortan irrt er mit seiner Tochter Antigone durch die Welt und findet schließlich in Athen ein vergleichsweise friedliches Ende.

Antwort 451

Minerva war die Göttin des Handwerks, der Weisheit und der schönen Künste. Später wurde sie mit der griechischen Göttin Athene gleichgesetzt.

Antwort 452

Die Nibelungen waren die Besitzer eines großen Schatzes – des Hortes –, der vom Zwerg Alberich gehütet wurde. Ihre Untertanen, die ihren Namen nach dem König Nibelunc erhielten, zählten auch zu ihnen.

Antwort 453

d) Götter

Der Nektar war den Göttern vorbehalten. Er verlieh ihnen ewige Jugend und Unsterblichkeit.

Antwort 454

Tageslicht. Trolle sind finstere Gesellen, die das Tageslicht fürchten, denn dadurch verlieren sie ihre sämtlichen Kräfte.

Troll

Antwort 455

Prometheus, einer der Titanen, **entwendete Zeus das Feuer und brachte es den Menschen**. Das gelang ihm, indem er einen Stängel des Riesenfenchels am vorüberrollenden, Funken sprühenden Sonnenwagen des Helios entzündete und diese Fackel den Menschen auf die Erde brachte.

Antwort 456

Beide sind nahezu unverwundbar, verfügen aber über **eine ungeschützte Stelle**. Siegfried badete in Drachenblut, doch ein Blatt, das ihm auf die Schulter gefallen war, hinterließ eine ungeschützte Stelle. Genau dort verletzte ihn Hagen von Tronje so schwer, dass er den Verletzungen erlag. Achilles hingegen war von seiner Mutter Thetis in die Fluten des Unterweltflusses Styx getaucht worden. Auch dieses Bad machte den Helden fast unverwundbar. Nur dort, wo sie ihn am Fuß festgehalten hatte, verfügte der Held über keinen Schutz. Ein Pfeil des Paris traf ihn genau an der verwundbaren Ferse, und auch Achilles musste sterben.

Hagen ermordet Siegfried

Antwort 457

c) ein heiliger Kelch

Darüber, was der Gral genau war, streiten sich die Gelehrten. Zumeist wird er aber als Kelch oder Schale beschrieben, manchmal heißt es auch, er sei ein besonderer Stein gewesen. Für seinen Besitzer galt der Gral – unabhängig von seinem Erscheinungsbild – als Quell ewiger Jugend und Glückseligkeit.

Antwort 458

a) Amor

Amor war der Gott der Liebe. Wer von seinen Pfeilen ins Herz getroffen wurde, verliebte sich unsterblich. Auch die Griechen kannten einen Liebesgott, der häufig ebenfalls als Pfeile verschießender Knabe dargestellt wurde. Bei ihnen hieß er Eros.

Antwort 459

Kassandra war die Tochter von König Priamos aus Troja. Nach dem Fall Trojas, den sie vorhergesagt hatte, wurde Kassandra von Agamemnon entführt und schließlich in dessen Heimat Mykene von Agamemnons Frau und deren Geliebten ermordet.

Antwort 460

Einmal im Totenreich angekommen, musste Sisyphus einen Felsblock einen steilen Berg hinaufwälzen. Jedes Mal, kurz bevor er den Gipfel erreicht hatte, rollte der Stein wieder ins Tal hinab und das Spiel begann von Neuem. Aufgaben, die man trotz großer Anstrengung niemals zu Ende bringen kann, nennt man daher heutzutage im Volksmund „Sysiphus-Arbeit". Einer von Sysiphus' Söhnen war übrigens Odysseus.

Antwort 461

Sokrates (469–399 v. Chr.) sprach im Zusammenhang mit seiner Fragetechnik selbst von Hebammenkunst. Damit wollte er ausdrücken, dass er wie eine Hebamme die Geburt der Wahrheit unterstützte. Wegen Gotteslästerung wurde er 399 v. Chr. verurteilt und gezwungen, sich zu vergiften.

Diogenes

Antwort 462

Der griechische Philosoph Diogenes von Sinope (um 400 v. Chr.–um 325 v. Chr.). Außerdem erzählt man sich von ihm einige wunderliche Anekdoten. So soll Alexander der Große ihn nach seinem größten Wunsch gefragt haben und als Antwort erhalten haben: „Dass du mir aus der Sonne gehst". Respekt vor großen Namen war Diogenes also vollkommen fremd.

Antwort 463

Die Synthese. Laut Hegel (1770–1831) folgt einer These die Antithese. Daraus ergibt sich schließlich eine Synthese, die nach einiger Zeit wieder zur These wird.

Antwort 464

b) Demokratie

In seiner Schrift „Politik" bezeichnet Aristoteles (384–322 v. Chr.) die Demokratie tatsächlich als schlechteste Staatsform. Seiner Meinung nach habe sie nicht das Allgemeinwohl im Blick, sondern diene nur dem Wohl der Armen.

DER URSPRUNG DER PHILOSOPHIE

Aristoteles sagte über den Ursprung der Philosophie: „Staunen veranlasste zuerst wie noch heute die Menschen zum Philosophieren ... Wer aber fragt und staunt, hat das Gefühl der Unwissenheit ... Um also der Unwissenheit zu entkommen, begannen sie zu philosophieren."

Antwort 465

Nihilismus. Friedrich Nietzsche (1844–1900) gilt als einer der Vordenker dieser Richtung. Einer seiner berühmten Lehrsätze lautet: „Gott ist tot: Es existiert keine übergeordnete, ewige Instanz. Der Mensch ist auf sich selbst zurückgeworfen."

F. Nietzsche

Antwort 466

d) Archimedes (287–212 v. Chr.)

Archimedes gilt als einer der berühmtesten Mathematiker und Wissenschaftler der Antike. Der Legende nach war Archimedes eines Tages damit beschäftigt, geometrische Figuren in den Sand zu zeichnen, als die Römer anrückten, um ihn festzunehmen. Er war jedoch so sehr in seine Aufgabe versunken, dass er mit dem Satz reagierte: „Störe meine Kreise nicht." Dies brachte einen der Soldaten so in Zorn, dass er ihn erschlug.

Antwort 467

Immanuel Kant (1724–1804). Seine *Kritik der reinen Vernunft* wurde 1827 vom Vatikan übrigens auf die Liste der verbotenen Bücher gesetzt.

Antwort 468

Die Scholastiker wollten im Mittelalter die **Philosophie der Griechen und Römer mit dem Christentum verbinden**. Das ging ihrer Meinung nach so: Wissenschaft im Sinne Aristoteles' wird neben dem Glauben anerkannt – allerdings wird sie der Theologie untergeordnet.

Antwort 469

c) Fatalismus

Der Begriff kommt aus dem Lateinischen. Dort bezeichnet das Wort „fatum" das Schicksal. Diese Strömung innerhalb der Philosophie erfreute sich insbesondere bei den Hebräern, Griechen und Römern großer Beliebtheit.

Antwort 470

a) Ich denke, also bin ich.

Der französische Mathematiker, Naturwissenschaftler und Philosoph Descartes (1569–1650) gilt als Begründer des Rationalismus und als einer der Väter der neuzeitlichen Philosophie. Der Zweifel an allem, außer am Zweifel selbst, stellte dabei ein Grundprinzip seines Denkens dar.

Antwort 471

Simone de Beauvoir (1908–86). Die Werke der Schriftstellerin beschäftigen sich schwerpunktmäßig mit der Emanzipation der Frau.

Antwort 472

Theodor W. Adorno (1903–69), Max Horkheimer (1895–1973), Herbert Marcuse (1898–1979), Jürgen Habermas (*1929). Die Frankfurter Schule ging aus dem Institut für Sozialforschung der Frankfurter Uni hervor. Berühmt geworden ist sie für ihre *Kritische Theorie*.

Antwort 473

Immanuel Kant (1724–1804). Das freie Denken, das auch ein zentraler Aspekt in der Aufklärung war, war Kant immer ein großes Anliegen. Das zeigt sich auch in einem weiteren seiner berühmten Zitate: „Habe Mut, dich deines eigenen Verstandes zu bedienen!"

Antwort 474

Martin Heidegger (1889–1976) prägte vor allem durch sein 1927 erschienenes Werk *Sein und Zeit* die Philosophie des 20. Jahrhunderts. Es geht ihm in seinem Werk um die Bedeutungsklärung des Wortes „Sein": Was meinen wir, wenn wir sagen, etwas

„ist"? Wie lässt sich erklären, wodurch etwas ist (und nicht vielmehr nicht ist)?

KANTS MITTAGSSCHLAF

Immanuel Kant war besonders in seinen späten Jahren als pünktlich und pedantisch bekannt. Sein Tagesablauf war immer gleich. Einer seiner zeitgenössischen Biografen wusste von Kants Nachmittagsvergnügungen Folgendes zu berichten: „Kant ging jeden Nachmittag hin, fand [seinen Freund] Green in einem Lehnstuhle schlafen, setzte sich neben ihn hin, hing seinen Gedanken nach und schlief auch ein; dann kam Bankdirektor Ruffmann und tat ein Gleiches, bis endlich Motherby zu einer bestimmten Zeit ins Zimmer trat und die Gesellschaft weckte, die sich dann bis sieben Uhr mit interessanten Gesprächen unterhielt."

Antwort 475

a) Induktion

Induktion kommt aus dem Lateinischen: inductio = Einführung, Hereinführung. Es bezeichnet das Folgern vom Speziellen zum Allgemeinen. Auch in der Mathematik gibt es ein Beweisverfahren, das sich dieser Technik bedient.

Antwort 476

b) Plato (427– 347 v. Chr.)

Plato ist einer der berühmtesten antiken Philosophen, der in seinen früheren Werken die Ideen seines Lehrers Sokrates wiedergibt.

PLATOS HÖHLENGLEICHNIS

Eines der berühmtesten Gleichnisse in der Philosophie stammt von Plato: Er stellte sich eine Gruppe von Menschen in einer Höhle vor. Sie sind gefesselt und können nur eine Höhlenwand sehen. Durch ein unsichtbares Feuer werden auf diese Wand die Schatten von Gegenständen geworfen, die draußen am Höhleneingang vorbeigetragen werden. Die Gefesselten kennen nur diese Schatten. Sie halten sie also für Realität, obwohl es sich nur um Abbilder handelt. Plato folgert daraus, dass nur der, der sich von den Fesseln befreit, die wahre Wirklichkeit erkennen kann. Das ist natürlich der Philosoph.

Antwort 477

Zenon aus Kition (340–260 v. Chr.). Die Philosophie teilt sich für die Stoiker in Logik, Physik und Ethik, verdeutlicht am Bild eines Obstgartens: Die Logik entspricht den schützenden Mauern, die Physik dem nach oben wachsenden Baum und die Ethik den Früchten.

Antwort 478

Niccoló Machiavelli (1469–1527). Er individualisierte in seinen Schriften die Menschen, indem er feststellte, dass jeder Mensch spezielle Bedürfnisse und Verlangen hat. Schlecht sind die Menschen deshalb nicht von Natur aus, sondern durch die Art und Weise, wie sie ihre Ambitionen verfolgen.

Antwort 479

Pythagoras (570–510 v. Chr.). Für Pythagoras ist die mathematische Zahl die Form des Kosmos. So kam er wohl auch auf seinen berühmten Satz.

Antwort 480

d) Protagoras (490–411 v. Chr.)
Er verbrachte den Großteil seines Lebens in Athen, fiel später wegen seiner Lehren bei der Volksversammlung in Ungnade und wurde verbannt. Der berühmte Satz „Der Mensch ist das Maß aller Dinge, der Seienden, dass sie sind, und der Nichtseienden, dass sie nicht sind." stammt von ihm.

Antwort 481

a) in Gott
Wie viele Staatsdenker des Mittelalters zieht auch Thomas von Aquin den organischen Vergleich zum Staatsgebilde heran. Hierbei sieht er den König als Vertreter Gottes im Staat als Herz des Körpers, dessen Glieder und Organe die Bevölkerung darstellen.

Antwort 482

Persönliche Schuld und Leidensfähigkeit standen im Mittelpunkt von Kierkegaards Arbeit. Er vertrat dabei sie Ansicht, dass man unangepasst und kompromisslos seinen eigenen Leidensweg gehen müsse. So könne man dem Leidensweg Christi nachfolgen. Folgerichtig lehnte er die Praktizierung des Glaubens innerhalb einer Kirche und die Teilnahme an öffentlichen Gottesdiensten ab.

S. Kierkegaard

Antwort 483

Als Existenzialisten gelten diejenigen Philosophen, die die **Fragen der menschlichen Existenz** in den Mittelpunkt ihrer Überlegungen stellen. Es geht ihnen nicht so sehr um Fragen nach dem Sinn der Welt, sondern der Existenz und den Handlungsoptionen, eventuell auch Handlungsmaximen. Der Lebenseinstellung und Lebensführung des jeweiligen Individuums gilt ihr besonderes Interesse.

Antwort 484

Arthur Schopenhauer (1788–1860). Einer der Schlüsselbegriffe in Schopenhauers Philosophie ist der Wille. Sein Hauptwerk heißt *Die Welt als Wille und Vorstellung* und erschien 1819.

A. Schopenhauer

Antwort 485

Die Dekonstruktion leugnet die Gültigkeit traditioneller Begrifflichkeiten Sie sollen zerstört und in der Schwebe des De- und Re-Konstruierens belassen werden. Subjektivität und Objektivität entstehen erst in diesem Schwebezustand, den die Protagonisten der Dekonstruktion „Bewegungen der Differenz" nennen. Zentral ist es auch, den grundlegenden Widerspruch zwischen dem, was der Autor zu sagen glaubt, und dem, was der Text wirklich aussagt, durchzuarbeiten. Der Franzose Jacques Derrida (1930–2004) war einer der führenden Denker dieser philosophischen Schule.

Antwort 486

c) Immanuel Kant

„Handle stets so, dass die Maxime deines Willens jederzeit zugleich als Prinzip einer allgemeinen Gesetzgebung gelten könnte." Diesen Satz formulierte Kant und er forderte, der von ihm dort umschriebene kategorische Imperativ solle ein vom freien und vernünftigen Menschen nicht zu umgehendes Sittengesetz darstellen.

Antwort 487

d) Rudolf Steiner (1861–1925)

Die Anthroposophie fasst den Menschen, die Natur und alles Geschehen als Ausdruck des Geistigen auf. Die Aufgabe des Menschen zielt laut Steiner auf die ganzheitliche Vervollkommnung aller geistigen Fähigkeiten.

Antwort 488

Semiotik. Ferdinand de Saussure (1857–1913) schuf eine der Grundlagen für diese Wissenschaft. Er entwarf ein Modell für die Sprache, bei dem das Bezeichnete (Signifikat genannt) oder auch der „Vorstellungsinhalt" vom Bezeichnenden (Signifikant) von Laut- oder Schriftbild unterschieden wird.

Antwort 489

Voltaire (1694–1778). Der französische Philosoph vertrat eine sogenannte deistische Position. Er war der Ansicht, dass Gott zwar der Schöpfer der Welt sei, aber seitdem keinen Einfluss mehr auf die Geschichte, den Lauf der Welt habe. Folglich lehnte er das Christentum mit seinen Dogmen und die Kirche ab. Der Satz geht übrigens noch weiter. Sein zweiter Teil lautet: „... aber die ganze Natur ruft uns zu, dass er existiert."

Voltaire

Antwort 490

Die Weisheit. Die Schlange symbolisiert einerseits den Antichristen, also das höchste Maß an Bosheit. Auf der anderen Seite verkörpert sie aber auch das Gute. Mit ihrem starren Blick versinnbildlicht sie zudem durchdringendes Wissen und Allgegenwärtigsein.

Antwort 491

a) Yang

Yin bezeichnet in der chinesischen Philosophie eine passive Wirkungsmacht, während Yang als aktiv beschrieben wird. Beide Wirkungsmächte sind aber stets gleichzeitig vorhanden.

L. Wittgenstein

Antwort 492

b) Ludwig Wittgenstein (1889–1951)

Wittgenstein widmete sich der Sprache und der

Wirklichkeit vor allem in seinem Hauptwerk *Tractatus logico-philosophicus* und dem posthum erschienenen Werk *Philosophische Untersuchungen*.

Antwort 493

Konfuzius (551–479 v. Chr.). Seine Lehre – der Konfuzianismus – war in China von der Han-Dynastie (um 200 v. Chr.) bis zum Ende des Kaisertums 1912 verbindliche Staatsreligion.

Antwort 494

Epikureer. Die Schule der Epikureer wurde von Epikur (341–271 v. Chr.) in Athen gegründet.

Antwort 495

Thomas More (1478–1535), auch als Thomas Morus bekannt. In seinem Werk, das mit vollem Titel *De optimo statu rei publicae deque nova insula Utopia* heißt, beschreibt der englische Gelehrte ein erfundenes Inselkönigreich. Auf der Insel herrscht eine Staatsordnung, in der die Interessen der Einzelnen den Interessen der Gemeinschaft untergeordnet sind. Wie in einem Kloster hat jeder zu arbeiten; jedermann bekommt Bildung und genießt religiöse Toleranz.

Antwort 496

Friedrich Engels (1818–83). Engels war eng mit Marx befreundet und verfasste zusammen mit ihm das *Kommunistische Manifest*. Beide waren davon überzeugt, dass der Kapitalismus zwingend vom Sozialismus abgelöst werden müsse und im Kommunismus ende.

Antwort 497

b) Paralogismus

Paralogismus ist ein Begriff aus der Logik und bezeichnet dort einen Trug- oder Fehlschluss, der auf Denkfehlern beruht.

Antwort 498

a) *Leviathan*

Der *Leviathan* erschien 1651 und stellt die erste moderne staatstheoretische Schrift dar. Hier führt Hobbes seine These vom „Krieg aller gegen alle" aus, der allein durch die Staatsgewalt – den König, dessen Souveränität ein „Gesellschaftsvertrag" regelt – verhindert werden könne.

Antwort 499

Edith Stein (1891–1942) studierte ab 1911 Psychologie in Breslau, wechselte dann nach Göttingen und studierte bei Husserl, dem sie auch nach Freiburg folgte. 1922 siedelte sie in die Pfalz über und begann eine Lehrtätigkeit an einer Mädchenschule der Dominikanerinnen in Speyer. 1932 wechselte sie nach Münster an das Institut für Pädagogik. 1934 trat sie in Köln in den Orden der Karmelitinnen ein.

Antwort 500

Johann Gottlieb Fichte (1762–1814). Sein Werk gilt als Höhepunkt des deutschen Idealismus. Für Fichte wird die Umwelt erst durch das Denkvermögen des Subjekts geschaffen. Darin widersprach er Kant, der die Unvereinbarkeit von Subjekt und Objekt vertrat. Viele Gelehrte, darunter auch Goethe, standen ihm kritisch gegenüber. Schelling und Hegel, wurden stark von ihm beeinflusst.

Antwort 501

a) 563 v. Chr.

Buddha bedeutet in Sanskrit so viel wie „der Erwachte". Der Begründer des Buddhismus hieß eigentlich Siddhartha Gautama und wurde im heutigen Nepal als Sohn einer adeligen Familie geboren. Nach seiner Erleuchtung lehrte er 45 Jahre lang.

Antwort 502

Blutiges Wasser, Frösche, Stechmücken, Bremsen, Viehseuchen, Geschwüre, Hagel, Heuschrecken, undurchdringliche Finsternis und schließlich der Tod des Erstgeborenen von Mensch und Tier.

Antwort 503

Schiiten. Dieser Name leitet sich von „Schi'at Ali" ab. Das bedeutet „die Partei Alis". Ein wichtiger Grundsatz der Schiiten war es, dass ein Blutsverwandter Mohammeds sein Nachfolger werden sollte. Auch die Schiiten spalteten sich jedoch noch weiter auf, als sie im 8. Jahrhundert ebenfalls über die Nachfolgefrage in Streit gerieten.

Antwort 504

Veden. Das Wort „Veda" heißt Wissen. Wenn damit eine Schrift bezeichnet wird, bedeutet es „Buch des Wissens" – die Veden sind also Bücher des Wissens. Die Hindus kennen vier Veden: Rig Veda, Yajur Veda, Sama Veda und Atharva Veda. Jeder Veda verfügt wiederum über vier Teile: die Mantra Samhitas, die Brahmanas, die Aranyakas und die Upanishaden. Die Unterteilung der Veden in vier Teile passt genau zu den vier Phasen im Leben des Menschen.

Moschee in Kairo

Antwort 505

Minarette sind **Teil der Moscheen**. Sie sind Türme, von denen der Muezzin die Gläubigen zum Gebet ruft (Minarett ist arabisch und heißt Leuchtturm). Es gibt Moscheen, die über bis zu sechs Minarette verfügen.

Antwort 506

c) Karma

Karma besagt, dass jede Handlung auf jeden Fall eine Folge hat. Diese Folge muss aber nicht unbedingt in diesem Leben zu spüren sein, sie kann ihre Wirkung auch erst in einem der folgenden Leben entfalten. Karma entsteht im hinduistischen Glauben nicht durch den Richtspruch eines höheren Wesens, sondern aus einer Gesetzmäßigkeit heraus. Der Kreislauf der Wiedergeburten wird durch Karma aufrecht erhalten, daher ist es das höchste Ziel, mit seinen Taten kein Karma mehr zu erzeugen.

Antwort 507

Auf dem Berg Ararat. Der Berg Ararat ist ein erloschener Vulkan, der im Osten der heutigen Türkei zu finden ist. Er ist 5137 m hoch und damit der höchste Berg der Türkei.

Antwort 508

Jom Kippur ist der **„große Versöhnungstag“**. Er wird als Totengedenktag, Versöhnungstag und als Fastentag mit absoluter Arbeitsruhe begangen und beendet eine neuntägige Besinnungszeit. Diese Besinnungszeit sollen die Gläubigen so nutzen, dass zum Jom Kippur alle Streitigkeiten beigelegt sind. Der Tag dient aber nicht nur der Versöhnung der Menschen untereinander, sondern auch der Versöhnung der Menschen mit Gott.

Antwort 509

Für das **Judentum** spielt Jerusalem eine wichtige Rolle, denn hier befindet sich die Klagemauer. Auch dem **Islam** ist die Stadt heilig. Jerusalem beherbergt nämlich auch die berühmte Al-Aksa-Moschee, nach Mekka das zweite Haus Gottes auf Erden.

Jerusalem

Antwort 510

b) Indien

Siddhartha Gautama, der Begründer des Buddhismus, soll Sohn eines Regionalfürsten im Norden Indiens gewesen sein, bevor er mit 29 Jahren seine Familie verließ, um sich einem spirituellen Leben zu widmen.

Antwort 511

c) Tibet

Dalai Lamas sind im tibetischen Buddhismus Menschen, die sich aus Mitgefühl entschlossen haben, durch Wiedergeburt wieder in das Leben einzutreten, um anderen Wesen zu dienen, obwohl sie als erleuchtete Wesen diesen Kreislauf hätten verlassen können. Gegenwärtig ist der Mönch Tenzin Gyatso Dalai Lama.

Antwort 512

An den Auszug aus Ägypten. Das Verbot gesäuerten Brotes rührt daher, dass den Juden damals keine Zeit blieb, Sauerteigbrot als Verpflegung für den Marsch zu backen. Um an die bittere Zeit in Ägypten zu erinnern, werden bei der Mahlzeit auch bittere Kräuter gereicht.

Antwort 513

Franz von Assisi (1182–1226) gründete den Bettelorden, der im Jahr 1223 vom Papst anerkannt wurde. Die Franziskaner sind der Armut verpflichtet und kümmern sich vor

Franz von Assisi

allem um die Seelsorge und um die Unterstützung Bedürftiger.

Antwort 514

Die Freimaurer sind eine 1717 **auf Grundlage des Christentums** gegründete Gemeinschaft. In Achtung vor der Menschenwürde treten sie für Toleranz, Hilfsbereitschaft und Brüderlichkeit ein. Ihr Ziel ist es, „in sich selbst den Tempel Gottes zu errichten". In den Schritten „Lehrling", „Geselle" und „Meister" wollen die Freimaurer also die sittliche Vollkommenheit erreichen.

Antwort 515

d) Hinduismus

Der Hinduismus begann während des 26.–15. Jahrhunderts v. Chr. und war damals die Religion der indischen Ureinwohner. Diese neu entstehende Religion wurde jedoch im 22. Jahrhundert v. Chr. durch die einströmende Volksgruppe der Arier noch ein wenig verändert.

Antwort 516

a) Koran

Der Koran entstand in einem Zeitraum von

Koran

ein wenig mehr als 20 Jahren. Er ist in 114 Kapitel, die sogenannten Suren, gegliedert.

Antwort 517

Vishnu, Shiva und Brahma. Die Trimurti kann ganz verschieden dargestellt sein: entweder durch die drei Götter nebeneinander, als eine einzige Figur mit drei Köpfen oder in einer dreiköpfigen Figur mit sechs Armen.

Antwort 518

Shinto ist die älteste Religion Japans. Diese Bezeichnung bedeutet wörtlich „Weg der

Tor eines Shinto-Schreins

kami" (dabei ist „kami" alles, was beim Menschen Ehrfurcht hervorruft) und stammt ursprünglich aus dem Chinesischen. Sie kam erst im 6. Jahrhundert in Gebrauch, als man die einheimische Religion gegen den vordringenden Buddhismus abzugrenzen versuchte.

Antwort 519

Es gibt **vier Evangelisten**. Ihre Namen lauten **Matthäus, Markus, Lukas** und **Johannes**. Sie werden oft durch Symbole dargestellt. Matthäus erscheint dann als Mensch, Markus als Löwe, Lukas als Stier und Johannes als Adler.

Antwort 520

b) Ramadan

Ramadan bezeichnet den islamischen Fastenmonat. Die anderen drei Bezeichnungen stehen für die heiligen Schriften des Christentums, des Judentums und des Islam.

Antwort 521

c) Johannes Paul I.

Wegen seines stets freundlichen Auftretens, das immer von einem Lächeln begleitet war, erntete Johannes Paul I. (1912–1978) viel Sympathie. Nach nur 33 Tagen im Amt starb er unter Umständen, die noch immer nicht ganz geklärt sind und immer wieder Anlass zu Verschwörungstheorien bieten.

Antwort 522

Die Religion der alten Babylonier. Adad war ihr Gott des Windes, Sin der Mondgott, Schmasch der Sonnengott und Ea der Gott der Weisheit. Jeder dieser Götter herrschte über einen Teil des Weltalls. Alle hatten aber einem obersten Gott, Marduk, zu gehorchen.

Antwort 523

Der heilige Georg (unbekannt – 303) war ein Märtyrer, der zu Beginn der Christenverfolgung unter Kaiser Diokletian (284–305) gestorben sein soll. Sein Symbol ist ein rotes Kreuz auf weißem Grund, das sogenannte Georgskreuz.

St. Georg bekämpft den Drachen

Antwort 524

Mit dem Jahr 622 n. Chr. Stichtag ist die Flucht Mohammeds (570–632) von Mekka nach Medina. Der islamische Kalender beruht nicht auf dem Sonnenjahr, wie es der gregorianische Kalender tut, sondern auf dem Mondjahr (354–355 Tage).

Antwort 525

Er löste im Jahr 1525 die Kirche von England aus der katholischen Kirche und **gründete die anglikanische Kirche**. Seine neue Freiheit genoss der Monarch offenbar, denn er brachte es insgesamt auf sechs Ehen. Zwei seiner Gattinnen ließ der blutrünstige Herrscher hinrichten.

Antwort 526

a) Paulus

Die Forschung geht mittlerweile davon aus, dass Paulus wahrscheinlich vier Briefe an die Christen in Korinth geschrieben hat, zwei davon sind erhalten geblieben.

Antwort 527

b) Ikonen

Der Zweck der Ikonen ist es, beim Gläubigen Ehrfurcht zu erwecken, darüber hinaus sollen sie eine Verbindung zwischen dem Betrachter und dem Dargestellten und damit auch zwischen dem Betrachter und Gott sein. In der orthodoxen Kirche gelten Ikonen weder als Kunstgegenstände noch als Dekoration.

Antwort 528

Der Ganges ist ein 2511 km langer Fluss, der durch Indien und Bangladesch fließt. Im Ganges nehmen täglich mehrere tausend Pilger ihr Bad und dazu einen Schluck vom heiligen Wasser. Für Hindus überträgt sich die segensreiche Schöpfungskraft der Göttin Ganga durch das Bad im heiligen Fluss auf den Gläubigen.

Antwort 529

Um die 95 Thesen des Martin Luther. Der Ausschnitt enthält die beiden ersten Thesen des Dokuments, das schließlich zur Spaltung der katholischen Kirche und zur Gründung der protestantischen Kirche geführt hat.

M. Luther

Antwort 530

Ayatollah Khomeini (1907–1989) wurde 1969 wegen seiner Kritik an der Weißen Revolution von Schah Reza Pahlevi für einige Monate inhaftiert und musste danach ins Exil gehen. Aus dem Exil organisierte er den Widerstand gegen den damaligen iranischen Herrscher.

Antwort 531

Klagemauer. Sie ist 48 m lang und 18 m hoch. Heute pilgern täglich viele Menschen an die Klagemauer, um zu beten. Viele stecken aufgeschriebene Gebete und Wünsche in die Ritzen zwischen den Mauersteinen. Für viele Juden symbolisiert die Klagemauer den Rest des ungebrochenen Bundes Gottes mit ihrem Volk.

FÜNF GRUNDPFLICHTEN

Der Islam kennt folgende fünf Grundpflichten für einen Gläubigen:
Schahada: das Aussprechen des Glaubensbekenntnisses
Salat: das fünfmal täglich zu verrichtende Gebet
Sakat: das Almosen für soziale, karitative und missionarische Zwecke
Saum: das Fasten im Ramadan
Haddsch: die Pilgerfahrt nach Mekka

Antwort 532

d) Haddsch

Jeder Muslim muss mindestens einmal in seinem Leben die Haddsch – eine Pilgerfahrt nach Mekka – vollendet haben. Nachdem er die Kaaba, das größte Heiligtum der islamischen Welt, besucht hat, darf er sich dann „Haddschi" nennen.

Antwort 533

b) in Kambodscha

Im Norden Kambodschas steht die hinduistisch-buddhistische Tempelanlage von Angkor Wat. Sie gilt als Glanzlicht der Khmer-Architektur und wird mittlerweile intensiv erforscht und auch teilweise restauriert, um dieses architektonische Meisterwerk für die Nachwelt zu erhalten.

Antwort 534

Mantra. Übersetzt bedeutet das Wort „Instrument des Denkens". Das wichtigste Mantra ist übrigens „Om". Es steht für den Urklang, aus dem Brahman die Welt geschaffen haben soll.

Antwort 535

Isaak ist der Stammvater der Juden, sein Bruder **Ismael** wird von den Muslimen als ihr Stammvater verehrt.

Antwort 536

a) Schamane

Vor allem in Zentralasien und Sibirien lebt die Tradition der Schamanen weiter. Dort erkennt man ihnen große magische Kräfte zu, die ihnen zur Seelenwanderung und Kontaktaufnahme mit Verstorbenen und Geistern verhelfen.

Schamane

Antwort 537

Challot. Das traditionelle Sabbat-Mahl beginnt mit zwei Laiben Brot, den Challot. Die Anzahl ist nicht willkürlich gewählt, sondern soll an die zweifache Portion Manna, die den Israeliten während ihrer 40-jährigen Wüstenwanderung zuteil wurde, erinnern.

Antwort 538

Nirwana. Das Wort bedeutet übersetzt „Erlöschen, Verwehen". Das Nirwana ist allerdings nicht mit dem „Himmel", wie ihn beispielsweise der christliche Glauben kennt, zu vergleichen. Er ist eher so etwas wie ein finaler Zustand.

Antwort 539

Konzil. In der Spätantike und im Mittelalter gab es häufig derartige Versammlungen. Als besonders wichtig werden dabei sieben Konzile, die zwischen 325 und 787 stattfanden, erachtet. Im 20. Jahrhundert fand ein weiteres wichtiges Konzil, das 2. Vatikanische Konzil, statt.

Antwort 540

b) Utah

Die Mormonen erwarten die Wiederkehr von Jesus Christus, der dann – ihrem Glauben zufolge – von ihrem Tempel in Salt Lake City das Jüngste Gericht abhalten wird. Gegründet wurde die „Kirche Jesu Christi der Heiligen der letzten Tage" von Joseph Smith (1805–1844).

Antwort 541

Aquarelle. Albrecht Dürer (1471–1528) gilt als der Begründer der Gattung. Als ihr vollendetster Protagonist wird häufig der englische Maler William Tanner (1775–1851) genannt. Mit seiner atmosphärischen Farbmalerei bereitete er den Jahrzehnte später in Frankreich entstanden Impressionismus vor.

Antwort 542

Der ursprünglich aus Russland stammende **Marc Chagall (1887–1985)** griff in seinen farbenfrohen, meist heiteren Bildern auch immer wieder Visionen und Motive aus russischen Märchen und Erinnerungen an das russisch-jüdische Leben in seiner Heimat auf.

M. Chagall

Antwort 543

Blauer Reiter ist der **Name eines Künstlerkreises**, der 1911 in München von Wassily Kandinsky (1866–1944) und Franz Marc (1880–1916) gegründet wurde. Der Name dieser Gruppe sollte für einen Aufbruch zu einer neuen, geistigen Kunst stehen. Weitere Mitglieder des Künstlerkreises waren beispielweise Alexej von Jawlenski (1864–1941), Gabriele Münter (1877–1962) und Paul Klee (1879–1940).

Antwort 544

b) Leonardo da Vinci

Das Modell für die geheimnisvoll lächelnde Schöne könnte Lisa del Giocondo (1479–1542) gewesen sein. Leonardo konnte sich übrigens Zeit seines Lebens nicht von dem Bild trennen. Erst nach seinem Tod wurde das Werk durch Franz I. von Frankreich für 4000 Goldflorin erworben.

Antwort 545

Sanssouci. Erbaut wurde das Schloss in den Jahren 1745–47, zum Teil nach den Entwürfen des Königs selbst. Der Baumeister war Wenzeslaus von Knobelsdorff (1699–1753). Unter Friedrich Wilhelm IV. wurde Schloss Sanssouci 1840–42 durch Umbau und Verlängerung der beiden Seitenflügel erweitert. Seit 1990 ist es in der Liste des UNESCO-Kulturerbes verzeichnet.

Schloss Sanssouci

Antwort 546

a) aus den Niederlanden

Van Gogh wurde am 30. März 1853 in Groot-Zundert bei Breda geboren und starb am 29. Juli 1890 in Auvers-sur-Oise. Er hinterließ mehr als 800 Gemälde und 900 Zeichnungen. Seine Gemälde werden heutzutage zu Höchstpreisen gehandelt und erzielen bei Auktionen immer wieder Rekordsummen. Zu Lebzeiten war ihm dieser Erfolg indes nicht beschieden.

Antwort 547

Norman Foster. Auch die spektakuläre Brücke Millau Viaduct in Frankreich und die „Gurke", eines der bekanntesten Bürogebäude der Welt, in der Londoner City stammen von ihm. Weitere seiner Gebäude in Deutschland sind der Commerzbank-Tower in Frankfurt und die neue Philologische Bibliothek der Freien Universität Berlin. 1999 wurde er von der Queen zum Lord ernannt.

Antwort 548

Die **romanische Architektur** ist stark von **Rundbögen** geprägt. Sie erfüllten nicht nur ästhetische Zwecke, sondern waren auch aus statischen Gründen sinnvoll. Ohne Rundbögen wären die gewaltigen gewölbten Kirchendecken beispielsweise nicht denkbar gewesen. Abgelöst wurde die romanische Architektur von der **gotischen**. Hier herrschten vor allem **Spitzbögen** vor.

Maria Laach

Antwort 549

d) der Kölner Dom

Mit dem Bau des Kölner Doms wurde bereits im Jahr 1248 von Erzbischof Konrad von Hochstaden (1205–1261) begonnen. Er kam nie besonders schnell voran und wurde erst 1880 eingeweiht. Die gotische Kathedrale ist 157,4 m hoch und insgesamt fast 145 m lang. Der Dom bietet insgesamt 4000 Gläubigen Platz. Wer einen seiner beiden Türme besteigen möchte, muss 509 Stufen erklimmen.

Antwort 550

c) in der Sixtinischen Kapelle

Michelangelo malte diese berühmteste Darstellung des Jüngsten Gerichts zwischen 1536 und 1541. Papst Johannes Paul II. schrieb über das Kunstwerk: „Wenn wir vor dem Jüngsten Gericht stehen, geblendet von seiner Herrlichkeit und dem Schrecken, bewundern wir auf der einen Seite die glorifizierten Körper und auf der anderen die ewig Verdammten. Dann begreifen wir auch die Gesamtansicht, die ganz von einem einzigartigen Licht und einer einzigartigen künstlerischen Logik durchflutet wird: das Licht und die Logik des Glaubens, die die Kirche im Gebet verkünde."

Antwort 551

Rembrandt (1606–1669). Sein vollständiger Name lautet Rembrandt Harmenszoon van Rijn, wobei Rembradt lediglich der Vorname des Künstlers ist. Seine Werke fallen in eine Zeit, als die holländische Kultur, die Wissenschaft, der Handel und der politische Einfluss ihren Höhepunkt erreicht hatten. Daher wird diese Epoche von vielen Historikern gern als das niederländische Goldene Zeitalter bezeichnet. Rembrandt wird heutzutage zu den wichtigsten niederländischen Malern gezählt. Neben der *Nachtwache* zählte lange Zeit *Der Mann mit dem Goldhelm* zu seinen bekanntesten Werken. Allerdings scheint mittlerweile erwiesen, dass hier nicht der Meister selbst, sondern einer seiner Schüler den Pinsel geschwungen hat.

Rembrandt, Selbstporträt

Antwort 552

Der Surrealismus ist eine künstlerische Stilrichtung, die vor allem unter dem Einfluss des Dadaismus entstanden ist. Sie schuf so etwas wie eine neue Wirklichkeit, in der der Gegensatz zwischen Realität und Traum aufgehoben wurde. Auch die Erkenntnisse der Psychoanalyse schlagen sich im Surrealismus nieder. Man unterscheidet zwei Hauptströmungen: den gegenstandslosen Surrealismus, der die aus dem Unbewussten auftauchenden Bildzeichen unmittelbar wiedergibt, und den gegenständlichen Surrealismus, der die realistisch dargestellten Elemente der Wirklichkeit in fantastisch-vieldeutige Zusammenhänge stellt.

KANDINSKY ÜBER DAS WESEN DER FORM

„Die Form selbst, wenn sie auch ganz abstrakt ist und einer geometrischen gleicht, hat ihren inneren Klang, ist ein geistiges Wesen mit Eigenschaften, die mit dieser Form identisch sind." (aus: Kandinsky, *Über das Geistige in der Kunst*, 1912)

Antwort 553

b) 320 m

Die genaue Höhe des Eiffelturms beträgt 320,80 m. Der Turm wurde 1887 und 1889 anlässlich der Weltausstellung und des 100-jährigen Jubiläums der französischen Revolution gebaut. Er besteht aus 18.038 vorgefertigten Einzelteilen aus Eisen und 2,5 Millionen Nieten. Mehr als 6 Millionen Touristen wollen jährlich dieses großartige Bauwerk bewundern.

Antwort 554

Die Frauenkirche. Das Bauwerk selbst blickt auf eine über 1000-jährige Geschichte zurück. In der Form, in der wir es heute kennen – mit der berühmten Kuppel von George Bähr (1666–1738) – stand sie seit dem 18. Jahrhundert in Dresden. Kurz vor Ende des Zweiten Weltkriegs wurde das Gotteshaus bei einem Bombenangriff in Schutt und Asche gelegt. Mit dem Wiederaufbau der Frauenkirche konnte ernsthaft erst im Jahr 1994 begonnen werden, da die Restauration zerstörter Kirchen in der DDR nicht mit Priorität betrieben wurde.

Antwort 555

Das Bild stammt von **Francisco Goya (1746–1828)**. Die Aufständischen, die titelgebend erschossen werden, sind Teilnehmer des spanischen Aufstands gegen die Franzosen. Die Worte des französischen Oberbefehlshabers kurz vor der Exekution sollen gelautet haben: „Der irregeführte Pöbel von Madrid hat sich hinreißen lassen zu Revolte und Mord. Französisches Blut ist geflossen. Es verlangt Rache." Jeder Spanier, der mit einer Waffe angetroffen wurde, wurde sofort getötet. Auf diese Weise gab es annähernd 400 Opfer zu beklagen. 45 Aufständische wurden in der Nacht vom 2. auf den 3. Mai auf einem Hügel zusammengetrieben und erschossen. Dies ist die Szene, die Goya auf seinem Bild für die Nachwelt festgehalten hat.

Antwort 556

Der *Venus von Milo.* Bei dieser Statue handelt es sich um eine Darstellung der griechischen Göttin der Liebe und Schönheit, der Aphrodite. Sie dürfte um 100 v. Chr. entstanden sein. Gefunden wurde das Werk erst im Jahr 1820 von einem Bauern auf der Insel Milos (daher auch der Name). Die Arme der Marmorstatue waren bereits damals verschwunden, über ihr Schicksal ist nichts bekannt.

Venus von Milo

Antwort 557

b) Brüssel

Das Atomium stellt eine aus neun Atomen bestehende Elementarzelle eines Eisenkristalls dar. Es ist 102 m hoch, jede einzelne Kugel hat einen Durchmesser von 18 m. Insgesamt wiegt das Bauwerk 2400 Tonnen. Nachdem es im Jahr 2005 gründlich renoviert wurde, erstrahlt das Atomium nun wieder in seinem alten Glanz.

Antwort 558

Guernica. Heute hängt das Bild im Museum Of Modern Art in New York. Im Dezember 1937 sagte Picasso zu den Beweggründen, die ihn dazu getrieben haben, *Guernica* zu malen: „... der mit geistigen Werten lebt und umgeht, angesichts eines Konflikts, in dem die höchsten Werte der Humanität und Zivilisation auf dem Spiel stehen, sich nicht gleichgültig verhalten kann."

Guernica

Antwort 559

b) Peter Paul Rubens (1577–1640)

Rubens war nicht irgendein Künstler des Barock, er zählte sogar zu den herausragenden Vertretern dieser Epoche. Der sogenannte flämische Barock wurde dabei entscheidend von ihm geprägt. Rubens hat insgesamt ungefähr 1500 Bilder hinterlassen. Allerdings verhält es sich bei vielen dieser Gemälde so, dass sie von seinen Schülern maßgeblich gestaltet wurden und der Meister nur noch letzte Feinheiten selbst beigetragen hat.

Antwort 560

d) Joan Miró (1893–1983)

Miró bediente sich verschiedener künstlerischer Ausdrucksformen. So schuf er Bilder, Grafiken und Plastiken. Seine Arbeit stand dabei unter verschiedenen Einflüssen wie dem Fauvismus, Kubismus und Surrealismus. Der Spanier meinte einmal über sein Verhältnis zu seiner Arbeit: „... mein Traum, wenn ich mich einmal irgendwo wirklich niederlassen kann, ist, eine große Werkstatt zu haben, nicht so sehr wegen der Beleuchtung, ... sondern um Platz zu haben, für viele Leinwände, denn je mehr ich arbeite, desto mehr Lust habe ich zu arbeiten."

Antwort 561

Pablo Picasso (1881–1973). Man unterscheidet gemeinhin zwei Phasen des Kubismus. In seiner ersten Phase führte der Kubismus die darzustellenden Gegenstände auf ihre Grundformen (Kugel, Kubus, Zylinder, Kegel) zurück, zerlegte sie und verband ihre Elemente wieder zu flächigen Bildgefügen, wobei die Farbe eine untergeordnete Rolle spielte (man spricht hier von analytischem Kubismus). In einer zweiten Phase wurden Formen aus Formelementen zusammengesetzt und es wurde wieder mehr Wert auf die Farbe gelegt (die Form wird synthetischer Kubismus genannt).

P. Picasso

Antwort 562

Robert Venturi (*1925) gilt als bedeutender Vertreter der Postmoderne in der Architektur. Er ist Leiter des Architekturbüros Venturi, Scott Brown and Associates, Inc. in Philadelphia, USA. Mitte der 1950er-Jahre ging er als Rome Prize Fellow an die American Academy in Rom. 1991 gewann er stellvertretend für sein Büro den Pritzker-Preis. Er lehrte an zahlreichen Universitäten, so z. B. in Princeton, Yale, Harvard und an der University of California Los Angeles und ist Autor zahlreicher Bücher.

Antwort 563

Das Tabularium beherbergte das Staatsarchiv des Römischen Reiches. In ihm wurden die Gesetze, Edikte und Verträge aufbewahrt, die von dem Magistrat Roms erstellt worden waren. Seine Fassade wies am Kapitolabhang zum Forum Romanum. Auf den Fundamenten des Tabulariums befindet sich heutzutage das Gebäude des Senatorenpalastes.

Antwort 564

b) das Jüdische Museum

Das Gebäude hat die Form eines Blitzes und erinnert an einen geborstenen Davidstern. Es wird von seiner metallischen Außenhaut und den schroffen Kanten dominiert. Durch den labyrinthischen Aufbau des Gebäudes wollte Libeskind die schwierigen deutsch-jüdischen Beziehungen symbolisieren. Im Museum sind neben einer Dauerausstellung mehrere Wechselausstellungen, ein umfassendes Archiv, das Rafael Roth Learning Center und Forschungseinrichtungen zu finden. Den thematischen Schwerpunkt bilden zwei Jahrtausende deutsch-jüdischer Beziehungen.

Antwort 565

Bei Gouache handelt es sich um **Malerei mit deckenden Wasserfarben, die mit Weiß vermischt und mit einem Bindemittel versetzt sind.** Sie erlaubt viele verschiedene Farbnuancen mit dem Vorteil, dass die Farbe sehr schnell trocknet. Zunächst wurde diese Technik in erster Linie in der mittelalterlichen Buchmalerei und der Bildnisminiaturmalerei des 15. bis 19. Jahrhunderts angewendet. Aber auch in der Gegenwart kommt sie für Entwürfe und Illustrationen wieder in Mode.

Matisse: Zulma *(Gouachemalerei)*

Antwort 566

Anders, als man es aufgrund des Namens vielleicht zunächst annehmen sollte, handelt es sich bei der „Konkreten Kunst" um eine **ungegenständliche Kunst**. Sie lässt sich nicht auf die Natur zurückbeziehen und trägt keine symbolische Bedeutung mehr. Sie soll, so Dordburg (1883–1931), mehr oder weniger ausschließlich durch geometrische Konstruktion erzeugt werden. „Die Malerei ist ein Mittel, um auf optische Weise den Gedanken zu verwirklichen: Jedes Bild ist ein Farbgedanke", meinte er weiterhin.

Antwort 567

b) Elfenbein

Skulpturen sind Kunstwerke, die aus harten Materialien wie Holz, Stein oder Elfenbein herausgearbeitet werden.

Antwort 568

Auf den Euro-Banknoten sind ausschließlich **Brücken** zu finden. Brücken verbinden zwei Flussufer miteinander und sollen hier verbindende Elemente zwischen den EU-Staaten symbolisieren. Übrigens entstammen alle Brücken der Feder des Grafikers Robert Kalina (*1955).

Antwort 569

Keith Haring (1958–90). Obwohl er selbst nicht mit dieser Technik arbeitete, wird Haring zu den wichtigsten Impulsgebern der Graffitiszene gezählt. Erst als die Gattung Graffiti bereits in den legalen Kunstmarkt eingebunden war, begann Haring, Kreidefiguren auf freigegebene Reklametafeln der New Yorker U-Bahn zu zeichnen.

Bauhaus in Dessau

Antwort 570

Das Bauhaus strebte die **Vereinigung von Handwerk, Technik und Industrie an**. Sein Ziel war es, mit zweckmäßigen und materialgerechten Entwürfen eine neue ästhetische Qualität entstehen zu lassen. Kennzeichen der Architektur des Bauhaus wurden **strenge kubische Formen** und die Verwendung vorgefertigter Bauteile. Der amerikanische Architekt und Designer Walter Gropius (1883–1969) gilt als Gründer und Leiter des Bauhauses. Er setzte sich für die funktionsgerechte Verwendung von Stahl, Beton und Glas sowie die industrielle Fertigung genormter Bauteile ein.

Antwort 571

a) es ist spiralförmig

Guggenheim-Museum

Das 1959 eingeweihte Gebäude hat die Form einer Spirale, die sich nach unten hin verjüngt. Diese Spirale hat eine Länge von 800 m und wurde von dem Architekten Frank Lloyd Wright (1867–1959) ersonnen.

Antwort 572

d) die Verhüllung des Pont Neuf

Hierzulande machten Christo und Jeanne-Claude im Jahr 1995 durch die Verhüllung des Reichstags Schlagzeilen.

Antwort 573

Säulen bestehen aus Basis, Schaft und Kapitell. Pfeiler müssen diese drei Bestandteile nicht unbedingt aufweisen. Außerdem haben Säulen meistens einen runden, Pfeiler einen viereckigen (oder vieleckigen) Querschnitt.

Antwort 574

Roy Lichtenstein (1923–97) nutzte in seiner Kunst bewusst Elemente der industriellen Produktion kommerzieller Produkte, wie Comic-Hefte und Werbeanzeigen. Auf diese Weise versuchte er, die Kunst mit den Konsumgütern zu verbinden. Das Bild *Look Mickey*, auf dem Mickey Mouse und Donald Duck auf einem Bootssteg dargestellt waren, war nicht nur sein erstes Werk in diesem Stil, es bedeutete auch seinen Durchbruch als Künstler.

Antwort 575

c) das Labyrinth von Knossos

Es ist noch nicht einmal eindeutig geklärt, ob es dieses Labyrinth überhaupt jemals gegeben hat oder ob es nur in der griechischen Mythologie seinen Platz hat.

DIE SIEBEN WELTWUNDER

Pyramiden von Gizeh
Zeusstatue des Phidias
Artemis-Tempel
Grabmal von Mausolos
Hängende Gärten
Koloss von Rhodos
Leuchtturm von Pharos

Antwort 576

Claude Monet (1840–1926) gilt als Vater des Impressionismus. Das Bild *Impression soleil levant* malte er im Jahr 1872.

Antwort 577

Das Forum Romanum. Hier befanden sich Tempel und Verwaltungsgebäude und außerdem ein Marktplatz, ein Volksversammlungsplatz, der Senat und eine Rednerbühne.

Forum Romanum

Antwort 578

Pieter Bruegel, der Ältere (1525–69). Wegen seiner bevorzugt bäuerlichen Themen nannte man ihn auch den „Bauernbrueghel". Er malte anfänglich vor allem Landschaften, später kam die derbe und witzige Darstellung von menschlichen Schwächen und bäuerlichem Leben hinzu. Seinen *Turmbau zu Babel* kann man im Kunsthistorischen Museum in Wien bewundern.

Antwort 579

a) Edvard Munch (1863–1944)

Munch gilt als bahnbrechender Wegbereiter des Expressionismus in der Malerei der Moderne. In Mitteleuropa genoss er früh einen Ruf wie Donnerhall, und heute sind seine Eigenart und sein Status längst im übrigen Europa und in der Welt anerkannt. Im Sommer 2004 wurde sein berühmtes Gemälde *Der Schrei* aus dem Munch-Museum in Oslo gestohlen und galt lange Zeit als vermisst. Erst 2006 tauchte es – ganz unvermittelt – wieder auf, wurde aber durch den Raub so sehr zerstört, dass es, nach Angaben des Museums, nicht mehr restauriert werden kann.

Antwort 580

c) Königssitz

Bis ins 17. Jahrhundert hinein diente das im 12. Jahrhundert erbaute Gebäude als Königssitz. Es wurde immer wieder erweitert, sodass der Bau eigentlich die meiste Zeit einer Großbaustelle glich.

Antwort 581

Es handelt sich um das **Attribut**. Das Adjektiv *neu* in *das neue Buch* ist beispielsweise ein typisches Attribut. In *das Buch des kleinen Jungen* fungiert *kleinen Jungen* als Attribut. Auch der Relativsatz funktioniert in diesem Fall, dann müsste es heißen: *das Buch, das dem kleinen Jungen gehört*.

Antwort 582

So seltsam diese Worte aussehen, nach den Regeln der neuen Rechtschreibung ist die **Schreibweise korrekt**. Wenn die Lesbarkeit dadurch erhöht wird, kann man die Worte aber mit einem Bindestrich schreiben wie z. B. *Brenn-Nessel*. Aber wie so oft gibt es auch hier Ausnahmen: *Mittag*, *dennoch* und *Drittel* werden nach wie vor nur mit einem Doppelkonsonanten geschrieben.

Antwort 583

a) fertig machen

Adjektive und Verben werden zumeist zusammengeschrieben, endet aber das Adjektiv auf *-ig*, schreibt man sie auseinander. Das Gleiche gilt, wenn das Adjektiv steigerbar ist oder mit *ganz* oder *sehr* erweitert werden kann.

Antwort 584

Durch die Verwendung des Konjunktiv II, wie in dem Satz *Sie sagt, sie hätte ihr Zimmer schon gestern aufgeräumt*, drückt der Sprecher seine **Zweifel an dem Gesagten** aus.

Antwort 585

Es gibt vier Fälle, die einen Apostroph auf jeden Fall ausschließen: Bei der Verschmelzung von bestimmtem Artikel und vorangehender Präposition (*aufs, unters, ins*) darf kein Apostroph gesetzt werden. Auch beim Plural-s (*Autos, Babys*) hat es nichts zu suchen. Auch Abkürzungen im Plural (AKWs, CDs) stellen keinen Grund für die Setzung eines Apostrophs dar. Manche Zeitgenossen setzen das kleine Häkchen gar bei allen Worten, die auf s enden. Auch das ist natürlich nicht gestattet.

Antwort 586

b) hassen

Antwort 587

Als Pronomen (es ist auch unter der Bezeichnung Fürwort bekannt) versteht man ein Wort, das ein anderes Wort ersetzen kann. Bei diesem anderen Wort handelt es sich meist um ein Nomen (daher der Name). Es gibt einige verschiedene Arten von Pronomen:

Personalpronomen: *ich, du, er, sie, es, wir, ihr, sie*

Reflexivpronomen: *mir, dir, sich* etc.

Possessivpronomen: *mein, sein, ihr* etc.

Relativpronomen: leitet einen Relativsatz ein – *Der Mann, der gerade über die Straße geht.*

Demonstrativpronomen: *dieser, diese, derjenige* etc.

Interrogativpronomen: *wer, wessen* etc.

Indefinitpronomen: *einer, keiner, irgendein, irgendwer, jeder* etc.

Reziprokpronomen: *einander*

Antwort 588

d) Rhythmus

Antwort 589

Praktika. Das Wort stammt aus dem Lateinischen. Alle anderen Varianten sind leider falsch.

Antwort 590

c) Ich gehe, weil ich verabredet bin.

Antwort 591

Nominativ, Genitiv, Dativ und Akkusativ heißen unsere vier Fälle. Im Indogermanischen kamen dann noch Ablativ, Instrumental, Allativ (bei diesem Fall sind sich die Gelehrten nicht einig), Vokativ und Lokativ hinzu.

Antwort 592

K. Duden

Konrad Duden (1829–1911). Einige seiner Werke waren *Anleitung zur Rechtschreibung* (1878); *Die deutsche Rechtschreibung. Abhandlung, Regeln und Wörterverzeichnis,* (Leipzig 1872), auch als Schleizer Duden bekannt; *Vollständiges Orthographisches Wörterbuch der deutschen Sprache* (1880); *Etymologie der neuhochdeutschen Sprache* (1893). Heutzutage umfasst der *Duden der Rechtschreibung* (Ausgabe aus dem Jahr 2006) 130.000 Stichwörter.

Antwort 593

b) Ich gebe ihm den Ball.

Antwort 594

b) Das Haus, das am Ende der Straße steht, steht leer, weil die Besitzer ausgezogen sind.

Bei *das am Ende der Straße steht* handelt es sich um einen eingeschobenen Relativsatz, der immer mit Komma abgetrennt wird. Mit *weil* wird ein Kausalsatz eingeleitet. Auch solche Sätze müssen mit einem Komma abgetrennt werden.

Antwort 595

Adjektive werden verwendet, um ein **Nomen näher zu beschreiben**. Im Satz *Der große Hund bellt* ist *groß* das Adjektiv. **Adverbien** hingegen **beschreiben ein Verb, ein Adjektiv oder ein anderes Adverb**. In *Der Hund bellt laut* ist also *laut* das Adverb.

Antwort 596

Das **Präteritum** wird in erster Linie in **schriftlichen** Berichten verwendet, während das **Perfekt** bei **mündlichen** Erzählungen zum Einsatz kommt.

Antwort 597

d) Ich bin schlauer als du.

Es gibt eine ganz einfache Regel zur Verwendung von *als* und *wie*: Bei Gleichheit sagt man *wie*, bei Ungleichheit *als*. Bei Gleichheit hieße unser Beispiel also *Ich bin genauso schlau wie du.*

Antwort 598

Es befindet sich ***nahe dem Haus***. Die Präposition *nahe* erfordert nämlich immer den Dativ und nicht den Genitiv.

Antwort 599

Plusquamperfekt. Wörtlich heißt dieser Begriff *mehr als vollendet*. Das Plusquamperfekt wird auch häufig als vollendete Vergangenheit oder Vorvergangenheit bezeichnet. Der Satz aus dem Beispiel könnte dann heißen: *Letzten Dienstag war meine Deutschprüfung, für die ich so viel über das Plusquamperfekt gelernt hatte.*

Antwort 600

Der **Genitiv**, der die Frage *wessen?* beantwortet, wird in Objekten am **seltensten** verwendet. Am **häufigsten** taucht hier der **Akkusativ** auf. Er gibt Auskunft auf die Fragen *wen?* oder *was?*

Antwort 601

a) *optimal*

Optimal ist bereits ein Superlativ. Noch besser als *optimal* geht einfach nicht.

Antwort 602

Morgen werden wir in die Stadt gegangen sein.

Das Futur II kann ein Geschehen ausdrücken, das man sich als in der Zukunft abgeschlossen oder vollzogen vorstellt. Es sind aber auch andere Situation gebräuchlich. Man kann mit dieser Zeitform ausdrücken, dass man annimmt, dass das Genannte der Wahrheit entspricht, man es aber nicht genau weiß. Beispielsweise: *Er wird wohl eingeschlafen sein.*

Antwort 603

Indikativ und Imperativ. Den Indikativ nutzt man für die Darstellung des Wirklichen und der Imperativ ist die sogenannte Befehlsform.

Antwort 604

b) widersprechen

In *widersprechen* befindet sich das Wort *wider*, das so viel wie *gegen* bedeutet. Es hat also nichts mit *wieder* zu tun. *Er widerspricht* bedeutet also nicht, dass er schon wieder das Wort ergreift.

Antwort 605

Der korrekte Text lautet:

Nicht immer muss man in weite Fernen schweifen oder in mikroskopisch kleine Bereiche vorstoßen, um aufsehenerregende Forschungsergebnisse zu erhalten. Bisweilen reicht der Blick in die eigene Müslischüssel als Inspiration für intensive Forschungstätigkeit vollkommen aus. Wie zum Beispiel lässt es sich erklären, dass sich die auf der Milch schwimmenden Cornflakes immer wieder zu Klumpen vereinigen? Man mag es kaum glauben, aber dieses alltägliche Phänomen konnte bis vor kurzem nicht zufriedenstellend* erklärt werden. Nun haben Forscher von der Harvard University den sogenannten* „Cheerios Effekt“ (natürlich nach einer in den Vereinigten Staaten beliebten Frühstücksflockensorte benannt) endlich erklären können. Die Kräfte, die hier in erster Linie eine Rolle spielen, sind Gravitation, Auftrieb und Oberflächenspannung. (Zu*: Diese Wörter kann man zwar auch getrennt schreiben, der *Duden* empfiehlt jedoch eine Zusammenschreibung).

Antwort 606

b) Als der Tod kam, war ich bereits tot.

Antwort 607

Die Ansage ist nicht korrekt. Schließlich endet der Zug am hinteren Ende des letzten Waggons – das ist aber kein Grund die Fahrgäste zum Aussteigen aufzufordern. Korrekt müsste es heißen: *Diese Zugfahrt endet hier.*

Antwort 608

b) Wirf den Ball!

Der Imperativ (also die Befehlsform) von *werfen* lautet *wirf.*

Antwort 609

Beide Formen sind gebräuchlich und korrekt. Das war nicht immer der Fall, früher galt nur *buk* als die korrekte Form des Präteritums. Doch dann hat eine Angleichung an schon bestehende Formen (man nennt so etwas in der Sprachwissenschaft Analogie) – beispielsweise an *hacken, hackte* – stattgefunden und *backte* wurde nachträglich ebenfalls akzeptiert. Dies ist wieder ein schönes Beispiel dafür, dass die Sprache lebt und in einem stetigen Wandel begriffen ist.

Antwort 610

Im Deutschen gibt es gar nicht so viele Verben, die zwingend ein Dativobjekt erfordern. Oft drücken sie eine persönliche Beziehung aus. Hier ist eine vollständige Liste dieser besonderen Verben:
ähneln, antworten, ausweichen, befehlen, begegnen, beistehen, danken, einfallen, entgegnen, erwidern, fehlen, folgen, gefallen, gehören, gehorchen, gelingen, genügen, glauben, gratulieren, helfen, missfallen, misslingen, sich nähren, nützen, raten, schaden, schmecken, vertrauen, verzeihen, widersprechen, zuhören, zureden, zusehen, zustimmen, zuwenden

Antwort 611

Von Jacob Grimm (1785–1863) und seinem Bruder Wilhelm (1786–1859). Im Allgemeinen sind die Brüder Grimm natürlich eher wegen ihrer Märchen- und Legendensammlungen bekannt. Außerdem beschäftigten sie sich noch eingehend mit Mythologie und auch mit deutscher Namenskunde.

Antwort 612

c) kostet

Da sich das Verb hier auf das *Kilogramm* bezieht, ist der Singular, also *kostet*, richtig. Den Plural – kosten – würde man in Sätzen wie *Diese zehn Äpfel kosten 2,99 EUR* verwenden.

Antwort 613

Wenn die Erklärung am Ende der wörtlichen Rede eingefügt wird, kommt erst das schließende Anführungszeichen, dann ein Komma und dann die Erklärung. Beispiel:

„Ich komme um acht Uhr.", sagte er. Soll die Erklärung in der Mitte stehen, sind zwei Kommata erforderlich. Nach dem ersten Teil der wörtliche Rede folgt zunächst das schließende Anführungszeichen, dann wieder ein Komma. Es folgt die Erklärung, die vom zweiten Komma beendet wird. Erst dann muss das nächste – öffnende – Anführungszeichen gesetzt werden. Auch hier ein kleines Beispiel: „Lieber Leser", schrieb der Autor, „dieses Buch enthält viele spannende Fragen."

Antwort 614

d) Wegen des Auftritts heute Abend konnte die Sängerin heute Morgen keinen Bissen essen.

Abend und *Morgen* sind Nomen, sie werden natürlich groß geschrieben. *Heute* ist ein Adverb, das klein geschrieben werden muss.

Antwort 615

Die Ausnahmen lauten:

ein bisschen, ein paar (im Sinne von einige)
der eine, das eine, die einen …
der andere, das andere, alles andere …
die vielen, das viele … die meisten, das meiste …
das wenige, ein wenig, die wenigen …

Antwort 616

Es heißt ***bass erstaunt sein***. *Bass* ist ein anderes Wort für *sehr*, wohingegen *baff verblüfft* bedeutet.

Antwort 617

b) *Das macht Sinn.*

Dieser Satz stellt eine Übersetzung des englischen *It makes sense* dar. Korrekterweise *macht* im Deutschen aber nichts *einen Sinn*, es kann höchstens *einen Sinn haben* oder *sinnvoll sein*.

Antwort 618

d) Lexika

Antwort 619

Es muss ***gewohnt*** heißen. Man ist Dinge *gewohnt*, hat sich aber an sie *gewöhnt*.

Antwort 620

Anscheinend heißt *dem Anschein nach*, dagegen bedeutet *scheinbar nur zum Schein, nicht in Wirklichkeit*.

KONSONANTEN- UND VOKALHÄUFUNG

Man kann auch Wörter suchen, bei denen möglichst viele Konsonanten oder Vokale hintereinander stehen. Auf acht Konsonanten bringen es da beispielsweise *Flanschschraube, Gerichtsschreiber, Geschichtsschreiber* oder *Glückwunschschreiben.* Gerne werden auch Wörter gesucht, bei denen alle Vokale auftauchen – und zwar in der Reihenfolge a- e- i- o- u. Hier ein paar Beispiele: *Adjektivkonstrukt, Apfelbiomus, Arbeitsordnung, Magermilchjoghurt, Markendiscount, Mastfleischkonsum* oder *Wasserskisportklub.*

Antwort 621

c) Pardon!

Pardon? fragt man, wenn man etwas nicht verstanden hat, es lässt sich am besten mit *Wie bitte?* übersetzen. Die anderen drei Ausdrücke sind richtig, wobei *please* allerdings nicht sonderlich gebräuchlich ist.

Antwort 622

Für *Kreisverkehr* gibt es in England mehrere Wörter. Sehr gebräuchlich ist ***roundabout***, aber auch ***traffic circle*** oder ***rotary*** finden Verwendung.

Antwort 623

***The Oxford English Dictionary* (OED).** Ähnlich wie beim *Duden* gibt es auch hier weitere Ausgaben. In vielen deutschen Schulen wird beispielsweise das *New Oxford Dictionary Of Current English* verwendet, ein Nachschlagewerk, in dem die einzelnen Begriffe nicht ins Deutsche übersetzt, sondern auf Englisch erklärt werden. Außerdem finden sich dort immer wieder Referenzstellen aus der Literatur, die ein Verständnis der jeweiligen Vokabeln erleichtern.

All Souls College, Oxford

Big Ben in London

Antwort 624

To look bedeutet ***sehen, gucken, ansehen; to look for*** wird mit ***suchen*** übersetzt und ***to look after*** bedeutet ***sich kümmern***.

Antwort 625

c) ... waren von Zigarettenqualm eingehüllt.

To shroud heißt wörtlich übersetzt *bedecken, verdecken, verschleiern*.

Antwort 626

a) *I know. She's very healthy.*

To fend for oneself ist im Englischen ein stehender Ausdruck und heißt *alleine zurecht kommen*. Die alte Dame kommt also prima alleine zurecht – und das natürlich, weil sie so gesund ist.

Antwort 627

A hungry-looking tramp knocked **at** the kitchen door and asked **for** something to eat. The woman of the house, **who** felt a bit uneasy, replied: "If I give you a piece **of** my home-made apple-pie, will you promise to go away and not come back?" "Well, you know your cooking better **than** I do, lady", said the tramp.

Antwort 628

Laconic. Das englische *pregnant* hingegen bedeutet *schwanger*. Man sollte die beiden Wörter also besser nicht verwechseln.

Königin und Thronfolger

Antwort 629

Die meisten englischen Adverbien werden gebildet, indem man ein ***-ly* an das Adjektiv anhängt**. Es gibt aber auch Ausnahmen von dieser Regel. So lautet das Adverb von *good well*. Einige Adjektive verändern ihre Form auch gar nicht. Zu ihnen zählen *hard, high, early, pretty, wrong, far, short* und *low*.

Antwort 630

a) Es gruselt mir vor ihm.

Antwort 631

Green. Die Engländer werden nicht gelb, sondern grün vor Neid bzw. ***green with envy***.

Antwort 632

Hold the line, please. *Line* ist eines dieser englischen Wörter, die eine Unmenge an verschiedenen Übersetzungen anbietet. So heißt es nicht nur *Strich* oder *Linie*, sondern auch – wenn es um den Bereich Telekommunikation geht – *Anschluss*.

Antwort 633

b) I'd like to book some tickets.

Antwort 634

We needn't take the umbrella heißt ***Wir brauchen den Schirm nicht mitzunehmen***, wohingegen *We mustn't take the umbrella* bedeutet, ***Wir dürfen den Schirm nicht mitnehmen***.

Antwort 635

b) any children

Für den Gebrauch von *any* oder *some* gibt es eine recht einfache Regel, die man sich gut merken kann: *Any* steht immer mit Fragen und Verneinungen, ansonsten ist im Englischen *some* gebräuchlich.

Antwort 636

Gerundium (engl. *gerund*). Das Gerundium entspricht dem substantivierten Verb (*das Schwimmen*) bzw. dem Partizip I (*schwimmend*). Solche Wendungen müssen oft ganz anders übersetzt werden (z. B. durch Nebensätze). Hier ein kleines Beispiel dazu: Der englische Satz *Before going to bed he turned off the lights* enthält keinen Nebensatz, aber ein Gerundium. In der deutschen Übersetzung *Er machte die Lichter aus, be-*

vor er ins Bett ging, ist nun aber ein Nebensatz erforderlich.

Antwort 637

Die Bildung des past progressive ist recht einfach: Man verwendet hierzu ***was* bzw. *were* und die ing-Form**. Es wird dann eingesetzt, wenn eine Handlung beschrieben wird, die zu einem bestimmten Zeitpunkt in der Vergangenheit im Verlauf war, z. B. *Peter had a bad accident while he was skiing in the alps.*

Antwort 638

c) to pick up the pace

Antwort 639

Diese Wendung lässt sich am besten mit ***stocknüchtern*** übersetzen. *Sober* hat also nichts mit dem ähnlich klingenden *sauber* zu tun. Warum hier nun gerade ein Richter gewählt wurde, ist allerdings nicht klar.

Antwort 640

Das Englische hält einige Möglichkeiten bereit, das Futur auszudrücken: Zunächst lässt es sich durch ***going to*** umschreiben (*I'm going to ask someone for help*). Diese Form wählt man, wenn man beabsichtigt, etwas in der Zukunft zu tun oder um ein wahrscheinlich in der Zukunft stattfindendes Ereignis zu beschreiben. Mit *will/shall* umschreibt man ein künftiges Ereignis, das der Sprecher nicht beeinflussen kann *(He will be twenty next summer).* Auch eine Vermutung über ein künftiges Ereignis wird so geäußert. Schließlich nutzt man *will/shall,*

Telefonboxen, Skulptur in London

wenn es um einen spontanen Entschluss zum Handeln geht. Man kann das Futur im Englischen auch mit dem simple present ausdrücken. Das geht dann, wenn das Geschehen Teil eines festgelegten Planes ist (*The new restaurant opens on May 1st.*) oder das künftige Geschehen in mehreren Gliedsätzen ausgedrückt wird. Mit dem present progressive drückt man eine künftige Handlung aus, deren Ausführung durch Verträge oder Vereinbarungen festgelegt ist (*I'm taking Jane out tonight. I just invited her.*)

Antwort 641

a) Sie sollen sich aus dem Fenster stürzen. Auch für Geld gilt dieses Verb. *Geld aus dem Fenster werfen* heißt also *to defenestrate money.*

Antwort 642

A woman with a baby in her arm was sitting **sadly** in the waiting-room of a railway-station, weeping **bitterly**. Up came a porter and

immidiately asked her what the trouble was. "Oh dear me", she cried, "some people were in here and they were so **rude** to me about my little son. I'm **totally upset**. They said he looked **ugly**." "My dear," said the porter **kindly**. "Don't worry about it. How about a **nice** cup of tea?" "You're so **good**" she said, wiping her eyes, "that would be **awfully nice**". "And while I'm at it", he said, "what about a banana for your monkey?"

Antwort 643

When he arrived a crowd had been waiting for several hours to greet him.

Das past progressive, das hier eingesetzt werden muss, signalisiert eine Handlung, die vor einem bestimmten Zeitpunkt in der Vergangenheit begonnen wurde und an diesem bestimmten Zeitpunkt immer noch andauert.

Antwort 644

Das future progressive findet Verwendung, wenn sich eine Handlung zu einem Zeitpunkt in der Zukunft im Verlauf befindet (*I'll be passing the station in about ten minutes*). Außerdem signalisiert es üblicherweise eintretende Geschehen oder Handlungen, die sowieso ausgeführt werden (*They will be staying with their aunt in the Easter holidays as usual*).

Antwort 645

c) Yes, but I need practice in speaking.

Antwort 646

a) pig out

Antwort 647

Wenn es **möglich und auch sehr wahrscheinlich** ist, dass die Bedingung eintritt, wird der if-Satz mit dem simple present und der Hauptsatz mit dem will-Futur gebildet (*If I find her address, I'll send her an invitation.*)

Wenn es **möglich, aber eher unwahrscheinlich** ist, dass die Bedingung eintritt, wird der if-Satz mit simple past und der Hauptsatz mit dem conditional gebildet (*If I found her address, I would send her an invitation*).

Wenn es **unmöglich** ist, dass die Bedingung eintritt, weil sie sich auf die Vergangenheit bezieht, wird der if-Satz mit past perfect und der Hauptsatz mit dem conditional II gebildet (*If I had found her address, I would have sent her an invitation.*).

Antwort 648

Die einzige richtige Übersetzung eines Textes gibt es nicht. Der Übersetzer hat immer ein paar Freiheiten. Eine mögliche korrekte Übersetzung lautet:

Der Osten Englands verfügt über einen sehr fruchtbaren Boden, der ein hervorragendes Ackerland darstellt. Weizen ist dabei eine der hauptsächlichen Feldfrüchte. Im südlichen England gibt es eine Menge Milchwirtschaft. Kent im Südosten wird der „Garten Englands" genannt, wegen des ganzen Obsts und Gemüses, das hier angebaut wird.

Antwort 649

c) kitchen

Spülmaschine (*dishwasher*) und Kühlschrank (*fridge*) findet man für gewöhnlich in der Küche.

Antwort 650

In diesem Fall benutzt man das Verb ***to sentence***. Es hat nichts mit dem gleich lautenden Nomen [*sentence = Satz*] zu tun, sondern bedeutet *verurteilen*. *He was sentenced to death* heißt also *Er wurde zum Tode verurteilt.*

Antwort 651

Sarah said that she hadn't telephoned her sister.
Peter agreed that he travelled to London once a year.
Paul said to Angela that she was the last guest before he left the town.

Antwort 652

b) cats and dogs

Antwort 653

b)... ***knackered***

Peckish heißt *hungrig* und *sparky* bedeutet *dynamisch*.

Antwort 654

Der korrekte Brief lautet:

Hello,
my name is Susan. I'm fourteen and I live in Germany. My hobbies are going to discos, sometimes I listen to music on the radio. In summer I go swimming in a lake. I haven't got any brothers or sisters. We take buses to school. I attend form 9 at my school. My birthday is on Friday. I hope I will get a new guitar. I'm looking forward to getting an e-mail from you.
Yours,
Susan

Antwort 655

Eigentlich lautet die Regel, dass der Artikel *an* dann gewählt wird, wenn das nachfolgende Wort mit einem Vokal und *a*, wenn es mit einem Konsonanten beginnt. Nun beginnt *uniform* ganz zweifellos mit einem Vokal und es heißt dennoch *a uniform*. Die Lösung ist ganz einfach: Es geht hier nicht um die Schreibung, sondern um die Aussprache – und *uniform* wird *yuniform* ausgesprochen.

Antwort 656

I go ***to*** *school in Vienna.*
We have lunch ***at*** *one o'clock.*
She works ***on*** *Saturday.*
I stay ***at*** *home* ***in*** *the morning.*

Antwort 657

a) Neither do I.
c) Nor do I.
Beide Formen sind möglich.

Antwort 658

d) Sie sollen den Mund halten.

Antwort 659

Der Satz muss richtig lauten: *We* ***are leaving*** *on the ferry tomorrow* ***at*** *the crack of dawn.*

Antwort 660

Ein Gesicht wie sieben Tage Regenwetter.
Solche Phrasen gibt es eine ganze Menge auch im Englischen: *Die Uhr geht nach* heißt z. B. *The clock loses. To jump down someones throat* bedeutet *jemanden anfahren.*

Antwort 661

Günter Grass (*1927) erhielt den Literatur-Nobelpreis im Jahr 1999, „weil er in munterschwarzen Fabeln das vergessene Gesicht der Geschichte gezeichnet hat", wie es in der Begründung heißt. Sein Roman-Zyklus *Danziger Trilogie* umfasst die Werke *Katz und Maus*, *Hundejahre* und *Die Blechtrommel*.

G. Grass

Antwort 662

Fjodor M. Dostojewski (1821–81) zählt neben Tolstoi zu den bekanntesten russischen Schriftstellern. Viele andere Autoren geben an, seine Arbeiten hätten einen wichtigen Einfluss auf ihre eigenen Werke ausgeübt. Zu ihnen zählen u. a. Hermann Hesse (1877–1962), Friedrich Nietzsche (1844–1900), Marcel Proust (1871–1922), William Faulkner (1897–1962), Albert Camus (1913–60), Franz Kafka (1883–1924) und Henry Miller (1891–1980).

Antwort 663

René Sully Prudhomme (1839–1907) arbeitete zunächst als Ingenieur und absolvierte dann ein Jurastudium. Als Anwalt praktizierte er aber nur eine kurze Zeit und entschloss sich schon mit Mitte 20, sein Dasein als Dichter zu verbringen. Dabei bewahrte ihn ein geerbtes Vermögen vor jeglichen wirtschaftlichen Zwängen. Sein bekanntestes Gedicht *Le Vase brisé* handelt von unglücklicher Liebe. Es war viele Jahrzehnte in fast allen französischen Lesebüchern und auch deutschen Französischbüchern zu finden. Den Nobelpreis bekam er 1901 „als Anerkennung seiner ausgezeichneten, auch noch in späteren Jahren an den Tag gelegten Verdienste als Schriftsteller und besonders seiner Dichtungen, die hohen Idealismus, künstlerische Vollendung und eine seltene Vereinigung von Herz und Geist bezeugen" verliehen.

Antwort 664

b) Samuel Beckett (1906–89)

Beckett schrieb das absurde Theaterstück *Warten auf Godot* 1948 und veröffentlichte es vier Jahre später. Ein weiteres Jahr später wurde es am Théâtre de Babylone in Paris uraufgeführt. *Warten auf Godot* stellt eines der rätselhaftesten Werke der Weltliteratur dar, eine Interpretation des Stücks fällt ungemein schwer. Aber gerade seine Absurdität und das Fehlen nahezu jeglicher Handlung macht es auch zu einem der faszinierendsten Stücke. Beckett erhielt 1969 übrigens den Nobelpreis „für eine Dichtung, die in neuen Formen des Romans und des Dramas die künstlerische Aufrichtung des Menschen aus seiner Verlassenheit erreicht", wie es das Nobelkomitee formulierte.

Antwort 665

b) *Faust*

Das berühmte Zitat stammt aus *Faust, der Tragödie erster Teil.* Faust selbst spricht diese Klage zu Beginn des ersten Aktes aus.

Antwort 666

Die Verwandlung. Der Handelsvertreter Gregor Samsa ist der Protagonist dieser Erzählung. Er wird eines morgens wach und muss feststellen, dass er sich in ein Insekt verwandelt hat. Seine Familie bemüht sich zwar, irgendwie mit der Situation fertig zu werden, scheitert aber letztlich an der Aufgabe. Gregor wird durch ein Missverständnis tödlich verletzt und stirbt. Neben dem Inhalt der Erzählung verstört den Leser insbesondere die nüchterne und emotionslose Sprache Kafkas.

Antwort 667

David Copperfield. Der Roman des englischen Schriftstellers Charles Dickens (1812–70) wurde im Jahr 1849 veröffentlicht. Dickens selbst bezeichnet diesen Roman als seine Lieblingsgeschichte. Viele Details im Leben des David Copperfield gleichen seinem eigenen Leben.

Antwort 668

d) *Komödie*

Das Buch ist ungefähr zwischen 1307 und 1320 entstanden. In ihm schildert Dante (1265–1321) seine Reise durch die Hölle. Sie ist – ebenso wie der Himmel – in neun Schichten, die Kreise der Hölle, unterteilt.

Dante und die Göttliche Komödie

Je tiefer man kommt, desto sündiger sind nach Dantes Schilderung die gestorbenen Seelen. *Die göttliche Komödie* gilt bis heute als eines der wichtigsten Werke der italienischen Literatur.

Antwort 669

a) Peter Handke (*1942)

Handke veröffentlichte diese Erzählung im Jahr 1970. Seine Hauptfigur ist der Monteur Josef Bloch, der eines Tages die Baustelle, auf der er arbeitet, verlässt, weil er glaubt, er sei entlassen worden. Von diesem Zeitpunkt an lässt er sich durch die Stadt Wien treiben und begeht dort schließlich einen Mord. Bloch verlässt Wien und versucht bei einer früheren Bekannten zur Ruhe zu kommen, was ihm aber nicht gelingt. Die Erzählung endet, bevor Bloch verhaftet wird, aber die Polizei ist ihm schnell auf die Spur gekommen. Bereits 1971 verfilmte Wim Wenders (*1945) die literarische Vorlage.

Antwort 670

Lotta, Mia Maria und Jonas sind *Die Kinder aus der Krachermacherstraße* aus dem gleichnamigen Kinderbuch von Astrid Lindgren (1907–2002). Die kleine Lotta spielt noch in einigen anderen Werken der schwedischen Autorin die Hauptrolle.

T. Fontane

Antwort 671

Theodor Fontane (1819–98) ist der Autor dieser berühmten Ballade. Fontane zeichnet für viele bekannte Werke der deutschen Literatur verantwortlich, darunter *Wanderungen durch die Mark Brandenburg; Schach von Wuthernow; Irrungen, Wirrungen; Frau Jenny Treibel; Effi Briest* und *Der Stechlin.*

Antwort 672

Ernest Hemingway (1899–1961). In Deutschland stellte Hemingway einen der markantesten Lektüre-Eindrücke in den Jahren nach 1945 dar. An seinem Stil, besonders in den Kurzgeschichten, der sich leicht auf die Kriegs- und Nachkriegsthematik umsetzen ließ, orientierte sich eine ganze Autorengeneration der deutschen Nachkriegsliteratur.

E. Hemingway

Antwort 673

c) Heinrich von Kleist (1777–1811)

Kleist ist so etwas wie eine tragische Figur der deutschen Literatur. Zu Lebzeiten war er ein Umhergetriebener ohne Perspektive und Erfolg, erst posthum ernteten seine Werke die Aufmerksamkeit, die sie verdienten. Kleist studierte 1799 bis 1800 in Frankfurt (Oder) Philosophie, Physik, Mathematik und Staatswissenschaft. Zwischen 1802 und 1803 lebte er bei Wieland (1733–1813) in Weimar. Dort lernte er auch Goethe (1749–1832) und Schiller (1759–1805) kennen. 1804 trat er in den preußischen Staatsdienst ein. Er wurde 1807 in Berlin als vermeintlicher Spion festgenommen. 1810 gab er mit A. Müller die „Berliner Abendblätter" heraus, die schon kurz darauf wegen Zensurschwierigkeiten eingestellt werden mussten. Ohne literarischen Erfolg, an menschlichen Bindungen zweifelnd und über die politische Lage verzweifelt, nahm er sich gemeinsam mit der unheilbar kranken Henriette Vogel (1773–1811) am Wannsee das Leben.

H. von Kleist

Antwort 674

Gabriel García Márquez (*1927) sollte sich eigentlich den Rechtswissenschaften widmen, konnte dieser Disziplin jedoch nichts abgewinnen. So begann er, sich auf die Literatur zu stürzen. Ab 1954 verdiente er seine Brötchen dann als Journalist – und die Begeisterung fürs Schreiben sollte nicht mehr vergehen. 1982 erhielt er „für seine Romane und Erzählungen, in denen sich das Fantastische und das Realistische in einer vielfacettierten Welt der Dichtung vereinen, die Leben und Konflikt eines Kontinents widerspiegeln" den Literatur-Nobelpreis.

G. García Márquez

Antwort 675

Ulysses. Joyce (1882–1941) beschreibt hier in 18 Episoden den 16. Juni 1904 in Dublin. Diese Episoden entsprechen jeweils Ereignissen, die auch in der Odyssee (daher auch der Titel des Romans) vorkommen. Leopold Bloom und Stephan Daedalus (den Joyce schon in seinem Roman *Jugendbildnis* – im Original: *A Portrait of the Artist as a Young Man* – porträtiert hatte) werden hier durch ihren Tag begleitet. Dabei liegt der Fokus insbesondere im Hauptteil von *Ulysses* aber auf Bloom. Im abschließenden Teil des Romans begeben sich die beiden Protagonisten schließlich in ein Bordell. *Ulysses* gilt als einer der bedeutendsten modernen Romane. Ein zentrales erzählerisches Mittel ist der innere Monolog, den Joyce hier perfektioniert. Der Einfluss des Romans reicht sogar so weit, dass der 16. Juni in Irland häufig auch „Bloomsday" genannt wird.

Antwort 676

***Der Taucher* von Friedrich von Schiller (1759–1805).** Schiller verfasste diese Ballade in seinem sogenannten „Balladenjahr" 1797. Viele Literaturwissenschaftler halten den *Taucher* für seine berühmteste Ballade.

Antwort 677

a) Haiku

In Japan wird der formelle Aufbau eines Haiku recht streng gehandhabt: Er besteht meist aus drei Wortgruppen zu fünf, sieben und fünf japanischen Lautsilben. Bei der Übersetzung kann man diese strengen Regeln natürlich nicht unbedingt aufrecht erhalten. So heißt es dann schließlich, dass deutsche Haiku möglichst nicht mehr als 17 Silben aufweisen sollten – diese jedoch verteilt auf drei Zeilen. Wichtiger als Silbenzählen ist auf jeden Fall der Inhalt eines Haiku. Traditionell sind Haiku Naturgedichte: der Sprung eines Frosches, die bunte Sommerwiese, das fallende Blatt, der erste Schnee. Haiku wurden und werden entlang den Jahreszeiten geschrieben. Wobei es heutzutage auch hier Tendenzen gibt, das strenge Schema zu verlassen. So können nun auch Autos im Stau oder Flugzeuge am Himmel Thema eines Kurzgedichts werden.

Antwort 678

Charles Bukowski (1920–94). Zu seinem Werk zählen neben Gedichten und Kurzgeschichten die Romane *Der Mann mit der Ledertasche, Faktotum, Das Liebesleben der Hyäne, Die Ochsentour, Das Schlimmste kommt noch, Hollywood* und *Ausgeträumt.*

Antwort 679

Dantons Tod. Das Drama erschien 1835 mit dem Untertitel „Dramatische Bilder aus Frankreichs Schreckensherrschaft". Es ist übrigens das einzige zu Lebzeiten Büchners (1813–37) gedruckte literarische Werk aus seiner Feder.

Antwort 680

c) Arthur Conan Doyle (1859–1930)

1886 tauchte der Detektiv Sherlock Holmes zum ersten Mal in der Öffentlichkeit auf, nämlich in der Erzählung *Eine Studie in Scharlachrot* (Original: *A Study in Scarlet*). Darin ging es um einen Rachemord, den Holmes bereits in seinen frühen Tagen mit kriminalwissenschaftlichen Mitteln aufklärte. In einem gut ausgerüsteten Chemielabor untersuchte er z. B. Blutspuren. Diese moderne Arbeitsweise sollte im Weiteren zu seinem Markenzeichen werden. Zufällig fiel

Szene aus Sherlock Holmes

diese Geschichte zwei Jahre nach ihrem Erscheinen – Doyle hatte sich schon längst anderen literarischen Projekten und vor allem seinem Hauptberuf als Mediziner zugewandt – einem amerikanischen Verleger in die Hände, der gern mehr von diesem Stoff veröffentlichen wollte. Und so wurde aus Sherlock Holmes ein Serienheld, der in vier langen Romanen und 56 kürzeren Geschichten den englischen Verbrechern den Garaus machte.

Antwort 681

Alexander Solschenizyn (*1918) veröffentlichte 1962 die Erzählung *Ein Tag aus dem Leben des Iwan Denissowitsch*, in der er das Leben in den Lagern schilderte. Sein Dokumentarbericht *Archipel GULAG* beschäftigt sich mit den Straflagern und dem russischen Rechtssystem ausführlich. Solschenizyn wurde in Folge der Veröffentlichung am 14. Februar 1974 aus der Sowjetunion ausgewiesen.

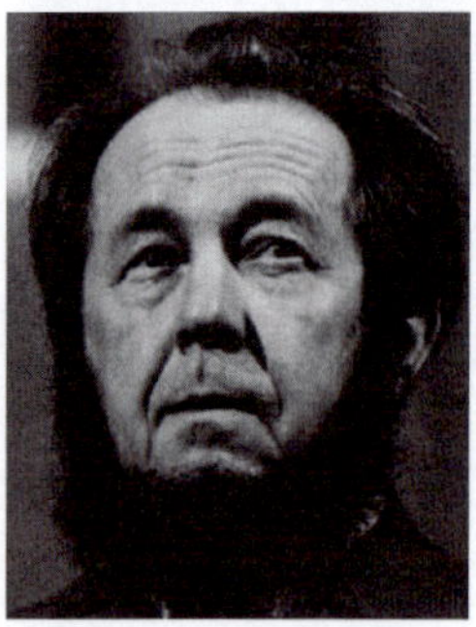

A. Solschenizyn

Antwort 682

a) ***Die Prinzessin auf der Erbse***

Die Prinzessin auf der Erbse stammt aus seiner Märchensammlung, die zwischen 1835 und 1848 erschien. Zum Werk Andersens (1805–75) zählen aber nicht nur Märchen, sondern auch Gedichte, Erzählungen und Theaterstücke.

Antwort 683

b) ***Frankenstein***

Das Werk entstand im Sommer 1816 während eines Urlaubs, den das Ehepaar Shelley zusammen mit Lord Byron (1788–1824) am Genfer See verbrachte. Sie vertrieben sich – so erzählt man sich – ihre Zeit mit dem Schreiben von Gruselgeschichten. Aus diesen Fragmenten ist dann *Frankenstein* entstanden.

Antwort 684

J. R. R. Tolkien (1892–1973) war in erster Linie Sprachwissenschaftler, dann erst folgte seine Tätigkeit als Autor. Dabei spezialisierte er sich, der seit Kindertagen in seiner Freizeit zum bloßen Zeitvertreib Alphabete kreierte und neue Sprachen erfand, bald aufs Altenglische und beschäftigte sich vor allem mit mittelalterlichen Dialekten der westlichen Midlands. Aus diesen Arbeiten heraus entstanden dann seine literarischen Werke.

J. R. R. Tolkien

Antwort 685

Stanislaw Lem (1921–2006). Neben seinen Science-Fiction-Romanen und Kurzgeschichten veröffentlichte Lem – und das ist nicht so bekannt – eine ganze Reihe philosophischer Schriften. Das Genre, das ihn aber wirklich bekannt machte, war die Science-Fiction.

Antwort 686

Heinrich Böll (1917–85) erhielt die Auszeichnung im Jahr 1972 „für eine Dichtung, die durch ihre Verbindung von zeitgeschichtlichem Weitblick und liebevoller Gestaltungskraft erneuernd in der deutschen Literatur gewirkt hat", so heißt es in der Laudatio.

H. Böll

Antwort 687

b) George und Lennie

George und Lennie sind zwei wandernde Farmarbeiter in den USA, die sich durchs Leben schlagen. Ihr Traum ist es, einmal eine eigene Farm zu besitzen. George ist klein, aber clever, Lennie ist ein bärenstarker Hüne, aber seine geistigen Fähigkeiten sind sehr eingeschränkt. Lennies größte Freude ist es, weiße Mäuse zu streicheln. Das macht er so lange, bis er die kleinen Nager todgestreichelt hat. Ihre tragische Geschichte wird von Steinbeck (1902–68) virtuos erzählt.

Antwort 688

Albert Camus (1913–60). Er zählt zu den bekanntesten französischen Autoren des 20. Jahrhunderts. Sein Roman *Die Pest* erschien im Jahr 1947 und wurde zu einem der bedeutendsten Romane der französischen Nachkriegsliteratur.

A. Camus

Antwort 689

d) beim Goldspinnen

Der Müller hatte dem König großspurig erzählt, seine Tochter könne sogar Stroh zu Gold spinnen. Das hörte der Herrscher gern und er befahl der Müllertochter, ihm einen Haufen Stroh in Gold zu verwandeln. Gelänge ihr das nicht, müsse sie sterben. Aus dieser Not hilft ihr der Gnom Rumpelstilzchen.

Antwort 690

Ein Sommernachtstraum. Das Stück wurde zwischen 1595 und 1596 von William Shakespeare (1564–1616) geschrieben und im Jahr 1600 uraufgeführt.

Antwort 691

Harry Potter. Als Zauberschüler besucht Harry die ehrwürdige Zauberschule Hogwarts. Hierhin können nur ausgewählte, magisch begabte Kinder gelangen. Um den

Zug zur Schule zu erreichen, müssen sie am Londoner Bahnhof Kings Cross die Wand zwischen Gleis 9 und 10 ansteuern. Aber die Zauberschüler stoßen nicht mit der Wand zusammen, sondern können durch sie hindurchgehen und gelangen so auf das Gleis Neundreiviertel.

VATER UND SOHN DUMAS

Alexandre Dumas gibt es gleich zwei Mal, nämlich als Vater und Sohn. Sie haben nicht nur den gleichen Namen, sie sind auch beide Schriftsteller und haben weltberühmte Werke geschaffen. Dumas der Ältere (1802–70) zeichnet für Romane wie *Die drei Musketiere* und *Der Graf von Monte Christo* verantwortlich. Sein Sohn, Alexandre Dumas der Jüngere (1824–95), schrieb u. a. *Die Kameliendame.*

Antwort 692

Die menschliche Komödie. Balzac (1799–1850) hatte sich die nahezu unlösbare Aufgabe gestellt, einen Zyklus zu schaffen, der sage und schreibe 137 Romane und Erzählungen umfassen sollte. Aber ganz so verrückt, wie es klingt, war dieses Ansinnen offenbar doch nicht, denn immerhin gelang es dem Franzosen, 91 dieser Werke auch fertig zu stellen. In der Vorrede zu *Die Menschliche Komödie* schreibt Balzac: „Die Unermesslichkeit eines Planes, der zugleich die Geschichte und die Kritik der Gesellschaft, die Analyse ihrer Übel und die Erörterung ihrer Prinzipien umfasst, berechtigt mich, so scheint es mir, meinem Werk den Titel zu geben, unter dem es heute erscheint: *Die menschliche Komödie.*"

Antwort 693

c) Krabat

Krabat ist ein 14-jähriger Waisenjunge, der als Lehrling in einer Mühle im Koselbruch aufgenommen wird. Schnell stellt sich heraus, dass es sich hier aber nicht um eine gewöhnliche Mühle handelt, sondern um eine Zauberschule, in der der Meister ein grausames Regiment führt.

Antwort 694

a) Chile

Pablo Neruda (1904–73) war ein chilenischer Dichter, der sich immer wieder vehement gegen den Faschismus in seinem Land und in Spanien einsetzte. 1971 erhielt Neruda, der wegen seiner Überzeugungen und seines Eintretens für die Freiheit und gegen den Faschismus immer wieder Hals über Kopf fliehen musste, den Literatur-Nobelpreis „für eine Poesie, die mit der Wirkung einer Naturkraft Schicksal und Träume eines Kontinents lebendig macht".

Antwort 695

Aldous Huxley (1894–1963). In diesem Roman beschreibt Huxley eine völlig entseelte und gleichgeschaltete Welt.

A. Huxley

Antwort 696

Rolf Dieter Brinkmann (1940–75). Heiner Müller (1929–95) nannte ihn einst „das einzige Genie (...) in der westdeutschen Literatur".

Antwort 697

Nick Hornby (*1957) zählt zu den großen Stars der modernen Popliteratur. Neben seiner Tätigkeit als Romancier schrieb (und schreibt) Hornby für verschiedene britische Magazine und Zeitschriften. Dort verdingt er sich u. a. als Musikkritiker, einer Leidenschaft, der er bereits in *High Fidelity* ausführlich frönt.

Antwort 698

c) Rudyard Kipling (1865–1936)

Bereits in seiner gedruckten Form erlangte *Das Dschungelbuch* einige Berühmtheit. Aber insbesondere die Umsetzung des Stoffs in einen Walt-Disney-Zeichentrickfilm machte ihn weltberühmt. „In Anerkennung der Beobachtungsgabe, der ursprünglichen Einbildungskraft sowie der männlichen Stärke in Auffassung und Schilderungskunst, die die Schöpfungen dieses weltberühmten Schriftstellers auszeichnen", erhielt Kipling im Jahr 1907 den Literatur-Nobelpreis.

R. Kipling

Antwort 699

b) Selma Lagerlöf (1858–1940)

Die Schwedin erhielt die Auszeichnung „aufgrund des edlen Idealismus, des Fantasiereichtums und der seelenvollen Darstellung, die ihre Dichtung prägen". Neben anderen Werken stammt *Die wunderbare Reise des kleinen Nils Holgersson mit den Wildgänsen* von ihr.

Szene aus *Doktor Schiwago*

Antwort 700

Doktor Schiwago. Wegen seiner kritischen Haltung war Pasternak (1890–1960) in der Sowjetunion nicht wohl gelitten. Die Repressalien gegen ihn führten schließlich sogar dazu, dass er den Literatur-Nobelpreis, der ihm im Jahr 1958 verliehen werden sollte, ablehnen musste. 1989 konnte sein Sohn in einer besonderen Zeremonie den Nobelpreis stellvertretend für seinen Vater doch noch annehmen.

Antwort 701

Albert Einstein (1879–1955). Albert Einstein, der durch die Entwicklung der Relativitätstheorie die Naturwissenschaften revolutionierte, galt nicht nur als brillanter Wissenschafter, sondern war auch für seine treffenden Kommentare bekannt.

A. Einstein

Antwort 702

Böhmische Dörfer. Dieser Ausdruck wird allgemein für unbekannte oder unverständliche Dinge verwendet. Im Englischen sagt man übrigens zum selben Anlass „It's Greek to me".

Antwort 703

d) Ehrlich währt am längsten.

Bisweilen wird dieses Sprichwort auch in einer längeren Form als „Ehrlich währt am längsten, schuftig lebt in Ängsten" verwendet.

Antwort 704

Die Katze im Sack kaufen und **Die Katze aus dem Sack lassen**. Wer etwas kauft, ohne sich vorher von der Qualität überzeugt zu haben, kauft im Volksmund die Katze im Sack. Die zweite Redensart besagt, dass man es beabsichtigt, über einen Plan, den man bisher absichtlich verschwiegen hat, zu sprechen. Dahinter steckt der Gedanke, dass man, solange der Sack verschlossen ist, nicht weiß, was darin ist. Öffnet man ihn, kann jeder sehen, woran er ist. Die Katze kann dann also nicht mehr als Hase verkauft werden.

Antwort 705

Kurt Tucholsky (1890–1935) zählte zu den bedeutendsten Publizisten der Weimarer Republik. Neben seiner journalistischen Tätigkeit, der er u. a. als Mitherausgeber der *Weltbühne* nachging, arbeitete er als Satiriker, Kabarettautor, Liedtexter und Dichter. Er verstand sich selbst als linker Demokrat, Pazifist, Antimilitarist und Mahner vor antidemokratischen Tendenzen. So wurde er nie müde, vor den Gefahren des Nationalsozialismus zu warnen. 1930 verließ Tucholsky Deutschland und siedelte dauerhaft nach Schweden über. Dort starb er fünf Jahre später nach schwerer Krankheit.

K. Tulchosky

Antwort 706

b) … von Pontius zu Pilatus.

Diese Redewendung ist in ganz Europa weit verbreitet. Sie geht auf die Bibel zurück. Jesus wurde nämlich vom damaligen römischen Statthalter Pontius Pilatus zu König Herodes geschickt. Dieser schickte ihn wieder zurück zu Pontius Pilatus. Dabei wurde das eigentliche „von Herodes zu Pontius Pilatus" vom Volksmund in „von Pontius zu Pilatus" umgeformt.

Antwort 707

Lothar Matthäus (*1961). Matthäus brachte es auf 150 Einsätze als deutscher Fußball-Nationalspieler. Er spielte für Borussia Mönchengladbach, Bayern München, Inter Mailand und in New York Fußball. Seit dem Jahr 2001 ist er für verschiedene Vereine als Trainer tätig.

SPORTLER SPRECHEN

Sportler gehören zu den am meisten interviewten Menschen überhaupt. Hier folgen ein paar schöne Worte aus Sportlermund:
„Am Spielstand wird sich nicht mehr viel ändern, es sei denn, es schießt einer ein Tor.“ (Franz Beckenbauer)
„Der springende Punkt ist der Ball.“ (Dettmar Cramer)
„Mir ist egal, ob es ein Brasilianer, Pole, Kroate, Norddeutscher oder Süddeutscher ist. Die Leistung entscheidet, nicht irgendeine Blutgruppe.“ (Christoph Daum)
„Ich hatte noch nie Streit mit meiner Frau – bis auf das eine Mal, als sie aufs Hochzeitsfoto wollte.“ (Mehmet Scholl)
„Ich habe mitgeholfen, dass wir aerodynamisch besser werden. Ich habe mir die Haare schneiden lassen.“ (Michael Schumacher)

Antwort 708

d) vici

„Ich kam, sah und siegte.“ Der römische Feldherr benutzte diesen Ausspruch in einem Brief an seinen Freund Amintus. Dort teilte er ihm einen unerwartet schnellen Sieg bei Zela über Pharnakes II. mit. Das Ganze hat sich im Jahr 47 v. Chr. zugetragen.

Caesar

Antwort 709

b) ... wie der Bart zum Propheten.

Der Bart des Propheten ist zwar auch Bestandteil einer bekannten Redewendung, hat aber in diesem Fall hier nichts zu suchen. Ähnlich wie das Kopfhaar galt auch der Bart lange Zeit als Sitz der Lebenskraft. Um die Aufrichtigkeit eines Schwurs zu demonstrieren, berührte man früher gern seinen Bart, schwor also bei seinem Leben. Konnte man selbst keinen Bart vorweisen oder wollte man dem Schwur mehr Gewicht verleihen, schwor man „beim Bart des Propheten“, der als besonders prächtig galt.

Antwort 710

Die Redensart „sich mit fremden Federn

schmücken" geht auf die Fabel ***Die Krähe und die Pfauen*** **des lateinischen Dichters Phaedrus** (ca. 20 v. Chr.–50 n. Chr.) zurück. In ihr schmückte sich eine Krähe mit ausgefallenen Pfauenfedern.

Antwort 711

Ein Aphorismus ist eine kurz gefasste Aussage, die kurze und prägnante Formulierung eines Gedankens. Aphorismen können auch sogenannte Sinnsprüche sein, die bestimmte Lebensweisheiten transportieren. Dabei können diese kurzen Aussagen allein stehen und benötigen keinen weiteren Zusammenhang, um verstanden zu werden. Häufig sind Aphorismen in einem fast beiläufigen Sprachstil gehalten. Der Aphoristiker Michael Richter (*1952) beschreibt das Genre mit einem Aphorismus so: „Ein Aphorismus ist die zufällige Bekanntschaft mit der eigenen Meinung."

Antwort 712

Mit jemandem unter einer Decke stecken.
Die Redensart hat ihren Ursprung in dem Brauch, dass Jungvermählte nach der Eheschließung ins Brautgemach geleitet und dann mit einer Decke zugedeckt wurden. Ursprünglich bedeutete sie also „mit jemandem verheiratet sein".

Antwort 713

Business as usual. Dieser Ausdruck wird heutzutage entweder verwendet, um zu betonen, dass es nichts Besonderes zu vermelden gibt, oder um die Auswirkungen eines bestimmten Ereignisses herunterzuspielen.

Antwort 714

a) Sünden
Diese Redensart geht auf das Mittelalter zurück. Früher herrschte die Vorstellung, dass der Teufel den Menschen nach ihrem Leiden ihre Sünden präsentierte. Damit er keine dieser Missetaten vergaß, schrieb er sie zu Lebzeiten auf ein Pergament, das aus einer Kuhhaut hergestellt wurde. Führte ein Mensch ein schlechtes Leben und beging viele Sünden, gingen sie auf keine Kuhhaut.

Antwort 715

d) ... erspart den Zimmermann.
Das Sprichwort ist ein Zitat aus Schillers (1759–1805) Drama *Wilhelm Tell*.

Antwort 716

Oscar Wilde (1854–1900). Zu den bekanntesten Werken des irisch-englischen Schriftstellers zählt *Das Bildnis des Dorian Gray*. Oscar Wilde gilt als Urheber vieler heutzutage sehr bekannter Zitate. So stammt beispielsweise „Ich habe einen ganz einfachen Geschmack: Ich bin immer mit dem Besten zufrieden." oder „Ich kann allem widerstehen, nur der Versuchung nicht." auch aus seinem Munde.

O. Wilde

Antwort 717

Die Platte putzen. Der Ausdruck bedeutet sich davonmachen oder unbemerkt verschwinden. Das hebräische „p'lat" heißt Flucht und „puz" sich zerstreuen.

Antwort 718

Erstens kann man „jemanden in die Wüste schicken", also z. B. jemanden, mit dem man unzufrieden ist, entlassen. Die zweite Redewendung ist die vom **Sündenbock**, auf den man seine Schuld abwälzen kann bzw. dem man die Schuld in die Schuhe schiebt.

Antwort 719

b) Was du heute kannst besorgen, das verschiebe nicht auf morgen.

Antwort 720

Ein X für ein U vormachen. Im Mittelalter wurden die Zahlen noch mit römischen Zeichen geschrieben. V bedeutete 5. Dieser Buchstabe wurde aber auch gleichzeitig für den Buchstaben u geschrieben. X war die 10. Wörtlich bedeutet die Redensart folglich: aus einem V ein X machen, also z. B. beim Anschreiben von Schulden mehr Geld aufschreiben, als eigentlich ausgezahlt wurde.

Antwort 721

a) Klarheit und Ordnung schaffen

Die tabula rasa war im Lateinischen eine besondere Schrifttafel. Man konnte sie abschaben und dann wieder neu beschreiben.

Antwort 722

Die Redensart „bei jemandem einen Stein im Brett haben" geht wahrscheinlich auf **frühe Brettspiele** zurück. Dort bezeichnet sie eine Situation, bei der man einen Spielstein im Feld des Gegners stehen hat und durch einen geschickten Spielzug seine Anerkennung findet. Heutzutage bedeutet sie so viel wie die besondere Gunst eines anderen genießen oder bei ihm gut angesehen sein.

Antwort 723

Christian Morgenstern (1871–1914). Viele seiner Gedichte erschienen nicht nur in Buchform, sondern wurden auch von bekannten zeitgenössischen Komponisten vertont.

Antwort 724

Wie viele Redewendungen und geflügelte Worte hat auch „der Weisheit letzter Schluss" seinen Ursprung in **Goethes**

Faust. Am Ende seines Lebens bekennt der Gelehrte nämlich: „Das ist der Weisheit letzter Schluss: Nur der verdient sich Freiheit wie das Leben, der täglich sie erobern muss." Überhaupt sind die sogenannten Klassiker der deutschen Literatur eine gute Quelle für Redewendungen und Sprichwörter.

J. W. von Goethe

Antwort 725

Jemandem nicht das Wasser reichen können. Heutzutage besagt es, einem anderen mit seinen Fähigkeiten oder Leistungen nicht annähernd gleichzukommen. Früher bedeutete es, nicht zu den auserwählten Knaben zu gehören, die den Gästen des Festmahls das Wasser reichen durften.

Antwort 726

b) ... durch dick und dünn gehen.

Im Mittelhochdeutschen bedeutete „dick" soviel wie „dicht". Ging man damals mit jemandem durch „dickes" Gelände, war also ein unübersichtliches Gelände gemeint, in dem Räuber und andere Gefahren lauern konnten. Wer mitging, stand dem anderen also auf seinem schweren und gefährlichen Gang bei.

Antwort 727

c) ... Löffeln gegessen.

Antwort 728

Das Tapet war früher eine meist **grüne Decke, die auf einem Konferenztisch lag**. Später sagte man auch zum Konferenztisch selbst Tapet. „Etwas aufs Tapet" bringen bedeutet also eigentlich, einen Sachverhalt während einer Konferenz zur Sprache zu bringen.

Antwort 729

Papier ist geduldig. Das eine wie das andere meint, dass man alles aufschreiben oder drucken kann, unabhängig davon, ob es auch wirklich stimmt.

Antwort 730

Wenn der Berg nicht zum Propheten kommen will, muss der Prophet zum Berge gehen. Propheten sind in Redewendungen gern gesehene Gäste. So geht das geflügelte Wort „Der Prophet gilt nichts im eigenen Land" auf die Bibel zurück. Im Matthäusevangelium heißt es nämlich: „Ein Prophet gilt nirgends weniger als in seinem Vaterland und dem eigenen Hause." Auch die alten Griechen kannten eine ähnliche Weisheit: „Für eine wackere Tat dürftest du wohl kaum das Vaterland zum Zeugen nehmen."

Antwort 731

a) Hahn im Korb

Diese Redewendung taucht schon im *Simplicissimus* von Grimmelshausen (1621–76) auf. Dort heißt es im vierten Kapitel: „Wer

den Menschen am schädlichsten zu sein befunden wird, soll nach unserem alten Gebrauch und Herkommen auch der vornehmste Hahn im Korb sein."

Antwort 732

Einem alten Rechtsbrauch zufolge musste sich jemand, der dazu verurteilt war eine Schmähung oder Beleidigung zu widerrufen, an die eigene Nase fassen. Die bekannte Redensart geht wahrscheinlich auf diesen Brauch zurück.

Antwort 733

Reinhold Beckmann (*1956). Beckmann begann seine Fernsehkarriere im Jahr 1980 bei der WDR-Sendung *Aktuelle Stunde*. Seit 1998 kommentierte er für die ARD u. a. auch Fußballübertragungen.

Antwort 734

c) ein Spatz in der Hand

Die korrekte Redensart lautet: „Lieber ein Spatz in der Hand, als eine Taube auf dem Dach."

Antwort 735

a) Fredl Fesl (*1947)

Fesl ist ein niederbayerischer Sänger und Liedermacher. Er selbst bezeichnet seine Lieder als „bayrische und melankomische Lieder". In seinen Texten verwendet Fesl häufig Wortspiele.

Antwort 736

Etwas geht aus, wie das Hornberger Schießen. Die Redensart findet Anwendung, wenn etwas, um das viel Aufhebens gemacht wurde, ohne Ergebnis endet.

Antwort 737

Im Volksmund steht der Begriff „Milchmädchenrechnung" für Erwartungen, die auf Illusionen, unlogische Berechnungen oder Trugschlüssen beruhen. Der Begriff geht auf die Fabel *Das Milchmädchen und der Milchtopf* des französischen Dichters Jean de la Fontaine (1621–95) zurück. In ihr macht ein Mädchen bereits vor dem Verkauf der Milch Pläne, wie sie das Geld ausgeben möchte. Dabei hüpft sie vor Freude und verschüttet die Milch, sodass sie am Ende nichts mehr zu verkaufen hat.

J. de la Fontaine

Antwort 738

Der Begriff hat seinen **Ursprung im Althochdeutschen**. Dort bedeutet das Wort „stegareif" Steigbügel. Die Redewendung „aus dem Stegreif" heißt also eigentlich, „ohne vom Pferd abzusteigen".

Antwort 739

b) Dummheit

„Alter schützt vor Dummheit nicht" heißt diese Redensart. Bereits Shakespeare (1564–1616) kannte diese Weisheit, lässt er doch in seiner Tragödie *Antonius und Kleopatra* die schöne Ägypterin sagen: „Wenn mich das Alter auch nicht schützt vor Torheit, doch wohl vor Kindischsein."

Antwort 740

c) ... Säue

Auch diese Redensart geht auf die Bibel zurück. Dort heißt es: „Ihr sollt das Heiligtum nicht den Hunden geben, und eure Perlen sollt ihr nicht vor die Säue werfen, auf dass sie dieselbigen nicht zertreten mit ihren Füßen und sich wenden und euch zerreißen."

BERÜHMTE ZITATE

„Die größte Gefahr im Straßenverkehr sind Autos, die schneller fahren, als ihr Fahrer denken kann." (Robert Lembke)

„Wenn man zwei Stunden lang mit einem netten Mädchen zusammensitzt, meint man, es wäre eine Minute. Sitzt man jedoch eine Minute auf einem heißen Ofen, meint man, es wären zwei Stunden. Das ist Relativität." (Albert Einstein)

„Statt zu klagen, dass wir nicht alles haben, was wir wollen, sollten wir lieber dankbar sein, dass wir nicht alles bekommen, was wir verdienen." (Dieter Hildebrandt)

„Der Erfolg besteht manchmal in der Kunst, das für sich zu behalten, was man nicht weiß." (Peter Ustinov)

„Willst du den Wert des Geldes kennenlernen, geh und versuche dir welches zu borgen." (Benjamin Franklin)

„Es ist ganz leicht, sich das Rauchen abzugewöhnen; ich habe es schon hundert Mal geschafft." (Mark Twain)

„Bei der Eroberung des Weltraums sind zwei Probleme zu lösen: die Schwerkraft und der Papierkrieg. Mit der Schwerkraft wären wir fertig geworden." (Wernher Freiherr von Braun)

„Pünktlichkeit ist die Höflichkeit der Könige." (Ludwig XVIII.)

„Der Vorteil der Klugheit besteht darin, dass man sich dumm stellen kann. Das Gegenteil ist schon schwieriger." (Kurt Tucholsky)

Antwort 741

Bruce Springsteen (*1949). Das Musikmagazin *Rolling Stone* schrieb über ihn einmal, er sei „für seine ergebenen Fans die Verkörperung der romantischen Mythen, über die er schreibt: ein Jedermann aus der Arbeiterklasse, der aussichtslose Liebhaber aus der Großstadt, der Geist des Rock 'n' Roll".

Bruce Springsteen

Antwort 742

b) Jim Morrison (1943–71)

Morrison war der äußerst charismatische und extrovertierte Sänger der Doors. Er zog die Bewunderung seiner Fans und den Hass der bürgerlichen Gesellschaft gleichermaßen auf sich. Der „Lizard King", wie er sich selbst nannte, hatte es aber zunehmend schwerer, mit den Erwartungen umzugehen. Am 3. Juli 1971 verstarb Jim Morrison und wurde von seiner Freundin tot in der Badewanne gefunden. Da niemand außer ihr und dem Arzt den Leichnam gesehen hat, gibt es immer wieder Gerüchte, dass Morrison noch lebt und irgendwann als „Erlöser der Rockmusik" wieder auf der Bildfläche erscheinen wird.

Antwort 743

Niccoló Paganini (1782–1840). Die *Zeitung für die elegante Welt* schrieb im Jahr 1829 über Paganini: „Jedermann errät es jetzt, und hätte es längst merken können, dass Paganini und der Satan in der engsten Beziehung stehen, wenn einer nicht sogar mit dem andern identisch ist."

Paganini

Antwort 744

Jimi Hendrix (1942–1970) gilt noch immer als einer der großen Meister auf der elektrischen Gitarre. Es gab kaum einen Körperteil, mit dem er sein Instrument nicht zu spielen verstand. Zudem konnte er die Gitarre, die er laut *Newsweek* „mit der Leidenschaft und dem Einfallsreichtum eines Casanovas" liebte, Töne entlocken, die vor ihm noch kein Musiker zustande gebracht hatte. Allerdings wurde Jimi Hendrix mit seinem Ruhm nicht fertig. Im Alter von 28 Jahren starb er am 18. September 1970 in einem Londoner Hotel.

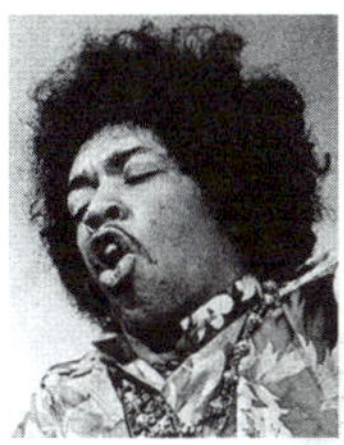

Jimi Hendrix

Antwort 745

Pink Floyd. Die Band wurde im Jahr 1965 von vier Schulfreunden in Cambridge gegründet: Syd Barret (1946–2006), Roger Waters (*1944), Nick Masen (*1945) und Rick

Wright (*1945). Schnell machten sie sich in der Szene einen Namen mit ihrer avantgardistischen experimentellen Rockmusik. Nachdem Syd Barret wegen Drogenproblemen 1968 die Band verlassen und David Gilmour (*1944) seine Stelle eingenommen hatte, wurden die Songs von Pink Floyd ein wenig eingängiger. Der große Erfolg ließ nicht lange auf sich warten. Alben wie *Dark Side Of The Moon, Wish You Were Here* oder *Animals* wurden zu Verkaufsschlagern. Den Gipfel ihres Ruhmes erreichte die Band 1979 mit der Veröffentlichung der Doppel-LP *The Wall.*

Antwort 746

c) Louis Armstrong (1901–71)

Armstrongs musikalische Wurzeln lagen in New Orleans. Er trug dazu bei, den New-Orleans-Jazz entscheidend weiterzuentwickeln. So entfernte er sich mit seinem Orchester ein wenig von den Kollektivimprovisationen und ging hin zu herausgestellten Soli einzelner Musiker. Armstrong machte aber nicht nur als Trompeter auf sich aufmerksam, auch als Sänger und Entertainer war er eine Größe für sich. Musikstücke wie *Hello Dolly* oder *High Society* sind längst zu Evergreens geworden.

Louis Armstrong

Antwort 747

a) Tamino, c) Papageno

Wolfgang Amadeus Mozart (1756–91) komponierte diese Oper im Jahr 1791. Ihr liegt ein Libretto von Emmanuel Schickaneder (1751–1812) zugrunde. Tamino soll, begleitet von Papageno, einer lustigen Gestalt im Federkleid, die Tochter der Königin der Nacht, Pamina, befreien. Dieser Aufgabe zeigt er sich letztendlich mithilfe einer Zauberflöte und Papagenos Glöckchenspiel gewachsen.

Antwort 748

Antonio Vivaldi (1678–1741). Die *Vier Jahreszeiten* bestehen aus vier Violinkonzerten mit jeweils drei Sätzen. Jedem Konzert ist ein Gedicht in Form eines Sonetts vorangestellt, dessen Inhalt im Verlauf des Konzertes musikalisch dargestellt wird. Es handelt sich hierbei um das bekannteste Stück des Komponisten und gilt als eines der ersten programmatisch gestalteten Musikstücke überhaupt.

NACHTRAGENDER MAESTRO

Auch große Meister haben einmal klein angefangen, sogar so berühmte wie Giuseppe Verdi. Der wollte gerne ans Mailänder Konservatorium. Dort lehnte man ihn aber im Jahr 1832 wegen Unfähigkeit ab. Diese Schmach vergaß der Maestro nie. Als sich die Institution 1898 nach ihm benennen wollte, verbat sich Verdi diese Ehrung energisch.

Antwort 749

d) Cindy & Bert

Norbert Maria Berger (*1945) und Jutta Gusenburger (*1948) feierten als Schlagerduo Cindy & Bert insbesondere in den 1970er-Jahren große Erfolge. Damals zählten sie zu den Dauergästen in der ZDF-Hitparade, die regelmäßig alle Größen des Genres im Studio versammelte. Im gleichen Jahr, als ABBA den Grand Prix d' Eurovision gewann, waren auch Cindy & Bert mit von der Partie. Leider belegte das deutsche Duo bei diesem Wettbewerb nur den letzten Platz.

Antwort 750

Richard Wagner (1813–83) verwendete für seine Opern besonders gerne Stoffe aus der nordischen Sagenwelt und dem deutschen Mittelalter. Neben dem *Ring der Nibelungen* dürften *Parsifal*, *Lohengrin* und *Tristan und Isolde* seine bekanntesten Werke sein.

R. Wagner

Antwort 751

Rock Around The Clock. Bekannt wurde das Stück durch den Film *Die Saat der Gewalt*. Dort lief der Song als Hintergrundmusik für den Vorspann. *Rock Around The Clock* schaffte es 1955 in den USA, Australien, Großbritannien und Deutschland (dort als einziger nicht-deutschsprachiger Titel) auf Platz 1 der Hitparaden. Zwar hat Bill Haley (1925–81) den Rock 'n' Roll nicht erfunden, aber mit seiner Musik viel zu seinem Siegeszug beigetragen. Weitere Hits aus Haleys Feder sind u. a. *Shake Rattle & Roll*, *Razzle Dazzle* oder *See You Later, Alligator*.

Antwort 752

Den *Rockpalast*. Peter Rüchel, langjähriger Macher der Sendung, erinnerte sich in einem Interview im Jahr 1997 an die Anfänge der Sendereihe: „Im Kern sollte es eine Reihe sein, in der Live-Konzerte dargestellt werden sollten. Das haben wir zunächst ganz klein in einem Studio des WDR angefangen. Dort passten 80 Zuschauer rein, man konnte kostenlos kommen." Doch schon drei Jahre später starteten die *Rockpalast-Nächte* in der Essener Grugahalle, Großkonzerte, die bisweilen live in ganz Europa übertragen wurden und den *Rockpalast* zu einer der wichtigsten Musiksendungen in Europa machten.

Antwort 753

Miles Davis (1926–1991) zählt zu den einflussreichsten Musikern sowohl des Jazz als auch des Rock. Entscheidend dazu beigetragen haben seine eigenwilligen und ausufernden Improvisationen ohne festliegende Harmoniefolgen. Das legendäre Album *Bitches Brew* spielte er mit einer Band ein, die eine Menge exzellenter Einzelmusiker umfasste: John McLaughlin (*1942), Wayne Shorter (*1933), Dave Holland (*1946), Harvey Brooks (*1944), Chick Corea (*1941), Joe Zawinul (*1932) u. a.

Miles Davis

Antwort 754

Um den **HipHop**. Waren die frühen HipHop-Stücke noch von der Beschreibung der Lebenswirklichkeit schwarzer Getto-Kids und der sozialen Missstände in den Vorstädten geprägt, gewannen Männlichkeitswahn und Macho-Gehabe, die schließlich im sogenannten Gangsta-Rap kulminierten, immer mehr Raum. Mittlerweile haben viele Musiker diese Attitüde wieder abgelegt, dennoch scheint das Genre seine Blütezeit (vorerst) hinter sich zu haben.

Antwort 755

c) Saxofon

Das Saxofon zählt in der Tat zu den Holzblasinstrumenten. Entscheidend für die Einordnung der Blasinstrumente ist nämlich nicht das Material, aus dem sie hauptsächlich bestehen, sondern die Art der Tonerzeugung. Beim Saxofon spielt ein Holzblättchen, das am Mundstück befestigt wird, die entscheidende Rolle; daher gehört dieses Instrument zu den Holzblasinstrumenten.

Antwort 756

Ein Oratorium ist eine **Kompostion für Einzelstimmen, Chor und Orchester**. Es hat meist einen religiösen Inhalt und erinnert in seinem Aufbau an eine Oper. Im Gegensatz zur Oper wird hier die Handlung jedoch nicht szenisch dargestellt, sondern ergibt sich einzig und allein aus dem gesungenen Text.

Antwort 757

a) *Please Please Me*

Die Beatles traten unter ihrem Namen zum ersten Mal am 27. Dezember 1960 im Gemeindesaal des Liverpooler Vororts Litherland auf. Die erste Single der Pilzköpfe, *Love Me Do*, kam am 4. Oktober 1962 auf den Markt und brachte es immerhin auf Platz 17 der Charts. Ein Jahr später erschien dann das erste Album *Please Please Me*.

Antwort 758

Eine Fuge ist eine **mehrstimmige Instrumentalkomposition**. Das Besondere an dieser Form von Komposition ist, dass hier ein musikalisches Thema in verschiedener Form immer wieder auftaucht. Der Aufbau sieht für gewöhnlich so aus: Eine Stimme beginnt mit dem Thema in der Grundtonart. Daraufhin setzt als Beantwortung dieser Stimme eine zweite Stimme auf der Quinte ein, während die erste Stimme eine Gegenposition dazu bezieht. So geht es weiter, bis alle Stimmen das Thema einmal gespielt haben. Danach folgen noch mindestens zwei derartige Durchgänge (in der Fachsprache spricht man hier von Durchführungen).

Antwort 759

d) *Time*

Child In Time zählt nicht nur zu den großen Hits von Deep Purple, sondern ist sicherlich eines der herausragenden Rockstücke aller Zeiten. Erstmals erschein der Song 1970 auf dem Album *Deep Purple In Rock*. Es ist in seiner Studiofassung gut zehn Minuten lang, live gespielt erreichte es aber deutlich längere Spieldauern.

Antwort 760

c) eine Plattenfirma

Das Plattenlabel Motown wurde im Jahr 1959 von Berry Gordy in Detroit gegründet. Er konnte damals gerade einmal 700 Dollar Kapital in die Firma einbringen. Gordy und seine Mitstreiter hatten aber ein gutes Näschen für gute und eingängige Musik, und so nahmen sie Künstler wie The Supremes, Smokey Robinson, The Temptations oder Marvin Gaye unter Vertrag. Zusammen mit ihnen machten sie Millionenumsätze. 1966 kamen 36 von 100 Hit-Singles aus dem Hause Motown. 1988 verkaufte Gordy sein Lebenswerk schließlich an den Konzern MCA und erhielt dafür 61 Millionen Dollar.

Antwort 761

Hair. Das Buch und die Liedtexte stammen von Gerome Ragni (1942–91) und James

Rado (*1932), die Musik ist von Galt MacDermot (*1928). Die Uraufführung von *Hair* fand am 17. Oktober 1967 in New York statt. Es gibt auch eine deutschsprachige Fassung, die bereits ein Jahr später erstmals zur Aufführung kam.

Antwort 762

Ludwig van Beethoven (1770–1827) hat **nur eine einzige Oper**, nämlich *Fidelio*, komponiert. Ursprünglich sollte diese Oper *Leonore* heißen. Sie liegt in drei Fassungen vor. In ihr knüpfte Beethoven zum Teil an Mozart (1756–91) an und verwies auf Ideen der Französischen Revolution.

Antwort 763

b) Keith Jarrett

Jarrett (*1945) spielte diese Aufnahme im Jahr 1975 in Köln ein und veröffentlichte sie als Doppel-LP. Die vier langen Pianoimprovisationen, die jeweils eine Plattenseite einnahmen, bedeuteten für ihn den großen Durchbruch. Die Platte bekam den Preis der Deutschen Phono-Akademie und wurde vom *Time Magazine* zu einer der „Records of the Year" gewählt. Die Verkaufszahlen liegen bei ca. 3,5 Millionen verkaufter CDs und Schallplatten. Jarrett gelang es, mit dieser Platte auch Leute anzusprechen, die normalerweise mit der Jazzmusik nicht viel anfangen können. Trotz unzähliger weiterer Veröffentlichungen stellen die *Köln Concerts* noch immer die bekannteste Platte von Keith Jarrett dar.

Keith Jarrett

Antwort 764

Uriah Heep. Die Band gründete sich im Jahr 1970 in London. Und war eigentlich für ihren schwerfälligen, von Orgel und Gitarre dominierten Sound bekannt. So titelte die englische Musikpresse nach einem ihrer frühen Konzerte: „The sound comes at you like a panzer doing 80." Ihr Hit *Lady In Black*, bei dem die akustischen Gitarren im Vordergrund stehen, bildet daher eine Ausnahme. Stücke wie *Easy Livin'* oder *Gypsie*, die ebenfalls zu Hits wurden, sind da schon viel typischer für den Bandsound.

Antwort 765

Gitte Haenning (*1946) ist in Deutschland hauptsächlich unter ihrem Vornamen Gitte als Schlagersängerin bekannt. Als solche zählte sie in den 1970er-Jahren zu den Stammgästen der ZDF-Hitparade. Allerdings stellt der Schlager nur eine Facette im Repertoire der dänischen Musikerin dar. Ebenso zu Hause fühlt sie sich auf Musicalbühnen oder als Jazzsängerin.

Antwort 766

The Rolling Stones

d) Rolling Stones

Sympathy For The Devil entstammt dem 1968 veröffentlichten Album *Beggar's Banquet* und ist einer der bekanntesten Songs der Rolling Stones. In dem über sechsminütigen Stück erzählt der Teufel von seinen Charaktereigenschaften und seinem Einfluss auf diverse historische Ereignisse. Bei den Fans kam das Lied ausgesprochen gut an, was man von den Kirchen nicht unbedingt behaupten kann.

Antwort 767

Joseph Haydn (1732–1809). Gerüchte besagen, dass Haydn damit aufgehört hat, Opern zu schreiben, weil ihn sein Freund Mozart (1756–91) in dem Bereich zu sehr überlegen war. Dafür stürzte er sich mit Eifer auf die Instrumentalstücke. Er hat über 100 Sinfonien, mehr als 80 Streichquartette und viele Konzerte und Sonaten geschrieben.

Antwort 768

In Mailand. Das Opernhaus wurde zwischen 1746 und 1778 in der italienischen Stadt unter dem Namen „Teatro alla Scala" erbaut und gilt als eines der großen Häuser der Opernwelt. Wer es geschafft hat, in der Scala aufzutreten, zählt zu den namhaften Künstlern des Genres.

Antwort 769

Operette. Die Operette ist ein Musikstück, in dem auch gesprochene Dialoge vorkommen können. Sie hat eine leichte, an komischen Szenen reiche Handlung, die von liedhaften Formen mit ausgeprägtem Tanzcharakter unterbrochen wird. Die Blütezeit der Operette war die zweite Hälfte des 19. und die ersten Jahrzehnte des 20. Jahrhunderts.

MENSCHLICHE STIMMLAGEN

Die menschliche Stimme kann ungefähr folgende Tonhöhen erreichen:

Singstimme	Ton
Sopran	a – c'/f'
Alt	a – f'
Tenor	A – c'
Bariton	A – e'/g'
Bass	E – d'/f'

Antwort 770

a) Franz Schubert (1797–1828)

Die 1822 entstandene Symphonie in h-Moll wird auch *Die Unvollendete* genannt, da sie nur zwei Sätze hat. Ob diese Form beabsichtigt war, oder warum das Werk unvollendet geblieben ist, ist ungeklärt.

Antwort 771

a) Nico (1938–88)

Nach einer echt erfolgreichen internationalen Modelkarriere erregte Christa Päffgen (alias Nico) aus Köln bald die Aufmerksamkeit so bekannter Persönlichkeiten wie Fellini (1920–93), in dessen *Dolce Vita* sie eine Rolle bekam, und Andy Warhol (1928–87). Letztgenannter brachte Nico mit der von ihm protegierten Band Velvet Underground zusammen und versuchte sie dort als Sängerin zu etablieren. Nach der Trennung von Velvet Underground nahm Sie noch einige Solo-Alben auf.

Antwort 772

Klarinette. Goodman (1909–86) feierte mit seiner Bigband vor allem in den 1930er-Jahren große Erfolge. Er gilt dabei als einer der Bandleader, die den Swing ganz besonders weitergebracht haben. Neben seiner Bigband gründete er auch das Benny Goodman Quartett, das die Jazzgrößen Teddy Wilson (1912–86), Gene Krupa (1909–73) und Lionel Hampton (1908–2002) vereinte. In diesem Quartett spielten mit Teddy Wilson und Lionel Hampton zwei schwarze Musiker zusammen mit zwei weißen Musikern, was zur damaligen Zeit eigentlich undenkbar schien. Insofern hat er sich auch um die Überwindung der Rassentrennung in den USA verdient gemacht.

Benny Goodman

Antwort 773

Bob Marley (1945–81). Seine Lieder hatten oft politisch motivierte und sozialkritische Texte. Bekannte Songs aus Marleys Feder sind *I Shot The Sheriff, Buffalo Soldier, Stir It Up, No Woman No Cry* oder *Get Up, Stand Up*. Für seine Anhänger, aber auch für viele Schwarze in der sogenannten Dritten Welt ist er bis heute eine wichtige Identifikations- und

Bob Marley

Symbolfigur. Mit seinem Engagement war er vielen aber auch ein Dorn im Auge, sodass bis heute nicht geklärt werden konnte, ob die Krebserkrankung nicht aufgrund eines Anschlages ausgebrochen ist, Marley also eigentlich ermordet wurde.

Antwort 774

Lys Assia (*1924) mit dem Titel *Refrain*. Der erste Grand Prix wurde im Jahr 1956 in Lugano ausgetragen. Für ihren Siegertitel erhielt sie eine goldene Schallplatte. Hierzulande war jedoch der Titel *Oh mein Papa* wesentlich erfolgreicher.

Antwort 775

George Gershwin (1898–1937). Besonders bekannt wurde der Titel *Summertime* aus *Porgy and Bess*. Gershwin komponierte darüber hinaus u. a. die *Rhapsody In Blue* und das Orchesterwerk *Ein Amerikaner in Paris*.

Antwort 776

c) Kraftwerk

Kraftwerk gelten mit ihrer leicht monoton wirkenden, auf der Wiederholung bestimmter Rhythmen fußenden Musik als eine der Bands, die die heutige Techno-Bewegung maßgeblich mitgeprägt haben. Insofern sind sie eine der einflussreichsten deutschen Bands überhaupt. Allerdings sahen sich die Musiker wegen ihrer Mensch-Maschine-Ästhetik (*Wir sind die Roboter*) auch immer wieder Kritik ausgesetzt.

Antwort 777

a) Johnny Cash (1932–2003)

In den 1970er-Jahren begann Johnny Cash, ganz im Gegensatz zu vielen Stars der Countrymusik, nur noch schwarze Kleidung zu tragen. In seinem Song *Man In Black* erklärt er diesen Schritt:

„I wear the black for the poor and the beaten down,
Livin' in the hopeless, hungry side of town,
I wear it for the prisoner who has long paid for his crime,
But is there because he's a victim of the time."

Antwort 778

Blind Faith. Die einzige Platte der Band trägt den Namen *Blind Faith* und erschien ebenfalls 1969. Am 8. Oktober 1969 wurde die Auflösung der Band bekannt gegeben.

Antwort 779

Von **Franz Lehar (1870–1948)**. Viele seiner Lieder und Operetten haben bis heute weltweit großen Erfolg. Neben der *Lustigen Witwe* zählt *Das Land des Lächelns* mit dem Evergreen *Dein ist mein ganzes Herz* zu den bekanntesten Kompositionen Lehars.

Antwort 780

c) David Bowie (*1947)

Bowie gilt als einer der einflussreichsten Musiker der neueren Musikgeschichte. Er ließ sich in seiner langen Karriere nie auf einen Stil festlegen und erfand sich immer wieder neu. Besonders beeindruckend ist hierbei, dass er – so eigenwillig seine Musik auch immer sein mochte – stets sehr erfolgreich agierte. Auch als Schauspieler machte er sich einen Namen.

The Rat Pack

Antwort 781

Dean Martin (1917–95), Sammy Davis Jr. (1925–90) und **Frank Sinatra (1915–98)** stellten so etwas wie den Kern des Rat Pack dar. Zu ihnen gesellten sich bisweilen noch Joey Bishop (*1918), Shirley MacLaine (*1934) und Peter Lawford (1923–84). Sie nutzten diesen Namen hauptsächlich in den Jahren 1955 bis 1969 für zahlreiche Konzerte, die sie in Las Vegas gaben. Der Name Rat Pack soll von der Schauspielerin Lauren Bacall (*1924) geprägt worden sein, nachdem sie ihren Kollegen Humphrey Bogart (1899–1957) mit einigen Freunden (zu denen auch Sinatra zählte) nach vier durchzechten Nächten ins Hotel zurückkommen sah.

Antwort 782

Peter Frankenfeld (1913–79). In seiner Karriere hat Frankenfeld über 1500 Sendungen moderiert und 15.000 Sketche geschrieben. Damit avancierte er nicht nur zu einem der beliebtesten, sondern auch zu einem der produktivsten Entertainer überhaupt.

Antwort 783

Trivial Pursuit. Entwickelt wurde dieses Brettspiel bereits Ende der 1970er-Jahre in Kanada, den Durchbruch schaffte es aber erst Mitte der 1980er-Jahre. Die Spieler müssen hier ihr Wissen in sechs unterschiedlichen Themenbereichen unter Beweis stellen, um das Spiel gewinnen zu können. Interessanterweise wurde Trivial Pursuit nie zum „Spiel des Jahres" erkoren.

Antwort 784

c) Wolfgang Lippert (*1952)

Lippert genoss in der DDR zunächst eine musikalische Ausbildung und war einige Zeit mit einer Rockband unterwegs. Im Jahr 1984 bekam er dann eine eigene Fernsehsendung (der noch mehrere weitere TV-Engagements folgten). 1992 wurde er dann Nachfolger von Thomas Gottschalk bei *Wetten, dass..?* Allerdings behielt er diese Stelle nur für neun Sendungen, denn er kam beim Publikum nicht gut an, und die Einschaltquoten sackten deutlich ab. Gottschalk übernahm das Ruder wieder.

Antwort 785

Familie Ewing in Dallas

Dallas. Die ARD zeigte insgesamt 357 Folgen dieser Saga um die Ölbarone der Familie Ewing. Weltweit wurde *Dallas* übrigens in 70 Ländern verkauft. Damit ist es eine der erfolgreichsten Fernsehserien aller Zeiten.

Antwort 786

b) *Die Siedler von Catan*

Bis zu vier Spieler befinden sich auf der kleinen, unbewohnten Insel, die glücklicherweise reichlich mit Rohstoffen gesegnet ist. Dort müssen sie versuchen, Straßen, Siedlungen und Städte zu bauen. Wer mit seinen Baumaßnahmen am erfolgreichsten ist (und seine Rohstoffe am geschicktesten einsetzt), gewinnt das Spiel. *Die Siedler von Catan* wurde im Jahr 1995 zum „Spiel des Jahres" gewählt.

Antwort 787

Caesars Palace. Nachdem im Jahr 2005 die letzten Umbauarbeiten abgeschlossen wurden, verfügt das Hotel nun über eine Kapazität von fast 3500 Zimmern. Das Mekka für das Showbusiness stellt das 4000 Plätze umfassende Colosseum dar, das im Jahr 2003 fertig gestellt wurde.

Antwort 788

Ingmar Bergman (*1918). *Krise*, der erste Film Bergmans, erschien im Jahr 1946. Drei seiner Filme, *Die Jungfrauenquelle*, *Wie in einem Spiegel* und *Fanny und Alexander*, wurden mit einem Oscar für den „besten fremdsprachigen Film" ausgezeichnet. Ingmar Bergman war fünfmal verheiratet und hat insgesamt neun Kinder.

I. Bergman

Antwort 789

Dalli Dalli. Das Konzept der Sendung sah es vor, dass prominente Rateteams in mehreren Spielrunden gegeneinander antreten. Dabei ging es in erster Linie darum, innerhalb von 15 Sekunden Assoziationen zu einem bestimmten Thema zu sammeln. Auf diese Weise konnten die Teams Punkte sammeln. Diese Punkte wurden in Geldbeträge umgerechnet und dann von dem siegreichen Team einer Not leidenden Familie zur Verfügung gestellt.

Antwort 790

Die sieben Samurai. Dieser Film wurde im Jahr 1953 – also sieben Jahre vor *Die glorreichen Sieben* – vom japanischen Regisseur Akira Kurosawa gedreht. Er gilt als einer der bekanntesten japanischen Filme und wird häufig unter den Top Ten der besten Filme aller Zeiten genannt. Das Lexikon des internationalen Films kommt zur Beurteilung: „Kurosawas Samurai-Epos ist brillantes Actionkino und humanistische Parabel zugleich."

Antwort 791

a) *Klimbim*

Die Serie lief von 1973 bis 1978 als erste deutsche Comedy-Fernsehserie. Sketche, Einspiel-Filme, Gastauftritte von national und international bekannten Stars sowie Episoden aus dem absurden Leben der namensgebenden Klimbim-Familie wechselten sich zu einer bunten und rasanten Nummern-Revue ab. Im Jahr 1975 erhielt Klimbim den Grimme-Preis, 2003 dann den deutschen Comedypreis.

Antwort 792

Pac Man. Den absoluten Rekord bei diesen Spielen soll Billy Mitchell am 3. Juli 1999 erreicht haben. Dem Vernehmen nach hat er 255 Level vollendet, ohne dabei je von einem Gespenst gefressen zu werden. 1982 erschien schließlich eine Brettspiel-Version des Klassikers, die allerdings nicht annähernd so beliebt war wie das Videospiel.

Antwort 793

b) Goldene Palme

In Cannes wird seit dem Jahr 1946 die „Goldene Palme" verliehen. Der jeweils beste Film des Festivals erhält diese Auszeichnung. Sie kann auch zu gleichen Teilen an mehrere Filme vergeben werden. Dies ist beispielsweise im Jahr 1997 geschehen. Damals teilten sich der iranische Beitrag *Der Geschmack der Kirsche* und *Der Aal* aus Japan die Auszeichnung.

Cannes

Antwort 794

d) Marl

Das Adolf-Grimme-Institut, das den gleichnamigen Preis verleiht, hat seinen Sitz in der Stadt Marl in Nordrhein-Westfalen. Der Preis wird bereits seit dem Jahr 1964 verliehen. Zu den ersten Preisträgern zählte der bekannte Journalist Günter Gaus (1929–2004).

Antwort 795

Die Spielshow war schlicht und ergreifend mit ***Telespiele*** überschrieben. In dieser Sendung traten Kandidaten telefonisch gegen Thomas Gottschalk an und spielten die ersten zur Verfügung stehenden Telespiele (z. B. Pong/Tennis). Die Steuerung wurde dabei von der menschlichen Stimme übernommen. Die Sendung konnte sich immerhin bis zum Jahr 1981 im Fernsehprogramm behaupten.

Antwort 796

Liza Minelli (*1946). Bereits im Jahr 1964 stand sie zusammen mit ihrer Mutter auf der Bühne, schnell folgten erste Fernsehauftritte und Filmrollen. 1969 war sie erstmals für einen Oscar nominiert. Der große Durchbruch gelang ihr drei Jahre später, als sie die Sally Bowles in der Verfilmung des Musicals *Cabaret* verkörperte. Für diese Rolle erhielt sie den Oscar als beste weibliche Darstellerin. Minelli gilt als eine der besten und bekanntesten Entertainerinnen des 20. Jahrhunderts.

Liza Minelli

Antwort 797

Tagesschau. Diese Nachrichtensendung ist seit Weihnachten 1952 auf Sendung. Zunächst wurde sie dreimal pro Woche, ab dem 1. Oktober 1956 dann von Montag bis Samstag täglich gezeigt. Seit dem 3. September 1961 wird die Sendung auch sonntags ausgestrahlt.

Antwort 798

Raumschiff Enterprise. In Deutschland brach die Enterprise erstmals im Jahr 1972 zu ihren Abenteuern auf. Gezeigt wurden die Episoden damals im ZDF. 39 Folgen lang sorgten Captain Kirk und seine Mannschaft für Ordnung in den Weiten des Alls.

Antwort 799

d) ... im Auftrag des Herrn unterwegs.

Der Film *Blues Brothers* lebt auf der einen Seite von seiner mitreißenden Musik und auf der anderen Seite von seiner Komik. Hier sind es insbesondere die Sprüche der beiden Hauptdarsteller, die Filmgeschichte geschrieben haben.

Antwort 800

a) Walter Moers

Die Figur des Käpt'n Blaubär ist durch Auftritte in der *Sendung mit der Maus* bekannt geworden. Hier erzählte er seinen drei Enkeln allerlei Seemannsgarn. Inzwischen hat sich der Seebär mit dem blauen Fell aber vor allem durch das Buch *Die 13 1/2 Leben des Käpt'n Blaubär*, das auch aus der Feder von Walter Moers stammt, einen Namen gemacht.

Antwort 801

Das schwarze Auge war ein sogenanntes **Fantasy-Rollenspiel**. Hier mussten die Spieler in bestimmte Rollen wie beispielsweise Zwerge, Helfer oder Zauberer schlüpfen und – nach Anweisung eines Spielleiters – verschiedene Abenteuer bestehen. Die Abenteuer waren dabei an bekannte Fantasy-Literatur wie *Der Herr der Ringe* angelehnt.

Antwort 802

Klaus Kinski (1926–91). Mit ihm in der Hauptrolle drehte er die meisten seiner bekannten Filme, u. a. *Aguirre* und *Fitzcaraldo*. Kinski galt als überaus exzentrische Persönlichkeit. Mal gab er sich ruhig und beinahe liebenswürdig, dann wieder waren seine öffentlichen Auftritte von großer Aggressivität und Provokation geprägt. Privat wurde der Schauspieler jedoch stets als sehr sanftmütiger Mensch beschrieben.

Klaus Kinski

Antwort 803

c) *Familie Schölermann*

Die Serie startete im September 1954. Sie wurde alle 14 Tage am Mittwochabend live aus einem Studio des WDR in Hamburg gesendet. Bis zu ihrer Einstellung im März 1960 liefen 111 Folgen. Man kann die *Familie Schölermann* als Vorläufer der heutigen Daily Soaps ansehen.

Antwort 804

Loriot, eigentlich Vicco von Bülow (*1923), sagte selbst einmal über die Quelle seiner Ideen: „Kommunikationsgestörte interessieren mich am allermeisten. Alles, was ich als komisch empfinde, entsteht aus der zerbröselten Kommunikation, aus dem Aneinander-vorbei-reden."

Antwort 805

Ennio Morricone (*1928). Der italienische Komponist und Dirigent komponierte die

Musik zu mehr als 500 Filmen. 30 von diesen Filmen waren die sogenannten Italo-Western, zu denen auch *Spiel mir das Lied vom Tod* zählt. Die Musiken zu diesen Filmen haben Morricone wohl am bekanntesten gemacht.

Antwort 806

b) *Gute Zeiten, schlechte Zeiten*

Zwischen 2001 und 2005 spielte Yvonne Catterfeld die Rolle der Julia Blum.

Antwort 807

Cliff Allister McLane. McLane befehligt den Raumkreuzer Orion, der im aufkeimenden Krieg mit den sogenannten Frogs im All nach dem Rechten sehen soll. Der Commander fällt vor allem durch seine aufmüpfige Art gegenüber seinen Vorgesetzten auf, was ihn immer wieder in Schwierigkeiten bringt.

Antwort 808

Lieutenant Mike Stone, gespielt von Karl Malden (*1912), und sein Kollege **Inspektor Steve Keller**, der von Michael Douglas (*1944) verkörpert wird, legten den Verbrechern in der amerikanischen Metropole in insgesamt 119 Episoden das Handwerk. In Deutschland wurde die Serie zum ersten Mal am 3. Mai 1974 im ZDF ausgestrahlt.

Michael Douglas

Antwort 809

a) Tennis

Pong war ein erstes, sehr einfaches Tennisspiel. Zwei Balken stellten die Schläger dar und ein kleiner, eckiger Punkt war der Ball. Die beiden Spieler hatten dafür zu sorgen, dass der Ball nicht hinter ihren Schlägern ins Aus ging. Man konnte, um das Spiel schwieriger zu gestalten, den Reflexionswinkel des Balles an den Schlägern variieren.

Antwort 810

Paul Newman (*1925) spielt Butch Cassidy und **Robert Redford (*1937)** verkörpert Sundance Kid. Bei der Oscar-Verleihung im Jahr 1969 erhielt der Film vier Auszeichnungen, allerdings gingen die beiden Hauptdarsteller dabei leer aus. Ausgezeichnet wurden der Titelsong, die komplette Filmmusik, die Regie und die Kamera.

Robert Redford

Antwort 811

Karl Heinz Köpke (1922–91) war zwischen 1959 und 1987 Sprecher der Nachrichtensendung. Seit 1964 arbeitete er dort als Chefsprecher. Er wurde in dieser Zeit so populär, dass es erhebliche Zuschauerproteste gab, als er im Jahr 1974 plötzlich mit einem Schnurrbart auf dem Bildschirm auftauchte. Da die Proteste kein Ende nehmen wollten, sah er sich gezwungen, den Bart wieder abzurasieren.

Antwort 812

Perry Rhodan. Diese Science-Fiction-Serie erscheint sage und schreibe seit 1961 mit einer Ausgabe pro Woche. Walter Ernsting (*1920) und Karl Herbert Scheer (1928–91) waren die Gründer dieser Weltraum-Saga, die sich zwar an amerikanischen Vorbildern orientiert, aber komplett in Deutschland erdacht und realisiert wird.

Antwort 813

d) *Lindenstraße*

Die in der fiktiven Münchner Lindenstraße spielende Serie flimmerte zum ersten Mal am 8. Dezember 1985 über die Mattscheibe.

FREIE ÜBERSETZUNG

Einige kleine Freiheiten, die sich die Übersetzer des amerikanischen Films *Casablanca* genommen haben, sorgten hierzulande für unsterbliche Filmzitate. „Ich seh dir in die Augen, Kleines" kommt in der Originalversion nie vor. Dort heißt es „Here's looking at you, kid". Das bedeutet allerdings soviel wie „Prost". Auch das berühmte „Spiel's noch einmal Sam" taucht im Original nicht auf. Dort sagt Ingrid Bergman lediglich: „Play it once, Sam, for old times sake."

Antwort 814

d) Humphrey Bogart (1899–1957)

Bogart sagte diesen Satz zu seiner Filmpartnerin Ingrid Bergman im Film Casablanca. Im Original heißt er: „Here's looking at you, kid!"

„Here's looking at you, kid."

Antwort 815

b) Grammy

Der Grammy wird seit 1957 jährlich in mehr als 100 Kategorien von der National Academy of Recording Arts and Sciences in Los Angeles vergeben. Er gilt als höchste internationale Auszeichnung für Musiker und Aufnahmeteams. Die Nominierungen für die Preise in den einzelnen Kategorien werden im Januar bekannt gegeben, die Preisverleihung findet dann Anfang Februar statt.

Antwort 816

Einschaltquoten. Sportereignisse wie Fußballspiele mit deutscher Beteiligung oder auch Formel-1-Rennen zählen zu den Programmen, die die besten Einschaltquoten aufweisen. Unter den Unterhaltungsshows steht *Wetten, dass..?* mit einer Einschaltquote von regelmäßig ca. 50 % am besten da. Thomas Gottschalk muss sich also um seinen Arbeitsplatz keine Sorgen machen.

Antwort 817

c) Alexander Klaws (*1983)

Klaws gewann im Jahr 2003 die erste Staffel der Sendung. Den großen Durchbruch als Musikstar brachte ihm das allerdings nicht ein.

Wum und Wendelin

Antwort 818

Wum und Wendelin. Zunächst erschien nur der Hund Wum allein auf dem Bildschirm, dann erschuf Loriot (*1923), aus dessen Feder die Figuren stammten, seinen Freund, den Elefanten Wendelin. In einigen Folgen tauchte schließlich sogar noch eine dritte Figur, der außerirdische Blaue Klaus, auf.

Antwort 819

Zug um Zug. In diesem Spiel geht es darum, bestimmte Eisenbahnlinien kreuz und quer durch die Vereinigten Staaten von Amerika zu bauen. Jeder Spieler bekommt mindestens drei Aufträge zum Bau von Eisenbahnlinien. Gewonnen hat derjenige, der seine Aufträge am besten und schnellsten erfüllt. *Zug um Zug* ist nicht das erste Eisenbahnspiel, das als „Spiel des Jahres" ausgezeichnet wurde. Bereits im Jahr 1984 hatte das Spiel *Dampfross* hier die Nase vorn.

Antwort 820

a) *Ben Hur*

Der Film schildert das Leben des fiktiven jüdischen Prinzen Judah Ben Hur. Besonderer Höhepunkt des Sandalenfilms ist ein legendäres Wagenrennen, bei dem die Wagenlenker mit allen Mitteln um den Sieg kämpfen – natürlich geht Ben Hur als Sieger aus diesem Spektakel hervor.

Charlton Heston

DAUERBRENNER BEN HUR

Die Vorlage zu der berühmten Verfilmung mit Charlton Heston ist ein Roman von Lew Wallace (1827–1905) mit dem Titel *Ben-Hur: A Tale of the Christ.* Im Buch wie im Film wird Judah Ben Hur irrtümlich wegen eines vermeintlichen Attentats auf den römischen Statthalter von Judäa zu einer Galeerenstrafe verurteilt und plant nach der Rückkehr in seine Heimat einen Aufstand gegen die Römer. Eine Begegnung mit der Botschaft Jesu hält ihn schließlich von seinen Racheplänen ab. 1907 wurde der Stoff bereits das erste Mal in einem Stummfilm verarbeitet, 1925 folgte die zweite Verfilmung. Nach dem bekannten Monumentalfilm von 1959 wurde 2003 schließlich sogar eine Zeichentrickversion realisiert.

Antwort 821

a) bei weniger als 1400 Kalorien täglich
Auf Dauer führt eine so niedrige Kalorienzufuhr zu Mangelerscheinungen. Sie beeinträchtigt die Entwicklung und Leistungsfähigkeit der Betroffenen deutlich. Die Abwehrkräfte nehmen stark ab und schon harmlose Krankheiten können tödliche Folgen haben. Weltweit leiden mehr als 800 Millionen Menschen an einer solch extremen Unterernährung.

Antwort 822

Die Essgewohnheiten haben sich stark verändert: So wird häufig mehr, fetter und süßer gegessen. Dabei wenden die Menschen immer weniger Zeit für die Nahrungszubereitung und Essrituale auf. Fast Food ist auf dem Vormarsch. 20 % der deutschen Kinder sind heute schon übergewichtig.

Antwort 823

Veganer. Menschen, die vegan leben, haben sich oft aus ethischen Motiven zu dieser Lebensweise entschlossen. Sie betrachten jede Ausbeutung von Tieren als Unrecht. Besondere Sorgfalt müssen sie auf die Zusammenstellung ihrer Ernährung legen, damit es nicht zu Mangelerscheinungen kommt.

Antwort 824

Bei einem aeroben Training (oder einem Training im aeroben Bereich, wie man auch sagt) achtet man darauf, dass die **Herzfrequenz nicht zu schnell** wird. Ein Richtwert für die optimale Herzfrequenz ist 180 minus Lebensalter. Dadurch erhält der Körper im-

mer ausreichend Sauerstoff und kann das Fett optimal verbrennen. Ein Ausdauertraining von 3-mal 30–40 Minuten pro Woche reicht hier schon aus, um deutliche Effekte zu zeigen. Typische Sportarten sind Jogging, Radfahren oder Schwimmen. Dabei sollte der Puls kontrolliert werden.

Antwort 825

Bei einem Laktattest wird die **Bildung von Milchsäure und ihrer Anhäufung im Blut** gemessen. Laktatbildung ist immer ein Zeichen dafür, dass die Energie der Muskulatur durch eine zu hohe Belastung knapp wird. Dadurch kommt es zu einer Übersäuerung durch die Milchsäure, und der Muskel muss seine Arbeit einstellen. Wenn man die Laktatmenge im Blut bei verschiedenen Belastungen feststellt, lässt sich sehr genau angeben, bei welcher Belastung (also bei welcher Herzfrequenz) die getestete Person ein optimales Training absolvieren kann.

Antwort 826

c) Der Anbau von Futtermitteln verbraucht zu viel Land.

Über ein Drittel der weltweiten Getreideernte wird zu Viehfutter verarbeitet. Dieses Getreide steht den Menschen zur Ernährung dann natürlich nicht mehr zur Verfügung. Hier ein kleines Rechenbeispiel: Um ein Rind ein Jahr lang zu mästen, benötigt man 0,5 Hektar Land. Das Ergebnis sind 300 kg Rindfleisch. Auf der gleichen Fläche könnte man beispielsweise 20.000 kg Kartoffeln anbauen – damit hätten 177 Menschen ein Jahr lang zu essen.

Antwort 827

c) Konditionstraining mit Musik

Aerobic wurde besonders in den 1980er-Jahren sehr populär. Eine Trainerin oder ein Trainer gibt dabei die Übungen vor und fungiert als Animateur für die Teilnehmer. Die einzelnen Übungen sind eine Mischung aus klassischer Gymnastik und freiem Tanz und haben sehr große Ähnlichkeit mit dem, was viele Menschen als Skigymnastik kennen. Das Ganze wird von moderner Musik begleitet.

Antwort 828

Pilates. Dass dieses Training deutliche fernöstliche Züge aufweist, wundert nicht weiter, denn Joseph Hubertus Pilates (1880–1967) hat sich bereits als Kind intensiv mit asiatischen und europäischen Trainingsmethoden beschäftigt.

Antwort 829

Eine nachhaltige Ernährung ist gut für die eigene Gesundheit, sorgt aber auch dafür, dass bei der Nahrungsmittelproduktion die Umwelt nicht zu sehr belastet wird. Nachhaltiger Konsum berücksichtigt darüber hinaus die gerechten Ansprüche der Menschen in anderen Erdteilen – beispielsweise durch den Kauf von fair gehandelten Produkten.

Antwort 830

Die meisten Experten gehen davon aus, dass eine optimale Ernährung **täglich fünf Gaben** von Obst und Gemüse umfasst. Dabei sollte ihre Gesamtmenge bei ungefähr 600 g liegen (berechnet für einen erwachsenen Menschen).

Antwort 831

b) nicht mehr als 20 %

Dabei sollte man zusätzlich darauf achten, dass höchstens die Hälfte dieses Anteils aus tierischen Fetten besteht.

Antwort 832

d) Salami

Die durchschnittliche Salami hat 33 g Fett pro 100 g. Wer 100 g Salami verspeist, nimmt damit 371 kcal zu sich.

Antwort 833

Das Sportlerherz gibt es. Darunter versteht man eine Vergrößerung des Herzens aufgrund regelmäßiger sportlicher Belastung. So kann das Herz eines Sportlers während der Belastung mehr Blut und Sauerstoff in Umlauf bringen. Das ist allerdings keineswegs ein Risiko, sondern für den Sport nur dienlich. Kritisch wird es erst, wenn man plötzlich mit dem Sport aufhört (z. B. wenn man keinen Leistungssport mehr treibt). Dann kann es zu Kreislaufproblemen kommen. Fährt man die Belastung jedoch langsam auf ein niedrigeres Level zurück, verkleinert sich das Herz auch entsprechend und es sind keine negativen Folgen zu erwarten.

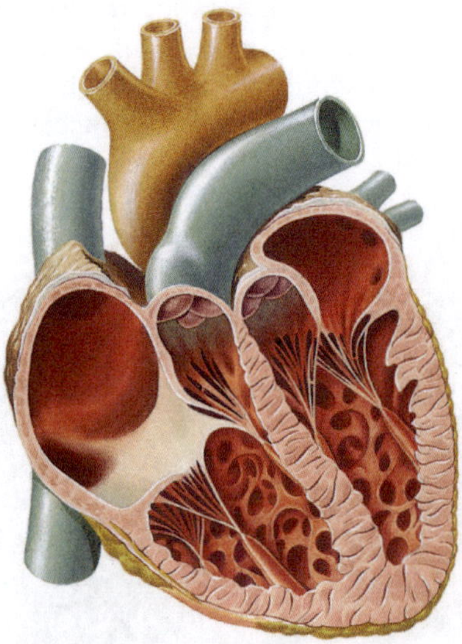

Herz

Antwort 834

Dr. Maximilian Oskar Bircher-Renner (1867–1939). Sein Original-Müsli-Rezept bestand aus eingeweichten Haferflocken, geraspeltem Apfel, Zitronensaft, gezuckerter Kondensmilch und gehackten Nüssen. Birchermüsli findet sich noch heute in vielen einschlägigen Regalen.

Antwort 835

Aminosäuren sind die **Grundbausteine aller Proteine**. Der Köper kennt Zehntausende verschiedener Proteine, die alle unterschiedliche Aufgaben wahrnehmen. Damit alle für ein gesundes Leben benötigten Proteine hergestellt werden können, sollte der Körper durch eine ausgewogene Ernährung mit den jeweils richtigen Aminosäuren versorgt werden, denn er kann nicht alle dieser Bausteine selber herstellen.

Antwort 836

Wer sonntags versucht, die Bequemlichkeit der letzten Woche wettzumachen, kann seinem Immunsystem schaden. Studien zeigen, dass ein zu hohes Tempo oder ein zu großes Pensum oft Atemwegsinfekte auslösen können. Es ist wesentlich gesünder, mehrmals pro Woche 30–60 Minuten ruhig zu trainieren. Das hebt auch die Leistungsfähigkeit im Job.

EINIGE AMINOSÄUREN

	Wichtig für
Alanin	**Eiweißproduktion**
Arginin	**Wachstumshormone, Schönheit**
Asparaginsäure	**Muskelwachstum**
Glyzin	**Muskel- und Knochenwachstum**
Lysin	**Immunsystem**
Methionin	**Entgiftung, Wundheilung**
Ornithin	**Bauchspeicheldrüse, Diabetestherapie**
Phenylalanin	**Hormonproduktion, gutes Gedächtnis**
Prolin	**Eiweißproduktion**
Threonin	**Verdauung, gesunder Appetit**
Tyrosin	**Nervensystem, gute Stimmung**
Valin	**Stofftransport im Blut**
Zystin	**Entgiftung, schöne Haut**

Antwort 837

d) Brustmuskulatur

Antwort 838

b) 50 %

Fruchtnektar enthält durchschnittlich 50 % Fruchtanteil. Außerdem darf dem Getränk noch bis zu 20 % Zucker zugesetzt werden. 100-%iger Saft wird schlicht als Fruchtsaft bezeichnet.

Antwort 839

Turnvater Jahn, eigentlich Friedrich Ludwig Jahn (1778–1852), hat den Gedanken der allgemeinen Leibesertüchtigung in Deutschland populär gemacht. Er wollte die junge Generation für den Freiheitskampf gegen Napoleon stark machen. Seine stark nationalistischen Tendenzen schraubte er später dann zurück und wurde 1848 Mitglied der Nationalversammlung in der Frankfurter Paulskirche.

Turnvater Jahn

Antwort 840

Tofu ist Sojaquark. Eiweiß aus Sojamilch wird bei 70°–80° C durch Zugabe von Kaliumsulfat langsam ausgeflockt und dann in Formen von der Molke abgepresst. Das überschüssige Kalziumsulfat wird dann im fließenden Wasser abgespült. Dieser Vorgang kann mehrere Stunden dauern. Tofu kann roh verzehrt oder auch als Fleischersatz verwendet werden. Im Handel ist er auch geräuchert oder mariniert erhältlich.

Antwort 841

Sie verbraucht **etwa 2000 Kalorien**. Zum Vergleich: Eine durchschnittliche Tafel Alpenmilch-Schokolade (100g) enthält bereits 530 Kalorien.

Antwort 842

b) 3300 Jahre

Qi-Gong bedeutet „Energie-Training". Es gibt hier zahlreiche verschiedene Schulen, daher haben sich für diese Methode auch leicht unterschiedliche Schreibweisen eingebürgert. Im Kern hat Qi-Gong zum Ziel, durch beständige Übung die Kontrolle über den inneren Fluss der Lebensenergie zu erlangen und den Willen zu stärken. Gemeinsam ist allen Qi-Gong-Stilen, dass sie Atmung mit Körperhaltung und Bewusstsein verknüpfen und einen Schwerpunkt auf die Wiederholung der Bewegungen legen.

Antwort 843

c) besonders ausgewogen

Natürlich ist auch für Hobbysportler eine ausgewogene Ernährung das Wichtigste. Sie umfasst wenig Fett und Zucker, viel frisches Obst, Gemüse und Salat, wenig Fleisch und mäßig viel Getreide- sowie Milchprodukte.

Antwort 844

Die Ursache des Seitenstechens ist nicht ganz geklärt, es scheint aber, dass es auf verschiedene Dinge zurückgeht. Die gängigste Theorie geht davon aus, dass es durch eine verminderte Durchblutung des Zwerchfells bei Belastungen entsteht. Andere Möglichkeiten sind eine plötzliche Dehnung der Leberkapsel wegen des erhöhten Blutrückflusses, eine Verspannung der Bauchmuskulatur oder eine Ausdehnung der Darmwände wegen erhöhter Gasbildung. Wenn man sich gut aufwärmt und mit dem Sport langsam beginnt, ist die Gefahr, Seitenstechen zu bekommen, am geringsten.

Antwort 845

Omega-3-Fettsäuren sind nicht nur gesund für uns, sondern lebensnotwendig. Da der Mensch sie aber nicht selber produzieren kann, muss er sie zusätzlich aufnehmen. Die Wissenschaft ist sich mittlerweile einig, dass diese speziellen Fette vor allem das Herz und die Blutgefäße schützen. Außerdem sollen sie auch das Risiko senken, an Alzheimer zu erkranken.

Antwort 846

Proteine. Umgangssprachlich nennt man diese Stoffe auch Eiweiße. In der Natur kommen die Proteine nicht als lange und gerade Kette, sondern als Knäuel vor. So kann jedes Protein genau in der Form gestaltet sein, in der es seine jeweilige Aufgabe optimal erledigen kann. Wenn man Proteine – beispielsweise beim Kochen – erhitzt, werden diese Knäuel entwirrt. Man spricht in diesem Zusammenhang vom Denaturieren der Proteine.

Antwort 847

a) Saftschorle

Saftschorlen löschen nicht nur hervorragend den Durst, sondern enthalten auch alle Stoffe, die man nach einer mäßigen sportlichen Belastung benötigt.

Antwort 848

1 Kalorie. Was nun so wenig klingt, läppert sich bei einem 10-km-Lauf dann schon ordentlich zusammen. Ein Läufer mit einem Gewicht von 70 kg trainiert bei einem solchem Training immerhin 700 Kalorien ab.

Antwort 849

Ein bis zwei Mal pro Woche sollte Ihr Speiseplan eine Fischmahlzeit vorsehen. Dabei kann man grundsätzlich sagen, dass alle Fische für uns gesund sind. Die mit dem weißen Fleisch, wie Seelachs, Scholle und Zander, haben weniger Fett. Hering, Lachs, Makrele oder Thunfisch sind fettreicher, besitzen aber auch einen größeren Anteil an gesunden Omega-3-Fettsäuren.

Antwort 850

d) der Giraffe den Hals streicheln

Tai Chi wird mit meditativ langsamen und fließenden Bewegungen ausgeführt. Die Übungen sollen die Selbstheilungsprozesse des Körpers aktivieren und ausgleichend wirken.

Antwort 851

b) ein russischer Schwitzraum

Traditionell wird die Banja mit einem Holzofen beheizt, in ihr herrschen Temperaturen von 50°–70° C. Ebenso wie in der finnischen Sauna ist es auch in der Banja üblich, sich selbst oder gegenseitig mit Bündeln von eingeweichten Birkenzweigen den Körper abzuschlagen, was angenehm erfrischt und die Blutzirkulation anregt.

Antwort 852

Ketchup – Joghurt-Dressing – Mayonnaise. 100 ml der einzelnen Soßen enthalten durchschnittlich folgende Kalorien: Ketchup: 108, Joghurt-Dressing: 161 und Mayonnaise: 799.

Antwort 853

Joghurt. Joghurt lässt sich auch prima zu Hause herstellen. Dazu benötigt man keine komplizierten oder teuren Maschinen. Man kann einfach Milch in kleine Gläser füllen und einen Löffel fertigen Joghurt hinzufügen. Wenn man die Gläser dann in einem

Wasserbad bei milder Hitze mehrere Stunden warmhält, bildet sich neuer Joghurt.

Antwort 854

Um die Folgen dieser kulinarischen Sünde wieder auszubügeln, sollte der Spaziergang mindestens **drei Stunden** dauern (natürlich nur, wenn man zu den Pommes frites keine Mayonnaise gegessen hat).

Antwort 855

c) 50 g

Ein halber Liter Coca Cola hat 220 Kalorien, ein Liter weist also fast genauso viele Kalorien auf wie eine Tafel Schokolade. Es nutzt übrigens wenig, wenn man Cola Light zu sich nimmt, da dieses Getränk zwar weniger Kalorien enthält, dafür aber ein starkes Hungergefühl auslöst und nicht selten zu „Fressattacken" führt.

Antwort 856

a) 20–45 ml pro kg Körpergewicht

Es ist ausgesprochen wichtig, genug Flüssigkeit zu sich zu nehmen, um den Körper gesund zu halten. Verliert der Organismus mehr als 35 % seiner Flüssigkeit, führt das für gewöhnlich zum Tod.

Antwort 857

Nordic Walking. Hier ist insbesondere die Belastung für die Gelenke nicht so hoch wie beim Joggen. Außerdem lässt sich beim Nordic Walking sehr gut im optimalen Herzfrequenzbereich trainieren. Darüber hinaus stellen sich schon recht bald Erfolge ein, die zum Weitermachen motivieren.

Antwort 858

Grundsätzlich füllen Ballaststoffe den Magen, verzögern die Entleerung und lassen den Blutzucker langsamer ansteigen. Man findet sie vorwiegend in pflanzlichen Nahrungsmitteln. Sie sättigen anhaltend und erleichtern das Abnehmen und Gewichthalten. Sie sind also – ganz anders, als der Name suggeriert – für eine gesunde Ernährung durchaus wichtig. Ballaststoffe werden unverdaut vom Körper wieder ausgeschieden.

Antwort 859

Spurenelemente. Notwendige Spurenelemente sind Chrom, Eisen, Fluor, Jod, Kobalt, Kupfer, Mangan, Molybdän, Selen, Vanadium und Zink. Die Wissenschaft geht davon aus, dass noch weitere Stoffe dazugehören, darunter sogar giftige wie Arsen oder Quecksilber.

Antwort 860

b) Verletzungen am Sprunggelenk

27,1 % aller Sportverletzungen sind Verletzungen des Sprunggelenks. Am zweithäufigsten sind mit 18 % Verletzungen des Knies. Sehr selten, nämlich nur in 6 % der Fälle, ist die Hüfte betroffen.

Antwort 861

Seine **Ursprünge hat der Begriff im Lateinischen**. Dort gibt es das Verb „disportare", das „sich zerstreuen" heißt. Von dort hat es seinen Weg über das Französische „desport" („Erholung, Zerstreuung") zum Englischen „sport" („Spaß, Vergnügen, Erholung") gemacht.

Antwort 862

c) Südafrika

2010 wird erstmals eine Fußball-WM auf afrikanischem Boden ausgetragen. Das Eröffnungsspiel findet am 11. Juni 2010 statt, das Finale wird einen Monat später am 11. Juli veranstaltet.

Antwort 863

Dreimal. Der Titel ging in den Jahren 1938 (in Deutschland), 1978 (in Dänemark) und 2007 (wieder in Deutschland) an das deutsche Nationalteam. Das erfolgreichste Team bisher stellt Rumänien. Diese Mannschaft kann vier Titel für sich verbuchen. Sie liegen allerdings bereits einige Jahre zurück: 1961, 1964, 1970 und 1974.

Antwort 864

Zunächst einmal wird mit einer Luftpistole aus zehn Metern Entfernung auf ein Ziel **geschossen**. Danach müssen die Sportler sich jeder gegen jeden im **Degenfechten** beweisen. Als Nächstes geht es ins Wasser. **200-m-Freistil-Schwimmen** steht auf dem Programm. Die vierte Übung absolvieren die Sportler auf dem **Rücken der Pferde**. Ein Hindernisparcours mit zwölf Hindernissen ist zu bewältigen. Abschließend gilt es noch, einen **4000-m-Geländelauf** zu bestehen.

Antwort 865

Emil Zátopek (1922–2000). Der Läufer wurde 1997 in Tschechien zum „Athleten des Jahrhunderts" gewählt. Auch seine Frau war eine erfolgreiche Leichtathletin. Am Tage seines Siegs über 5000 m gewann sie in Helsinki die Goldmedaille im Speerwerfen.

E. Zátopek

Antwort 866

b) die 25.

Die ersten Sommerspiele der Neuzeit wurden 1896 in Athen ausgetragen. Während der beiden Weltkriege fanden keine Spiele statt, die Zählung wurde aber dennoch so fortgeführt, als wären die Veranstaltungen durchgeführt worden.

Antwort 867

a) Formel 1

Der Brasilianer Emerson Fittipaldi (*1946) fuhr zwischen 1970 und 1980 Formel-1-

Rennen. In dieser Zeit kam er auf 144 Starts und konnte zweimal (1972 und 1974) den Weltmeistertitel erringen.

Antwort 868

Miroslav Klose (*1978). Er erzielte bei der WM fünf Treffer und konnte sich damit die Trophäe, den „goldenen Schuh", sichern. Dieser Erfolg kam nicht überraschend. So war Klose bereits in der Bundesliga-Saison 2005/06 mit 25 Treffern Torschützenkönig geworden.

Antwort 869

George Foreman (*1949) und Muhammad Ali (*1942). Dieser Kampf wirkte für viele Künstler als Inspiration. So erhielt der Dokumentarfilm *When we were kings* über den Boxkampf 1997 den Oscar für den besten Dokumentarfilm. Auch ein Song wurde über den Kampf geschrieben. *In Zaire* von John Wakelin (*1939) wurde 1976 europaweit ein Hit.

Muhammad Ali

Antwort 870

Der Belgier konnte den Radsport-Klassiker, das – wie es heißt – härteste Rennen der Welt, gleich fünfmal für sich entscheiden – und zwar in den Jahren 1969–72 und 1974.

Antwort 871

c) Rugby

Antwort 872

John McEnroe (*1959). In seiner 15 Jahre andauernden Karriere gewann er insgesamt 77 Turniere in der Einzelkonkurrenz und 78 Titel im Doppel. Er gewann fast alle Turniere, lediglich die Australien Open und die French Open sahen ihn nie als Sieger. Seine Wutausbrüche und lautstarken Diskussionen mit den Schiedsrichtern („I've seen chalkdust", einer seiner beliebtesten Aussprüche, der dokumentieren sollte, dass ein Ball nicht im „Aus" war, brachte es sogar dazu, in einem eigenen Song verewigt zu werden) wurden mindestens ebenso berühmt wie McEnroes sportliche Erfolge.

Antwort 873

Basketball. Die Ursprünge dieser reinen Basketball-Showtruppe gehen bis ins Jahr 1927 zurück. Damals absolvierte man allerdings noch Punktspiele, jedoch gegen eher schwache Gegner. Um die Attraktivität des Spiels zu steigern, begannen die Globetrotters spektakuläre Tricks und Spielzüge einzustudieren, die sie dann dem Publikum bei einer hohen Führung zeigten. So entwickelte sich langsam der spektakuläre Showstil der Mannschaft. Seit Ende des Zweiten Weltkriegs touren die Harlem Globetrotters durch die ganze Welt. Am 12. Januar 1998 bestritten sie so ihr zwanzigtausendstes Spiel.

Inspiriert von den Harlem Globetrotters: Magic Johnson

Antwort 874

d) Hamburger SV

Die Fußball Bundesliga, so wie man sie heutzutage kennt, existiert seit 1963. Als einziger Verein gehört der Hamburger SV der höchsten Spielklasse seit diesem Jahr ununterbrochen an.

Antwort 875

c) Timo Boll (*1981)

Deutschlands bislang erfolgreichster Tischtennis-Spieler schaffte es im Jahr 2002 auf den ersten Platz der Weltrangliste. Das war vor ihm noch keinem deutschen Spieler gelungen.

Antwort 876

Paris–Roubaix. Das Rennen, das über ca. 250 km Distanz führt, wurde erstmals im Jahr 1896 ausgetragen. Die besondere Schwierigkeit des Rennens liegt im zweiten Teil. Hier sind immer wieder längere Kopfsteinpflaster-Passagen zu bewältigen, die insbesondere bei Regen ein großes Sturzrisiko bedeuten. Diese Streckenabschnitte haben dem Rennen auch den Beinamen „Hölle des Nordens" eingebracht. Die französische Regierung bemüht sich, das tückische Pflaster speziell für dieses Radrennen zu erhalten. Der Belgier Roger de Vlaeminck (*1947) konnte Paris–Roubaix viermal gewinnen und führt damit die ewige Bestenliste dieses Radrennklassikers an.

Antwort 877

Im Weitsprung. Beaman verbesserte die bis dahin bestehende Bestmarke um sage und schreibe 55 cm auf 8,90 m. Erst im Jahr 1991 wurde sie in einem aufsehenerregenden Duell zwischen Carl Lewis (*1961) und Mike Powell (*1963) übertroffen. Damals sprang Lewis zunächst 8,91 m, anschließend legte Powell noch einmal nach und erreichte 8,95 m.

Antwort 878

Das sogenannte Boat Race. Dabei handelt es sich um ein Rennen zwischen den Universitäten Oxford und Cambridge. Es wird einmal jährlich auf der Themse ausgetragen und hat eine Länge von 6779 m. Das erste Rennen dieser Art wurde im Jahr 1829 veranstaltet, seit 1856 findet es jährlich statt.

Antwort 879

c) 10

Die Zielscheiben beim Bogenschießen weisen fünf Farben auf, die jeweils zwei Ringe enthalten. Von innen nach außen sind das: Gelb, Rot, Blau, Schwarz und Weiß.

Antwort 880

a) Rodeln

Georg Hackl (*1966) gilt als weltweit erfolgreichster Rennrodelfahrer. Zwischen 1988 und 2006 nahm er sechsmal in Folge an Olympischen Winterspielen teil. Dabei konnte er im Einsitzer drei olympische Gold- und zwei Silbermedaillen erringen. Darüber hinaus entschied Hackl zahlreiche weitere Meisterschaften und Rennen für sich.

Georg Hackl

Antwort 881

Queues. Seit Mitte des 18. Jahrhunderts werden für das Billardspiel diese Spielgeräte verwendet, vorher waren gebogene Schläger gebräuchlich.

Antwort 882

Boris Spasski (*1937) und Bobby Fischer (*1943). Fischer gewann den Vergleich mit 12,5 zu 8,5 Punkten und wurde Schachweltmeister. Spasski fiel nach seiner Niederlage in seiner Heimat in Ungnade, ihm wurde vorgeworfen, nicht leidenschaftlich genug gekämpft zu haben. Nach seinem Sieg spielte Fischer fast 20 Jahre keine Turnierpartie Schach mehr. Erst 1992 absolvierte er gegen seinen alten Kontrahenten Boris Spasski einen Schaukampf in Jugoslawien. Da er damit gegen ein US-Embargo gegen Jugoslawien verstieß, wird er seither in den USA mit Haftbefehl gesucht.

Antwort 883

Gerd Müller (*1945). Müller schoss 68 Tore in 62 Länderspielen und traf in 427 Bundesligaspielen 365-mal ins Schwarze. In der Saison 1971/72 wurde er mit 40 erzielten Treffern Torschützenkönig. Damit führt Gerd Müller auch hier die ewige Bestenliste an. Platz zwei und Platz drei nimmt der ehemalige Stürmer ebenfalls ein. Während seiner aktiven Zeit wurde er daher von der Boulevardpresse gern auch der „Bomber der Nation" genannt.

Antwort 884

Ski-Langlauf und Schießen. Je nach Länge des Rennens werden die Langlauf-Passa-

Biathleten am Schießstand

gen von zwei oder vier Schießpausen unterbrochen. Biathlon wird sowohl als Einzelkonkurrenz als auch als Mannschaftssportart ausgetragen. Der Norweger Ole Einar Björndalen (*1974) gilt als erfolgreichster Biathlon-Athlet aller Zeiten. So gewann er beispielsweise bei den Olympischen Spielen 2002 alle vier Wettbewerbe.

Antwort 885

d) Sven Hannawald (*1974)

Hannwald gewann in diesem Jahr nicht nur die Gesamtwertung, sondern konnte auch alle vier Einzelspringen (in Oberstdorf, Garmisch-Partenkirchen, Innsbruck und Bischofshofen) für sich entscheiden. Das war vor ihm noch keinem Skispringer gelungen.

Antwort 886

Eberhard Gienger (*1951). Bevor Gienger seine Karriere als Politiker startete, war er einer der erfolgreichsten deutschen Geräteturner. Von 1971 bis 1981 wurde er 36-mal Deutscher Meister. Besondere Erfolge errang er am Reck: 1973, 1975 und 1981 wurde er an diesem Gerät Europameister, 1974 Weltmeister. Eine von ihm erfundene und nach ihm benannte Übung – der Gienger-Salto – gehört auch heute noch zum Standardrepertoire eines jeden guten Reckturners. Seit 2002 ist er Mitglied des Deutschen Bundestages.

Antwort 887

c) 10

Neben dem weißen Spielball befinden sich neun bunte Kugeln im Spiel. In einigen Varianten wird auch mit 15 farbigen Kugeln gespielt.

Antwort 888

Football. Bei diesem körperbetonten Spiel, das eher mit dem britischen Rugby als mit dem europäischen Fußball zu tun hat, ist es das Ziel, den eiförmigen Ball in die Endzone der gegnerischen Spielerhälfte zu bringen.

Antwort 889

Beim Segelsport. Das Finn-Dinghy ist ein olympisches Ein-Mann-Segelboot. Es ist ca. 4,50 m lang und 1,50 m breit, verfügt über einen Tiefgang von höchsten 90 cm und einen Mast, der nicht länger als 7,10 m sein darf.

Antwort 890

Wilfried Dietrich (1933–92) gewann in seiner Laufbahn zwischen 1951 und 1977 insgesamt 30 Deutsche Meisterschaften (sowohl als Einzelkämpfer als auch mit der

Mannschaft). Außerdem konnte er zahlreiche internationale Titel erringen. Der Höhepunkt seiner Karriere war 1960 der Olympiasieg im freien Stil. Nur ein Jahr später wurde er in Yokohama Weltmeister in dieser Disziplin.

Antwort 891

a) Heiner Brand (*1952) war als Spieler im Jahr 1974 Handball-Weltmeister geworden. Er absolvierte in seiner aktiven Zeit 131 Länderspiele und konnte dabei 231 Tore erzielen.

Antwort 892

b) Wayne Gretzky (*1961)

Der Kanadier Gretzky gilt als bester Eishockey-Spieler aller Zeiten. Bereits als Zehnjähriger stellte er einen Rekord auf, der bis heute unerreicht geblieben ist. In 85 Spielen erzielte er 378 Treffer und steuerte 139 Assists bei. In seiner weiteren Karriere gesellten sich noch diverse andere Bestmarken hinzu. Von der National Hockey League wurde Gretzky u. a. damit geehrt, dass seine Rückennummer 99 für alle zukünftigen Spieler gesperrt ist – es kann eben nur einen Wayne Gretzky geben.

Ulrike Meyfahrt

Antwort 893

Ulrike Meyfarth (*1956). Ihre sportlichen Erfolge verhalfen Meyfarth zu großer Popularität. Von 1981 bis 1984 wurde sie viermal in Folge zur Sportlerin des Jahres gewählt. Die Stadt Wesseling, in der Ulrike Meyfarth aufgewachsen ist, gab ihrem Stadion den Namen „Ulrike-Meyfarth-Stadion".

Antwort 894

Das Gesamtgewicht des Wurfhammers beträgt **7,265 kg**. Davon entfallen 7 kg auf die Stahlkugel. Mit diesem Sportgerät erreichen die besten Athleten Weiten um die 86 m (bei den Werferinnen landet der Hammer bei ca. 75 m).

EXTREMSPORT EXTREM

Eigentlich wollte die deutsche Gleitschirm-Weltmeisterin Ewa Wisnierska lediglich für die anstehende Titelverteidigung trainieren, als sie mit ihrem Sportgerät im Januar 2007 in Australien zwischen zwei Gewitterfronten geriet. Die dort herrschenden Aufwinde katapultierten die Sportlerin auf eine Höhe von 9000 Metern – dort findet man für gewöhnlich nur noch Verkehrsflugzeuge. Eine Ohnmacht während des unfreiwilligen Aufstiegs rettete der Deutschen wahrscheinlich das Leben, denn ihre Herzfrequenz wurde so deutlich reduziert und der Körper brauchte weniger Sauerstoff zum Überleben. Allerdings grenzt es immer noch an ein Wunder, dass Wisnierska den Ausflug in ungewohnte Höhen überlebte. „Sie war vollständig mit Eis überzogen", berichtete WM-Organisator Godfrey Weness und fügte hinzu, dass sie überlebt habe, sei „wie zehn Lottogewinne hintereinander".

Antwort 895

Im Windsurfen. Nash (*1963) begann mit elf Jahren das Windsurfen und konnte sich bereits zwei Jahre später die Krone in dieser Sportart aufsetzen. Er war damit der jüngste Weltmeister aller Zeiten; in den kommenden 16 Jahren folgten 22 weitere Weltmeisterschaftstitel.

Antwort 896

b) Osnabrück

Zwischen 1974 und 1993 zählte der VFL Osnabrück zu den Urgesteinen in der 2. Bundesliga, der Aufstieg in die erste Spielklasse gelang ihm indes nie.

Antwort 897

c) Kevin Curren (*1958)

Becker (*1967) gewann das Finale gegen Curren in vier Sätzen mit 6:3, 6:7, 7:6 und 6:4.

Antwort 898

Ein Zehnkampf wird an zwei aufeinander folgenden Tagen absolviert. Am ersten Tag sind das: **100-m-Lauf, Weitsprung, Kugelstoßen, Hochsprung und 400-m-Lauf**. Am zweiten Tag stehen dann **110-m-Hürden, Diskuswerfen, Stabhochsprung, Speerwerfen und der abschließende 1500-m-Lauf** auf dem Programm.

Antwort 899

b) Fingerhakeln

Pro Disziplin hat jeder Athlet beim Kraft-Dreikampf – ähnlich wie beim Gewichtheben – in der Regel drei Versuche (bei Rekordversuch auf Wunsch vier). Bei ihnen muss er ein möglichst hohes Gewicht bewältigen. Von einem Versuch zum nächsten darf das Gewicht nur erhöht bzw. unverändert gelassen werden, nicht aber verringert werden. Die jeweils besten Versuche in allen Disziplinen gehen in die Wertung ein und werden addiert.

Antwort 900

Die Rallye Paris–Dakar. Sie wird seit Ende der 1970er-Jahre einmal jährlich vor allem auf dem afrikanischen Kontinent ausgetragen. Diese Rallye ist ein Langstreckenrennen, bei dem die einzelnen Etappen bis zu 800 km lang sein können und hauptsächlich auf Wüstenboden gefahren werden. In die Schlagzeilen gerät das Spektakel immer wieder durch Todesfälle bei den Fahrern (hier sind besonders die Teilnehmer, die mit dem Motorrad unterwegs sind, betroffen) und unter den Zuschauern. Der Gründer Thierry Sabine kam 1986 bei einem Helikopter-Unfall während der Dakar ums Leben.

Antwort 901

Ein online geschlossener Kaufvertrag darf **binnen 14 Tagen** ohne Nennung von Gründen vom Käufer gekündigt werden. Auf dieses Recht muss der Verkäufer den Kunden vor dem Kauf deutlich hinweisen. Ansonsten darf die Ware noch ein halbes Jahr nach Vertragsabschluss bzw. nach Lieferung zurückgegeben werden.

Antwort 902

Das Surfen am Arbeitsplatz stellt **nur dann** einen Grund zur fristlosen Kündigung dar, **wenn der Arbeitgeber dieses Vergnügen vorher ausdrücklich untersagt und mit entsprechenden Konsequenzen gedroht hat**. So hat das LAG Mainz im Jahr 2005 entschieden.

Antwort 903

c) ab 18

Diesbezügliche Regeln werden in § 8 des Jugendschutzgesetzes festgehalten. Dort heißt es auch, dass das Spielen an öffentlich zugänglichen Bildschirm-Unterhaltungsspielgeräten Kindern unter 16 Jahren ohne Begleitung eines Erziehungsberechtigten nicht gestattet ist.

Antwort 904

Marianne Bachmeier (1950–96). Ein Jahr, bevor Frau Bachmeier an einem Krebsleiden starb, gab sie in einem Fernsehinterview in der ARD-Talkshow *Fliege* zu, dass sie den Mann nicht im Affekt, sondern geplant erschossen habe, um Recht zu sprechen.

Antwort 905

Die Rechtsprechung hat für die Renovierung einen Fristenplan entwickelt. Er sieht Folgendes vor: Küchen und Bäder sollten alle drei Jahre renoviert werden, Wohn-, Kinder-, Schlaf- und Arbeitszimmer alle fünf Jahre, der Flur und die übrigen Räume alle sieben Jahre. Diese Regelung ist nur dann wirksam, wenn im Mietvertrag vereinbart ist, dass gegebenenfalls von ihr auch abgewichen werden kann. Kürzere Fristen im Mietvertrag sind nicht zulässig. In den beiden letzten Fällen oder wenn es keine explizite Vereinbarung im Mietvertrag gibt, ist eine Renovierung nicht nötig und der Mieter kann die Wohnung besenrein hinterlassen.

Antwort 906

c) Frankfurt

Laut aktueller Kriminalitätsstatistik liegt Frankfurt am Main mit 17.213 Straftaten auf 100.000 Einwohner auf dem ersten Platz. In München entfallen auf 100.000 Einwohner lediglich 8700 Straftaten. Damit gilt die Stadt an der Isar als sicherste Großstadt Deutschlands.

Frankfurt am Main

Antwort 907

b) 6 Wochen

Um sein Recht auf Lohnfortzahlung nicht zu verlieren, muss der erkrankte Arbeitnehmer seinem Arbeitgeber die Erkrankung unverzüglich mitteilen. Dauert die Krankheit länger als drei Tage, muss der Arbeitnehmer spätestens am vierten Tag ein ärztliches Attest vorlegen. Dies kann der Arbeitgeber aber auch schon vom ersten Krankheitstag an verlangen.

Antwort 908

Das bürgerliche Recht, das im Bürgerlichen Gesetzbuch festgehalten wird, ist Teil des Privatrechts. Es regelt die **Beziehungen zwischen rechtlich gleichgestellten Rechtsteilnehmern** wie Bürgern und Unternehmen. Das BGB ist in fünf Teile unterteilt: einen allgemeinen Teil, das Schuldrecht, das Sachrecht, das Familienrecht und das Erbrecht.

Antwort 909

Die Erbinformationen eines Menschen sind in der sogenannten DNS festgelegt. Sie ist bei jeder Person unterschiedlich, weshalb man einen Menschen anhand seiner DNS eindeutig identifizieren kann. Liegt nun (z. B. durch Spuren am Tatort) die DNS eines Täters vor, lässt sie sich leicht mit der eines Verdächtigen vergleichen und so feststellen, ob der Tatverdächtige auch für die Tat verantwortlich gemacht werden muss.

DNS

Antwort 910

Bonnie Parker (1910–34) und Clyde Barrow (1909–34). Anders als im Film (*Bonnie und Clyde*) lebten die beiden Gangster nicht in erster Linie von Banküberfällen. Es gingen lediglich vier derartige Delikte auf ihr Konto.

Antwort 911

c) 1949

Nachdem alle Bundesländer es ratifiziert hatten, wurde das Grundgesetz am 23. Mai 1949 in einer feierlichen Sitzung des Parlamentarischen Rates verkündet. Einen Tag später trat es dann in Kraft.

Antwort 912

b) falsch

Fahrkarten, die man für die zweite Klasse gekauft hat, gelten auch nur dort. Dies hat die Deutsche Bahn AG auch in ihren Beförderungsbedingungen festgehalten. Wer eine Karte für die erste Klasse gelöst hat, darf aber auch in der zweiten Klasse fahren. In diesem Fall gibt es keine Probleme.

Antwort 913

Ist es nach Landesrecht nicht mehr möglich, die Bäume zurückzuschneiden, muss gegebenenfalls eine Entschädigung für erhöhten Reinigungsaufwand, die sogenannte Laubrente, gezahlt werden. So entschied es der Bundesgerichtshof (BGH) in Karlsruhe.

Antwort 914

Sie braucht nicht in jedem Fall einen Durchsuchungsbefehl. Bei „Gefahr im Verzug" kann die Polizei eine Durchsuchung auch ohne einen entsprechenden Beschluss vollziehen. „Gefahr im Verzug" herrscht beispielsweise dann, wenn ein Bankräuber vor der Polizei in eine Wohnung geflohen ist. Dann benötigt die Polizei natürlich keine richterliche Anordnung, bevor sie ihn dort herausholen darf. Denn bis der Richter die Anordnung unterschrieben hat, ist der Täter möglicherweise schon über alle Berge.

Antwort 915

Der § 116 des Bürgerlichen Gesetzbuches wird auch als Taschengeldparagraf bezeichnet. Er besagt, dass ein Vertrag, den ein Minderjähriger ohne Zustimmung des gesetzlichen Vertreters abgeschlossen hat, dann wirksam ist, wenn der Minderjährige die vertragsmäßige Leistung mit Mitteln bezahlen kann, die ihn zu diesem Zweck oder zur freien Verfügung überlassen worden sind. Mit anderen Worten: Wenn ein Minderjähriger eine Ware von seinem Taschengeld bezahlen kann, gilt der Kaufvertrag als gültig.

Antwort 916

Es ist nicht strafbar, zu viel herausgegebenes Wechselgeld zu behalten. Eine strafbare Handlung würde nur dann vorliegen, wenn die Kassiererin den Kunden fragt, ob ihre Berechnung stimmt. Wer dann entgegen besseren Wissens antwortet, macht sich eventuell des Betrugs schuldig. Wie es von moralischer Seite aussieht, steht natürlich auf einem anderen Blatt. Man sollte sich natürlich die Zeit nehmen und die Ehrlichkeit besitzen, die Kassiererin auf ihren Fehler aufmerksam zu machen.

Antwort 917

b) 15 Jahre

Eine lebenslängliche Freiheitsstrafe, so sieht es das Strafgesetzbuch vor, dauert **längstens 15 Jahre**. Die restliche Strafe wird dann unter Auflagen oder zur Bewährung ausgesetzt. In besonders schweren Fällen kann aber auch eine anschließende Sicherheitsverwahrung angeordnet werden.

Antwort 918

b) mit drei Personen

Ein Schöffengericht ist für die Verhandlung über Verbrechen zuständig, bei denen die Straferwartung vier Jahre nicht übersteigt, und für Vergehen, deren Straferwartung zwischen zwei und vier Jahren liegt. Es setzt sich für gewöhnlich aus einem Richter und zwei Schöffen zusammen.

Antwort 919

In der Tat hat **jedermann das Recht, Tatverdächtige auf frischer Tat vorläufig festzunehmen**. Wer z. B. einen Ladendieb beobachtet, darf diesen festnehmen, fesseln und einsperren, wenn nur so die Identität des

Täters festgestellt werden kann oder wenn man verhindern möchte, dass er flieht. Körperliche Durchsuchung zur Identitätfeststellung darf allerdings nur die Polizei vornehmen.
Dieses Festnahmerecht für jedermann gilt allerdings nur, wenn die Täter auf frischer Tat ertappt und verfolgt werden. Es ist also nicht erlaubt, den Taschendieb festzunehmen, die man ein Jahr nach der Tat zufällig in der Straßenbahn wiedersieht.

Antwort 920

a) 5 Jahre

Laut §§ 17–30 Jugendgerichtsgesetz beträgt die Höchststrafe im Jugendstrafrecht fünf Jahre Haft in einer Jugendstrafanstalt.

Antwort 921

Verantwortlich im Sinne des Presserechts.

Im deutschen Presserecht müssen die Personen, die für die Inhalte von Zeitungen, Zeitschriften oder Webseiten verantwortlich sind, auch als solche gekennzeichnet werden. Diese Kennzeichnung beinhaltet für gewöhnlich die Abkürzung ViSdP.

Antwort 922

Jack the Ripper. Obwohl der Serientäter nie geschnappt wurde, beschäftigte er immer wieder die Öffentlichkeit und bisweilen auch die Polizei. So fertigte die Londoner Polizei noch im Jahr 2006 nach Zeugenaussagen aus der damaligen Zeit ein Phantombild des Täters an. Sachdienliche Hinweise konnte sie aufgrund dessen allerdings nicht mehr sammeln... Auch die Untersuchung alter DNA-Proben führte zu keinem Ergebnis.

Antwort 923

Den Mundraub – also das Entwenden von kleineren Mengen an Lebensmitteln zum baldigen Verzehr – gibt es als Straftatbestand bereits seit 1976 nicht mehr. Also macht sich seither jeder, der einen „Mundraub" begeht, auch strafbar. Straffrei gingen Mundräuber auch vor 1976 nicht aus, ihre Strafe fiel lediglich geringer aus als bei einem gewöhnlichen Diebstahl.

Antwort 924

In Deutschland gibt es **fünf oberste Gerichtshöfe**, die jeweils die höchsten Instanzen in ihrem Zuständigkeitsbereich darstellen: **Bundesgerichtshof, Bundesarbeitsgericht, Bundesfinanzhof, Bundessozialgericht** und **Bundesverwaltungsgericht**.

Antwort 925

d) bis zum 16. Lebensjahr

Laut § 2 des Jugendschutzgesetzes ist ein Kind, wer noch nicht 14 Jahre alt ist.

Antwort 926

a) Den Haag

Der Internationale Strafgerichtshof (IStGH) ist eine unabhängige internationale Organisation mit Sitz in Den Haag. Er beschäftigt sich in erster Linie mit der Verfolgung von Völkermord, Verbrechen gegen die Menschlichkeit und Kriegsverbrechen.

Antwort 927

Das in dem Satz angesprochene Prinzip – im Zweifel für den Angeklagten – war schon Bestandteil der griechischen und römi-

Den Haag

schen Rechtsauffassung. Es besagt, dass ein Angeklagter vor dem Gesetz so lange als unschuldig gilt, bis seine Schuld bewiesen wurde. Das bedeutet also, dass im Strafprozess ein Angeklagter nicht verurteilt werden darf, wenn Zweifel an seiner Schuld bestehen.

Antwort 928

Die zwölf Geschworenen. Der Film wurde von Sidney Lumet (*1924) in Szene gesetzt und für drei Oskars nominiert. Im epd-Film heißt es zu dieser Produktion, es sei ein „spannender, humorvoller, vom ersten bis zum letzten Meter von hohem menschlichen Verantwortungsbewusstsein getragener Film."

Antwort 929

d) nur, wenn die Nachtruhe eingehalten wird

Wer eine Party feiern will, muss immer auf die Einhaltung der Nachtruhe zwischen 22 und 6 Uhr achten. Ausnahmen von dieser Regel gibt es nicht. Man kann aber natürlich seine Nachbarn um Verständnis bitten oder – noch besser – sie zum Fest einladen. Dann wird sich niemand so schnell gestört fühlen.

Antwort 930

d) Das Zeugnis muss eine Kopie des Arbeitsvertrages als Anlage enthalten.

Der Arbeitsvertrag hat natürlich nichts im Zeugnis zu suchen.

Antwort 931

Die Stellung von Nachmietern **reicht normalerweise nicht aus**, um ein Mietverhältnis vorzeitig zu beenden. Allerdings kann man eine entsprechende Klausel in den Mietvertrag aufnehmen, dann geht es natürlich schon. Außerdem gibt es Härtefälle, in denen ein solches Verfahren ebenfalls in Ordnung ist: bei einem beruflich bedingten Ortswechsel, bei der Geburt eines Kindes, bei einer Heirat oder bei einer schweren Krankheit.

Antwort 932

Der Europäische Gerichtshof ist die Instanz, die über die Einhaltung europäischen Rechts und europäischer Rechtsnormen wacht. Der Gerichtshof arbeitet dabei mit allen Gerichten der Mitgliedstaaten zusammen, da diese für die Anwendung des Gemeinschaftsrechts zuständig sind. Um eine tatsächliche und einheitliche Anwendung des Gemeinschaftsrechts sicherzustellen und divergierende Auslegungen zu verhindern, können (und müssen mitunter) nationale Gerichte sich an den Gerichtshof wenden und ihn um eine Auslegung des Gemeinschaftsrechts bitten.

Antwort 933

Der große Postraub (The Great Train Robbery). Der Polizei gelang es nach einigen Monaten, die Täter zu finden und zu überwältigen. Sie wurden zu langen Haftstrafen verurteilt. Zweien von ihnen gelang jedoch die Flucht. Ronald Biggs (*1929) war das jüngste Mitglied der Bande und wurde auch am populärsten. In ihm sahen viele einen modernen Outlaw. Biggs floh nach Brasilien, wo er bis zum Jahr 2001 blieb.

Antwort 934

Die „Frankfurter Tabelle" wurde von der 24. Zivilkammer des Frankfurter Landgerichts entwickelt und gibt brauchbare Anhaltspunkte für die Minderung des Reisepreises je nach vorliegendem Reisemangel. Hier sind alle erdenklichen Reisemängel aufgelistet, angefangen bei Lärmbelästigung bis hin zur eintönigen Speisekarte (die unter Umständen auch eine Minderung des Reisepreises rechtfertigt).

Antwort 935

c) 10–40 %

Wenn der Lärm in der Nacht nicht mehr zumutbar ist, kann man den Reisepreis zwischen 10 % und 40 % mindern. Das sagt die „Frankfurter Tabelle". Die genaue Höhe der Minderung hängt von der Heftigkeit des Lärms ab. Darüber kann es durchaus Auseinandersetzungen mit der Reiseleitung geben.

Antwort 936

b) ca. 6 Millionen

Im Jahr 2005 gab es laut Kriminalstatistik 6,4 Millionen registrierte Straftaten in Deutschland. 55 % von ihnen konnte die Polizei aufklären.

Antwort 937

In einem Internet-Forum, das vorwiegend dem Meinungsaustausch dient, ist zunächst einmal dem Autor einer rechtswidrigen Äußerung ein Unterlassungsanspruch geltend zu machen. Nur dann, wenn der Autor unbekannt ist, kann sich der Betroffene auch an den Betreiber halten. So hat es das Oberlandesgericht Düsseldorf in einem Urteil aus dem Jahr 2005 festgelegt.

Antwort 938

Der Rundfunkgebührenstaatsvertrag. Dieser Vertrag regelt, wer wann und wie viele Rundfunkgebühren zu entrichten hat.

Antwort 939

Ja, denn der Mieter hat mit seiner Unterschrift den Mietvertrag in dieser Fassung akzeptiert. Da eine solche Klausel nicht rechtswidrig ist, besitzt sie also auch Gültigkeit. Nur im Ausnahmefall könnte ein solches Verbot der Hundehaltung unwirksam sein, z. B. dann, wenn der Mieter einen Blindenhund benötigt.

Antwort 940

b) ab 7 Jahren

§ 106 des Bürgerlichen Gesetzbuchs besagt, dass ein Minderjähriger mit der Vollendung des siebten Lebensjahres beschränkt geschäftsfähig ist. Bis zur Zustimmung der Eltern sind die Rechtsgeschäfte schwebend unwirksam.

Antwort 941

Seit dem 1. Februar 2005 dürfen Jugendliche auch hierzulande ab 16 Jahren einen Führerschein machen. Entsprechend einer EU-Richtlinie ist dies der Führerschein Klasse „S". Er gilt für Leichtmobile und Quads. Leichtmobile sind dem Auto ähnliche Fahrzeuge, die allerdings maximal 350 kg wiegen. Die Höchstgeschwindigkeit beträgt 45 km/h.

Antwort 942

c) nur mit einer Freisprecheinrichtung

Bei fehlender Freisprecheinrichtung kostet die Benutzung des Handys im Auto 40 Euro Bußgeld plus einen Punkt in Flensburg und auf dem Fahrrad 35 Euro Bußgeld.

Antwort 943

Mofas und Krankenfahrstühle sowie langsame landwirtschaftliche Nutzfahrzeuge müssen hier den Seitenstreifen benutzen, damit der schnellere Verkehr möglichst ohne Gefahr überholen kann.

Transrapid

Antwort 944

Es handelt sich um den **Transrapid**. Ein Transrapid fährt recht energiesparend. Zum Schweben braucht das Fahrzeug nicht mehr Energie als für den Betrieb seiner Klimaanlage. Die Energie zum Schweben liefern Batterien, sodass der Transrapid selbst bei Stromausfall noch eine Stunde lang weiterschweben kann.

Antwort 945

Auch wenn es verlockend erscheint, ist es **nicht erlaubt**, in einem solchen Fall doch rechts abzubiegen. Korrekterweise fährt man also geradeaus oder biegt nach links ab.

Antwort 946

d) Er vervierfacht sich.

Es gibt eine einfache Formel, nach der man den Bremsweg berechnen kann:
Bremsweg = (Geschwindigkeit x 3) / 10

Antwort 947

Die Höchstgeschwindigkeit beträgt hier normalerweise **50 km/h**.

Antwort 948

a) Er darf die zulässige Höchstgeschwindigkeit nicht überschreiten.
c) Er muss deutlich schneller sein als der zu überholende Verkehrsteilnehmer.

Antwort 949

Das Fahrzeug, auf dessen Straßenseite der Transporter parkt, muss warten.

Antwort 950

Die Ampel. Eine grüne und eine rote Signallaterne sollten den Verkehr regeln. Diese Laternen wurden damals noch mit Gas betrieben, was eine nicht ganz so sichere Angelegenheit war. Und so konnte es dann zum tragischen Unfall kommen.

Antwort 951

c) Wenn die Sichtweite unter 50 m beträgt.

Antwort 952

b) an Straßenkreuzungen oder Einmündungen

Antwort 953

Wer rechts auf eine Vorfahrtstraße einbiegen will, muss auf Fahrzeuge, die von beiden Seiten kommen, achten. Außerdem bedürfen Radfahrer und Fußgänger, die sich rechts neben oder hinter dem eigenen Fahrzeug befinden, besonderer Aufmerksamkeit.

Antwort 954

Vom rechten Fahrstreifen aus kann man, **unabhängig vom Ampelsignal, nach rechts abbiegen**. Man muss allerdings vorher angehalten haben, um sich davon zu überzeugen, dass niemand beim Abbiegen behindert oder gefährdet wird.

Antwort 955

0,26 Promille. Zwei Stunden später ist der Promillegehalt bereits auf 0,06 abgesunken. Dennoch ist es natürlich am besten, gar keinen Alkohol zu sich zu nehmen, wenn man noch mit dem Auto fahren will.

Antwort 956

Trommelbremsen. Das Prinzip, das dieser Bremse zugrunde liegt, ähnelt sehr dem Prinzip, nach dem eine Rücktrittbremse beim Fahrrad aufgebaut ist. Läuft eine Trommelbremse heiß, dehnen sich die einzelnen Bauteile aus und die Bremswirkung kann bisweilen deutlich nachlassen.

Antwort 957

Das Schild zeigt eine nach rechts abknickende Vorfahrtstraße an. Vorfahrt hat also, wer sich auf dieser Straße befindet.

Antwort 958

Im „Halteverbot" ist jegliches Anhalten untersagt, im „eingeschränkten Halteverbot" darf man anhalten, um jemanden aussteigen zu lassen oder um das Auto zu entladen. Das Halteverbot wird durch das links abgebildete Schild angezeigt. Das „eingeschränkte Halteverbot" rechts im Bild

weist im Gegensatz dazu nur einen Balken von links oben nach rechts unten auf.

Antwort 959

b) nach zwei Jahren

Eingetragen werden in das Register Verkehrswidrigkeiten mit Bußgeld und Straftaten, die im Zusammenhang mit der Teilnahme am Straßenverkehr verübt wurden.

Antwort 960

d) Das Fahren ohne Mindestabstand ist verboten.

Antwort 961

Am einfachsten ist die Sache, wenn die in den Kreisverkehr einmündenden Straßen mit einem Vorfahrt-Gewähren-Schild versehen sind. Dann haben die Fahrzeuge im Kreisverkehr immer Vorfahrt. Verfügt der Kreisverkehr nur über das entsprechende Kreisverkehrsschild, aber keine Vorfahrt-Schilder, sind sich die Experten nicht ganz einig. Die meisten von ihnen gehen aber davon aus, dass auch in diesem Fall die Fahrzeuge im Kreisverkehr Vorfahrt haben. Lediglich bei Kreisverkehren ganz ohne Beschilderung sieht die Sache anders aus. Hier gilt eine normale Rechts-vor-links-Regelung.

Antwort 962

b) nur beim Verlassen des Kreisverkehrs

Beim Einfahren in den Kreisverkehr wird nicht geblinkt. Nur beim Verlassen des Kreisverkehrs ist es nötig, die Richtungsänderung anzuzeigen.

Antwort 963

Hybridantriebe sind Fahrzeugmotoren, die die Kraftstoffe Benzin und Gas miteinander kombinieren. Sie erlauben es, im Normalbetrieb mit Gas zu fahren und nur bei Bedarf auf Benzin umzuschalten. Manche dieser Fahrzeuge benutzen das Benzin auch zum Anfahren und schalten dann nach kurzer Zeit auf den umweltfreundlichen Gasbetrieb um. Ein solcher Antrieb ist im Moment besonders empfehlenswert, da das Netz an Gastankstellen noch recht dünn ist.

Antwort 964

Im Alter von 16 Jahren dürfen Jugendliche den Führerschein Klasse S erwerben. Damit können sie Motorroller fahren, die eine Höchstgeschwindigkeit von 45 km/h erreichen.

Antwort 965

b) 0,5 Promille

Seit dem 1.4.2001 liegt die Grenze bei 0,5 Promille, vorher war sie bei 0,8 Promille. Wer mit einer derartigen oder höheren Blutalkoholkonzentration mit einem Kraftfahrzeug unterwegs ist, begeht automatisch eine Ordnungswidrigkeit. Die Folge sind eine Geldbuße, der Führerscheinentzug und Punkte in Flensburg.

Quad

Antwort 966

Quad. Quads verfügen für gewöhnlich über eine Lenkung wie bei einem Motorrad und über vier breite, geländegängige Reifen. Ausführungen mit einem Hubraum von bis zu 50 cm^2 dürfen auch von Jugendlichen mit dem Führerschein Klasse S gefahren werden.

Antwort 967

a) 4 bis 7 km/h

Im verkehrsberuhigten Bereich ist Schrittgeschwindigkeit die höchste zulässige Geschwindigkeit. Laut aktueller Rechtsprechung versteht man darunter eine Geschwindigkeit von 4 bis 7 km/h. Außerdem gelten hier noch weitere besondere Verkehrsregeln: So haben im verkehrsberuhigten Bereich Fußgänger grundsätzlich Vorfahrt, dürfen aber natürlich den Verkehr nicht vorsätzlich behindern. Kinder dürfen überall spielen, Autofahrer müssen mit dieser Situation rechnen. Das Parken ist nur auf besonders gekennzeichneten Flächen erlaubt. Beim Verlassen des verkehrsberuhigten Bereichs sind Fahrzeuge gegenüber anderen Verkehrsteilnehmern grundsätzlich wartepflichtig.

Antwort 968

Ein solches Fahrrad ist nicht straßenverkehrstauglich. Die Straßenverkehrsordnung, die hier die maßgeblichen Regeln festlegt, schreibt neben den Bremsen auch verbindlich eine funktionierende Lichtanlage und eine Klingel vor. Hierbei dürfen Rennräder auch über batteriebetriebene Klemmleuchten verfügen. Diese Beleuchtung ist bei allen anderen Fahrrädern nur dann gestattet, wenn es zusätzlich dynamobetriebene Lampen gibt. Schutzbleche sind hingegen keine Pflicht, im täglichen Straßenverkehr allerdings durchaus (insbesondere bei Regenwetter) empfehlenswert.

Antwort 969

Hier gibt es insbesondere zwei Situationen, die es zu beachten gilt: Wenn ein Bus mit eingeschalteter Warnblinkanlage in eine Bushaltestelle einfährt, besteht ein striktes Überholverbot. Hält der Bus nun mit eingeschalteter Warnblinkanlage in der Bushaltestelle, so darf man ihn nur im Schritttempo (höchstens 7 km/h) passieren. Das gilt auch für den entgegenkommenden Verkehr. Wer an einem stehenden Bus schneller als mit Schrittgeschwindigkeit vorbeifährt und dabei Fahrgäste gefährdet, dem drohen mindestens 40 Euro Geldbuße. Fährt man gar mit mehr als 30 km/h über dem erlaubten Schritttempo an einem stehenden Bus vorbei, werden auf jeden Fall 100 Euro, drei Punkte und ein einmonatiges Fahrverbot fällig.

Antwort 970

c) Nothalte- und Pannenbucht

In einer solchen Nothalte- und Pannenbucht, wie man sie beispielsweise in Straßentunnels findet, darf man wirklich nur im Notfall oder bei einer Panne halten. Eine kleine Verschnaufpause, ein Picknick oder das Studium von Straßenkarten ist hier nicht gestattet.

Antwort 971

Wenn die Ampel schon länger als eine Sekunde Rot zeigte, läppert sich ein ansehnlicher Strafkatalog zusammen: Man erhält dann nämlich **einen Monat Fahrverbot, vier Punkte in Flensburg und ein Bußgeld von 125 bis 200 Euro.**

Antwort 972

c) Kleinmofa

Als Kleinmofa bezeichnet man Fahrräder, die in der hinteren Achse einen kleinen Benzinmotor mit sich führen, die aber dennoch nicht mehr als 20 km/h schnell fahren können. Hier ist der Helm nicht Pflicht, aber dennoch ratsam. Auch Stürze und Unfälle bei diesen langsamen Geschwindigkeiten können unter Umständen schwere Kopfverletzungen hervorrufen.

Antwort 973

Aufbauseminar (ASF). Ein solcher Kurs besteht aus vier Sitzungen zu je 135 Minuten und einer 30-minütigen Fahrprobe. Bei all diesen Kursteilen besteht für die Teilnehmer Anwesenheitspflicht, eine Prüfung wird jedoch nicht abgelegt. Am Ende des Kurses erhält man eine Teilnahmebestätigung, die man dann der Straßenverkehrsbehörde möglichst schnell vorlegen sollte.

Antwort 974

d) aus dem Reaktions- und Bremsweg

Dabei ist der Reaktionsweg der Weg, den das Fahrzeug zurücklegt, bis der Fahrer reagieren kann und die Bremse betätigt.

Antwort 975

Der Konsum der Droge kann zu **Sinnestäuschungen** führen und zieht auf jeden Fall eine **Verringerung der Reaktionsgeschwindigkeit** nach sich. Außerdem können **Verwirrtheitszustände** und **Depressionen** auftreten.

Antwort 976

Die **erste Eisenbahnlinie in Deutschland** führte von Nürnberg nach Fürth. Die Strecke war 6 km lang und wurde im Jahr 1835 eröffnet.

Antwort 977

a) Der Abstand zwischen den Fahrzeugen darf nicht größer als 5 m sein.

d) Das Abschleppseil bzw. die Abschleppstange muss deutlich gekennzeichnet sein.

Antwort 978

Der Führerschein der Klasse A 1 berechtigt zum Fahren eines **Motorrads mit maximal 125 cm²** Hubraum. Außerdem darf das Zweirad nicht mehr als 11 kW Motorleistung bringen. Bis zur Vollendung des 18. Lebensjahres dürfen Jugendliche nur leichte Krafträder mit einer Höchstgeschwindigkeit von 80 km/h fahren.

Antwort 979

Von einer Vorfahrtssituation spricht man, wenn sich zwei Fahrbahnen kreuzen. Der Vorrang hingegen regelt die Reihenfolge, in der Verkehrsteilnehmer, die sich begegnen (also auch von gegenüber beziehungsweise auf derselben Fahrbahn), fahren oder gehen dürfen.

Antwort 980

c) Streckenempfehlungen auf der Autobahn

Insbesondere bei Stau oder bei zäh fließendem Verkehr kann man diesen Pfeilen folgen, um den Engpass zu umgehen.

Antwort 981

Gouvernante. Diese Beschäftigung stellte für Frauen lange Zeit eine der wenigen Möglichkeiten dar, einen Beruf zu ergreifen. Heutzutage ist dieser Beruf nahezu ausgestorben. In Schweizer Hotels gibt es jedoch noch die Etagen-Gouvernante. So bezeichnet man dort die Angestellte, die die Zimmermädchen bei ihrer Arbeit anleitet.

Antwort 982

b) Sehr geehrter Herr König!

In Geschäftsbriefen und geschäftlichen E-Mails spricht man seinen Partner für gewöhnlich mit „Sehr geehrter Herr ..." bzw. „Sehr geehrte Frau ..." an. Kennt man den Namen des Ansprechpartners nicht, schreibt man „Sehr geehrte Damen und Herren".

Antwort 983

Die Pflichten des Anrufers sind recht schnell zu beschreiben. Er sollte auf jeden Fall eine kurze Nachricht hinterlassen, auch wenn er beabsichtigt, später noch einmal anzurufen. So weiß der Angerufene, wer versucht hat, ihn zu erreichen. Für das Besprechen des Anrufbeantworters gilt: Man sollte deutlich und langsam sprechen. Es ist wichtig, dem Anrufer mitzuteilen, welchen Anschluss er erreicht hat. Außerdem sollte man seine Ansage möglichst kurz halten, um die Geduld des Anrufers nicht zu sehr zu strapazieren. Die meisten lustigen Sprüche wirken für den Anrufer übrigens wenig spaßig. Bei der Ansage auf geschäftlich genutzten Anrufbeantwortern sollte man darauf achten, dass eine Nachricht nach dem „Signalton" und nicht nach dem „Piepston" hinterlassen werden kann.

Antwort 984

Erwachsene Menschen, die sich nicht gut kennen, siezen sich für gewöhnlich. Auch eine junge Frau wird nicht mehr mit Fräulein angeredet. Diese Anrede ist veraltet: Das männliche Pendant wäre Junker – und das benutzen wir schließlich auch nicht mehr.

Antwort 985

Man darf sein Ei **vorsichtig köpfen**. Als Alternative kann man die Schale auch mit dem Löffel **leicht anklopfen**. Der Deckel wird dann mit dem Löffel abgehoben. Gibt es zum Frühstück Rührei oder Omelette, sollte man es nur mit der Gabel essen. Ein Messer ist hier erst dann schicklich, wenn das Rührei Speck, Würstchen oder Lachs enthält.

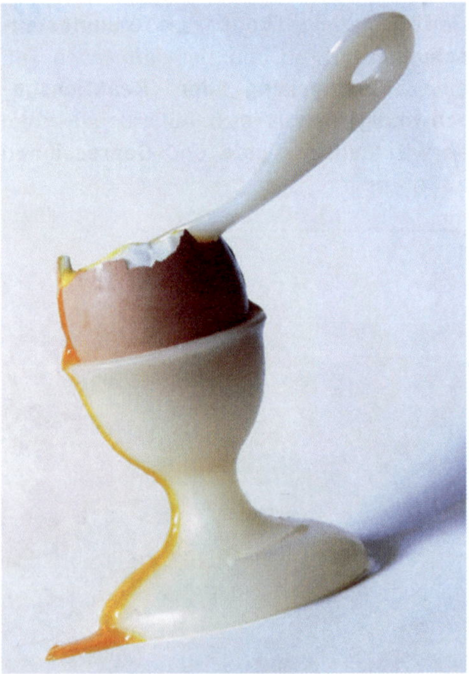

Antwort 986

Bei privaten Visitenkarten ist es **vollkommen unproblematisch**, handschriftliche Zusätze vorzunehmen. Anders sieht es bei geschäftlichen Visitenkarten aus. Dort sollte man alle wichtigen Informationen in gedruckter Form finden können, handschriftliche Zusätze machen sich hier nicht so gut.

Antwort 987

d) Hier ist Trinkgeld nicht üblich.

In Gaststätten und Restaurants sieht das anders aus. Hier kann man sich als Faustregel merken, dass 10 % des Rechnungsbetrags als angemessenes Trinkgeld gelten.

Antwort 988

a) Ja, es besteht sogar ein rechtlicher Anspruch darauf.

Der Doktortitel wird zu einem Teil des Namens, daher rührt auch der rechtliche Anspruch darauf, ihn zu nennen. In der Praxis legen allerdings nur wenige Promovierte Wert darauf, mit ihrem Titel angeredet zu werden. Im Zweifelsfall sollte man den Titel nennen.

Antwort 989

Es geht um die **Krawatte**. Eine hochwertige Krawatte besitzt verschiedene Merkmale: Als Erstes sollte die gesamte Länge der Krawatte 145 Zentimeter weder unter- noch überschreiten (Ausnahmen sind nur bei Maßanfertigungen gestattet). Sie sollte außerdem zwei entgegengesetzte diagonale Schnitte im 45-Grad-Winkel aufweisen, welche sie auch für komplizierte Knotentechniken besonders geeignet macht.

Antwort 990

In diesem Fall sind nicht alle Knöpfe des Jacketts geschlossen, **der unterste Knopf bleibt offen**. Wer sich diese Regel ausgedacht hat, ist allerdings nicht überliefert.

Antwort 991

b) „Darf ich die Damen bekannt machen?"

Formvollendet geht man mit diesem Satz vor. Eine Formulierung mit „vorstellen" verwendet man hingegen bei Rang- oder Hierarchieunterschieden zwischen den Damen.

Antwort 992

a) mit freundlichen Grüßen

Diese Formel gilt als verbindlich und freundlich, man kann mit ihr nichts falsch machen. Die Abkürzung „MfG" gehört indes nie in einen Brief.

Antwort 993

Anspruch auf einen Handkuss haben nach althergebrachten Regeln nur verheiratete Damen oder Damen, die älter als 30 Jahre sind. Anwendung findet diese Form der Begrüßung allerdings nur in geschlossenen Räumen und an Bahnsteigen.

Antwort 994

Bei einem Dinner sollten Sie mit einer Dauer von **vier bis fünf Stunden** rechnen.

Ein solches Essen fängt für gewöhnlich zwischen 19 und 20 Uhr an. Sie sollten sich also auf jeden Fall bis Mitternacht Zeit nehmen.

Antwort 995

Auch wenn es bei einem Dinner, vor allem in einer solch erlesenen Umgebung, manchmal ein wenig steif zugeht, **muss hier niemand Durst leiden**. Es ist also kein Problem, von dem Wasser zu trinken. Mit dem Wein müssen Sie allerdings warten, bis der Gastgeber sein Glas erhebt.

Antwort 996

c) Nein, Zahnstocher benutzt man grundsätzlich nicht bei Tisch.

Wer Essensreste aus den Zahnzwischenräumen entfernen möchte, sollte dies besser auf der Toilette erledigen.

Antwort 997

Man entschuldigt sich, fragt gegebenenfalls, ob man kurz vorbeigehen darf und – das ist wichtig – wendet den bereits Sitzenden beim Vorübergehen das Gesicht zu. In diesem Fall kann nämlich selbst ein schöner Rücken nicht entzücken.

Antwort 998

d) Herr Professor Müller

Besitzt eine Person mehrere Titel, so wird bei der Anrede nur der höchstrangige Titel ausgesprochen.

Antwort 999

Der Händedruck sollte kurz und knapp (nicht länger als drei Sekunden) sein und auf keinen Fall zu lasch ausfallen. Natürlich sollte man es auch vermeiden, dem Gegenüber die Hand zu quetschen. Der Einsatz der zweiten Hand – oft erlebt und gesehen – hat im Geschäftsleben nichts zu suchen. Der hierarchisch Höherstehende gibt das Signal zum Händedruck: also der Chef dem Angestellten, der Ältere dem Jüngeren (etwa eine Generation älter), die Dame dem Herrn. Ausnahme: Der Gastgeber reicht immer zuerst die Hand zur Begrüßung.

Antwort 1000

Die Methode mit dem Holzhammer ist hier nicht angebracht. Es gibt aber einige Möglichkeiten, sich elegant aus dem Gespräch zu verabschieden, ohne den Nachbarn zu verletzen. So kann man beispielsweise einen Telefonanruf fingieren, den man dringend entgegennehmen muss. Sehr elegant ist es auch, das Gespräch mit dem Verweis zu beenden: „Nun möchte ich aber Ihre kostbare Zeit nicht länger in Anspruch nehmen." Aber auch der direktere Weg ist möglich: „So, jetzt muss ich mich aber um das Mittagessen kümmern, ich wünschen Ihnen noch einen schönen Tag" lässt sich auch immer anwenden.

Antwort 1001

In diesem Fall erwartet der Gastgeber einen **Smoking**. Steht eine solche Bemerkung auf einer Einladung, ist es unbedingt nötig, das erwünschte Kleidungsstück auch zu tragen. Besitzt man also keinen Smoking oder kann kein solches Kleidungsstück auftreiben, sollte man der Einladung besser fernbleiben.

Antwort 1002

b) beim Betreten eines Restaurants

Nur, wenn ein Herr und eine Dame gemeinsam ein Restaurant betreten, geht der Herr voraus.

Antwort 1003

b) In Frankreich werden die Blumen immer im Papier überreicht.

d) Der Blumenstrauß sollte keine Nelken enthalten.

Nelken gelten als Beerdigungsblumen, als Dankeschön für eine Gastgeberin eignen sie sich daher nicht unbedingt.

Antwort 1004

Die **Entscheidung**, ob zur Begrüßung die verbale Grußformel ausreicht oder ob ein Handschlag gewechselt werden soll, **obliegt immer der ranghöheren Person** (gesellschaftlich gesehen ist übrigens eine Dame immer die ranghöhere Person). Sie muss innerhalb kurzer Zeit entscheiden, was passieren soll. Als Rangniedrigerer muss man dann nur noch entsprechend reagieren. Auf keinen Fall geht es aber, bereits mit ausgestreckter Hand auf jemanden zuzulaufen und so den Handschlag zu „erzwingen".

Antwort 1005

Zwischen 22 Uhr abends und 7 Uhr morgens sind Ruhezeiten. Auch in der **Mittagspause**, die zwischen 13 und 15 Uhr (evtl. auch eine Stunde früher) liegt, sollte man Lärm vermeiden.

Antwort 1006

Adolph Freiherr Knigge (1752–96). Knigge beabsichtigte, mit seinem Buch eine Auf-

A. Freiherr Knigge

klärungsschrift für Taktgefühl und Höflichkeit im Umgang mit den Generationen, Berufen und Charakteren zu verfassen, die einem auch Enttäuschungen ersparen sollte. Ein Benimmbuch war ihm nie in den Sinn gekommen.

Antwort 1007

Cocktail- und Abendkleid gehören zur festlichen Bekleidung. Dazu sollte man **eigentlich nur Schmuck** tragen. Auf eine normale Armbanduhr verzichtet man also besser. Anders sieht es indes aus, wenn die Uhr eher der Kategorie „Schmuck" zugeordnet werden kann und die Zeitmessungsfunktion – wenn überhaupt – nur eine untergeordnete Rolle spielt. Dann können Sie das gute Stück auch zum Abendkleid ausführen.

Antwort 1008

a) Man sollte gar nicht zum WC gehen müssen.

Grundsätzlich sollte man darauf achten, dass einen dieses Bedürfnis während des Essens in einer Gesellschaft nicht befällt und beizeiten, also vor der Veranstaltung, das WC aufsuchen.

Antwort 1009

b) Es sollten genügend vegetarische Gerichte auf der Karte stehen.

Antwort 1010

In Japan gilt es als höflich, eine Visitenkarte **mit beiden Händen** in Empfang zu nehmen.

Antwort 1011

Folgende Faustregeln gelten hier: **Kalte vor warmen Vorspeisen, leichte vor schweren Gerichten, Fisch vor Fleisch, helles Fleisch vor dunklem, Salat, Käse, Nachspeise** (auch umkehrbar, je nach Art des Hauptgerichts). Es ist auch möglich (und mittlerweile oft sogar gebräuchlich), den Salat vor der Hauptspeise zu servieren. Dann kommt er in der Reihenfolge nach der Suppe.

Antwort 1012

b) Albanien
d) Bulgarien

Antwort 1013

Es geht um den **Smoking**. Ein Smoking war ursprünglich eine Anzugjacke, die man überzog, wenn man zum Rauchen ins Raucherzimmer ging. Er sollte die übrige Kleidung davor schützen, den Geruch des Rauches anzunehmen. Schließlich wollte man die Damen bei der Rückkehr nicht durch unangenehmen Gestank belästigen. Daher kommt auch der Name des Kleidungsstücks.

Antwort 1014

Sie grüßen nur mit einem allgemeinen Kopfnicken in die Runde und entschuldigen sich in einer Pause dann beim Einladenden für Ihre Verspätung.

Antwort 1015

In allen muslimischen Ländern.

Antwort 1016

c) Sie warten auf den passenden Moment und machen Ihren Chef diskret auf das Malheur aufmerksam.

Auf diese Weise verfährt man nicht nur, wenn der Chef sich zu blamieren droht; der freundliche Mensch versucht, sein Gegenüber stets vor Peinlichkeiten zu bewahren.

Antwort 1017

d) Matjeshering

Ein Fischbesteck verwendet man für (fast) alle ganzen Fische. Dabei geht man dann so vor: Man schneidet mit dem Fischmesser auf Kiemenhöhe beginnend über die Mitte bis zum Schwanz. Dann kann man die Flossen entfernen. Als Nächstes kann man von der Mitte aus die Filets nach vorne und hinten abheben. Den Kopf und die Gräten legt man auf einen gesonderten Teller, damit sie beim Essen nicht stören.

Antwort 1018

In einem solchen Fall gibt es keine Toleranzgrenze. Hier heißt 20 Uhr auch **exakt 20 Uhr**. Schließlich ist das Essen vorbereitet und muss pünktlich serviert werden.

Antwort 1019

Wenn man sich zu Tisch begeben hat, legt man die Serviette gefaltet auf den Schoß. Benutzen darf man sie allerdings erst, wenn das Mahl eröffnet ist. Dann tupft man sich den Mund mit der Innenseite ab (und zwar jedes Mal, bevor man trinkt) und faltet sie wieder so, dass die Flecken nicht zu sehen sind. Nach dem Mahl legt man sie gefaltet links neben seinen Teller.

Antwort 1020

d) Frau Gisela Schmitz, Herr Hans Schmitz

Antwort 1021

Das Geheimnis des blauen Himmels wurde bereits Ende des 19. Jahrhunderts von dem englischen Physiker John W. S. Rayleigh (1842–1919) gelüftet. Das Licht, das von der Sonne kommt, setzt sich aus vielen verschiedenen Farben zusammen. Sie unterscheiden sich in ihrer Wellenlänge. Wenn das Licht nun auf die Luft trifft, die die Erde umgibt, wird es von den Luftteilchen zerlegt und je nach Farbe verschieden stark gestreut. Das kurzwellige Blaulicht wird dabei stärker gestreut als das langwellige rote Licht. Deshalb erscheint uns der Himmel blau.

J. W. S. Rayleigh

Antwort 1022

b) Murphys Gesetz

Der amerikanische Ingenieur Edward Aloysius Murphy Jr. (1917–90) formulierte diese Alltagsregel, die wir alle eigentlich nur bestätigen können. Es kursieren mehrere verschiedene Varianten von Murphys Gesetz. Eine der allgemeinsten Versionen besteht aus zwei Sätzen, die lauten: „Wenn etwas schief gehen kann, dann geht es auch schief. Wenn mehrere Dinge schief gehen, dann in der Reihenfolge, die den größten Schaden anrichtet."

Antwort 1023

Geil. Der Ursprung des Worts wird im indogermanischen Raum vermutet. Man ist sich allerdings noch nicht ganz sicher, wo. Über die ursprüngliche Bedeutung des Worts scheint es jedoch kaum Zweifel zu geben, denn damals wurde Begierde mit dem Wort „Lust" ausgedrückt.

Antwort 1024

Dieses Phänomen hängt mit der guten Isolierung des Mikrowellenherdes zusammen. Da sie dafür sorgt, dass kaum Wellen nach außen treten können, werden sie von den Wänden des Gerätes reflektiert. Dabei kann es zu Überlagerung verschiedener Wellen kommen. Dort, wo sich zwei Wellenberge überlagern, wird die Intensität der Wellen besonders groß. Dort, wo Berg und Tal aufeinander treffen, wird sie gleich Null. Dieses Phänomen nennt man Interferenz. An den Stellen mit besonders intensiven Mikrowellen ist das Essen wesentlich heißer als an den anderen Stellen. Außerdem werden Speisen mit besonders hohem Wasseranteil schneller heiß als andere.

Antwort 1025

Das stimmt so nicht. Es gibt nämlich einige sogenannte Kloakentiere oder Ursäuger, eine Unterordnung der Säugetiere, die auch Eier legen. Dazu gehören Schnabeltiere, Kurzschnabeligel und Ameisenigel. Nachdem diese Tiere ihre Eier gelegt haben, wer-

Schnabeltier

den sie in einer Bruttasche des Weibchens ausgebrütet. Sind die Jungen geschlüpft, werden sie mit Milch gesäugt. Sie besitzen auch ein Fell und haben weitere anatomische Gemeinsamkeiten mit der Klasse der Säugetiere. Heutzutage findet man die Ursäuger nur noch in Australien, Tasmanien und Neuguinea.

Antwort 1026

d) Pink

Die einzelnen Farben des Regenbogens entstehen durch die Brechung des Lichtes. Beim Hauptregenbogen verlaufen die Farben von außen nach innen von Rot über Orange, Gelb, Grün, Blau und Indigo zu Violett. Zeigt sich ein zweiter, schwächerer Regenbogen am Himmel, so ist dort der Farbverlauf umgekehrt.

Antwort 1027

a) unterhalb der Nase

Das Philtrum ist die Rinne, die sich zwischen Nase und Mund befindet. Dieser Begriff stammt von dem griechischen Wort „Philtron" ab und bedeutet soviel wie „Liebeszauber". Eine besondere Funktion hat diese Rinne nicht.

Antwort 1028

Bei **Platanen** kann man das Abblättern der Borke beobachten. Dies geschieht in besonders heißen Sommern, denn diese Bäume stammen aus dem Vorderen Orient und fühlen sich bei heißem Wetter so wohl, dass sie dann besonders schnell und intensiv wachsen. Die Borke selbst wächst aber nicht mit. Daher kommt immer wieder der Zeitpunkt, wo die Bäume ihre Borke buchstäblich sprengen.

Antwort 1029

Früher, als die Menschen noch als Jäger und Sammler über die Erde zogen, konnten sie alle mit den Ohren wackeln. Diese Fähigkeit war für sie sogar lebensnotwendig, denn sie mussten vorsichtig sein und die Quelle von Geräuschen genau orten können. Heutzutage muss sich niemand mehr vor wilden Tieren in Acht nehmen. Auch sind wir nicht auf unseren Jagderfolg angewiesen. Daher hat sich die Fähigkeit, mit den Ohren zu wackeln, bei den meisten Menschen zurückgebildet. Nur einige haben sich einen Rest davon bewahrt. Grundsätzlich könnten wir aber alle dieses Kunststück vollbringen, wenn wir die entsprechende Muskulatur nur genug trainieren.

Antwort 1030

Die menschliche Zunge kann lediglich zwischen bitter, salzig, süß, sauer und umami unterscheiden. Die Schärfe nimmt sie nicht als Aroma, sondern als Schmerz war. **Das Signal, das ans Gehirn gesendet wird, wenn man in eine Chilischote beißt, lautet: „Achtung Verbrennung!"** Die Reaktion lässt nicht lange auf sich warten: Der Betroffene hat den Drang, den Mund weit zu öffnen und Luft hinein zu fächeln, als wolle er einen Brand löschen.

Antwort 1031

d) ca. 40

Nicht nur die beiden Stelzen, auf denen der Mensch sich fortbewegt, werden Beine genannt. Das liegt daran, dass „Bein" früher so viel wie „Knochen" bedeutet hat. Allein an den unteren Gliedmaßen verfügt der Mensch über folgende Beine: Schienbein, Wadenbein, Fersenbein, Sprungbein, Würfelbein, Kahnbein, inneres Keilbein, mittleres Keilbein, äußeres Keilbein, Würfelbein, Sesambein.

Antwort 1032

Der heutige Kalender geht auf Papst Gregor XIII. (1502–85) zurück. Er hat versucht, das tatsächliche Sonnenjahr bei seiner Entscheidung zu berücksichtigen, also die echte Umlaufzeit der Erde um die Sonne möglichst gleichmäßig auf das Jahr zu verteilen. Gregor ging davon aus, dass ein Jahr 365,2425 Tage hat. Um diese krumme Zahl auszugleichen, gibt es alle vier Jahre ein Schaltjahr, das einen Tag länger dauert. Bevor es eingeführt wurde, wurde die Zeit nach dem julianischen Kalender gemessen. Hier lief alles noch wesentlich chaotischer ab. Dieser Kalender verfügte über sieben Kurzmonate mit jeweils 29 Tagen, vier Monate mit 31 Tagen und den Februar, der noch einmal kürzer war. Warum man sich dafür entschieden hatte, den Februar noch kürzer zu machen, lässt sich nicht mit letzter Gewissheit sagen. Wahrscheinlich mochte man den Monat einfach nicht, weil er in den Winter fiel.

Papst Gregor XIII., Statue in Bologna

Antwort 1033

„Nano" steht für Größenordnungen, die sich nur noch mit dem Raster-Tunnelmikroskop betrachten lassen. In dieser Mikrowelt gelten die Gesetze der klassischen Physik nur noch eingeschränkt, aber auch die Quantenphysik – eigentlich zuständig für den Mikrokosmos – gilt hier nur begrenzt. Moleküle, denen Forscher das Laufen beigebracht haben, Miniaturautos, die nur ein Zwanzigtausendstel eines menschlichen Haares messen, aber gleichwohl über Räder verfügen, die sich wirklich drehen, Oberflächen, von denen der Schmutz abperlt oder auch ganz neue Möglichkeiten in der Krebstherapie – dies sind nur einige Beispiele für Errungenschaften eines Forschungszweiges, den man gemeinhin als Nanotechnologie bezeichnet.

Antwort 1034

b) Windstärke

Die Skala geht auf den britischen Admiral Sir Francis Beaufort (1774–1857) zurück. Anhand dieser Skala wird der Wind in zwölf verschiedene Stärken unterteilt. Um das zu machen, benötigt man keine Messgeräte, sondern muss lediglich die Auswirkungen des Windes an Land oder auf See beobachten.

Antwort 1035

Im Eiweiß gibt es sogenannte grenzflächenaktive Proteine. Dabei handelt es sich um Stoffe, deren eines Ende Wasser mag, deren anderes Ende Wasser aber nicht leiden kann. Verbunden sind diese beiden Enden durch eine bewegliche Kette. Im Eiweiß sind diese Proteine so angeordnet, dass ihr wasserabweisender Teil nach innen zeigt. Beginnt man nun, die Flüssigkeit mit dem Schneebesen zu schlagen, geben die Proteine ihre natürliche Anordnung auf. Die Folge ist, dass die wasserabstoßenden Enden versuchen, an die Luft zu gelangen. Dieses Vorhaben klappt natürlich am besten an der Oberfläche des Eiweißes. Dort ragen die Proteine dann in die Luft. Allerdings bietet die Oberfläche nicht unbegrenzt Platz und es drängen immer mehr solcher Proteine nach. Diese bilden Membranen, die schließlich einzelne Luftblasen umschließen. Es entstehen immer neue Bläschen, die schließlich den Eischaum bilden.

Antwort 1036

Montags. Warum ausgerechnet der Montag ausgewählt wurde, ist nicht hundertprozentig geklärt. Man geht jedoch davon aus, dass die Meister diesen Tag nahmen, weil ihre Gesellen nach den sonntäglichen Zechtouren sowieso nur sehr unwillig gearbeitet hätten.

Antwort 1037

c) auf schönes Wetter am kommenden Tag

Dass auf Abendrot zumeist ein Tag mit schönem Wetter folgt, besagt schon eine Bauernregel, die bereits unsere Eltern kannten. Und sie stimmt häufig. Die Rötung des Himmels entsteht nämlich dann, wenn die Sonnenstrahlen am frühen Morgen oder am späten Abend in einem sehr flachen Winkel auf die Erde treffen. In einem solchen Moment haben sie nämlich bereits einen weiten Weg zurückgelegt, auf dem der Blauanteil des Lichts sozusagen „verloren gegangen" ist. Übrig bleibt also der Rotanteil. Den kann man allerdings abends nur sehen, wenn vom Westen keine Wolken heranziehen. Wolken würden verhindern, dass ausreichend Licht für ein Abendrot durchdringt. In Mitteleuropa zieht das Wetter aber für gewöhnlich von Westen herauf. Das heißt: Kräftiges Abendrot zieht wolkenlosen Himmel und keinen Regen am folgenden Tag nach sich. In den Tropen gilt diese Regel nicht, da sich die Wetterfronten dort in andere Himmelsrichtungen bewegen.

DIE WINDSTÄRKEN NACH DER BEAUFORT-SKALA

Windstärke	Geschwindigkeit in m/s	Geschwindigkeit in km/h	Bezeichnung der Windstärke	Auswirkungen an Land	Auswirkungen auf dem Wasser
0	0,0–0,5	0,0–1,9	Windstille	keine Luftbewegung, Rauch steigt senkrecht empor	spiegelglatte See
1	0,5–2,1	1,9–7,4	Leiser Zug	kaum Luftbewegung, Rauch treibt leicht ab, Windflügel und Windfahnen unbewegt	leichte Kräuselwellen
2	2,1–3,6	7,4–13,0	Leichte Brise	Blätter rascheln, Wind im Gesicht spürbar	kleine, kurze Wellen, Oberfläche glasig
3	3,6–5,7	13,0–20,4	Schwache Brise	Blätter und dünne Zweige bewegen sich	Anfänge der Schaumbildung
4	5,7–8,2	20,4–29,6	Mäßige Brise	Zweige bewegen sich, loses Papier wird vom Boden gehoben	kleine, länger werdende Wellen, überall Schaumkronen
5	8,2–11,3	29,6–40,7	Frische Brise	größere Zweige und Bäume bewegen sich, Wind ist deutlich hörbar	mäßige Wellen von großer Länge, überall Schaumkronen
6	11,3–14,4	40,7–51,9	Starker Wind	Dicke Äste bewegen sich, hörbares Pfeifen an Drahtseilen und in Telefonleitungen	größere Wellen mit brechenden Kronen, überall weiße Schaumflecken
7	14,4–17,5	51,9–63,0	Steifer Wind	Bäume schwanken, das Gehen gegen den Wind fällt schwer	weißer Schaum von den brechenden Wellenköpfen legt sich in Schaumstreifen in die Windrichtung
8	17,5–21,1	63,0–75,9	Stürmischer Wind	Große Bäume werden bewegt, Zweige brechen von Bäumen, beim Gehen große Schwierigkeiten	ziemlich hohe Wellenberge, deren Köpfe verweht werden, überall Schaumstreifen

9	21,1–24,7	75,9–88,9	Sturm	Äste brechen, Ziegel werden von Dächern geweht	hohe Wellen mit verwehter Gischt, Brecher beginnen sich zu bilden
10	24,7–28,8	88,9–103,7	schwerer Sturm	Bäume werden entwurzelt, Häuser beschädigt	sehr hohe Wellen, weiße Flecken auf dem Wasser, lange, überbrechende Kämme, schwere Brecher
11	28,8–32,9	103,7–118,5	orkanartiger Sturm	Heftige Böen, schwere Sturmschäden	brüllende See, Wasser wird waagerecht weggeweht, starke Sichtverminderung
12	mehr als 32,9	mehr 118,5	Orkan	Schwere Sturmschäden und Verwüstungen	See vollkommen weiß, Luft mit Schaum und Gischt gefüllt, keine Sicht mehr

Antwort 1038

d) 50–100 kg pro Kubikmeter

Während trockener Pulverschnee gerade einmal eine Masse von 30 bis 50 kg pro Kubikmeter auf die Waage bringt, kann feuchter Neuschnee bis zu 200 kg pro Kubikmeter schwer sein. Am Boden verdichtet sich der Schnee dann und kann – je nach Alter und Witterungsbedingungen – sogar eine Masse von 500 kg pro Kubikmeter erreichen. Kein Wunder, dass da auch schon einmal Dächer einstürzen und Bäume umknicken können, wenn die Schneelast zu groß wird.

Antwort 1039

Der Mond erscheint uns am Horizont nur größer, er ist es aber nicht. Unser Hirn gaukelt uns lediglich vor, er sei kleiner, wenn er hoch am Firmament steht. Die Menschen, so lautet die Vermutung der Wissenschaft, nehmen das Himmelsgewölbe nicht als perfekte Halbkugel wahr, sondern als eine abgeflachte Kuppel. Der Zenit über uns scheint uns also näher zu sein als der Horizont. Tatsächlich rechtfertigt sich diese Vorstellung durch Wolken, Flugzeuge und Vögel: Fliegende Objekte über uns sind uns im Allgemeinen tatsächlich näher als fliegende Objekte am Horizont. Unser Gehirn zieht daraus den Umkehrschluss, dass ein Objekt am Horizont weiter entfernt und somit tatsächlich größer ist als ein Objekt scheinbar gleicher Größe über uns.

Antwort 1040

Das Licht der Sterne am Nachthimmel muss Strecken von vielen Billionen Kilometern bis zu uns zurücklegen und kann den Raum zwischen den Sternen und Planeten praktisch ungehindert durchlaufen. Das ändert sich jedoch, wenn das Licht die Erdatmosphäre erreicht: Luftströmungen und Blasen von Luft unterschiedlicher Temperaturen lenken hier den Lichtstrahl ab. Da die

Blasen oft nur wenige Meter groß sind und sich schnell bewegen, erfolgt die Lichtablenkung in Bruchteilen von Sekunden immer wieder anders. Der Stern funkelt.

Antwort 1041

a) Blut

Mit einem Bedside-Test können Ärzte feststellen, ob sich das Blut eines Spenders und eines Empfängers bei einer Bluttransfusion wirklich miteinander vertragen. Seinen Namen hat der Test bekommen, weil er direkt am Bett des Patienten gemacht werden kann.

Antwort 1042

Hexenschuss. Diese Bezeichnung stammt wahrscheinlich daher, dass die Menschen früher glaubten, Hexen und andere übernatürliche Wesen würden mit Pfeil und Bogen Krankheiten auf die Menschen abschießen.

Antwort 1043

b) mit dem Zungenbein

Es ist nicht ganz sicher geklärt, wie die Katzen das Schnurren zustande bringen. Die wahrscheinlichste Hypothese besagt, dass es sich dabei um die Reibung der Luft am Zungenbein, das die Zunge mit dem Schädel verbindet, handelt.

Antwort 1044

Die Frage klingt einfach und lässt sich doch fast nicht beantworten. Zwei Eigenschaften verbinden wir mit Wasser. Diese Eigenschaften machen es zu einem einzigartigen

Stoff. Bewegen wir uns durch das Wasser, können wir die Bewegung auf der Haut spüren. Ebenso spüren wir eine Bewegung, wenn das Wasser von uns abläuft. Außerdem vermag das Wasser uns zu kühlen. Diese Kombination aus Bewegung und Kühlung haben die Menschen irgendwann einmal „nass" genannt.

Antwort 1045

Durch die Reibung der Erdoberfläche **dreht sich** nicht nur unser Planet, sondern **auch die Lufthülle**, die ihn umgibt. Wir spüren also keinen Fahrtwind, weil sich Erde und Luft gleich schnell bewegen. Würde man die Erde plötzlich anhalten, bräche ein ungeheurer Sturm los, denn die Luft würde sich zunächst noch mit 1660 km/h weiterdrehen.

Antwort 1046

Wenn der Sekundenkleber zwei Gegenstände (gerne auch unsere Finger, wenn wir nicht aufpassen) zusammenklebt, läuft eine komplizierte chemische Reaktion ab, die aus einzelnen Molekülen lange und stabile Molekülketten macht. Das kann er aber nur, wenn ein sogenannter Katalysator die Reaktion „anstößt". Dieser Katalysator ist Feuchtigkeit, wie man sie in der Luft (oder auch in unserer Haut) findet. In der Tube ist keine Feuchtigkeit vorhanden, die Reaktion kann also auch nicht ungewollt beginnen.

Antwort 1047

d) Tarnung im Tierreich

Von Mimikry spricht man immer dann, wenn ein Tier durch sein Aussehen warnt, oder wenn ein Tier ein anderes in seinem Aussehen oder seiner Bewegung nachahmt, um sich zu tarnen oder zu jagen.

Mimikry des Abendpfauenauges

Antwort 1048

a) der Daumen

Die alten Germanen haben zum Daumen „Dume" oder „Dumo" gesagt. Das bedeutet „der Dicke" oder „der Starke". Sie sind auf die Idee gekommen, weil der Daumen schließlich der stärkste und dickste Finger an der Hand ist.

Antwort 1049

Destillation.

Antwort 1050

Im Jahr 1531 stellte der Benediktinerpater Wolfgang Seidel fest, dass man mit einer bestimmten Sorte Magerkäse einige interessante Dinge anstellen kann. Er erhitzte den Käse mehrfach und ließ dabei immer mehr von der Flüssigkeit, die in ihm steckt, verdampfen. Nach einiger Zeit entstand so ein Stoff, den man Kasein oder Kunsthorn nennt. Solange dieses Material warm ist, kann man es leicht formen. Ist es aber abgekühlt, erhält man ein sehr festes Material. Seidel und seine Zeitgenossen machten aus dem Kasein schließlich Geschirr, Schmuck, Kämme und Gussformen. Der verkochte Käse war also eigentlich der erste Kunststoff.

Antwort 1051

Es fließt zwar ständig neues Wasser in die Meere nach, aber es verdunstet von der Meeresoberfläche auch ständig wieder Wasser (wenn das nicht so wäre, müsste der Meeresspiegel ja stetig steigen). Wenn Wasser verdunstet, bleibt das Salz aber in den Meeren erhalten, denn es verdunstet nicht mit. Auf diese Weise ist die Salzkonzentration in den Meeren immer gleich hoch.

Antwort 1052

c) Die Gelenke knacken.

Antwort 1053

Rollschuhe. Schlittschuhe sind übrigens noch viel älter als Rollschuhe. Sie wurden vor ca. 3000 Jahren in Skandinavien entdeckt. Da Metall damals sehr selten war, wurden diese Schlittschuhe aus Tierknochen gefertigt.

Antwort 1054

a) Heißluftballon

Die beiden Brüder Michel Joseph (1740–1810) und Etienne Jacques de Montgolfier (1745–99) konstruierten einen riesigen Ballon aus Leinwand und Papier und

Heißluftballon der Brüder Montgolfier

ließen ihn über einem Strohfeuer auf dem Marktplatz ihres Heimatortes aufsteigen. Der Ballon erreichte angeblich die staatliche Höhe von mehr als 1800 m. Nachdem sie kurz darauf einen weiteren Versuch gestartet hatten, bei dem ein Hahn, eine Ente und ein Schaf als Passagiere an Bord waren, wagten sie am 21. November 1783 selbst den Aufstieg.

Antwort 1055

Schon im 16. Jahrhundert wurden in Russland die ersten Vorläufer der Achterbahn gebaut. Damals wurden Abfahrten aus Holz errichtet und schließlich mit Wasser übergossen. Bei den kalten Temperaturen im russischen Winter gefror das Wasser schnell zu Eis und man hatte eine erste künstliche Abfahrt. Das machte den Menschen damals bereits viel Spaß, aber sie wollten auch im Sommer nicht auf ihr Vergnügen verzichten. Also entwickelten die Russen Schlitten auf Rädern, mit denen sie nun bei jedem Wetter die Abfahrten herunterdonnern konnten. Wieder ein wenig später setzten Techniker die Schlitten auf Schienen. Nun hatten sie eine Konstruktion entwickelt, die unseren Achterbahnen schon sehr ähnlich war. Natürlich entdeckten sie auch schnell, dass es viel mehr Spaß macht, wenn die Bahn nicht nur einen Hügel hinabfährt, sondern auf und ab über Berge und durch Täler. Die erste regelrechte Achterbahn (in Form einer Acht) wurde übrigens 1898 auf Coney Island in den USA eröffnet.

Antwort 1056

Während Satelliten in der Erdumlaufbahn bleiben und dort ihre Aufgaben verrichten, haben Raumsonden viel längere Reisen vor sich. Sie sollen andere Planeten oder das Weltall weit von der Erde entfernt erkunden.

Antwort 1057

d) Atlantis

Platon beschreibt die Insel Atlantis in seinen um 360 v. Chr. verfassten Werken *Timaios* und *Kritias*. Viele Wissenschaftler gehen aber heutzutage davon aus, dass es Atlantis in der Realität niemals gegeben hat. Ihrer Meinung nach handelt es sich um das Idealbild eines Staates, wie Platon ihn sich vorstellte.

Antwort 1058

a) Dyskalkulie

Kinder, die an Dyskalkulie leiden, haben Schwierigkeiten dabei, Mengen richtig abzuschätzen. Auch das Zählen kann ihnen Probleme bereiten. Das Rechnen mit Maßeinheiten (Geld, Uhrzeit, Gewichte, Längenmaße) bereitet großes Kopfzerbrechen. Grundsätzlich gilt für alle Kinder mit Rechenstörungen: Sie machen die gleichen Fehler wie ihre Klassenkameraden, nur viel häufiger und länger. In der ersten Jahrgangsstufe fallen Dyskalkuliker selten durch große Rechenschwierigkeiten auf. Sie kommen allerdings lange Zeit nicht ohne Zählhilfen aus (Finger, Stifte, Steine etc.), da sie zählend rechnen. Besondere Schwierigkeiten bereiten ihnen aus diesem Grund auch die Zehner-Übergänge sowie der Wechsel zwischen den Rechenarten. Die Zerlegung von Zahlen, Platzhalter-Aufgaben oder Umkehr-Operationen werden nicht verstanden und willkürlich gelöst.

Antwort 1059

Ostern ist ein Fest, das im Frühling liegt. Im Frühling wächst und gedeiht alles, die Natur ist fruchtbar. Sowohl Eier als auch Hasen gelten als Symbole für die Fruchtbarkeit. Schon vor vielen Jahrhunderten war es zu Ostern Brauch, in der Kirche Speisen und auch Eier weihen zu lassen. Irgendwann fing man dann an, diese Eier zu verstecken und sie von Kindern suchen zu lassen. Schließlich bekam der Hase diese Aufgabe zugeteilt. Seither sind in der Osternacht Legionen von fleißigen Langohren unterwegs, um Eier und Süßigkeiten zu verstecken ...

Antwort 1060

Dies ist eine Frage, die zeigt, dass man nicht immer eine befriedigende Antwort erhalten kann. Sie wurde bereits im Mittelalter unter Mönchen und anderen Kirchenmännern hitzig diskutiert. Letztendlich ist man damals zu dem Schluss gekommen, dass unendlich viele Engel auf einer Nadelspitze Platz haben, da Gott ja schließlich allmächtig sei und dafür sorgen könne, wenn es ihm gefalle. Viele Leute haben sich mit dieser Antwort zufrieden gegeben, andere fanden sie nicht richtig und diskutierten weiter. Wir finden, dass eine Frage, deren Antwort viel Diskussionsstoff lieferte und immer noch liefert, einen schönen Abschluss für ein Buch bildet, in dem Sie mehr als 1000 Fragen finden, die alle recht eindeutige Antworten aufweisen.

A

B

C

D

E

F

G

H

I

J

K

L

M

N

O

P

Q

R

S

T

U

V

W

X/Y

Z